제2판

인간심리의 이해

제2판

인간심리의 이해

이희영 · 성형림 · 김은경 · 박서원 · 임희수 지음

Σ 시그마프레스

인간심리의 이해, 제2판

발행일 2022년 3월 10일 1쇄 발행

지은이 이희영, 성형림, 김은경, 박서원, 임희수
발행인 강학경
발행처 ㈜ 시그마프레스
디자인 우주연, 이상화, 김은경
편 집 김은실, 이호선, 윤원진
마케팅 문정현, 송치헌, 김인수, 김미래, 김성옥

등록번호 제10-2642호
주소 서울특별시 영등포구 양평로 22길 21 선유도코오롱디지털타워 A401~402호
전자우편 sigma@spress.co.kr
홈페이지 http://www.sigmapress.co.kr
전화 (02)323-4845, (02)2062-5184~8
팩스 (02)323-4197

ISBN 979-11-6226-373-0

심리학은 인간의 심리 현상을 과학적으로 탐구하는 학문이다. 이런 이유로 심리학은 인간과 관련된 모든 학문의 기초가 된다. 심리학은 또한 우리 생활과도 밀접한 관련을 맺고 있다. 심리학적 지식을 적절히 활용하면 인간을 이해하고 삶의 질을 높이는 데 많은 도움이 된다. 최근 심리학의 인기가 치솟고 있는데, 아마도 이것이 사람들이 심리학에 관심을 가지는 이유가 아닐까 한다.

심리학에 대한 관심을 반영하듯 대학의 교양 과목에서도 심리학은 인기 강좌이다. 전공불문하고 많은 학생들이 심리학을 수강하고 있다. 따라서 심리학 관련 도서도 차고 넘친다. 그럼에도 불구하고 이 책을 집필하고자 한 것은 기존의 책과 다른 방식으로 내용을 구성하고 싶었기 때문이었다. 즉 심리학을 전공으로 하는 학생들의 경우에는 향후 이들이 배우게 될 내용을 조금씩이라도 전부 다루는 것이 좋겠지만, 교양으로 심리학을 수강하는 학생들의 경우에는 모든 내용을 다루기보다는 특정 내용을 일상생활에서의 활용 중심으로 다루는 것이 좋겠다는 것이다. 이 책은 이러한 배경에서 집필되었고 많은 호응이 있었다. 감사드린다.

첫 판이 출간된 이후로 약간의 수정 작업이 있었으나 내용상으로 큰 변화는 없었다. 그러다가 이번에 또다시 개정을 하게 되었다. 개정 작업을 하게 된 주된 이유는 최근 각광을 받고 있는 긍정심리학에 대한 내용을 담고 싶어서였다. 아마도 심리학개론서에 긍정심리학 내용을 담고 있는 책은 이 책이 유일하지 않나 싶다. 이 작업을 위해 임희수 교수가 공동저자로 함께했다.

이제 이 책은 전체 13개 장으로 구성되어 있다. 5명의 저자가 자신의 주 전공과 관심에 따라 집필하였다. 제1장 심리학의 토대, 제2장 정신분석적 인간 이해, 제12장 직업심리는 이희영 교수, 제3장 행동주의적 인간 이해, 제10장 사회 행동, 제11장 이상행동과 심리치료는 성형림 박사, 제5장 인지적 인간 이해, 제6장 생물학적 인간 이해, 제8장 성격은 박서원 박사, 제4장 인본주의적 인간 이해, 제7장 인간 발달, 제9장 심리검사와 지능은 김은경 박사, 마지막 제13장 긍정심리학적 인간 이해는 임희수 교수가 집필하였다.

　필자들이 최선을 다해 수정 및 보완 작업을 했지만 부족한 부분이 많다. 앞으로도 계속해서 보다 나은 책이 되도록 노력하겠다는 말씀드리며 독자 여러분들의 관심을 부탁드린다.

2022년 1월
저자 대표 이희영

차례

제3장 행동주의적 인간 이해

 제4장 인본주의적 인간 이해

 제5장 인지적 인간 이해

제6장 생물학적 인간 이해

 제7장 인간 발달

 제8장 성격

제9장 심리검사와 지능

제10장 사회 행동

제11장 이상행동과 심리치료

제12장 직업심리

제13장 긍정심리학적 인간 이해

심리학의 토대

1. 심리학의 정의

심리학 수업 첫 시간에 필자는 종종 왜 심리학을 수강하려 하는지를 묻는다. 필자의 질문에 학생들은 대개 묵묵부답으로 반응하거나 질문의 본질과는 거리가 먼 대답을 하지만, 간혹 심리학을 공부하면 사람의 마음을 읽을 수 있을 것 같다고 하거나 심령술에 대한 기법을 배울 수 있을 것이라 말하기도 한다. 하지만 이러한 생각과 기대는 모두 심리학에 대한 오해에서 비롯된 것이다.

그러면 심리학이란 무엇인가? 심리학이 무엇인지를 알기 위해서는 심리학이란 말이 어디서부터 유래되었는지를 알아볼 필요가 있다. 심리학은 영어의 'psychology'를 우리말로 번역한 것이다. 심리학의 영어 표현인 'psychology'는 마음이나 영혼을 의미하는 고대 그리스어인 *psyche*와 연구를 의미하는 *logy*의 합성어이다. 어원적으로 보면, 심리학은 마음이나 영혼을 연구하는 것이다. 심리학자들은 영혼의 문제는 신학자나 종교에 맡기고 마음에 초점을 두고 연구해 왔다.

심리학의 정의는 시대의 흐름에 따라 심리학의 연구 주제와 대상이 바뀜에 따라 변해 왔다. 그래서 심리학에 대한 정의는 학파와 학자에 따라 차이가 있다. 하지만 심리학의 커다란 흐름 속에서 볼 때 심리학의 정의는 크게 마음을 강조하는 정의와 행동을 강조하는 정의, 마음과 행동을 모두 강조하는 정의로 구분할 수 있다(최창호, 2001).

1) 심리학은 마음의 이치를 따지는 학문

심리학(心理學)이란 한자어가 의미하는 바와 같이 마음의 이치를 따지는 학문이다. 이 관점은 과학적인 연구를 통해 인간의 마음, 심리 혹은 정신 구조를 파악하고, 나아가 이것의 기능을 알아보려는 학문을 심리학으로 보는 것이다. 현대심리학의 시조로 인정받는 빌헬름 분트(Wilhelm Wundt, 1832~1920)의 기본적인 연구 도구는 자신의 정서 상태와 정신 과정에 대한 내성(introspection)이었다. 분트는 내적 감각, 느낌 및 사고에 초점을 두었다. 현대심리학이 시작된 이후 1920년대까지 심리학은 정신생활의 과학으로 정의되었다. 심리학을 과학적인 학문으로 발전시키는 데 이정표 역할을 한 분트는 인간의 내적인 경험과 의식을 강조하면서 심리학을 다음과 같이 정의하였다.

"심리학은 자연과학의 주제를 이루는 외적인 경험의 대상들과는 달리 내적인 경험(감각, 감정, 사고, 의욕 등)을 연구하는 학문이다 (1892)."

2) 심리학은 행동을 다루는 학문

1920년대부터 1960년대까지 존 왓슨(John Watson, 1878~1958)을 선두로 하는 미국 심리학자들은 심리학을 관찰 가능한 행동의 과학으로 정의했다. 그들의 견해에 의하면, 인간의 내부 심리 속에서 무엇을 생각하고 느끼는지를 연구하는 것은 과학의 원칙에 위배된다. 따라서 누구나 관찰할 수 있고 객관적으로 검증할 수 있는 행동을 연구해야 한다. 이런 입장에서 행동주의를 창시한 왓슨은 심리학을 다음과 같이 정의하였다.

"심리학은 인간 행동을 주제로 삼는 자연과학이다(1919)."

3) 심리학은 마음과 행동을 다루는 학문

오늘날 심리학은 외현적 행동과 내부적 사고 및 느낌에 대한 심리학의 관심을 포괄하여 인간의 행동과 정신 과정에 대한 과학적 연구로 정의된다. 이 정의의 의미를 좀 더 자세히 살펴보면 다음과 같다(Gerrig & Zimbardo, 2009).

첫째, 심리학은 과학적 방법을 사용한다. 이 말은 심리학의 결론이 과학적 방법론의 원리에 따라 수집된 증거에 의해 이루어진다는 것이다. 과학적 방법은 문제를 분석하고 해결하기 위한 일련의 단계로 구성된다. 이 방법은 결론을 도출하기 위해 객관적으로 수집된 정보를 이용한다.

둘째, 심리학의 주제는 사람과 동물들이 하는 관찰 가능한 행동으로 구성되어 있다. 심리학자들은 한 개인이 주어진 상황에서 무엇을 어떻게 하는지 연구한다. 이 주어진 상황이 작은 규모일 때도 있고 광범위한 사회적 또는 문화적 맥락일 때도 있다. 사회과학의 범주에서 볼 때, 심리학자들은 개인의 행동에 초점을 두는 반면 사회학자들은 집단이나 단체에서의 개인의 행동을 연구한다.

셋째, 심리학적 분석의 대상은 대부분 개인이다. 예를 들면, 신생아, 10대 운동선수, 기숙사 생활을 하고 있는 대학생, 직장의 변화를 겪고 있는 중년 남자, 혹은 알츠하이머병을 앓고 있는 남편으로 인한 스트레스로 고민하는 주부 등이다. 심리학자들은 자연스러운 환경 속의 개인을 연구하기도 하고 때로는 실험실과 같이 통제된 조건에서 연구하기도 한다.

넷째, 많은 심리학자들은 정신 과정을 이해하지 않고는 인간의 행동을 이해할 수 없다고 생각한다. 인간의 많은 행동에는 생각하고, 계획하고, 추론하고, 창조하고, 꿈을 꾸는 것과 같은 개인적이고 내적인 사건들이 자리하고 있다. 대개의 심리학자들은 정신 과정이 심리학 연구의 가장 중요한 요소라고 믿고 있다.

2. 심리학의 역사

심리학이 무엇인지를 알아보는 또 한 가지 방법은 심리학의 역사를 통해서다. 심리학의 역사와 관련하여 헤르만 에빙하우스(Hermann Ebbinghaus, 1850~1909)는 "심리학의 과거는 길지만 그 역사는 짧다."라고 표현했다. 이 말은 인간이 인간의 심리와 행동에 관심을 가지고 그것을 알고 이해하고자 했던 시간은 오래되었지만, 철학에서 분리되어 과학적으로 심리학을 연구하기 시작한 시간은 길지 않다는 의미다.

인간은 생각하는 동물이다. 이런 점에 비추어 볼 때 기록으로 남아 있지 않아 그렇지 아마도 우리의 조상들은 왜 사람이 지금 하는 대로 행동을 하는지, 무엇이 사람이 서로 다르게 행동하도록 만드는지에 대해 궁금해했을 것이다. 정신과 악마가 우리 몸

속에 살면서 우리의 행동을 지시한다고 생각하던 때가 있었다. 체액이 사람의 성격과 정서에 영향을 준다고 믿기도 하였다. 인간 행동의 원인에 대한 흥미와 추측은 오랜 역사를 가지고 있다. 하지만 과학적으로 행동을 연구하기 시작한 것은 최근의 일이다. 심리학의 역사는 빌헬름 분트가 독일의 라이프치히대학교에 세계 최초로 심리학 실험실을 설치한 1879년을 기점으로 하여 철학적 심리학과 과학적 심리학으로 구분해 볼 수 있다. 모든 학문의 근원을 고대 희랍의 철학에 두는 것과 같이 심리학의 기원도 거기에서 찾을 수 있다. 당시에는 수학, 과학, 예술을 비롯한 대부분의 학문이 철학에 속해 있었다. 심리학도 예외가 아니었다. 이처럼 철학에서 분리되기 이전의 심리학을 철학적 심리학이라 부른다(최창호, 2001).

고대 사상가들은 주로 인간 자체의 생물학적 속성인 신체와 철학적 속성인 마음에 관하여 사색적인 논의를 하였고, 이 심신(心身)의 관계에서 인간을 지배하는 법칙을 찾으려 하였다. 이러한 심신관계론에 있어서 플라톤(Plato, 427~347 BC)은 마음과 신체가 별개라는 심신이원론을 처음으로 주장하였다. 그는 마음이란 인간의 신체와는 별개로 존재하는 영혼이라면서 현존하는 사물의 실체와 영혼의 실체를 분리하여 생각하였다. 이러한 입장과는 달리 플라톤의 제자인 아리스토텔레스(Aristoteles, 384~322 BC)는 마음이란 유기체의 기능이지 따로 떨어진 실체가 아니라는 심신일원론의 입장에서 신체에 생명이 있게 하는 것이 바로 마음인 영혼이며 이 생명체 속에 있는 영혼을 마음이라고 하였다.

이후 근세에 들어와 데카르트(Descartes, 1596~1650)는 심신의 관계에 대하여 영혼과 육체는 각각 독립되어 있으면서 상호작용을 한다고 주장하였고, 스피노자(Spinoza, 1632~1677)는 마음과 육체는 마치 종이의 앞뒤와 같아서 동일 실체의 양면에 불과하다는 심신양면설을 주장하였으며, 라이프니츠(Leibniz, 1646~1716)는 심신병행론을 주장하면서 마음과 육체는 별개의 실체지만 이들이 작용하는 기능은 병행한다는 입장을 취하였다. 심신의 관계에 대한 이러한 철학적 논의는 현대심리학의 탄생에 크게 기여하였다(윤가현 외, 2012).

현대심리학의 탄생에는 앞에서 살펴본 철학적 배경 외에도 자연과학적인 배경의 도움 또한 컸다. 인간 이해에 있어 자연과학적 측면에 대한 강조는 데카르트의 유기체론에서 출발했다고 볼 수 있다. 데카르트 이전에는 육체 속에 있는 영혼인 마음을 이해하면 인간 이해가 이루어진다고 주장한 아리스토텔레스의 사상과 아리스토텔레스 사상에 기초를 둔 신성불가침의 중세 기독교 사상이 지배적이었다. 그러나 종교개혁과 데카르트의 유기체론에 영향을 받아 모든 생명 현상을 오로지 영혼의 작용에만 귀속시킬 수 없다는 사상이 대두되었다. 또한 동물이나 인간도 다른 기계와 똑같이 연구될 수 있다는 데카르트의 사상은 그전까지 금기로 되어 있던 인체 해부도 가능하게 하는 계기가 되었으며, 이러한 계기로 신경생리학적인 연구가 활발하게 이루어졌다. 그 후 뮐러(Müller, 1838)는 신경에너지의 전달 원리를 밝혔고, 헬름홀츠(Helmholtz, 1850)는 신경충격의 전이속도를 측정하였으며, 베버(Weber, 1846)와 페흐너(Fechner, 1860)는 물리적인 자극과 심리적인 감각 사이의 관계를 양적으로 측정하는 방법을 고안해냈다.

한편 다윈(Darwin, 1809~1882)은 1859년 종의 기원이라는 책을 통해서 자연도태설에 근거한 진화론을 주장하였다. 생물은 신의 자유의지에 의하여 현재의 형태로 존재하는 것이 아니라 환경에 적응할 수 있도록 진화했다는 그의 주장은 심리작용이나 생명 현상을 과학적인 방법으로 연구할 수 있는 길을 마련했다. 다윈의 영향을 받은 골턴(Galton, 1822~1911)은 인간에게 유전적 특질에 따른 개인차가 있다고 주장하며 이러한 특질들을 측정할 수 있는 방법을 고안하였고 피어슨(Pearson, 1857~1936)과 스피어만(Spearman, 1863~1945) 등의 도움을 받아 개발한 상관관계 기법을 포함한 통계적 방법은 현대심리학의 과학적 연구방법에 크게 기여하였다(윤가현 외, 2012).

과학적 심리학은 앞에서 살펴본 것처럼, 철학적 및 자연과학적 배경에 영향을 받은 빌헬름 분트가 독일의 라이프치히대학교에 세계 최초로 심리학 실험실을 세운 1879년에 시작되었다고 보고 있다. 이런 이유로 분트를 현대심리학의 아버지라 부른다. 과학적 심리학은 관찰과 실험에 기초한 과학적인 방법으로 인간을 이해하려 했다는 점에서 관념적이고 사변적으로 인간을 이해하려 했던 철학적 심리학과 구분된다. 하지만 연구 대상에 있어서는 기본적으로 차이가 없다.

3. 심리학의 영역

심리학의 목적은 인간의 심리와 행동을 기술하고, 설명하고, 예측하고, 통제함으로써 인류의 복지에 기여하는 데 있다. 심리학은 연구 목적에 따라 기초심리학과 응용심리학으로 구분할 수 있다. 기초심리학은 이론심리학이라고도 하며, 인간의 심리와 행동의 이해와 예언에 초점을 둔다. 기초심리학 분야는 생리심리학, 발달심리학, 사회심리학, 성격심리학, 지각심리학, 인지심리학, 실험심리학 등으로 이루어져 있다. 응용심리학은 인간의 심리와 행동에 대한 기초심리학의 연구결과를 현실 장면에 활용함으로써 심리학이 인간 복지와 인류 문명에 기여할 수 있도록 하는 심리학의 활용 분야다. 응용심리학에 속하는 분야로는 임상심리학, 상담심리학, 산업·조직심리학, 광고심리학 등을 들 수 있다.

1) 기초심리학

(1) 생리심리학

행동, 사고, 감정의 생물학적·생리적 기초를 다루는 심리학 분야로 생물심리학, 바이오심리학, 정신생물학이라고도 불리며, 신경과학과 밀접한 관련이 있다. 생리심리학에서 다루는 주제로는 감각 지각, 학습, 언어, 정신장애, 중독, 스트레스, 수면과 기억장애 등을 들 수 있는데, 오늘날에는 두뇌의 기능과 개인의 정신 경험 및 행동과의 관련성에 많은 관심을 가지고 연구하고 있다.

(2) 발달심리학

인간의 전 생애에 걸친 모든 발달적 변화의 양상과 과정을 연구하는 심리학 분야로 종래에는 주로 아동기와 청년기를 대상으로 하였으나 오늘날에는 성인기와 노년기를 포함한 전 생애를 연구 대상으로 한다.

(3) 성격심리학

성격의 형성 과정과 성격 유형 및 성격의 개인차를 연구하는 심리학 분야로 발달심리학 및 사회심리학과 중복되는 부분이 많다.

(4) 사회심리학

타인에 의해서 개인의 행동과 정신 과정이 영향을 받는 방식을 다루는 심리학 분야로 집단행동, 사회지각, 대인매력, 리더십, 비언어적 행동, 순응, 공격성과 편견 같은 주제를 연구한다.

(5) 지각심리학

사람이 외부 환경의 자극과 정보를 어떻게 받아들이고 해석하는지를 연구하는 심리학 분야이다.

(6) 인지심리학

사람들이 어떻게 생각하고 지각하며 기억하고 배우는지 등과 같은 정신 과정을 연구하는 심리학 분야로 사람들이 정보를 어떻게 획득하고 처리하고 저장하는지에 초점을 둔다. 신경과학, 철학, 언어학을 포함한 타 학문 분야와 관련이 있다.

(7) 학습심리학

학습과 기억의 문제를 다루는 심리학 분야다. 학습심리학은 인간을 연구하기 위해 동물실험을 하고, 그 결과를 일반화시켜 인간의 심리와 행동을 추론하는 방법을 주로 사용하지만 직접 인간을 대상으로 연구하기도 한다. 과거에는 주로 동물실험을 통해 학습의 원리를 규명하는 데 초점을 맞췄으나 근래에는 인간의 기억 과정에 더 많은 관심을 가지고 있다.

(8) 실험심리학

하나의 독자적인 학문 분야라기보다는 실험을 중심으로 하는 심리학 연구에 기초적인 연구방법론을 제공해 주는 분야다. 실험심리학은 인간의 심리와 행동을 과학적으로 설명하기 위한 최선의 방법을 찾아냄으로써 인간의 심리와 행동을 연구하는 데 가장 기초가 되는 도구와 기법을 제공해 주는 분야다. 좁은 의미의 실험심리학은 지각, 생리, 학습심리학 분야를 지칭하지만 넓은 의미의 실험심리학은 성격, 사회, 발달심리학 등과 같은 실험적인 방법을 적용하는 대부분의 심리학 분야를 말한다.

2) 응용심리학

(1) 임상심리학

개인이나 집단이 겪는 심리적인 문제를 이해하고, 평가하고, 치료(예방 포함)하는 것에 초점을 둔다. 임상심리학자들은 우울, 불안, 적응문제, 중독, 정신분열, 섭식장애, 주의력결핍, 자폐, 학습장애, 성격장애, 두통 등의 심리생리적 문제 등 정신건강과 관련된 다양한 문제를 보이는 사람들을 돕기 위해 심리학의 각 분야에서 개발된 이론들을 개인이나 집단의 상황에 적절하게 적용하고 또한 이의 효과에 대한 평가와 연구를 수행한다.

(2) 상담심리학

임상심리학과 아주 유사한 심리학 분야로 개인이나 집단이 겪는 심리적인 문제를 이해하고, 평가하고, 치료하는 것에 초점을 둔다. 임상심리학과의 차이는 대상에 있다. 임상심리학은 정신과적인 문제를 가진 사람들, 즉 환자를 주 대상으로 하는 반면 상담심리학은 일반인을 주 대상으로 한다.

(3) 산업 · 조직심리학

산업 · 조직심리학은 심리학적 원리를 조직에 적용하는 심리학 분야다. 이 분야는 산업 측면과 조직 측면의 두 가지 측면으로 구성되어 있다. 산업 측면은 개인과 직무를 매치시키는 최선의 방법을 찾는 것과 관련되는데, 이를 인사심리학이라 부르기도 한다. 산업심리학자들은 근로자의 특성을 평가하고 그것을 근거로 이들이 가장 잘 수행할 것 같은 직무와 이들을 매치시킨다. 산업 · 조직심리학의 조직 측면은 조직이 어떻게 개인의 행동에 영향을 주는지를 이해하는 데 초점을 둔다. 조직 내의 개인의 행동에 영향을 줄 수 있는 것으로 알려진 조직 구조, 사회적 규준, 관리 스타일 및 역할 기대와 요인들을 이해함으로써 산업 · 조직심리학자들은 조직에 득이 됨과 동시에 개인의 수행과 건강을 증진시키고자 한다.

(4) 광고심리학

종래에는 산업심리학의 한 영역으로 다루어졌으나 광고 분야가 확대되고 광고의 역할이 증가됨에 따라 최근에 독자적인 하나의 영역으로 자리매김을 하였다. 광고심리학은 광고를 심리학의 원리를 통해 이해하고 접근함으로써 광고의 효율성과 광고의 질적 향상을 도모하고자 하는 심리학 분야다.

(5) 건강심리학

어떤 심리적 · 행동적 요인이 신체건강에 어떻게 영향을 미치는지를 다루는 심리학 분야로 건강과 심리작용과의 관계, 스트레스 등에 관심을 갖는다.

(6) 학교심리학

학교심리학은 최근에 생긴 심리학 분야로 학교 시스템 내에서 학생들이 정서적 · 사회적 · 학업적 문제를 잘 다루도록 돕는 데 관심이 있으며, 학부모, 교사, 학생과 협력하여 건강한 학습 환경을 증진시키는 것을 목표로 하고 있다. 학교심리학자는 학생들과 개별적 또는 집단으로 만나 이들의 행동 문제, 학업 문제 등을 다룬다. 학교심리학자가 제공하는 다섯 가지 주요 서비스 영역은 자문, 평가, 처치, 예방, 연구다.

이상에서 살펴본 분야 외에도 심리학에는 범죄심리학, 환경심리학, 군사심리학, 스포츠심리학, 종교심리학 등 다양한 분야가 있다. 2022년 현재 한국심리학회에는 15개의 산하학회, 즉 임상, 상담, 산업 및 조직, 사회 및 성격, 발달, 인지 및 생물, 문화 및 사회문제, 건강, 여성, 소비자 · 광고, 학교, 법정, 중독, 코칭, 심리측정평가학회가 있다.

4. 심리학의 연구방법

앞에서 언급한 바와 같이 심리학은 인간의 행동과 정신 과정을 연구하는 데 있어 과학적인 방법을 지향한다. 우리는 흔히 과학자라고 하면 흰 가운을 입고 실험 기구를 들고 있는 사람을 머릿속에 떠올린다. 하지만 과학이라는 말은 이런 것들보다는 태도 및 절차와 관련이 있다. 여러분이 앞으로 만나게 될 많은 심리학적 지식은 과학적 방법에 의해 얻어진 것이다. 과학적 지식은 그것이 가지고 있는 특징 때문에 다른 다양한 방법, 즉 관습, 권위, 직관 등에 의해 얻어진 지식과 구별된다. 과학적 지식이 가지고 있는 몇 가지 특징을 살펴보면 다음과 같다(박천식, 1999).

1) 과학적 지식의 특징

(1) 경험주의

과학적 지식의 첫 번째 특징은 경험주의를 채택하고 있다는 것이다. 경험주의란 관찰이나 실험을 통하여 새로운 지식을 획득하는 것을 말한다. 경험적 자료에 의하지 않는 주장이나 이론은 과학의 대상이 되지 못한다. 따라서 어떤 주장이 과학적이려면 경험적 자료에 의하여 뒷받침이 되어야 한다.

(2) 검증가능성

과학적 지식의 두 번째 특징은 검증가능성이다. 과학적 지식은 특정한 개인의 마음속에 있는 것이 아니라 공개되어 검증을 받아야 한다. 이렇게 하여 어떤 특정한 주장이나 이론은 객관성을 획득하게 된다. 과학적 지식은 다른 연구자에 의해 연구결과가 반복될 수 있어야 하는데, 이것은 개인의 의견이나 편파에서 벗어나 객관성을 획득하는 중요한 방법으로 반복가능성이라고 한다. 반복가능성은 어떤 연구자의 주장이 객관적인 사실이나 진실을 언급하고 있다는 것을 보여주는 중요한 검증 수단이다.

(3) 해결가능성

과학적 지식의 세 번째 특징은 해결가능성이다. 해결가능성이란 현재 경험적 자료를 얻을 수 있는 도구와 기법이 뒷받침되는 문제에 대해서만 답할 수 있다는 것이다. 어떤 문제가 해결될 수 있는 문제인지 아닌지를 결정하는 것은 현상이나 문제 그 자체가 아니라 현재 기술이나 과학 수준으로 그 현상이나 문제를 경험적으로 연구할 수 있느냐의 문제다. 따라서 새로운 패러다임이 등장하거나 과학이 발달하여 새로운 과학적 토대가 마련되면 공론에 머물렀던 문제들이 과학적으로 다루어질 수 있게 된다.

2) 자료 수집 방법

과학적 지식은 과학적 연구를 통해 획득된다. 과학적 연구는 주어진 현상 내의 많은 변인들 중 특정 변인에 주목하여 그 변인의 특성이나 관계가 어떠한지를 기술하고, 왜 그러한 관계가 성립되는지를 설명하며, 설명을 통해 보편타당한 지식 체계, 즉 이론을 정립함으로써 주어진 현상에 대해 구체적으로 예언하고, 나아가 현상을 통제하는 데 그 목적이 있다. 과학적 연구는 반드시 따라야 할 정해진 절차가 있는 것은 아니나 대개 문제 발견 → 가설 설정 → 자료 수집 → 자료 분석 및 해석 → 연구보고서 작성의 순서를 따른다. 심리학이 과학적 학문이라고 할 때 과학적이라는 말은 연구 대상에서 자료를 수집하고 분석하는 방법이 과학적이라는 의미가 크다. 심리학에서 사용하는 자료 수집 방법은 다양하나 크게 실험법, 관찰법, 조사법, 검사법, 사례연구법으로 구분해 볼 수 있다.

(1) 실험법

실험법이란 연구자가 통제된 조건에서 어느 한 변인을 의도적으로 조작하고 그 변인이 다른 변인에 어떤 영향을 주는지를 알아보는 방법이다. 실험은 한 변인의 변화가 다른 변인에 미치는 영향을 알아보기 위해 행해지는데, 여기서 실험자가 다른 변인에 미치는 영향을 알기 위해 의도적으로 변화시킨 조건 또는 사상을 독립변인이라 하고, 독립변인 조작의 영향을 받는 변인을 종속변인이라 한다. 그리고 종속변인의 변화가 독립변인의 처치 효과에 의해서만 나타난 결과라는 것을 보장하기 위하여 다른 변인들(종속변인에 영향을 줄 수 있는 모든 변인)은 일정하게 통제되어야 하는데, 이 변인을 가외변인이라고 한다. 전형적인 실험에서 연구자는 독립변인을 처치한 집단과 처

치하지 않는 집단을 비교하는데, 전자를 실험집단이라 하고 후자를 통제(또는 비교)
집단이라 한다.

실험법이 심리학에서 어떻게 사용되는지를 알아보기 위해 예를 하나 들어 보자. 가
령 폭력적 TV 프로그램이 유아의 폭력 행동에 어떠한 영향을 미치는지를 알아보는
연구를 수행한다고 하자. 피험자는 7세 남녀 아동 10명이라고 하자. 실험자는 전체
피험자 10명 중 반은 실험집단에 또 다른 반은 통제집단에 할당했다. 통제집단에 있
는 아동에게는 비폭력 비디오를 5분 동안 보여주었고, 실험집단에 있는 아동에게는
폭력 비디오를 5분 동안 보여주었다. 비디오 시청이 끝난 후 아이들의 행동을 관찰하
였다.

이러한 실험을 통해 폭력 비디오 시청이 폭력 행동에 영향을 미치는지 여부를 알
수 있다. 실험연구의 목적은 어느 두 이론적 변인 간의 인과관계를 확립하는 것이다.
실험연구에서는 실험조건의 계획적인 조작과 통제가 얼마나 완벽하게 이루어졌는가
하는 것이 실험의 성패를 좌우한다. 실험법의 가장 중요한 장점은 변인들 간의 인과
관계를 밝힐 수 있다는 점이다. 하지만 실험법으로 관심이 있는 모든 문제를 연구할
수는 없다. 왜냐하면 윤리적인 문제로 독립변인을 의도적으로 조작할 수 없는 경우가
많기 때문이다.

(2) 관찰법

심리학자들이 수행하는 많은 연구는 동물이나 사람의 행동을 주의 깊게 관찰하는 것
에서부터 출발한다. 관찰연구에서는 연구자가 관찰되고 있는 사람을 방해하지 않으
면서 행동을 조심스럽고 체계적으로 관찰하고 기록한다. 관찰법은 연구의 초기 단계
에서 종종 사용되는데, 행동을 설명하기에 앞서 행동을 잘 기술하는 것이 도움이 되
기 때문이다. 관찰법은 통제 유무에 따라 자연관찰법과 실험실관찰법으로 구분할 수
있다.

자연관찰법은 자연스런 환경에서 발생하는 행동을 있는 그대로 관찰하고 기록하는
방법이다. 제인 구달과 다이앤 포시 같은 생태학자들은 야생에서 유인원과 다른 동물
을 연구할 때 이 방법을 사용한다. 만약 우리가 폭력적 TV 프로그램 시청의 영향을

알고 싶다면, 폭력적 TV 프로그램을 시청한 사람들에게 가서 그들을 관찰하면 된다.

이 방법에는 많은 장점이 있다. 첫째, 자료 수집이 직접적으로 이루어지기 때문에 응답자의 기억에 의지할 필요가 없다. 둘째, 사람들은 자신이 연구되고 있다는 사실을 모르기 때문에 자신이 좋게 보이도록 의도적으로 행동하지 않는다. 셋째, 자연적 환경에서 관찰되기 때문에 피험자들이 하는 행동이 인위적인 것이 전혀 가미되지 않은 행동이라는 것을 확신할 수 있다. 이런 장점에도 불구하고 자연관찰법에는 몇 가지 단점이 있다. 첫째, 연구자는 사건이 일어날 때까지 기다려야 한다. 둘째, 상황을 통제할 수 없기 때문에 원인－결과 관계에 대해 알 수 없다. 셋째, 관찰자 편향에 의해 관찰이 왜곡될 수 있다.

행동을 연구하는 또 하나의 방법은 자연 상황이 아닌 실험실에서 관찰하는 것이다. 실험실관찰법을 사용하는 연구자는 통제를 하고 반응을 측정하기 위해 정교한 장비를 사용할 수 있다. 형태주의 심리학자인 쾰러(Köhler)는 침팬지가 문제를 어떻게 푸는지를 알아보기 위해 주의 깊게 관찰했다. 그는 천장에 바나나를 매달아 놓고 바닥에는 의자와 막대기, 끈을 놓아두었다. 배고픈 원숭이가 바나나를 어떻게 따서 먹는지가 쾰러의 관심사였다. 막대기 하나로는 바나나를 딸 수 없고, 막대기를 끈으로 잇고, 의자를 이용해야만 바나나를 딸 수가 있었다. 침팬지는 곰곰이 생각하다가 막대기를 끈으로 잇고, 의자에 올라 천장에 달려 있던 바나나를 따 먹었다. 쾰러는 이 관찰을 바탕으로 유명한 통찰학습을 발견하게 되었다. 실험실관찰법은 연구자와 특별한 실험장치로 인해 피험자가 자신이 대개 하던 방식과 다르게 행동을 할 수도 있기 때문에 실험실에서 이루어진 관찰에 기초하여 내려진 결론을 실험실 밖으로 일반화하기 어렵다는 단점이 있다.

(3) 조사법

설문지와 인터뷰를 통해 사람들에게 자신의 경험, 태도, 견해 등에 대해 직접적으로 질문함으로써 사람에 대한 정보를 모으는 방법을 조사법이라고 한다. 만약 여러분 중에 선호하는 대선 주자에 대한 질문을 받아본 적이 있는 사람이 있다면 그 사람은 조사법을 사용한 연구에 참여한 것이다. 조사는 전집(연구자가 관심을 가지고 있는 연구대상 전체)을 대상으로 하는 경우는 거의 없고 대개 표본(연구자가 실제로 연구하는 전집의 일부)을 대상으로 이루어진다. 잘 수행된 조사는 유용한 정보를 제공해 준다.

조사를 잘 수행하기 위해서는 무엇보다도 전집을 대표하는 표본을 구하는 것이 중요하다. 작지만 대표성이 있는 표본은 정확한 결과를 낳을 수 있는 반면 적절한 표집 방법을 사용하지 않은 조사는 의문스러운 결과를 낳을 가능성이 높다. 조사법은 짧은 시간에 많은 사람들로부터 필요한 정보를 얻을 수 있다는 장점이 있으나, 조사법과 관련된 하나의 문제는 조사에 응한 사람들이 여러 가지 이유로 정확하지 않은 정보를 제공할 수 있다는 것이다.

표 1.1 심리학 연구방법의 장점과 단점 비교

방법	장점	단점
실험법	• 연구자가 상황을 통제할 수 있다. • 원인과 결과를 알 수 있도록 해 준다.	• 상황이 인위적이고 결과를 실세계에 일반화하기 어렵다. • 때때로 실험자 효과를 피하기 어렵다.
자연관찰법	• 자연스런 환경에서 발생하는 행동을 기술할 수 있다. • 연구의 초기 단계에 유용하다.	• 연구자가 상황을 통제할 수 없다. • 관찰이 편향될 수 있다. • 원인과 결과에 대한 확고한 결론을 내리기 어렵다.
실험실관찰법	• 상황에 대해 어느 정도 통제를 할 수 있다. • 정교한 장비를 사용할 수 있다.	• 상황에 대해 아주 제한적 통제만 할 수 있다. • 관찰이 편향될 수 있다. • 원인과 결과에 대한 확고한 결론을 내리기 어렵다. • 실험실에서의 행동이 자연적 상황에서의 행동과 다를 수 있다.
조사법	• 많은 사람들을 대상으로 많은 양의 정보를 모을 수 있다.	• 표본이 대표성이 없거나 편향되어 있으면 결과를 일반화하기 어렵다. • 반응이 부정확하거나 거짓일 수 있다.
검사법	• 성격 특성, 정서 상태, 적성, 능력 등에 대한 정보를 얻을 수 있다.	• 타당하고 신뢰로운 검사도구를 제작하기 어렵다.
사례연구법	• 가설의 주요 원천이 된다. • 개인에 대한 심층 정보를 제공해 준다. • 다른 방법으로 연구하는 것이 비윤리적이거나 비실제적인 상황이나 문제에 대해 해결의 실마리를 제공해 줄 수 있다.	• 연구되는 개인이 대표성이 없거나 비전형적인 인물일 수 있다. • 어떤 주관적 해석이 최선인지 알기 어렵다.

출처 : Carol T. & Carole W. (1995). *Psychology in perspective*. HarperCollins College Publisher

(4) 검사법

심리검사는 현대심리학에서 사용되는 중요한 연구 도구로 개인의 성격 특성, 정서 상태, 적성, 흥미, 능력, 가치 등을 측정한다. 대개의 경우 심리검사는 사람들이 여러 질문에 답할 것을 요구하며, 피험자가 응답한 숫자에 기초하여 하나 내지는 그 이상의 전체 점수를 구한다. 어떤 검사는 피험자가 알고 있는 신념, 감정 또는 행동을 잰다. 어떤 검사는 무의식적 느낌이나 동기를 재도록 설계되어 있다. 여러분들은 아마 지능검사, 성취검사, 직업적성검사와 같은 검사를 한 번쯤 해 보았을 것이다. 수많은 심리검사가 산업체, 교육기관, 연구 등에서 사용된다. 검사는 개인으로 하기도 하고 집단으로 하기도 한다. 이들 검사는 사람 간의 차이를 알아보기도 하고 한 개인 내의 차이를 알아보기도 한다. 잘 구성된 심리검사는 단순한 자기평가보다 자신을 더 잘 이해하는 데 도움을 줄 수 있다. 조사법과 마찬가지로 검사법도 세심한 준비가 필요하며, 검사를 실시하고 해석하는 데에도 많은 훈련이 요구된다.

(5) 사례연구법

이 방법은 소수 몇 사람(간혹 단 한 사람) 또는 단일 사상의 효과를 심층적으로 연구하는 것과 관련이 있다. 사례연구법(case study, case history)은 임상가들이 보편적으로 사용하는 방법이나, 연구자들 또한 간혹 이러한 방법을 사용한다. 언어를 연구하는 학자들은 자기 아이의 언어발달에 대한 상세한 기록을 하면서 연구를 시작한다. 사례연구는 후속 연구를 위한 풍부한 가설의 원천일 수 있다. 사례연구는 추상적 일반화와 통계가 결코 할 수 없는 방식으로 심리학적 원리를 예증한다. 사례연구법은 또한 다른 연구방법보다 개인에 대해 좀 더 자세한 그림을 그려 준다. 종종 사례연구는 사람들의 과거 기억에 의존하기 때문에 그 기억이 선별적이고 부정확할 수 있다. 나아가 사례연구는 개인에게 초점을 두기 때문에, 인간 행동에 대해 일반화하기를 원하는 심리학자들에게는 유용성이 제한되는 단점이 있다. 사례연구의 대상이 되는 사람은 연구자가 결론을 도출하고자 하는 대부분의 다른 사람과 다를 수 있다.

　그럼에도 불구하고 사례연구법은 실제적 또는 윤리적 문제 때문에 다른 방법으로 자료를 수집하기 어려울 경우나 흔하지 않은 현상을 연구하고자 할 때 유용하게 사용할 수 있다. 예를 들어, 생물심리학자는 두뇌가 어떻게 조직화되어 있느냐에 대한 단서를 얻기 위해 두뇌 손상을 입은 환자를 연구할 수 있다. 특이한 사례는 가끔 인간 기능에 대한 일반적인 질문에 대한 해결의 실마리를 제공해 줄 수 있다. 그러나 대부분의 사례연구는 가설의 검증이라기보다는 가설을 개발할 수 있는 자원이다. 이런 이유로 사례연구법은 일반적으로 심리학자들이 이론과 가설을 개발하고자 할 때 사용한다.

앞에서 살펴보았듯이, 심리학자들은 인간의 행동을 연구하기 위해 다양한 방법을 개발해 왔다. 최고의 연구방법이라는 것은 없다. 각각의 방법은 장점과 단점을 가지고 있다(표 1.1 참조). 목수가 하나의 연장으로 집을 지을 수 없듯이, 심리학자들도 인간의 행동을 한 가지 방법으로만 이해하려고 하지 않는다. 그러므로 모든 연구방법이 사용된다. 완벽한 연구방법은 없다. 하나의 문제를 연구하기 위해 다양한 연구방법을 사용하게 되면 우리는 연구결과에 대한 더 큰 확신을 얻게 된다.

5. 심리학의 관점

심리학자들은 인간의 심리 현상을 이해하고 설명하기 위해 다양한 접근방법 또는 관점을 택하고 있다. 오늘날 심리학의 관점은 다음과 같이 크게 다섯 가지로 구분해 볼 수 있다(Carol & Carole, 1995). 이러한 관점에는 옳고 그른 것이 없으며, 다만 서로 설명의 강조점이 다를 뿐이다. 각각의 관점은 상호보완적이며 모두 유용하다.

1) 정신분석적 관점

이 관점은 언어, 방법, 수용할 수 있는 증거의 기준에 있어 다른 관점과 매우 다르다. 인간에 대한 정신분석 이론은 내적 힘, 갈등, 본능 에너지와 같은 개인 내의 무의식적 역동을 강조한다. 그들은 인간에 대해 정신 내적 견해를 가지고 있으며 마음의 내적 기제를 강조한다. 역동은 물리학에서 나온 개념으로 외적 힘 또는 내적 힘의 행위하에서의 시스템의 움직임과 균형을 말한다. 지그문트 프로이트는 19세기 물리학에서 에너지 보존 법칙의 아이디어를 빌려왔다. 프로이트에 의하면, 어떤 시스템 내에서의 에너지는 이동하거나 변형될 수 있지만 전체 에너지의 양은 같다. 프로이트에게 있어 심리 에너지(정신적 · 정서적 과정을 수행하는 데 필요한 에너지. 예를 들어 생각하기, 꿈꾸기, 걱정하기 등)는 신체 에너지의 한 유형이다. 프로이트에 의하면, 의식은 빙산의 일각이고, 눈에 보이는 일각 아래 무의식이 놓여 있으며 그 무의식에는 숨겨진 소망, 야망, 열정, 죄책감을 주는 비밀, 말할 수 없는 갈망, 소망과 의무 간의 갈등이 있다. 이런 보이지 않는 힘이 행동에 의식보다 훨씬 더 강한 영향력을 발휘한다고 프로이트는 믿었다. 프로이트의 아이디어는 많은 추종자들이 자신의 이론을 개발하는 데 영감을 주었다.

2) 행동주의적 관점

1913년 심리학자 존 왓슨은 행동주의자가 본 심리학이라는 제목의 논문을 발표했다. 이 논문에서 그는 심리학이 과학이 되려면, 마음과 의식에 집착하지 말아야 한다고 주장했다. 심리학자는 내성을 연구방법으로 사용해서는 안 되며 행동을 설명함에 있어 정신 상태, 마음, 정서 같은 용어를 거부해야 하고, 관찰할 수 있고 직접적으로 측정할 수 있는 것(환경에서 실제 일어나고 있는 행동이나 사상)을 고수해야 한다고 주장했다. 왓슨은 학습의 기본 법칙으로 인간과 다른 동물의 행동을 설명할 수 있다고 믿었다. 후일 스키너(Skinner, 1904~1990)는 자전거 타기, 옷 입기 등과 같은 자발적 행위에 행동주의적 접근을 확대했다. 스키너는 행위 결과가 그것이 다시 발생할 확률에 상당한 영향을 미침을 보여주었다.

처음에 행동주의는 심리학자들을 흥분시켰고 미국 심리학계를 주도했으며 이러한 경향은 1960년대 초반까지 계속되었다. 행동주의적 관점은 많은 사람의 삶에 영향을 주었다. 행동주의 기법은 사람들이 담배를 끊고 체중을 줄이고, 보다 나은 학습 습관을 획득하도록 하는 등 다양한 측면에 도움을 주었다. 사회학습 기법은 사람들의 자기 확신, 동기, 성취 등을 높이는 데 도움을 주었다. 정확성과 객관성에 대한 행동주의 관점의 주장은 심리학을 발전시키는 데 많은 기여를 했다.

3) 인본주의적 관점

인본주의적 관점은 1950년대 당시 심리학을 지배하고 있던 정신분석과 행동주의에 대한 반발로 시작되었다. 이 관점은 인간 행동이 무의식적 힘에 의해 결정된다는 정신분석적 견해와 인간 행동이 환경적 요인에 의해 결정된다는 행동주의적 견해를 모두 거부한다. 대신에 인본주의적 심리학은 개인의 잠재력에 초점을 두고 성장과 자기실현의 중요성을 강조한다. 인본주의 심리학의 기본 신념은 인간은 생득적으로 선하며, 인간이 경험하는 정신적 · 사회적 문제는 이러한 자연적인 경향에서 일탈한 결과라고 본다.

4) 인지적 관점

1950년대와 1960년대 동안 심리학에서 인간 마음의 작동에 대한 새로운 강조가 예기치 않은 일로 인해 탄력을 받기 시작했다. 컴퓨터의 발달은 과학자들로 하여금 문제

표 1.2 심리학의 관점

관점	초점	강조
정신분석적	• 행동이 무의식적 욕구와 갈등으로부터 어떻게 생겨나는가?	• 성적 욕구와 공격적 욕구의 관점에서 성격 특성과 장애의 분석
행동주의적	• 관찰 가능한 반응이 어떻게 획득되고 변화하는가?	• 어떻게 우리는 특정 물건과 상황을 두려워하도록 배우는가? • 어떻게 우리의 행동(가령, 체중감소, 금연)을 가장 효과적으로 변화시킬 수 있는가?
인본주의적	• 무의식적 힘이나 환경이 아닌 자신의 삶의 패턴을 선택할 수 있는 능력	• 어떻게 성숙과 수행을 추구하는가? 어떻게 자신의 삶을 경험하고 이해하는가?
인지적	• 어떻게 정보를 처리, 저장, 인출하는가?	• 기억, 추론, 문제해결에 정보를 어떻게 사용하는가?
생물학적	• 신체와 두뇌가 어떻게 정서, 기억, 감각적 경험을 만들어내는가?	• 진화와 유전이 어떻게 행동에 영향을 미치는가? • 신체 내에서 메시지가 어떻게 전달되는가? • 혈액의 화학적 분석은 어떻게 기분 및 동기와 연결되는가?

출처 : Myers, D. G. (1993), *Exploring psychology*(2nd ed.), p. 4.

해결, 비공식적 피드백과 다른 정신 과정을 연구하도록 장려했다. 그 결과로 인지심리학이 태동했다. 인지심리학자들은 사람들이 어떻게 언어를 사용하고 도덕규범을 획득하고, 정서를 경험하며, 집단에서 행동하는지를 이해하기 위해서는 사람들의 머릿속에 어떤 일이 일어나고 있는지를 알아야 한다고 주장했다.

이 관점의 가장 중요한 기여 중 하나는 사람의 설명과 지각이 그들의 행위와 느낌에 영향을 준다는 것을 보여주었다는 것이다. 우리 모두는 끊임없이 우리를 둘러싸고 있는 세상과 우리의 신체적·정신적 상태를 이해하려고 한다. 우리의 아이디어가 항상 현실적이거나 합리적인 것은 아니지만 우리의 행위와 선택에 영향을 준다. 인지심리학자들은 사람들은 어떻게 자신의 행동을 설명하고, 문장을 이해하며, 지적 문제를 해결하고, 추론하며 의견을 형성하고 사건을 기억하는지를 연구한다. 인지적 접근은 오늘날 심리학에서 가장 강력한 세력 중 하나다.

5) 생물학적 관점

처음 심리학을 공부하기 시작한 사람들 중 많은 사람들은 심리학자들이 행동이나 사고뿐만 아니라 유전자, 호르몬, 신경세포 등에 관심을 갖는다는 것을 발견하고는 놀란다. 그러나 심리학에 대한 생물학적 접근은 초기부터 중요한 접근방법이었다. 빌헬름 분트의 가장 널리 알려진 책도 도서명이 생리심리학의 원리다. 분트와 대부분의 초기 연구자들은 심리학이 해부학과 생리학에 확고한 기반을 두기를 원했다.

생리심리학을 뒷받침하는 기본 아이디어는 모든 행위, 느낌, 사고는 신체 사상과 관련이 있다는 것이다. 생물심리학자들은 지각, 기억, 행동을 만들어내기 위해 신체 사상이 어떻게 외적 환경에서 발생하는 사상과 상호작용하는가를 알고 싶어 한다. 생리심리학은 마음과 신체 간의 상호작용에 관심을 가진다. 사람들은 종종 인간 행동에 대한 설명은 생리적이거나 심리적이어야 한다고 생각하며 신체와 마음 간의 상호작용이 얼마나 복잡한지 잘 모른다. 생물학적 관점은 신체를 모르고서는 우리 자신을 알 수 없다는 유용한 메시지를 우리에게 전달해 준다.

지금까지 현대심리학의 주요 다섯 가지 관점에 대해 살펴보았다. 심리학의 주요 관점은 각각 심리학자들이 묻는 질문과 중요하게 생각하는 정보의 종류에 영향을 준다 (표 1.2 참조). 예를 들어 **분노**와 같은 연구 주제를 관점에 따라 어떻게 달리 연구하는 지에 대해 살펴보자. 정신분석적 관점을 취하는 연구자들은 감정 폭발을 무의식적 호 전성에 대한 출구로 볼 것이다. 행동주의적 관점을 취하는 연구자들은 어떤 외적 요 인이 화를 내거나 공격적 행위를 하게 하는지를 연구할 것이다. 인본주의적 관점을 취하는 학자는 자신의 관점에서 분노를 경험하고 표현하는 것이 갖는 의미를 이해하 기를 원할 것이다. 인지적 관점을 취하는 연구자들은 좌절스러운 상황에 대한 우리의 지각이 어떻게 우리의 분노 강도에 영향을 주는지, 분노가 우리의 사고에 어떠한 영 향을 주는지 연구할 것이다. 생물학적 관점을 취하는 연구자들은 얼굴에 홍조를 띠는 것과 같은 신체적 상태를 유발하는 두뇌 회로를 연구할 것이다.

정신분석적, 행동적, 인본주의적, 인지적, 생물학적 관점은 분노를 매우 다르게 기 술하고 설명한다. 그러나 이것이 서로 모순된다는 것을 의미하는 것은 아니다. 다섯 가지 관점을 사용함으로써, 우리는 어떤 하나의 관점이 제공할 수 있는 것보다 훨씬 더 분노를 잘 이해할 수 있게 된다. 상이한 관점은 서로에 대해 상보적일 수 있다. 이 러한 중요한 점은 모든 학문 분야에 해당된다. 각 관점은 유용하다. 그러나 어떤 한 관점이 전체적인 그림을 그려 줄 수는 없다.

제2장

정신분석적 인간 이해

프로이트의 생애

지그문트 프로이트(Sigmund Freud, 1856~1939)는 1856 년 5월 6일 지금은 체코슬로바키아의 영토가 된 오스트리 아의 프라이베르크 모라비아라는 작은 마을에서 유대인 아 버지와 어머니의 일곱 남매 중 맏이로 태어났다. 그의 아버 지는 가난한 양모 상인으로 두 번의 결혼 경력이 있었다. 프로이트가 네 살이 되었을 때 그의 가족은 경제적인 이유 로 비엔나로 이사하였고 프로이트는 비엔나에서 삶의 대부 분을 보냈다. 프로이트는 어려서부터 학업성적이 뛰어났 고, 1873년에 비엔나대학교 의과대학에 입학하여 1881년 26세 때 의학박사 학위를 취득 하였다. 1886년에 4년간 사귀어 오던 마르타 베르나이즈와 결혼하여 슬하에 육 남매를 두었는데, 그중 막내가 후일 아동정신분석가로 명성을 떨친 안나 프로이트였다.

의과대학 재학 중 그는 비엔나대학교 생리학 실험실의 책임자이자 19세기의 위대한 생리학자 중 한 사람이었던 에른스트 폰 브뤼케 교수의 지도하에 생리학을 공부하면서 그의 급진적인 견해에 매료되었다. 또한 그는 "에너지는 변형될 수는 있어도 파괴될 수 는 없으며, 따라서 에너지가 체계의 한 부분에서 사라지면 그것은 반드시 체계의 다른 부분에 나타난다."라는 헬름홀츠의 에너지 보존 법칙에 영향을 받았다.

프로이트는 1884년 브로이어와 관계를 맺으면서 정신분석에 대한 관심을 갖게 되었 고, 1885년에는 프랑스 파리로 건너가 당시 히스테리 최면술 연구로 명성을 얻고 있던 샤르코와 함께 최면을 연구하였다. 샤르코와의 만남은 프로이트가 신경학자에서 정신병 리학자로 전환하게 하는 중요한 계기가 되었다. 프로이트와 브로이어는 정신분석의 시 작으로 취급받는 신경증에 관한 연구라는 제목의 논문을 1895년 공동으로 발표하였다.

프로이트는 1902년까지 정신분석의 이론과 실제를 향상시키는 데 관심을 기울였는 데, 1905년 성 이론에 관한 세 편의 에세이를 발표하였고, 1909년에 홀의 초청으로 미국 클라크대학교에서 강연한 후 그의 명성이 국제적으로 알려지게 되었다.

프로이트는 매우 창조적이고 열정적으로 일에 몰두하여 하루에 무려 18시간이나 연 구에 전념하는 경우도 자주 있었다. 이러한 집필의 결과로 정신분석에 관련된 그의 전집 은 총 24권이나 된다. 생애 마지막 20년 동안 그는 수십 번의 수술을 받았으며 끊임없는 고통 속에서 살다가 1939년 런던에서 생을 마감하였다.

1. 기본 가정

정신분석적 관점은 크게 두 가지로 구분된다. 하나는 프로이트의 전통적 관점이고, 다른 하나는 프로이트의 정신분석에 그 기원을 두고 있으나 몇 가지 중요한 측면에서 견해를 달리하는 소위 신프로이트 이론이다. 신프로이트 이론은 아들러의 개인심리학, 융의 분석심리학, 에릭슨의 심리사회적 발달 이론 등 다양하다. 이 장에서는 프로이트의 정신분석에 대해 살펴본다. 정신분석학은 프로이트 자신의 치료경험 및 자기분석과 광범위한 임상관찰을 토대로 한 성격발달에 대한 이론이자 인간 본성에 관한 철학이며 심리치료의 한 방법이다. 정신분석학은 인간에 대해 정신결정론과 무의식적 동기라는 두 가지 개념을 기본적으로 가정하고 있다(Arlow, 1989).

1) 정신결정론(psychological determinism)

프로이트의 정신분석학에서는 인간을 결정론적인 존재로 본다. 프로이트에 의하면, 인간의 어떤 행동도 우연히 일어나는 것은 없으며 모두 심리적 원인을 가진다고 가정한다. 즉 실언, 꿈, 환상이나 망각, 선택, 소망, 성공을 위한 노력, 어떤 행동의 반복, 타인에 대한 적대적인 행동, 소설 집필, 그림 그리기 등 모든 행동은 어떤 원인으로 설명될 수 있다는 것이다. 정신분석학은 사고, 감정, 행동의 숨겨진 원인을 찾아내고 인간의 초기 경험이 인간의 본성에 영향을 주어 성인의 성격을 형성하게 되는 과정을 설명하고자 한다. 프로이트에 의하면 인간의 행동은 무의식적 동기와 생물학적 욕구 및 충동, 그리고 생후 약 5년간의 생활경험에 의해 결정된다고 보았다.

2) 무의식적 동기(unconscious motivation)

프로이트의 정신분석학을 이해하기 위해서는 인간의 의식 수준을 먼저 살펴볼 필요가 있다. 프로이트는 세 가지 의식 수준(의식, 전의식, 무의식)을 제안했다. 의식은 한 개인이 현재 각성하고 있는 모든 것(감각, 지각, 기억 등)을 말하는데, 프로이트는 의식을 우리의 정신생활의 한 작은 부분에 지나지 않는다고 보았다. 전의식은 의식의 부분은 아니지만 조금만 노력하면 의식 속으로 떠올릴 수 있는 생각이나 감정들로 정신세계에서 무의식과 의식영역을 연결하는 역할을 한다. 예를 들어, 친구의 전화번호나 여러분이 봤던 영화의 제목을 생각한다면, 여러분은 전의식으로부터의 정보를 의식으로 가져오고 있는 것이다. 마지막으로 무의식은 개인이 자신의 힘으로는 의식에 떠올릴 수 없는 생각이나 감정들로, 무의식 속에는 자신이나 사회에 의하여 용납될 수 없는 감정이나 생각 혹은 충동들이 억압되어 있다. 프로이트는 인간의 모든 정신과정이 무의식으로부터 기원한다고 보았다.

당시의 심리학은 의식을 연구하는 데 몰두하고 있었다. 심리학자들은 인간이 환경과 접촉할 때 인간이 경험하게 되는 것에 관심이 있었기 때문에 무의식은 비판적이고 과학적인 분석의 대상이 될 수 없다고 주장했다. 그러나 프로이트는 무의식은 성격의 일부분으로 반드시 연구해야 하는 것으로 생각했다. 프로이트는 빙산을 예로 들어 무의식이 중요함을 설명했다(그림 2.1 참조). 빙산의 대부분이 수면 아래에 있듯이 인간

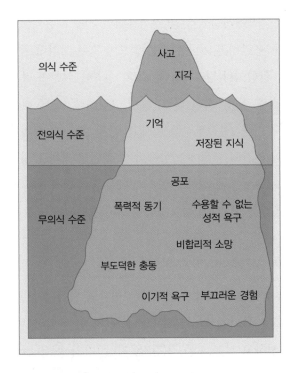

그림 2.1 **성격의 구조에 대한 프로이트의 견해**

출처 : 권석만(2012). 현대심리치료와 상담 이론. 서울 : 학지사.

성격의 대부분도 의식 수준 아래에 있다. 즉 프로이트는 성격의 이 영역에 인간 행동의 중요한 인과적 요인이 존재한다고 믿었다. 따라서 인간의 행동을 이해하려면 반드시 무의식을 밝혀야 한다는 것이다.

2. 성격 이론

1) 성격 구조

프로이트에 의하면, 인간의 성격은 원초아(id), 자아(ego) 및 초자아(superego)라는 세 가지 요소로 구성되어 있다. 각 요소는 자체로 고유의 기능과 요소를 갖고 있지만, 인간의 행동은 거의 언제나 이 세 가지 요소 간의 상호작용 결과다. 이 세 가지 요소는 우리의 신체 속에 존재하는 실체가 아니라 성격 기능의 세 가지 측면을 나타내는 명칭이다(Carver & Scheier, 1988; Hall & Lindzey, 1980).

(1) 원초아

원초아(id)는 성격의 가장 원초적인 부분으로 신생아가 지니고 있는 최초의 상태다. 원초아는 선과 악을 구분하지 못하고 실세계에서 실현 가능한 것과 불가능한 것을 구분하지 못하며 억제할 수도 없다. 프로이트는 모든 에너지는 원초아로부터 나온다고 믿었다. 그러므로 원초아는 성격의 엔진이다.

　원초아는 인간의 본능이 존재하는 곳이다. 인간은 출생 시부터 삶의 본능(eros)과 죽음의 본능(thanatos)을 가지고 있다. 삶의 본능은 개인과 종족의 생존을 유지 발전시킨다. 배고픔, 목마름과 성적 충동은 생의 본능이 가지고 있는 특성들이며, 이런 본능은 에너지를 가지고 있다. 삶의 본능이 가지고 있는 에너지를 리비도(libido)라고 한다. 삶의 본능의 여러 측면 중 프로이트가 가장 관심을 가졌던 부분이 성이기 때문에 이 리비도란 용어는 흔히 '성 에너지'와 같은 뜻으로 쓰이기도 한다.

　죽음의 본능은 죽음에 대한 소망(death wish)으로 표현되기도 한다. 프로이트에 의하면 인간은 죽음을 지향하는 경향성(즉 무생물의 상태로 복귀하려는 경향성)을 가지고 있다. 이러한 경향성은 죽음에 대한 소망을 심리적인 형태로 나타나게 하는데, 이는 자살의 경우에서처럼 직접적으로 나타나기도 하며, 경주용 자동차 운전자, 산악인 등 매우 위험한 활동에 참여하는 경우에는 간접적으로 나타나기도 한다. 그러나 일반적으로 삶의 본능은 죽음에 대한 소망이 직접적으로 나타나는 것을 방해한다. 프로이트는 죽음의 본능이 가지고 있는 에너지에 대해서는 구체적인 명칭을 붙인 적이 없으나 일반적으로 파괴적 에너지라고 한다.

프로이트에 의하면, 사람들이 현재 행동을 하도록 하는 가장 강력한 두 가지 충동은 성적 충동(sexual drive)과 공격적 충동(aggressive drive)이다. 이것은 인간의 기본적인 충동이며 원초아에 내재하는 삶의 본능과 죽음의 본능을 대표하는 것이다.

원초아는 쾌락 원리를 따른다. 쾌락 원리의 목적은 원하는 것을 즉각적으로 만족시키는 것이다. 충족되지 못한 욕구는 긴장 상태를 유발한다. 따라서 사람은 자신의 욕구를 즉각적으로 만족시키고자 한다. 원초아는 다음 두 가지 방법으로 긴장을 해소한다. 첫째, 반사작용(reflex action)이다. 반사작용은 재채기나 눈깜박임과 같은 생리적이고 자동적인 반응이다. 이것은 보통 즉각적으로 긴장을 해소시킨다.

그러나 반사작용이 긴장을 줄이는 데 항상 성공적인 것은 아니다. 예를 들면, 어떤 반사작용도 배고픈 아기가 음식을 획득하도록 해 주지는 못할 것이다. 반사작용이 긴장을 감소시킬 수 없을 때, 일차 과정(primary process)이라고 불리는 원초아의 두 번째 기능이 발생한다. 원초아는 욕구를 충족시켜 줄 물체에 대한 정신적 이미지를 형성한다. 배고픈 영아의 경우, 일차 과정은 엄마의 젖이나 우유병에 대한 이미지를 상기시키는 것이다. 마찬가지로 당신이 사랑하는 사람과 격리되어 있을 때, 일차 과정은 그 사람에 대한 이미지를 만드는 것이다. 바라는 물체에 대한 이미지를 만드는 경험을 소원 충족(wish fulfillment)이라 한다.

(2) 자아

일차 과정은 주관적 현실만을 다루기 때문에 정신 이미지와 물체 그 자체를 구분할 수 없다. 따라서 일차 과정 사고가 잠시 긴장을 감소시킨다 하더라도 궁극적으로 그렇게 할 수는 없다. 엄마의 젖꼭지를 빠는 상상을 하는 것이 장시간 만족을 줄 수는 없다. 애인을 그리워하는 사람이 기억이 아무리 생생하다 하더라도 그것만으로 만족

할 수는 없다. 즉 참된 만족(의미 있는 긴장 감소)을 얻으려면 현실세계와 접촉해야
한다. 이런 접촉으로 인해서 성격의 두 번째 요소인 자아가 형성된다.

자아(ego)는 행동을 통제하며 반응할 환경의 특징을 선택하고 어떤 본능을 어떤 방
법으로 만족시킬 것인지를 결정하기 때문에 성격의 집행자라고 불린다. 원초아와 자
아의 근본적 차이는 전자는 마음의 주관적 실재만을 아는 반면, 후자는 마음속의 것
과 외계에 있는 것을 구별하는 것이다. 원초아는 완전히 주관적이지만 자아는 객관성
을 추구한다. 자아의 주요 목표는 적절한 물체나 활동이 발견될 때까지 원초아 에너
지의 해소를 지연하는 것이다. 여기서 한 가지 명심할 것은 자아의 목적은 원초아의
욕망을 영구적으로 막는 것이 아니라 원초아의 욕망이 적절할 때 현실적인 방식으로
만족되도록 하는 데 있다는 것이다.

자아는 현실 원리(reality principle)에 따라서 현실적이고 논리적 사고를 하며 환경
에 적응한다. 현실 원리는 행동은 내부에서 일어나는 욕구나 욕망에 의해 통제된다기
보다는 외부세계의 상태에 의해 통제되어야 한다는 아이디어다. 만약 어떤 행위의 위
험이 매우 높으면 욕구를 충족시킬 대안을 고려할 것이다. 긴장을 즉각적으로 줄일
안전한 방법이 발견되지 않는다면 여러분은 욕구의 만족을 더 안전한 후일로 미룰 것
이다. 현실적 사고 능력은 자아가 욕구 만족을 위한 행동 계획을 수립하고 그 계획이

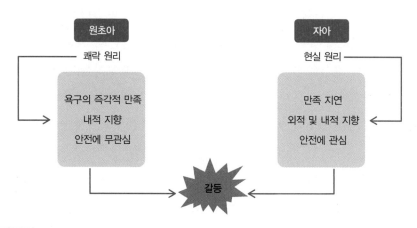

그림 2.2 원초아와 자아의 갈등

출처 : Carver & Scheier(1988). *Perspectives on personality*. Boston: Allyn & Bacon.

제대로 작동하겠는지 여부를 검증한다. 이러한 과정을 현실 검증(reality testing)이라고 부른다.

쾌락 원리와 현실 원리, 다시 말하면 원초아와 자아가 서로 어떻게 갈등하게 되는가를 보는 것은 어렵지 않다(그림 2.2 참조). 쾌락 원리는 욕구가 지금 충족되도록 명령한다. 현실 원리는 지연을 촉진한다. 쾌락 원리는 사람들이 내적 긴장 상태에 주목하도록 하는 반면 현실 원리는 환경에 주목하도록 한다.

(3) 초자아

성격의 마지막 요소는 초자아(superego)다. 초자아는 부모와 사회의 가치를 구체화하는 것이다. 초자아는 무엇이 옳고 그른지를 결정한다. 초자아는 쾌락보다는 완성을 향해 노력한다. 초자아에 있는 규칙의 정확한 패턴은 부모에 의한 보상과 처벌로부터 나온다. 부모의 사랑과 애정을 얻기 위해서 아동은 부모가 옳다고 생각하는 것을 지키게 된다. 고통, 벌, 거부를 피하기 위해 아이는 부모가 잘못이라고 생각하는 것을 피한다. 다른 권위적인 인물이 초자아의 발달에 부차적인 영향력을 발휘할 수 있지만, 프로이트는 초자아가 대개 부모로부터 나온다고 믿었다.

초자아는 두 하위 체계로 나눌 수 있다. 하나는 보상하는 것이고, 다른 하나는 처벌하는 것이다. 행동을 보상하는 초자아의 측면을 자아 이상(ego-ideal)이라 부른다. 부모가 승인하거나 가치를 주는 것은 무엇이나 자아 이상으로 통합된다. 그러므로 자아 이상은 자아가 반드시 추구해야 하는 탁월성의 기준을 제공한다. 자아 이상은 기준에 맞는 행동에 대해 자신을 자랑스럽게 생각하도록 함으로써 보상한다. 초자아의 부정적인 측면은 양심이다. 부모가 승인하지 않거나 처벌하는 것은 무엇이나 양심으로 통합된다. 양심은 나쁜 행위와 생각에 대해 스스로가 죄책감을 느끼게 만듦으로써 벌을 가한다.

초자아는 도덕 원리를 따르며 서로 관련된 세 가지 기능을 한다. 첫째, 초자아는 사회에서 비난받을 원초아의 충동을 지연시키는 것이 아니라 완전히 금지시키고자 한다. 둘째, 초자아는 자아가 이성적인 고려가 아니라 도덕적인 고려에서 행동하도록 강제한다. 셋째, 개인이 사고, 말, 행위에서 절대적인 완벽성을 갖도록 지도한다.

일반적으로 볼 때 원초아는 성격의 생물학적 구성요소이고, 자아는 심리학적 구성 요소이며, 초자아는 사회적 구성요소로 생각할 수 있다. 원초아, 자아, 초자아라는 구조적 개념은 사람들의 성격에 쉽게 적용해 볼 수 있다. 대부분의 사람들은 때로는 충동적으로 행동하고픈 경험을 하거나 매우 원초적이며 적대적이거나 성적이어서 자 신을 놀라게 하는 감정과 생각을 하는 수가 있다(원초아의 작용). 또 사람들은 자신의 욕구를 충족시키기 위해 물리적 환경과 사회적 환경을 가장 잘 조화시키는 방법을 찾 으려고 하기도 한다(자아의 작용). 또 도덕적 사고에 의한 영향을 받아서 여러 가지 가치판단을 하기도 한다(초자아의 작용). 프로이트에 의하면, 원초아, 자아, 초자아 가 균형을 이룰 때 건강한 성격이라고 한다. 원초아가 지나치게 강한 사람은 다른 사 람에게는 전혀 관심을 기울이지 않고 자기만족에만 몰두하고, 자아가 너무 강한 사람 은 극단적, 이성적, 실용적이며, 초자아가 지나치게 강한 사람은 성인과 같은 방식으 로 행동하지 않은 모든 행동에 대해 죄책감을 느낀다.

2) 성격발달

프로이트의 성격발달에 대한 아이디어는 대개 자신의 임상 경험에 기초한 것이다. 프 로이트는 유아기 경험이 성인의 성격을 결정하는 데 중요한 역할을 한다고 믿었다. 성인기의 어려움을 이해하기 위해서는 아동기의 어려움을 검토해야 한다. 성격은 5 세까지 거의 완성되고 이후 점점 안정화된다.

프로이트는 성격발달을 일련의 단계를 거쳐 진행되는 것으로 보았다. 각 단계는 그 단계 동안 리비도가 방출되는 신체 부위를 반영한다. 즉 심리발달은 아동이 성숙 해 감에 따라 리비도가 신체의 어떤 부위에서 표현되느냐에 달려 있다고 믿었다. 이 런 이유로 발달 단계를 심리성적 발달 단계(psychosexual development stage)라 불렀 다. 프로이트에 의하면, 아동은 각 발달 단계에서 갈등에 직면한다. 이러한 갈등을 해 결하기 위해 리비도가 사용되는데 갈등이 잘 해결되지 않으면 많은 양의 리비도가 영 구적으로 그 단계에 투입되게 된다. 이것은 이후 단계에서의 갈등을 해결하기 위해 사용할 수 있는 성 에너지가 작아지게 된다는 것을 의미한다. 그 결과, 이후 단계에 서 성공적인 갈등 해결이 어렵게 될 가능성이 높아진다. 이런 의미에서 각 단계는 이전 단계를 기반으로 하게 된다(Allen, 2006; Hall & Lindzey, 1980; Hjelle & Ziegler, 1981; Phares, 1987).

(1) 구강기

구강기(oral stage)는 출생에서부터 대략 18개월까지의 기간이다. 이 기간 동안 영아는 입과 입술을 통해 외부세계와 접촉하고, 성적 만족도 그 부위에 집중된다. 입이 긴장 감소(예 : 먹기)와 즐거운 감각(예 : 빨기)의 원천이다. 구강기는 또한 자신의 안전과 생존을 위해 타인에게 완전히 의존하는 시기다. 따라서 이 단계의 갈등이 젖떼기의 과정과 관련된다는 것은 놀랄 일이 아니다. 이 단계의 끝으로 갈수록 아동은 어머니에게서 떨어져야 한다는 압력을 받게 되고 어머니에게 덜 의존하게 된다.

이 단계에는 두 하위 단계가 있다. 첫 하위 단계(대략 생후 6개월까지)는 구강합병 단계(oral incorporative phase)로 이 기간 동안에 아기는 특히 무력하고 의존적이다. 이 시기에 몇 가지 성격 특성이 발달하는데, 그러한 성격 특성에는 낙관주의 대 회의주의, 신뢰 대 불신 그리고 타인에 대한 의존 욕구가 포함된다. 쉽게 속아 넘어가거나 듣는 모든 것을 믿는 경향 또한 구강합병 단계 동안에 발생하는 사건의 결과로 발달한다.

치아가 나기 시작하면서부터 시작되는 구강기의 두 번째 하위 단계는 구강가학 단계(oral sadistic phase)이다. 물거나 씹음으로써 성적 쾌감을 얻는다. 이 기간 동안, 영아는 젖이나 젖병을 떼고 음식을 물거나 씹기 시작한다. 이 시기에 생기는 성인 성격 특성은 이 시기에 새롭게 획득한 능력에서 그 기원을 찾을 수 있다. 이 시기에 발생한 사건이 누가 후일 따지길 좋아하는 사람이 되느냐 마느냐 그리고 자신의 주장을 펼치기 위해 누가 신랄한 풍자를 사용하는 경향이 있는지를 결정한다. 일반적으로 이 단계는 한 사람이 언어적으로 얼마나 공격적이 되느냐를 결정하는 데 중요한 역할을 한다.

구강기에 고착된 사람은 어른이 되어서도 끊임없이 흡연, 음주, 과식과 같은 활동을 통해 구강 만족을 추구한다.

(2) 항문기

항문기(anal stage)는 18개월에 시작해서 3세까지 계속된다. 이 시기에는 항문이 핵심

성감대고, 성적 쾌감은 아동이 배변을 볼 때 일어나는 자극으로부터 나온다. 이 시기에 발생하는 주요 사건은 배변훈련의 시작이다. 많은 아이에게 있어 배변훈련은 생애 처음으로 내적 충동의 만족에 외부 제약이 체계적으로 가해지는 것이다. 배변훈련을 통해 아이들은 자신이 원하는 시기와 장소에서 항상 대변을 볼 수 있는 것은 아니며, 모든 것을 위한 적절한 시기와 장소가 있다는 것을 배운다.

이 단계에서 어떤 성격 특성이 생기는가 하는 것은 부모와 보호자에 의해 배변훈련이 어떻게 이루어지느냐에 달려 있다. 부모와 보호자가 취할 수 있는 두 가지 일반적인 방향이 있다. 하나는 원하는 시간과 장소에 아동이 배변을 하도록 강제하고 성공했을 때 아낌없이 칭찬하는 것과 관련이 있다. 이 방법은 배설 과정에 주목을 하며 종종 보상이 뒤따른다. 그렇게 함으로써 아이는 옳은 시간과 장소에 무언가(여기서는 대소변)를 만들어내는 것의 가치를 확신하게 된다. 이러한 경험은 생산성 및 창의성과 관련된 성인의 성격 특성의 기초를 제공해 준다.

배변훈련의 두 번째 방법은 보다 억압적이다. 칭찬과 보상보다는 처벌, 조롱과 창피를 강조한다. 이러한 방식은 아동이 어떻게 반응하느냐에 따라 두 가지 성격 패턴을 낳는다. 만약 아이가 대소변을 참으면, 항문보유적 성격 특성(anal retentive traits)이 발달한다. 항문보유적 성격 특성은 고집이 세고, 인색한 경향을 말한다. 만약 아이가 부모가 가장 원치 않을 때 배설을 하는 등 반항적으로 반응하면, 항문폭발적 성격 특성(anal expulsive traits)이 발달한다. 항문폭발적 성격 특성이란 지나치게 지저분하고, 잔인하고 파괴적이고 호전적인 경향을 말한다. 항문기에 고착된 사람은 모든 것을 갖고 있으려 하고 깨끗함과 말끔함에 강박적이다. 또한 그들은 정반대로 엉망진창이고 지저분하다.

(3) 남근기

남근기(phallic stage)는 3세에 시작해서 5세까지 계속된다. 이 단계에서는 쾌감의 원천이 성기로 옮아간다. 이 시기는 또한 성기를 만짐으로써 생기는 쾌감을 알아감에 따라 대부분의 아이들이 생애 처음으로 자위행위를 시작하는 시기이다. 처음 일어나는 성적 욕망은 본질적으로 완전히 자기색정적(autoerotic)이다. 즉 성적 쾌락이 온전히 자기자극에 의해 발생하고 만족된다. 그러나 남자아이가 어머니에게 관심을 가지고 여자아이가 아버지에게 관심을 갖게 됨에 따라 점진적으로 리비도가 반대 성의 부모를 향해서 이동하기 시작한다. 이와 동시에 아이는 다른 성을 가진 부모의 애정을 두고 서로 경쟁함에 따라 같은 성의 부모에게 호전적이 된다.

자신의 어머니를 소유하고 아버지를 대체하고픈 남자아이의 열망을 그리스 신화에 나오는 오이디푸스 왕(자신도 모르게 아버지를 죽이고 어머니와 결혼했던)의 이름을 따서 오이디푸스 콤플렉스(oedipus complex)라고 한다. 여자아이의 열망은 오이디푸스 콤플렉스 또는 엘렉트라 콤플렉스(electra complex)라고 한다. 남자아이와 여자아이 모두 이 단계를 어머니를 사랑하고 아버지에 대해서는 분개하는 것으로 시작한다. 그러나 여자아이의 애정은 아버지 쪽으로 이동하기 시작한다. 이러한 이동으로 남자아이와 여자아이에 대한 발달 패턴이 달라진다.

먼저 남자아이에게 어떤 일이 일어나는지부터 살펴보자. 남자아이의 경우 주요 변화는 어머니에 대한 최초의 사랑이 강력한 성적 욕망으로 변환되고 아버지에 대한 가벼운 분개는 호전성과 증오로 강화된다. 시간이 흐르면서 아버지에 대한 아이의 경쟁심과 질투심은 극대화되고 아버지가 가족을 떠나거나 심지어 죽었으면 하고 바란다. 그러한 생각은 강한 죄책감을 유발한다. 동시에 남자아이는 어머니를 향한 자신의 성적 감정 때문에 아버지가 자신을 보복할 것이라는 생각에 위협을 느낀다. 즉 그는 아버지가 자신의 욕정의 원천을 제거하기 위해 자신의 성기를 거세할 것이라 두려워하게 된다. 프로이트는 이런 두려움을 거세 불안(castration anxiety)이라 명명했다.

이러한 거세 불안이 남자아이로 하여금 어머니에 대한 자신의 욕망을 억압하고 아버지의 권위를 수용하도록 하며 아버지와 동일시하도록 한다. 동일시는 몇 가지 기능을 한다. 첫째, 동일시는 남자아이에게 일종의 보호색을 준다. 자신의 아버지처럼 된다는 것이 자신의 아버지가 자신을 덜 해치도록 만들 것이다. 둘째, 아버지와 동일시함으로써, 남자아이는 어머니로 향하는 자신의 성적 충동에 대한 대리 발산 수단을 얻는다. 즉 남자아이는 아버지를 통해 자신의 어머니에게 상징적으로 접근한다. 남자아이가 아버지를 닮을수록 남자아이는 아마도 아버지 자리에 있는 자신의 모습을 더 쉽게 공상할 수 있을 것이다. 마지막으로 아버지의 바람직한 면을 동일시함으로써,

남자아이는 아버지에 대한 자신의 양가감정을 줄인다. 그러므로 동일시의 과정은 초자아 발달의 기초를 닦는다. 즉 아버지의 가치를 받아들이는 것은 남자아이가 자신의 거세불안을 누그러뜨리도록 해준다.

여자아이의 경우, 남근기의 갈등은 좀 더 복잡하다. 앞서 말한 바와 같이, 여자아이는 아버지와의 새로운 사랑 관계를 위해 어머니와의 사랑 관계를 포기한다. 이러한 이동은 여자아이가 남근을 가지고 있지 않다는 것을 알았을 때 발생한다. 여자아이는 자신이 남근이 없는 것은 어머니 때문이라고 생각하고 어머니를 비난하기 때문에(어머니도 남근이 없다는 것을 발견한 후에 특히 더 그러함) 어머니에 대한 사랑을 철회한다. 이와 동시에 여자아이의 애정은 아버지에게로 향한다. 왜냐하면 아버지는 자신이 아주 흥미롭게 생각하고 바람직하다고 생각하는 성기를 가지고 있기 때문이다. 결국 여자아이는 성적 결합을 통해 아버지가 성기를 자신과 나누거나 아버지가 자신에게 성기에 해당하는 상징물인 아기를 제공해 주기를 소망하게 된다.

프로이트는 이러한 감정을 남근 선망(penis envy)이라 명명했다. 남근 선망은 남자아이의 거세 불안에 해당하는 현상이다. 남자아이와 마찬가지로 정서적 갈등은 동일시의 과정을 통해 해결된다. 어머니를 더 많이 좋아함으로써 여자아이는 아버지에게 대리적으로 접근하고 아버지와 같은 사람과 결혼할 기회를 증가시킨다.

프로이트는 오이디푸스 콤플렉스를 찾은 것이 자신의 가장 의미 있는 이론적 기여 중 하나라고 생각했다. 이 짧은 시간은 사랑, 증오, 죄책감, 질투, 두려움으로 채워진 상당한 정서적 혼란을 수반한다. 프로이트는 아이가 어떻게 남근기의 갈등과 어려움을 다루느냐가 섹슈얼리티(sexuality), 대인 간 경쟁, 개인적 적정성에 대한 기본적 태도를 결정한다고 믿었다.

(4) 잠복기

남근기가 종결될 무렵에 아이는 비교적 조용한 기간인 잠복기(latency period)로 들어간다. 이 기간은 대략 6세에서 성적·공격적 욕구가 덜 적극적이 되는 10대 초반까지다. 이러한 욕구의 약화는 부분적으로 신체 내부의 변화의 결과이고 부분적으로 아이의 성격에 있어 자아 및 초자아 출현의 결과이다. 본능적 충동으로부터 자유로워진

아이는 자신의 관심을 본질적으로 지적이거나 사회적인 특성을 지닌 다른 것을 추구하는 쪽으로 바꾼다. 따라서 잠복기는 새로운 갈등에 직면하고 새로운 특성이 만들어지는 시기가 아니라 아이의 경험이 확대되는 시기다.

이 시기가 되면 아이는 진정이 되고, 학교를 가고, 친구를 사귀고, 자신감을 개발하며, 적절한 행동에 대한 사회적 규칙을 배운다. 앞 단계에서 일어났던 '정신적 경험과 혼란'은 억압된다. 이런 이유로 모든 아이들은 생의 초기로부터 어떤 것도 기억하지 못하는 소아기억상실을 경험하게 된다.

(5) 성기기

잠복기가 끝나가는 무렵 사춘기가 시작되면서 성적 욕구가 다시 강화된다. 즉 성기에 의한 성욕이 되살아난다. 이 기간이 성기기(genital stage)다. 하지만 지향하는 방향이 이전 단계와 다르다. 자기중심적인 만족을 추구하던 앞 단계와 달리, 사춘기는 이성 간의 관계를 추구하며 상호 간의 만족을 추구한다. 이전의 이기적인 특성은 성적 파트너에 대한 애정과 책임감으로 변하게 된다. 프로이트는 이 기간이 사춘기로부터 노인기까지 연장되는 것으로 보았다. 모든 사람이 이 성숙한 단계에 도달하는 것은 아니다.

개인의 기본 성격은 앞에서 살펴본 심리성적 발달 과정에서의 경험에 의해 결정된다. 처음의 세 단계가 특히 중요하다. 발달 단계를 성공적으로 통과하려면 각 발달 단계에서 적절한 양의 만족을 얻어야 한다. 지나치게 많은 만족을 얻거나 만족이 너무적은 경우 심리성적 발달의 각 단계에서 고착(fixation)될 수 있다. 고착이란 리비도의 에너지가 이전의 심리성적 단계에 집중되어 다음의 발달 단계로 이행되지 않는 것을 의미한다.

지나치게 많은 만족을 얻게 되면 다음 단계로 진보하는 것을 꺼리게 되고, 만족이 너무 적은 경우에는 욕구불만으로 인해 다음의 발달이 지체된다. 모든 사람은 성인이 되어도 최소한의 고착 현상을 보여준다. 과식, 지나친 흡연, 수다, 과도한 음주, 손가락 물어뜯기 등은 구강기에 고착된 행동들이다. 인색, 고집, 청결과 정돈에 대한 결벽증적 태도 등은 항문기 동안 엄격한 배변훈련의 결과로 나타나는 고착 현상이다.

고착과 밀접하게 관련된 개념이 퇴행(regression)이다. 심리성적 발달 과정에서 좌절을 경험하게 되면 발달 초기의 보다 만족스러웠던 시절의 행동양식을 나타내는 경우가 있는데 이를 퇴행이라 한다. 퇴행 행동의 예로 동생이 생긴 아동이 나이에 어울리지 않게 응석을 부리는 것, 학교에 처음 입학한 아이가 첫날 낯선 환경에 대한 두려움으로 우는 것, 갓 결혼한 신부가 처음으로 부부싸움을 하고 난 뒤 안전한 친정집으로 되돌아가는 것 등을 들 수 있다. 고착이 강할수록 스트레스 상황에서 퇴행 행동을 보일 가능성은 더 커진다.

3) 불안과 방어기제

(1) 불안

여러 심리성적 발달 단계를 성공적으로 통과해서 성숙하고 잘 적응된 성인으로서 기능하는 사람의 자아는 잘 발달되어 있다. 이런 사람의 자아는 강하며, 현실과 원초아 그리고 초자아의 요구에 합리적이고 효율적으로 대처할 수 있다. 그러나 이런 사람들도 때로는 일시적인 불안으로 고통을 받기도 한다. 이런 불안은 보통 모든 인간들이 겪는 일상적인 불안이라고 받아들여지는 것들이다. 그러나 어떤 사람들은 불안 때문에 매우 심각한 고통을 겪기도 한다. 자아에 대한 절박한 위협을 경고하는 기능을 하는 불안은 자아가 약할 때 더 커지게 된다.

정서적 균형을 이루면서 삶을 영위해 가는 능력은 욕구 충족의 과정에서 맞게 되는 여러 가지 압력들에 대처해 나가는 자아의 능력에 달려 있다. 한정된 에너지를 사용하는 데 있어 원초아, 자아, 초자아 사이의 갈등이 통제를 넘어서게 될 때 불안이 발생한다. 프로이트는 불안을 원천에 따라 세 가지 종류, 즉 현실적 불안, 도덕적 불안, 신경증적 불안으로 분류했다(노안영·강영신, 2003).

가장 기본적인 것이 현실적 불안이다. 현실적 불안은 현실세계에서의 위협이나 위험 때문에 나타나는 불안이다. 개가 물려고 한다거나, 차가 충돌하려 한다거나 할 때 갖게 되는 두려움이다. 현실적 불안은 객관적 현실에 그 뿌리를 두고 있고 다른 두 종류의 불안이 유발되는 기초를 제공한다. 도덕적 불안은 도덕적 규범에 위배되는 일을 하거나 생각할 때 생기는 두려움이다. 도덕적 불안은 양심의 두려움으로 초자아가 강하면 강할수록 이것을 경험할 가능성이 크다. 불안의 마지막 유형은 신경증적 불안이다. 이 불안은 수용할 수 없는 원욕적 충동이 통제를 벗어나 처벌을 받을 행위를 하도록 할 때 생기는 두려움이다. 이 불안은 원욕적 충동과 욕구에 대한 두려움에서 연유하는 것이 아니라 결과로 따라올 처벌에 대한 두려움에 연유한다. 사람들은 종종 충동적 행동으로 인해 벌을 경험하기 때문에 이 유형의 불안은 현실에 어느 정도 근거를 가진다고 볼 수 있다. 그러나 현실적 불안과는 달리 위험의 원천이 궁극적으로는 내부에서 나온다. 따라서 다루기가 더 어렵다.

(2) 방어기제

앞에서 언급한 바와 같이, 자아가 강한 사람은 위협을 주는 주위 환경에 효율적으로 대처할 수 있고 본능적 충동을 통제해서 건설적인 방향으로 방출할 수 있으며, 이전에 학습한 가치관과 규범을 고려할 수 있는 사람이다. 만약 자아가 자신의 역할을 완벽하게 수행한다면 사람은 어떤 불안도 겪지 않을 것이다. 그러나 누구의 자아도 완벽하게 기능하지는 않는다. 따라서 대부분의 사람들은 불안을 겪는다.

불안이 생겼을 때 자아는 다음 두 가지 방법 중 한 가지를 사용한다. 한 가지 방법은 위협을 의식적인 방법으로 보다 잘 다루기 위해 합리적인 문제 중심 대처 노력을 하는 것이다. 이 반응은 현실적 불안을 다루는 데 가장 효과적이다. 두 번째 방법은 방어기제를 사용하는 것이다. 방어기제(defense mechanism)는 극도의 불안을 다루는 자아가 사용할 수 있는 전략으로, 자아가 불안을 이성적이고 직접적인 방법으로 통제할 수 없을 때 불안하거나 붕괴의 위기에 처한 자아를 보호하기 위해 인간이 사용하는 수단을 말한다. 모든 방어기제는 무의식적으로 작용하며 이런저런 방식으로 현실을 거부 또는 왜곡해서 지각하도록 한다는 공통점을 가지고 있다.

사람은 모두 방어기제를 사용한다. 따라서 방어기제 사용 유무로 정상 행동과 비정상 행동을 구분하는 것은 불가능하다. 정상 기능과 비정상 기능 간의 구분은 방어기제가 사용되는 정도에 달려 있다. 프로이트에 의하면, 방어기제는 자아를 불안으로부터 보호해 주고 실생활의 요구에 대처할 수 있도록 해 준다. 하지만 불안을 방어하기 위해 방어기제를 과다하게 사용하는 것은 자기징벌적 행동(예 : 과다하고 비현실적인 두려움), 정서적 증상(예 : 과다한 불안) 또는 신체적 증상(예 : 복통)을 특징으로 하는 신경증(neurosis)을 가져올 수 있다.

　많은 이론가들이 다양한 방어기제를 제안했다. 다음에 이 분야의 가장 영향력 있는 연구자 중 한 사람인 안나 프로이트와 현대 정신역동적 심리학자에 의해 확인된 주요 방어기제 중 몇 가지를 제시하였다(이장호, 1995; Allen, 2006; Nye, 1991; Sharf, 2000).

① 억압

억압(repression)은 가장 기본적인 방어기제다. 사실 프로이트는 종종 억압과 방어를 상호교환적으로 사용했다. 억압은 위협적이고 수용할 수 없는 생각, 기억, 충동 등이 의식화되지 않도록 봉쇄한다. 예를 들어, 아동기 때 자신이 한 무서운 경험을 기억할 수 없는 여성은 그것에 대한 자신의 기억을 억압하고 있는 것이다. 억압은 의식적으로 죄스러운 비밀을 누설하지 않고 꾹 참는다는 것을 의미하는 것이 아니다. 그것은 수용할 수 없는 감정과 사고를 무의식에 감추어 그것을 알아차리지조차 못하도록 하려는 마음의 노력을 말한다. 정신분석적 관점에서 보면, 자신이 꾼 꿈을 전혀 기억하지 못한다거나 큰 위기를 경험한 적이 없다고 말하는 사람은 그것을 억압하고 있을 가능성이 높다. 억압된 내용은 무의식 속에 남아 현재 그 개인의 행동의 동기로 작용하기도 하고 꿈, 농담, 말의 실수 등으로 나타나기도 한다.

② 투사

투사(projection)란 자신이 수용할 수 없는 충동, 태도, 행동 등을 타인이나 환경의 탓으로 돌리는 것을 말한다. 예컨대, 자기 아버지를 싫어하는 소년은 자신이 의지하고 있는 누군가를 싫어하는 것에 대해 불안감을 느낄 것이다. 그래서 그는 아버지가 자신을 미워한다고 결론 내면서 자신의 감정을 자신의 아버지에게로 투사한다. 시험 준비를 충분히 하지 못하여 만족할 만한 성적을 받지 못한 학생이 시험문제의 잘못으로 그 원인을 돌리는 것도 투사 행위다.

③ 부정

위협적인 현실에 의해 압도될 때, 사람들은 종종 부정(denial)이라는 방어기제에 의지한다. 부정은 현실에서 일어났던 위협적이거나 외상적인 사건이 발생했다는 것을 믿으려 하지 않는 것을 말한다. 아들이 전쟁에서 죽었다는 것을 믿으려 하지 않고 아들이 여전히 살아 있는 것처럼 행동하는 어머니를 생각해 보라. 혹은 교수 연구실 문에 게시되어 있는 유인물에서 확인한 자신의 성적을 믿으려 하지 않으려는 대학생을 생각해 보라. 부정은 억압과 마찬가지로 사람이 대처할 수 없다고 느끼는 무언가를 의식하지 않도록 막아준다. 그러나 부정과 억압은 위협의 원천이 다르다. 부정은 외부세계에서 발생한 무언가를 의식하지 않도록 해 주는 반면, 억압은 내부세계에서 발생한 무언가를 의식하지 않도록 막아준다.

④ 반동형성

수용할 수 없는 충동의 발산을 막는 한 가지 방법은 그것과 반대되는 것을 강조하는 것이다. 반동형성(reaction formation)에서는 무의식적 불안을 야기하는 감정이 의식차원에서 반대로 표현된다. 위협적인 성적 충동에 사로잡혀 있던 사람이 정반대로 포르노그라피를 맹렬하게 비판한다거나, 남편을 사랑하지 않는다는 것을 인정하기 두려워하는 여성이 자신이 남편을 사랑한다는 믿음에 의식적으로 매달리는 것이 그 예다. 표현된 감정이 진짜인지 그 반대인지 어떻게 알 수 있는가? 반동형성에서는 대개 감정을 과도하게 표현한다. "내 남편을 사랑하냐고? 물론이지! 남편에 대해 단 한 번도 나쁜 생각을 가져본 적이 없어. 내 남편은 완벽해!"

⑤ 합리화

합리화(rationalization)는 자신의 행동이나 자신이 성취하지 못한 목표에 대해 그럴듯한 변명이나 구실을 붙여 자신의 실패와 자존심의 상실로 야기되는 불안으로부터 자신을 보호하려 하는 것이다. 이솝우화에서 포도를 딸 수 없었던 여우가 포도가 실 것이라고 말하는 것은 합리화의 고전적인 예다. 의사가 되기 위해 의대에 지원했으나 합격하지 못한 사람이 "나는 진정으로 의사가 되기를 원하지 않았어."라고 말하거나,

데이트 신청을 거절당한 사람이 "저 여자는 그렇게 매력적이지 않아."라고 말하는 것
도 합리화의 예다.

⑥ 전위와 승화

자신의 감정(대개 분노나 성적 갈망)을 그러한 감정을 느끼는 실제 대상이 아닌 사물
이나 동물 또는 다른 사람에게로 돌리는 것을 전위(displacement)라고 말한다. 실제
대상이 직접적으로 직면하기에 너무 위협적이라고 지각할 때 사람들은 전위를 사용
한다. 예를 들어, 직장 상사에게 화가 난 사람이 그 화를 상사에게 표현하지 못하고
개를 발로 차거나 가족에게 신경질을 낼 수 있다. 강한 성적 충동을 느낀 사람이 그
충동을 문학작품으로 표현할 수 있다. 전위가 미술작품이나 발명과 같이 문화적으로
또는 사회적으로 유용한 목적 달성에 사용될 때 그것을 승화(sublimation)라고 부른
다. 프로이트는 성적 · 공격적 에너지는 문명과 생존을 위해서 사회적으로 적절하고
건설적인 방식으로 대치 또는 승화될 수 있고 또한 그렇게 되어야 한다고 생각했다.

⑦ 지성화

지성화(intellectualization)는 이성적 또는 철학적 설명에 지나치게 의존함으로써 정
서와 충동을 무의식적으로 통제하는 것이다. 예를 들어, "나는 늙는 것이 두렵지 않
아. 왜냐하면 모든 사람들이 다 늙는 거니까."라고 말하면서 죽음에 대한 두려움을 인
정하기를 거절할 수 있다.

제3장

행동주의적 인간 이해

1. 기본 가정

행동주의는 미국에서 존 왓슨에 의해 시작된 심리학의 한 학파이다. 왓슨을 비롯한 행동주의자들은 심리학이 과학이 되기 위해서는 정신 과정과 감정이 아닌 객관적이고 관찰 가능한 행동을 연구해야 한다고 주장하였다. 정신 과정과 감정은 주관적이고 개인적인 사상으로, 객관적으로 측정 및 관찰 가능하지 않기 때문이다. 그래서 행동주의는 심리학이 관찰 가능한 자극과 행동(반응)과의 관련성을 연구하는 과학이어야 한다고 주장한다. 행동주의적 관점은 환경이 제공하는 자극이 유기체 내부에 들어가서 어떤 과정을 거치는지에 대해서는 관심이 없어서 '검은 상자 접근(black-box approach)'이라고도 한다. 단지 유기체에 들어가는 자극과 유기체 내부(검은 상자)를 통해 나오는 행동(반응)만을 연구의 대상으로 보았다.

또한 행동주의 심리학자들은 환경이 유기체에 미치는 영향을 강조하였는데, 환경이 유기체에 제공하는 자극과 그에 따른 결과(행동)로 인간을 이해하였다. 특히 왓슨은 환경이 아동발달에 미치는 영향에 대해서 다음과 같이 다소 극단적인 표현을 하였다. "나에게 건강한 유아와 그들을 잘 자라게 할 수 있는 환경만 제공해 준다면, 나는 무작위로 그들 중 한 명을 택하여 재능, 기호, 성격, 능력, 직업, 인종에 상관없이 그를 변호사, 예술가, 상인, 심지어 거지와 도둑까지 내가 원하는 어떤 방면의 전문가가 되게 할 수 있다(Watson, 1930, p. 104)."

행동주의자들은 러시아의 생리학자 파블로프(Ivan Pavlov, 1849~1936)의 개를 대상으로 한 환경 자극의 변화에 따른 행동변화(조건형성)를 나타내는 연구결과(Pavlov, 1927)가 인간 학습에 대한 중요한 단서를 제공한다고 믿었다. 파블로프의 실험결과로 행동주의자들은 학습을 조건형성의 원리로 이해할 수 있다고 생각하게 되었다. 행동주의자들은 고전적 조건형성(classical conditioning)과 조작적 조건형성(operant conditioning)의 원리로 인간 학습을 설명한다. 고전적 조건형성은 특정 자극과 반응 간의 연합(association)에 의한 학습이고, 조작적 조건형성은 특정 행동과 그 결과 간의 연합에 의한 학습이다.

여기서는 행동주의적 관점에서의 인간 이해를 '인간 학습'을 통해서 알아보고자 한

그림 3.1　이반 파블로프(좌측), 존 왓슨(우측)

다. 심리학에서의 학습은 넓은 개념으로 학교 공부뿐만 아니라 운전하기, 사회성 기술(예컨대, 또래관계 맺기 기술 부족으로 어려움을 겪고 있는 아동에게 필요한) 훈련 등 다양한 활동과 경험을 통해 배우는 것을 말한다. 학습(learning)은 훈련 또는 경험의 결과로 나타나는 비교적 영속적인 행동변화 또는 그 변화의 잠재력을 의미한다. 예를 들면, 어린 시절 배운 자전거 타기를 이후 오랫동안 타지 않다가 어른이 되어서 별 문제없이 탈 수 있는 것처럼 비교적 영속적인 행동변화이다. 그러나 유기체에 이미 생물학적으로 프로그램되어 있는(pre-wired) 본능이나 생물학적 반사(예컨대, 눈에 '후' 하고 바람을 불면 깜빡이게 되는)나 성숙은 학습이라 하지 않는다.

　이 장에서는 행동주의의 학습 원리인 고전적 조건형성과 조작적 조건형성을 살펴볼 것이다.

　그러나 행동주의적 관점에서 말하는 조건형성의 원리로 설명할 수 없는 다른 학습도 있다. 그래서 타인의 행동을 관찰, 모방하는 간접적인 경험을 통해서 이루어지는 학습을 설명하는 사회학습(social learning)과 복잡하고 어려운 추리 과정이 개입되는 학습을 설명하는 인지학습(cognitive learning)도 다룰 것이다.

2. 고전적 조건형성

노벨생리학상을 수상한 파블로프는 개를 대상으로 소화 과정을 연구하던 중, 실험용 개가 먹이가 아닌 실험자의 발자국 소리만 들어도 침을 분비하는 것을 발견하였다. 개(다른 동물들도 마찬가지)는 입에 음식이 들어오면 침을 흘리는데, 이는 학습하지 않은 반사 행동이다. 그런데 침 분비와 아무런 관계가 없는 실험자의 발자국 소리에 개가 침을 분비한다면 이것은 개가 새로운 반응을 학습한 것이라고 볼 수 있다. 파블로프는 이 현상을 알아보기 위하여 다음과 같은 실험을 하였다. 개에게 음식을 주기 전에 종소리를 들려주었다. 개는 음식을 줄 때만 침을 분비하고 종소리에 대해서는 침을 분비하지 않았다. 하지만 종소리를 들려주고 음식을 주는 시행을 반복함에 따라, 이후 종소리만 듣고도 침을 분비하였다. '음식'과 같이 학습 없이도 자연스럽게 침 분비 같은 무조건 반응(Unconditioned Response, UCR)을 유발하는 자극을 무조건 자극(Unconditioned Stimulus, UCS)이라고 하고, 무조건 자극과 무조건 반응 간에 잘 확립된 연합을 무조건 반사라 한다. 무조건 자극인 '음식'과 '종소리'와 같이 처음에는 '침 분비'를 유발하지 않는 자극을 반복하여 짝지어 제시하면, '종소리'만으로도 '침 분비' 반응이 유발되는데, 이 상태를 조건형성(conditioning)되었다고 한다. 이

그림 3.2 **파블로프의 고전적 조건형성 실험장치**

이것은 파블로프의 실험실을 찍은 사진이다. 개의 왼쪽 뺨을 보면 알 수 있듯이, 파블로프는 개의 뺨에서 바로 타액을 내보내는 실험장치를 고안함으로써 타액 분비를 정확히 측정할 수 있었다.

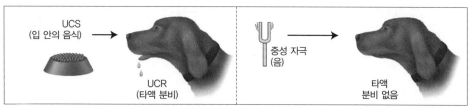

무조건 자극(UCS)은 무조건 반응(UCR)을 유발한다.　　중성 자극은 타액 분비 반응을 일으키지 않는다.

조건형성 중　　　　　　　　　　　　**조건형성 후**

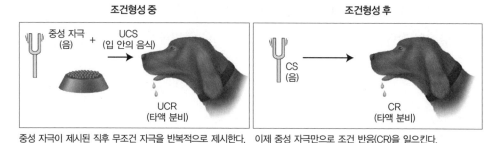

중성 자극이 제시된 직후 무조건 자극을 반복적으로 제시한다.　이제 중성 자극만으로 조건 반응(CR)을 일으킨다.
무조건 자극은 계속해서 무조건 반응을 일으킨다.　　　　　따라서 조건 자극(CS)이 된다.

그림 3.3　고전적 조건형성 획득 과정

파블로프의 고전적 실험으로 파블로프는 무조건 자극(입 안의 음식)을 제시하기 직전에 중성 자극(음)을 제시
하였다. 그다음에 중성 자극은 조건 반응을 일으키는 조건 자극이 된다.

과정에서 '종소리'와 같이 무조건 자극인 '음식'과 짝지어지는 중성 자극을 조건 자극
(Conditioned Stimulus, CS)이라 하고 조건 자극인 '종소리'에 대한 '침 분비' 반응을
조건 반응(Conditioned Response, CR)이라 한다. 즉 이 과정을 통해서 개는 종소리
를 듣고 침을 분비하는 새로운 반응을 학습하였다. 파블로프가 발견한 학습 원리를
고전적 조건 형성 원리라고 한다. 〈그림 3.3〉에 고전적 조건형성 획득 과정이 나와
있다. 그는 개가 다른 자극에도 침을 흘리도록 훈련시킬 수 있음을 발견하였다.

1) 고전적 조건형성과 관련된 현상

(1) 조건 반응의 획득

새로운 조건 반응이 획득되기 위해서는 조건 자극과 무조건 자극의 제시 순서와 두
자극 간의 근접성(contiguity)이 중요하다. 조건 자극이 무조건 자극보다 선행되어야

하고 조건 자극이 무조건 자극보다 0.5초 전에 제시되어야 가장 효과적으로 학습이
이루어진다.

(2) 소거

무조건 자극 없이 조건 자극만 반복 제시하면 조건 자극에 대해서 더 이상 조건 반응
이 일어나지 않는 상태가 되고, 이를 소거(extinction)라 한다. 즉 종소리만 계속 들려
주고 음식이 따라 나오지 않으면 개는 더 이상 침을 분비하지 않게 된다. 그러나 소거
가 발생했다고 해서 조건 반응이 완전히 사라진 것을 의미하지는 않는다.

(3) 자발적 회복

조건 자극에 대해서 더 이상 조건 반응을 보이지 않는 상태, 즉 개가 더 이상 종소리
에 침 분비 반응을 보이지 않는 상태에서 어느 정도의 휴식기간이 지난 후, 다시 조건
자극인 종소리를 들려주면 조건 반응인 침 분비가 다시 나타나는데, 이것을 자발적
회복(spontaneous recovery)이라 한다. 이것은 일상생활에서 우리가 여러 중독 현상
을 극복하기 어렵다는 것을 의미하기도 한다. 예를 들어, 카페인 중독에서 벗어났다

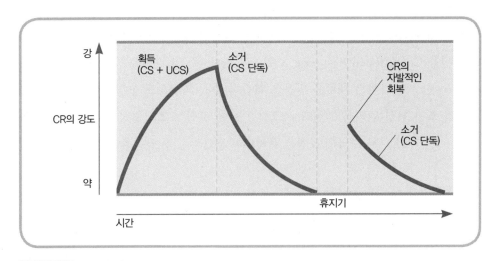

그림 3.4 획득, 소거 및 자발적 회복 곡선

상승곡선은 CS와 UCS가 반복적으로 짝지어짐에 따라 CR이 빠르게 강해지다가(획득), 이후 CS만이 제시됨에
따라 CR의 강도가 약해진다(소거)는 것을 보여준다. 휴지기 이후, CR이 다시 나타난다(자발적 회복).

고 자신하던 사람이 TV에 나오는 커피 광고를 보는 순간 강렬한 유혹을 느껴서 커피를 마시고 싶었던 적이 있을 것이다.

(4) 자극 일반화

특정 조건 자극에 대해 조건 반응이 학습되면 조건 자극과 비슷한 다른 자극에 대해서도 조건 반응을 하게 되는 현상을 자극 일반화(stimulus generalization)라고 한다. 예를 들어, 종소리에 침 분비 반응을 보이는 개는 종소리와 비슷한 소리 자극인 부저소리에도 침을 분비한다. 이와 같이 원래의 조건 자극과 새로운 자극이 유사할수록 조건 반응은 더 잘 일어난다.

자극 일반화 현상은 우리가 처음 경험하는 상황에서도 어떻게 학습된 반응을 할 수 있는지를 설명해 준다. 전쟁에 참전했던 군인은 새해를 맞이해서 터뜨리는 폭죽소리 (전쟁터의 포 소리와 비슷한)를 듣고 공포 반응을 보일 수 있다. 이러한 반응 경향은

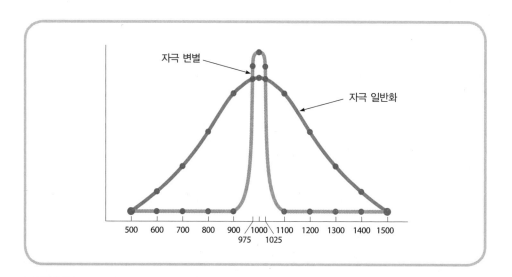

그림 3.5 **자극 일반화와 자극 변별**

이 도표는 고전적 조건형성을 한 이후에 1,000Hz의 조건 자극에 대한 개의 침 분비 반응(조건 반응)을 볼 수 있는 이상적인 자극 일반화와 자극 변별의 결과를 나타낸 것이다. 1,000Hz를 제외한 모든 실험 자극을 일반화할 때, 자극 반응의 강도는 실험 자극들이 원래의 조건 자극과의 유사성이 줄어들수록(1,000Hz에서 멀어질수록) 감소한다. 하지만 이러한 자극 일반화 반응들은 무조건적 자극(음식)이 1,000Hz 다음에만 제시되도록 하는 자극 변별 시행을 통해 소거될 수 있다.

우리 속담 중 "자라 보고 놀란 가슴 솥뚜껑 보고 놀란다."라는 말과도 일맥상통한다고 볼 수 있다.

(5) 변별

일반화와 반대로 훈련 시 사용했던 자극에만 반응하는 경향을 변별(discrimination)이라고 한다. 즉 변별은 특정 자극에 대해서만 반응하고 다른 자극에 대해서는 반응하지 않도록 학습하는 것이다. 예를 들어, 종소리를 들려주고 음식을 주는 시행을 반복하던 중에 부저소리를 들려주면 처음 몇 번은 종소리와 비슷한 부저소리에도 침을 분비하지만(자극 일반화), 이후에는 종소리에는 침을 분비하고 부저소리에는 더 이상 침을 분비하지 않게 된다. 개가 음식이 따라오는 종소리와 음식이 따라오지 않는 부저소리를 구분하는 것을 학습했음을 의미한다.

2) 일상생활의 적용

고전적 조건형성 원리는 실험실에서 이루어지는 단순한 반응의 학습을 넘어서 인간과 동물행동의 많은 부분에 적용될 수 있다. 특히 공포나 불안과 같은 정서반응의 형성을 고전적 조건형성 원리로 설명할 수 있다. 예를 들어, 어렸을 때 동네 골목길에서 사나운 개를 만나서 물릴 뻔한 경험이 있는 사람은 이후 개만 보면 무서워서 피하게 된다.

왓슨과 레이너(Watson & Rayner, 1920)는 11개월 된 앨버트라는 유아를 대상으로 고전적 조건형성 원리에 의해 공포증이 어떻게 학습되는지를 보여주었다. 흰쥐에 대한 공포가 없는 앨버트에게 흰쥐(조건 자극)를 제시하고 가까이 가려 할 때마다 깜짝 놀랄 만큼의 큰 소리(공포 반응을 유발하는 무조건 자극)를 반복해서 제시한 이후, 흰쥐에 대한 공포를 느끼지 않았던 앨버트는 흰쥐에 대한 공포(조건 반응)를 보이기 시작했다. 더구나 흰쥐에 대해서만 공포를 보인 것이 아니라, 일반화 과정을 통해 흰쥐와 비슷한 털을 가지고 있는 토끼나 개, 또는 머리카락이 흰 사람, 심지어는 흰 수염을 단 산타클로스에게도 공포를 보였다. 왓슨은 조건화된 공포가 일생 동안 유지되고 성격을 수정할 수 있다고 하였다. 왓슨의 앨버트를 대상으로 한 공포학습 실험은 이후 유아를 대상으로 실험했다는 점에서 비윤리적이라는 비난을 받기도 하였다.

공포와 같은 부정적 정서뿐만 아니라 긍정적 정서도 고전적 조건형성을 통해서 형성된다. 그 대표적 예가 광고다. 광고는 대중에게 호감을 불러일으키는 인기인(무조건 자극)과 특정 상품(조건 자극)을 짝지어서 보여줌으로써 상품이 대중에게 좋은 감정(조건 반응)을 일으키게 해서 매출 증대를 노린다. 즉 광고업자들은 특정 상품과 긍정적 정서를 불러일으키는 무조건 자극(예 : 인기인, 멋진 풍경, 귀여운 아이들 등)을 짝지어서 제시함으로써, 상품에 대한 호감을 불러일으킨다.

3) 고전적 조건형성의 한계

고전적 조건형성은 조건 자극과 무조건 자극을 시간적으로 근접해서 여러 번 반복적으로 짝지어 제시해야 한다고 생각해 왔다. 하지만 가르시아와 쾰링(Garcia & Koelling, 1966)의 맛 혐오 학습(taste aversion)에 대한 연구는 고전적 조건형성의 예외를 설명한다. 쥐들에게 단물(CS)을 마시게 하고 시간이 경과한 후 X레이(UCS)를 쐬면 X레이 때문에 복통(UCR)을 일으키는데, 쥐는 단물이 복통을 일으킨 것으로 여겨 이후 그 물을 마시는 것을 회피하였다. 단 한 번의 시행으로(one-trial learning) 그리고 조건 자극(단물)과 무조건 자극(X레이)이 시간적으로 떨어져 있어도 학습이 일어나며, 소거도 잘되지 않았다. 이 결과는 맛에 대한 혐오 학습은 동물의 생존에 매우 중요하기 때문에, 특정 맛을 보고 나서 복통을 경험하게 되면, 그 맛의 음식은 절대로 먹지 않는다는 것을 나타낸다. 사람도 특정 음식을 먹고 나서 복통을 경험하게 되면 복통의 원인이 그 음식 때문이라는 확인이 어려운 경우에도 이후 그 음식은 피하는 경향을 보인다. 맛 혐오 학습은 유기체는 종의 생존을 보장해 주는 방식으로 행동하도록 학습되어 왔음을 의미하며, 고전적 조건형성의 한계를 보여준다.

3. 조작적 조건형성

동물원에서 조련사의 신호에 따라 멋지게 공중제비를 도는 물개를 본 적이 있을 것이다. 조련사가 물개를 훈련시키는 과정을 보면, 조련사가 원하는 반응을 물개가 보이면, 생선을 던져주어 보상을 주는데 물개는 이 생선을 얻기 위해서 공중제비를 도는 것이다. 우리는 많은 경우, 특정 반응의 결과가 바람직한 것인가 그렇지 않은가에 따라 다음에도 그러한 반응을 할 것인지를 결정하는데, 이것은 고전적 조건형성보다 조작적 조건형성(operant conditioning) 원리에 의해 더 잘 설명된다. 물개는 바람직한 결과(생선)를 얻기 위해서 자신이 할 수 있는 행동 목록(behavior repertory)에서 공중제비 돌기 행동을 자발적으로 선택해서 반응했다는 점에서 조작적 조건형성(결과를 얻기 위해 환경을 조작)이라 한다. 조작적 조건형성은 유기체의 반응이 원하는 결과를 얻기 위한 수단 또는 도구가 되기 때문에, 도구적 조건형성(instrumental conditioning)이라 부르기도 한다. 동물원의 물개를 예를 들면, 공중제비 돌기는 원하는 결과(생선)를 얻기 위한 도구 또는 수단의 역할을 하는 것이다.

두 조건형성의 차이점을 보면, 고전적 조건형성에서 유기체는 외부의 자극 연합[종소리(CS)-음식(US)]에 의지와 상관없이 단지 수동적으로 반응한다(침 분비). 하지만 조작적 조건형성은 특정 반응의 결과가 바람직한 것이면, 유기체는 많은 수의적 반응에서 그 결과를 얻기 위한 행동을 선택해서 반응한다는 점에서 능동적 학습 과정이다. 손다이크와 스키너는 조작적 조건형성 원리에 기초한 학습 과정을 잘 보여준다.

1) 손다이크와 효과의 법칙

손다이크(Thorndike, 1874~1949)는 동물지능이라는 주제로 박사학위 논문에서 독창적인 실험을 실시하였다. 손다이크의 방법은 동물에게 문제를 제시해서 그 해결 과정을 연구하는 것이었다. 그는 그림과 같은 문제상자(puzzle box)를 사용하여 상자 속에 굶주린 고양이를 넣은 다음 지렛대를 밟아 문을 여는지를 관찰하였다. 이 문제상자 속 고양이는 처음엔 문을 여는 것과 관계없는 여러 행동들, 문을 발로 할퀴거나 이빨로 갈고, 물어뜯는 이런저런 행동들을 하다가

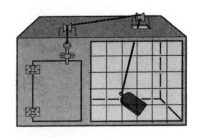

그림 3.6 **문제상자**

이 상자는 손다이크에 의해 사용된 것과 유사한 것이다. 동물이 밧줄과 연결된 페달 위에 올라서면, 문을 잠그고 있는 빗장이 열리게 된다(Thorndike, 1911).

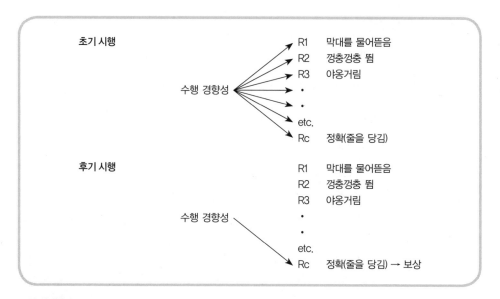

그림 3.7　　효과의 법칙

이 그림은 도구적 학습에 대한 손다이크 이론의 도식적 표현이다. 처음 시행에는 다양한 부정확 반응(지렛대를 물어뜯음, 이리저리 뜀)들을 행하려는 경향성이 매우 강한 반면에, 정확 반응(줄을 당김)을 행하려는 경향성은 약하거나 존재하지 않는다. 시행이 진행됨에 따라 그 반응들의 강도가 변한다. 부정확 반응들은 보상이 따라오지 않기 때문에 점점 약해진다. 대조적으로, 정확 반응은 보상이 따라오기 때문에 강도의 점진적인 증가를 보인다.

우연히 지렛대를 밟아 밖에 나와서 먹이를 먹었다. 이후 고양이를 문제상자 속에 넣고 나오는 시행이 반복될수록 문을 여는 것과 관계없는 행동은 점차 감소하는 대신에 문을 열고 나오는 정확 반응은 증가하고 문제상자에서 고양이가 문을 열고 나오기까지 걸리는 시간도 점차 단축되었다. 고양이의 학습 과정을 〈그림 3.7〉에서 보면, 문제를 해결하기 위해 이런저런 반응을 해보다가 우연히 발견한 정확 반응이 많은 시행에 걸쳐서 점진적으로 습득되는 것을 알 수 있다. 그는 이러한 학습을 시행착오(trial-and-error)에 의한 학습이라고 하며, 효과의 법칙(law of effect)으로 설명한다. 어떤 반응에 수반되는 결과가 바람직한 것이면, 그 반응이 발생할 가능성이 증가되고 결과가 바람직하지 않으면 그 반응은 약화된다는 것이다. 즉 반응의 발생 가능성은 반응의 결과(효과)에 달려 있다는 것이다.

2) 스키너와 조작 반응

대표적인 행동주의 심리학자인 스키너는 '스키너 상자(skinner box)'라는 실험장치를 사용하여 조작적 조건형성의 원리를 실험하였다. '스키너 상자'에서 쥐가 지렛대를 누르거나 비둘기가 불빛이 비친 원반을 쪼거나 하면 동물들의 행동은 자동으로 기록되고, 그 행동의 결과(먹이 또는 처벌, 전기충격)는 프로그램 장치에 의해 자동으로 제공된다. 스키너에 따르면, 고전적 조건형성에서 동물들의 행동은 조건 자극에 의해 '유발'되지만, 조작적 조건형성에서 반응은 수의적으로(voluntary) 내부로부터 '방출'된다. 스키너는 이와 같이 방출되는 반응을 조작 반응(operant)이라고 불렀으며, 보상을 초래하는 어떤 변화를 일으키도록 환경을 조작한다고 보았다. 조작 반응을 방출하는 경향성은 행동의 결과에 따라 강화되거나 약화된다고 주장하였다(Skinner, 1938). 그는 특정 반응에 뒤따라 나오는 결과로 이후 그 반응의 빈도나 강도를 증가시키는 자극(물)을 강화(물)(強化, reinforcement)라 하고, 반대로 특정 반응의 결과로 이후 반응의 빈도나 강도를 약화시키는 자극(물)을 처벌(punishment)이라 하였다.

그는 실험실의 동물이 강화를 받아서 간단한, 또는 복잡한 행동을 수행하는 것을

(a) (b)

그림 3.8 조작행동 상자 속의 동물

(a) 쥐는 물을 강화물로 받기 위해 지렛대를 누르는 것을 학습한다. (b) 먹이 강화를 위해 불빛이 비춰진 키를 쪼고 있는 비둘기. 강화는 키 바로 아래에 위치한 먹이 공급기에서 몇 초간 먹이를 먹을 수 있는 것이다 (Susan M. Hogue).

보여주었다. 예를 들어, 스키너 상자 안에 쥐를 넣은 후, 지렛대를 누르면 먹이가 나오도록 하였다. 이러한 조건에서 쥐가 지렛대를 누르는 행동은 먹이에 의해 강화가 되고 그 행동의 발생 가능성은 증가하게 되는데, 이것을 지렛대 누르는 행동이 조작적 조건화를 통해 학습되었다고 말한다.

3) 강화와 처벌

강화물, 또는 보상(rewards)에는 일차 강화물(primar y reinforcer)과 이차 강화물(secondary reinforcer) 두 종류가 있다. 일차 강화물은 음식, 물, 수면, 고통의 감소 등과 같이 유기체의 생물학적인 욕구를 충족시키는 생존에 필요한 자극들이다. 이차 강화물 또는 조건 강화물은 유기체의 생물학적 요구를 충족시키지는 않지만 일차 강화물과 짝지어져서 강화 효과를 가진다. 예를 들어, 돈은 그 자체는 종잇조각에 불과하지만 음식(일차 강화물)을 사먹거나 내가 원하는 무엇인가를 할 수 있기 때문에 강화물의 가치를 갖는다. 칭찬, 미소, 돈 등은 일차 강화물과의 연합을 통해서 강화 효과를 가지는 자극들이다.

강화와 처벌은 정적, 부적 강화와 정적, 부적 처벌로 구분된다. 정적 강화는 특정 반응의 결과로 유기체가 선호하는 자극(예 : 음식, 물, 돈, 칭찬 등)을 제시하여, 부적 강화는 반응의 결과로 유기체가 싫어하는 자극을 제거하여 행동의 빈도나 강도를 증가시키는 것이다. 예를 들어, 교수의 질문에 답하는 학생에게 주어지는 점수는 질문에 답하는 행동을 증가시키는 정적 강화이고, 자동차의 안전띠를 착용하지 않으면 울리는 경보음은 안전띠를 착용하는 행동을 증가시키는 부적 강화다.

처벌은 강화와 반대로 특정 반응의 빈도나 강도를 약화시키는 자극(물)이다. 정적 처벌은 특정 반응의 결과로 유기체가 싫어하는 자극을 제시하여, 부적 처벌은 특정 반응의 결과로 유기체가 선호하는 자극을 박탈해서 이후 행동의 빈도나 강도를 약화시키는 것이다. 예를 들어, 또래와 싸움을 한 아이에게 반성문을 쓰게 하는 것은 또래와의 다툼을 줄이는 정적 처벌이고, 지나치게 컴퓨터 게임을 오래 하는 아이에게 용돈을 삭감하는 것은 컴퓨터 게임 시간을 줄이는 부적 처벌이 된다. 〈표 3.1〉에 강화와 처벌의 종류가 나와 있다.

표 3.1 강화와 처벌의 종류

	제시	제거
선호자극	정적 강화	부적 처벌
혐오자극	정적 처벌	부적 강화

(1) 강화 계획

강화를 어떻게 주는지에 따라 유기체의 행동은 달라질 수 있다. 유기체의 행동에 대해서 강화물을 주는 방식에는 반응 후에 매번 강화가 주어지는 연속 강화(continuous reinforcement)와 반응의 일부에 대해서만 강화가 주어지는 부분 강화(partial reinforcement)가 있다. 낚시꾼이 물고기를 잡을 때도 있고 못 잡을 때도 있는 것이 부분 강화의 예가 될 수 있겠다. 부분 강화는 행동을 모두 강화하지 않고 일정한 계획에 따라 강화를 주는데, 비율과 시간간격을 기준으로 다음의 네 가지 유형이 있다.

- **고정비율(fixed ratio, FR) 계획** – 유기체가 강화를 받기 위해서는 정해진 수만큼의 반응을 해야 한다. 특정 카페의 방문 도장 열 번을 찍으면 무료로 음료를 제공받는 경우가 이에 해당된다.
- **변동비율(variable ratio, VR) 계획** – 평균해서 n번째 반응이 강화를 받는 것으로, 강화를 받을 수 있는 반응 횟수는 매 시행마다 불규칙적으로 변하고 전체 시행을 평균하면, 특정 비율이 된다. 낚시꾼이나 도박꾼은 언제 물고기가 잡힐지, 언제 돈을 딸지 알 수 없기 때문에 자리를 떠나기가 쉽지 않다.
- **고정간격(fixed interval, FI) 계획** – 정해진 시간이 지난 후, 나오는 첫 반응이 강화를 받는다. 강화를 받은 후 몇 번의 반응을 하든 상관없이 정해진 시간이 지난 후 나오는 반응에 대해서 강화한다. 매월 정해진 날짜에 나오는 월급이나 용돈이 이에 해당된다.
- **변동간격(variable interval, VI) 계획** – 평균적으로 정해진 시간간격 후에 나타나는 첫 번째 반응이 강화를 받는다. 변동간격은 다양한 시간간격으로 행동을 강화하는 것으로, 가령 평균 3분마다 보상을 받도록 되어 있다면 한 시행에서는 10분

후에 강화가 주어지고 또 다른 시행에서는 7분 후에 받을 수 있는데, 여러 시행에서 강화가 주어지는 시간간격을 평균하면 3분이 되는 것이다. 이 계획에서 유기체는 얼마나 시간이 지나서 반응을 해야 강화를 받을지 예측할 수 없다. 예를 들어, 사장이 영업점들을 불시에 순시해서 근무 태도를 보고 성실한 사원을 포상하는 경우, 사원들은 사장이 언제 올지 모르기 때문에 쉬지 못하고 꾸준히 일을 하고 있어야 한다.

(2) 부분 강화와 소거

부분 강화로 학습된 반응은 연속적으로 강화된 반응보다 소거가 느리게 일어난다. 이 현상을 부분 강화 효과(partial reinforcement effect)라고 한다. 다음 실험은 부분 강화 효과를 잘 설명해 준다. 몇 마리의 쥐가 먹이를 얻기 위해서 주로(run way)를 달리는 훈련을 받는데, 한 집단은 매 시행마다 강화를 받았고(연속 강화), 다른 집단은 시행수의 30%만 강화를 받았다(부분 강화). 이후 두 집단에 더 이상 강화가 주어지지 않았을 때, 주로를 달리는 속도에서의 변화가 〈그림 3.9〉에 나타나 있다(Weinstock, 1954). 100% 강화받은 쥐들은 부분 강화를 받은 쥐보다 달리기를 빨리 포기하였다. 연속 강화로 훈련을 받은 쥐들에게 더 이상 먹이가 주어지지 않는다는 사실은 달리기를 중지하게 만

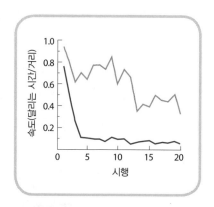

그림 3.9 부분 강화 효과

이 그림은 소거시행 중에 두 집단의 쥐들이 주로를 달리는 속도를 보여준다. 한 집단은 이전에 매 시행마다 강화를 받은 반면에, 다른 집단은 시행의 30%에서만 강화를 받았다. 이 그림은 전체 강화 조건에서 훈련을 받은 집단(진한 선)이 부분 강화 조건에서 훈련을 받은 집단(옅은 선)보다 상당히 일찍 달리기를 멈춘다는 사실을 보여준다(Weinstock, 1954).

들지만, 부분 강화를 받아왔던 쥐들에게는 별로 놀라운 경험이 아니기 때문에 달리는 행동의 소거가 느리게 일어난다. 그래서 연속 강화보다는 부분 강화가 소거가 어렵기 때문에 학습 효과가 더 크다고 할 수 있다. 예를 들어, 아이의 무리한 요구를 처음엔 들어주지 않다가 아이가 떼를 쓰고 고집을 부려서 마지못해 들어주게 되면 부분 강화

효과가 발생하여 이후 무리한 요구를 할 때마다 억지를 부리는 아이의 행동은 고치기 힘들어지게 된다.

4) 일상생활의 적용

(1) 조형

유기체에게 이전에 없었던 새로운 반응(행동)을 학습시키는 것은 조형(shaping) 또는 점진적 접근법(successive approximation)이라는 절차를 통해서 가능하다. 예를 들어, 스키너 상자의 쥐는 처음부터 지렛대를 누르지 않는다. 쥐에게 지렛대를 누르는 반응을 학습시키기 위해서는 단번에 지렛대 누르기를 훈련시키는 것이 아니라 점차적으로 지렛대 누르는 반응으로 접근시켜서 만들어내는 것이다. 일단 쥐가 지렛대 근처로 갈 때마다 보상을 주면, 자연스럽게 쥐는 그 근처로 간다. 그러면 이제는 지렛대 근처로 갈 때 보상을 주는 것이 아니라 지렛대에 한 발을 걸칠 때마다 보상을 준다. 이 반응이 자연스럽게 이루어지면, 지렛대에 한 발을 걸칠 때마다 보상을 주는 것이 아니라 지렛대를 누를 때만 보상을 준다. 그 결과 스키너 상자의 쥐는 지렛대를 누를 때만 보상을 받는다. 이 절차를 통해서 쥐는 이전엔 없었던 새로운 반응, 지렛대 누르기를 학습한 것이다. 조형 또는 점진적 접근법이라는 절차를 통해서 돼지가 쇼핑카트를 끌고 개가 수상스키를 타고, 비둘기가 탁구를 치는 것과 같은 행동을 학습시킬 수 있다.

(2) 미신 행동

조작적 조건형성이 이루어지기 위해서는 반응에 뒤따르는 강화가 중요하다. 만약 어떤 반응 이후에 우연히 강화가 뒤따른다면 무슨 일이 일어날까? 스키너는 스키너 상자에 비둘기를 넣고 비둘기의 행동과 상관없이 매 15초마다 먹이를 주고 행동을 관찰하였다. 먹이가 주어지기 직전에 비둘기들이 하고 있는 행동은 제각각이었다. 어떤 비둘기는 바닥을 긁고 어떤 비둘기는 날개를 퍼덕이고 또 어떤 비둘기는 맴을 돌고 있는 등 제각각 다른 행동을 하고 있었다. 실험이 끝날 무렵 비둘기의 행동을 보면, 먹이가 주어지기 직전에 하고 있었던 행동이 점차 증가하는 경향을 보였다. 이러한 결과는 먹이가 주어지기 직전에 하고 있었던 행동과 실제 강화와는 아무런 인과가 없지만, 행동과 강화물 사이에 인과관계가 있는 것처럼 잘못된 연합을 학습한 것이다. 스키너는 이것을 미신 행동(superstitious behavior)이라 불렀다. 운동선수의 각종 징크스도 이와 유사한 현상이다. 예를 들어, 수염을 깎지 않고 출전한 경기에서 골을 넣은 축구선수는 이후 경기 때마다 수염을 깎지 않고 출전할 가능성이 높다. 우연한 강화를 인과성이 있는 것처럼 잘못 생각한 것이다.

(3) 토큰 경제

학교나 정신병원, 교도소와 같은 기관들에서는 바람직한 행동을 촉진하기 위하여 조작적 조건형성에 기초한 토큰 경제(token economy)를 활용한다. 적절한 행동을 하면 토큰(예 : 포커, 칩)을 받는데, 이 토큰들은 나중에 개인이 좋아하는 다양한 보상으로 교환된다. 예를 들어, 평균 16년 동안 입원하고 있는 환자들에게 토큰 경제를 사용하였는데 환자들은 자신의 침대를 정리하고 머리를 빗는 등 여러 바람직한 형태의 행동에 대해 보상을 받았다. 이 토큰들은 영화를 보거나 구내매점을 이용하는 것과 같은 유쾌한 활동과 교환되었다(Ayllon & Azrin, 1968). 때로는 교도소에서 수감자들이 친사회적 행동을 하도록 격려하는 데 토큰 경제가 활용된다(Seegert, 2004).

5) 조작적 조건형성의 한계

조작적 조건형성은 반응에 강화가 뒤따르면, 어떤 반응이든 학습된다고 한다. 브렐란드와 브렐란드(Breland & Breland, 1961)는 많은 종의 동물들에게 묘기를 훈련시켜서 텔레비전 쇼와 광고 등에 출연시켰다. 하지만 이들은 모든 행동을 조작적 조건형성 원리에 따라 조형할 수 없음을 발견하였다. 예컨대, 너구리에게 저금통에 나무동전을 집어넣도록 훈련시키는 데 상당한 어려움을 겪었다. 너구리는 저금통에 나무동전을 넣고 먹이를 보상으로 받는 대신에, 끊임없이 나무동전 2개를 마주 비비고 저금통에 집어넣었다 다시 꺼내서 비비기를 반복하였다. 이 행동은 너구리가 자연 상태에서 먹이를 문지른 후 먹는 행동과 닮아 있다. 먹이와 연합되어 있는 사물에 대한 너구

학습된 무력감(셀리그먼의 개)

토큰 경제는 유기체가 환경에 적극적으로 반응함으로써 바람직하지 않은 행동을 긍정적으로 수정할 수 있음을 보여준다. 이와는 반대로 학습된 무력감(learned helplessness)은 혐오적 사건에 반복적으로 노출되지만 적극적으로 피할 수 없거나 통제할 수 없을 때 학습된다. 학습된 무력감 실험(Overmeier & Seligman, 1967)에서 실험집단의 개를 탈출하지 못하게 한 상태에서 전기충격을 주었다. 그런 다음 같은 개를 낮은 울타리의 두 칸이 분리된 상자에 넣고, 경고 신호를 주고 상자의 바닥에 전기충격을 가하는 일련의 실험을 하였다. 그러나 전기는 한쪽 바닥에만 통했고 낮은 울타리를 뛰어 넘으면 전기충격을 피할 수 있었다. 그러나 놀랍게도 개들은 도피하지 않고 묵묵히 전기충격을 견디고 있었다. 셀리그먼(1975)은 회피하거나 탈출할 수 없었던 고통스런 경험을 겪었던 인간 역시 학습된 무력감을 경험한다고 주장하였다. 예를 들어, 학교에서 지속적으로 낮은 성적을 받는 학생은 학업을 포기할지도 모른다. 왜냐하면, 자신이 학업을 계속하는 것이 불가능하다고 믿기 때문이다. 마찬가지로 배우자에게 지속적인 학대를 받는 사람들 중에는 스스로가 그런 대우를 받는 것이 마땅하다는 생각을 하게 되어 상대방의 공격적 행동에 저항하지 않게 된다. 그렇게 되면, 그들은 쉽게 포기해 버리고 수동적인 태도를 취하게 되거나 사람을 피하고 우울에 빠진다(Seligman, 1991).

리의 행동 성향(나무동전을 저금통에 넣으면 먹이가 주어지기 때문에, 나무동전-먹이 간의 연합)이 새로운 행동(나무동전을 저금통에 넣는)의 학습을 방해하였다. 이런 경험을 통해 브렐란드 부부는 동물이 조작적 반응을 완벽하게 배웠을 때조차 시간이 흐르면서 "그 학습된 행동은 본능을 향해 표류해 간다."(Breland & Breland, 1961)고 확신하게 되었고 이를 향(向) 본능 표류(instinctual drift)라 불렀다(박권생 외, 2004). 이와 비슷하게, 스키너 상자에서 비둘기에게 먹이를 얻기 위해 불빛을 쪼도록 훈련시킬 수는 있으나, 전기충격을 피하기 위해 불빛을 쪼도록 훈련시키는 것은 어렵다. 대신에 전기충격을 피하기 위해 날개를 퍼덕이는 것은 학습할 수 있다. 이러한 결과는 행동과 강화 사이의 연합이 유기체의 생물학적 성향과 유사할 때 가장 효과적임을 의미한다.

4. 인지학습

조건형성 원리에서 학습은 유기체의 직접 경험을 통해서 점진적으로 일어나는 과정이다. 그러나 우리의 학습은 조건형성 원리만으로는 설명할 수 없다. 예를 들어, 학생들이 수학에서 증명문제를 풀거나 과학자들이 실험을 통해 어떤 사실을 찾아가는 과정은 조건형성 학습 원리만으로는 설명하기 어렵다. 사실 조건형성 원리가 적용되는 학습에서 유기체는 무엇을 배우고 습득하기 위해 사고나 추리 과정을 거쳐야 할 필요가 없다. 추리와 사고 과정이 개입되는 복잡한 유형의 학습을 인지학습(cognitive learning)이라 한다. 인지학습의 예로 통찰학습과 잠재학습을 살펴본다.

1) 통찰학습

쾰러(Köhler, 1887~1967)는 침팬지를 대상으로 한 연구에서 학습이 점진적이고 연속적인 것만은 아니며, 경험이 없는 상태에서도 시행착오 없이 갑자기 문제해결이 일어나며 해결의 원리가 다른 상황에도 응용된다는 것을 발견하였다. 그는 이를 통찰학습(insight learning)이라 하였다. 그는 침팬지가 다양한 상황에서 통찰을 통해 문제를 해결한다는 것을 증명하였다. 한 실험에서 침팬지는 천장(손이 닿지 않는)에 보상인

(a)   (b)   (c)   (d)

그림 3.10 **침팬지의 도구 사용**

(a) 막대기를 바나나까지 올라가기 위한 장대로 사용함. (b) 막대기를 바나나를 떨어뜨리기 위한 곤봉으로 사용함. (c와 d) 바나나에 도달하기 위해 3층과 4층의 구조물을 세움(Köhler, 1925).

바나나가 달려 있는 실험 장소에 도착한다. 보상을 얻기 위해서 침팬지는 근처에 있는 도구를 사용해야만 한다. 어떤 침팬지는 막대기를 장대로 사용해서 타고 올라가서 천장의 바나나를 따기도 하고, 또 다른 침팬지는 상자를 받침대로 사용하기도 하였다(그림 3.10 참조). 실험 장소에 아무런 도구가 없을 때는 쾰러를 엎드리게 해서 그의 등을 밟고 올라가기도 했다. 때때로 침팬지는 도구 사용자인 동시에 도구 제작자이기도 하였다. 침팬지 술탄(Sultan)은 자신의 손이 미치지 않는 거리에 있는 바나나를 먹기 위해서 그의 우리 안에 있는 2개의 대나무 막대기를 이용해서 문제 상황을 해결하였다. 2개의 대나무 막대기 중 어떤 것도 바나나에 닿을 만큼 충분히 길지 않았다. 2개의 막대기를 잡고 번갈아 보던 술탄은 마침내 두 막대기 중 가는 것을 두꺼운 막대의 내부 구멍에 밀어 넣어 막대기를 길게 만들어 바나나를 당기는 데 성공했다(그림 3.11 참조). 그러나 쾰러의 침팬지들은 이전에 이러한 유사한 문제해결 상황들에 노출되어서 문제해결을 했던 경험이 전혀 없었고, 이런저런 해결방법을 시도해 본 끝에 성공한 것이 아니라, 해결이 갑자기 불연속적으로 이루어졌다는 것이다. 종종 통찰적 해결은 침팬지가 상황을 탐구하듯이 머리와 눈만을 움직이면서 정지해 있은 후, 갑자기 이루어지기도 했다.

그림 3.11 **침팬지의 도구 제작**

이중 막대를 만들고 있는 술탄(Köhler, 1925)

2) 잠재학습

톨먼(Tolman, 1886~1959)은 강화가 제공되지 않는 상태에서도 학습이 이루어진다는 것을 실험(Tolman & Honzik, 1930)을 통해서 보여주었다. 쥐를 대상으로 한 미로학습에서 처음 10일 동안 매일 강화를 받았던 쥐들(미로의 목표상자에 갈 때마다 보상을 받는)과 10일 동안 전혀 강화를 받지 않았던 쥐들(미로의 목표상자에 보상이 없는)의 미로 학습을 비교하였다. 처음 10일 동안의 오류율(미로에서 목표상자로 바로 가지 못하는)을 비교해 보면, 어떤 보상도 받지 못한 쥐들은 그들의 행동에서 보면 거의 학습이 일어나지 않은 것처럼 보였다. 그러나 그들이 강화를 받기 시작하자마자 오류율은 점진적 감소가 아니라 매일 강화를 받았던 쥐들의 수행 수준으로 급격히 감소되었다. 이 결과는 이 집단의 쥐들이 보상이 없는 상태에서 미로를 돌아다니며 그 미로의 공간 배열에 대한 정신적 표상, 즉 인지도(cognitive map)를 이미 학습했기 때문에, 이후 일단 보상을 주기 시작하자 오류율이 급격하게 줄어들었음을 의미한다. 유기체는 자연환경 내에서 자기가 활동하는 데 이용할 수 있는 지도를 학습하는데, 이것을 톨먼은 인지도라 불렀다. 톨먼은 강화가 없는 상태에서 이미 학습이 이루어지고, 이후 상황 조건에 따라 행동으로 드러나는 학습을 잠재학습(latent learning)이라 하였다. 잠재학습은 조작적 조건형성에 기초한 학습만큼 효과적인 것으로 보인다.

5. 관찰학습

일상생활에서의 많은 학습이 조건형성의 원리를 포함하지는 않는다. 관찰학습은 사회학습(social learning) 또는 대리학습(vicarious learning)이라고도 하며, 반두라(Bandura)에 의해서 연구되었다. 다른 사람들의 행동과 그 결과를 관찰해서 모방하는 관찰학습(observational learning)은 인간 학습에서 중요하다. 사람은 타인의 행동이나 그 결과(강화, 처벌)를 보고 난 후, 타인의 행동을 모방할지 자제할지를 결정한다. 타인이 행동의 결과로 보상받는 것을 보면, 그 행동을 모방 및 행동화할 가능성이 높지만, 행동의 결과로 처벌받는 것을 보면, 모방할 수 있지만 행동화는 자제하게 된다. 즉 실제 행위를 했을 때 얻게 되는 이득을 고려하여 스스로 행위를 조절한다. 직접 경험을 통해서가 아니라 관찰을 통해서 학습하는 능력은 유기체에게 매우 유용하다.

관찰학습은 인간에게만 한정된 것이 아니라 동물에게서도 볼 수 있다. 가와무라(Kawamura, 1963)는 일본 원숭이들이 좋아하는 고구마를 물가의 모래 위에 놓아두었다. 모래가 묻은 고구마를 무리 중 한 마리가 물에 씻어서 먹자 이를 본 다른 원숭이들도 이후 고구마를 물에 씻어서 먹는 행동을 관찰하였다.

인간의 관찰학습과 관련해서 반두라와 그의 동료들(Bandura, Ross, & Ross, 1963)은 관찰이 공격행동의 학습에 미치는 영향을 연구하였다. 한 집단의 아동에게는 성인 또는 만화 주인공이 인형을 격렬하게 공격하는 영상을 보여주었고, 다른 집단의 아동에게는 인형을 공격하지 않는 영상을 보여주었다. 이후 인형이 있는 방에서 아동의 놀이 행동을 관찰한 결과, 공격적인 영상을 본 아동들이 공격적인 영상을 보지 않은 아동에 비해서 인형에 대해서 공격행동을 더 많이 하고 공격행동 유형도 비슷했다. 이러한 결과는 대중매체가 아동의 공격성 학습에 미치는 영향에 대해서 시사하는 바가 크다. 예를 들면, 연구자들은 아동, 청소년과 젊은 성인들을 대상으로 한 연구에서 여러 가지 방법으로 폭력적인 비디오 게임이 공격행동을 증가시킨다는 것을 보여주었다(Anderson & Carnagey, 2001). 뿐만 아니라 음악이나 뮤직비디오, 광고 혹은 인터넷에 포함된 폭력도 마찬가지라고 한다(Villani, 2001).

인본주의적 인간 이해

1. 기본 가정

1950년까지 정신분석과 행동주의는 심리학 접근법의 양대산맥이었다. 행동주의자들은 인간의 행동이 다양한 환경적 자극에 대해 학습된 반응이라고 주장하였으며, 정신분석학자들은 인간은 자신의 무의식적인 욕구에 영향을 받는다고 주장하였다. 이러한 접근에서 인간은 자신의 운명을 결정할 수 있는 존재가 아니었다.

1950년에 미국의 심리학자인 매슬로(Maslow, 1908~1970)와 로저스(Rogers, 1902~1987)는 인간이 자유의지를 가지고 있으며 무의식적 동기와 환경적 자극에 의해 움직이는 존재가 아니라는 생각을 발전시키면서 인본주의적 접근이 시작되었다.

인본주의적 접근에서는 인간의 자유의지, 자아개념, 자아존중감 및 자신의 잠재력 실현의 중요성을 강조하면서 인간은 자신의 삶을 변화시킬 능력을 가진 자율적인 존재이며 자신의 삶에 통제력을 가진 존재라고 주장하였다. 인본주의는 개인의 주관적 견해나 경험에 따라 행동이 변화한다고 주장한다. 즉 개인이 자신과 자기 주변의 환경을 어떻게 인식하고 해석하는지에 따라 행동이 달라진다는 것이다(Rogers, 1951).

2. 매슬로

매슬로는 뉴욕시 브루클린에서 러시아에서 이주한 유대인의 일곱 자녀 중 첫째로 태어났다. 미국에 이주한 유대인들이 그랬던 것처럼 매슬로의 부모도 열심히 일을 해서 빈민가에서 벗어나 중류층이 되었다. 어린 매슬로는 유대인에 대한 이웃의 편견으로 외로움을 느끼며 성장했다. 그는 친구가 없었으며 주로 도서관에서 책을 읽으며 시간을 보냈다. 부모와도 친밀한 관계를 맺지 못해 불행한 아동기를 보냈다고 할 수 있다. 부모의 뜻에 따라 법학을 공부하였으나 1년 만에 그만두고 위스콘신대학으로 옮겨 심리학을 전공하게 되었고 거기서 만난 버사와 20세에 결혼하였다. 결혼으로 매슬로는 소속감과 친밀한 관계를 경험하고 삶의 의미도 찾게 되었다. 처음에 심리학에 관심을 갖게 된 것은 왓슨의 행동주의 심리학이었다. 처음에 그는 행동주의가

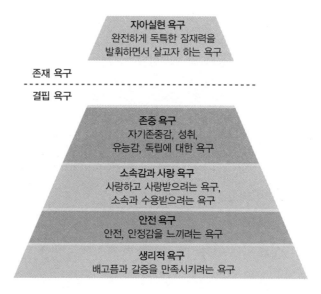

그림 4.1 매슬로의 욕구위계

세상의 모든 문제를 해결해 줄 수 있다고 믿었으나 애착연구가인 할로와 함께 일하면서 실험심리학적 훈련과 함께 인간의 기본적 욕구에 대해 관심을 갖게 되었다. 1930년대 후반에 나치의 위협을 피해 미국으로 이주한 프롬, 아들러, 호나이와의 지적 교류와 함께 첫아이의 출생을 통해 행동주의 관점에서 인본주의 관점으로 바뀌게 되었다(노안영 & 강신영, 2003 재인용).

매슬로는 심리학이 인간의 병리적인 측면보다는 건강한 본성에 더 큰 관심을 가져야 한다고 주장하였다. 인간의 건강한 면을 이해해야 비로소 정신적으로 병든 것에 대해 이해할 수 있으며, 인간의 성격을 건강하게 만들 수 있다는 것이 매슬로의 신념이었다.

매슬로는 인간 각자는 자신의 잠재력을 발달, 성장시키고 완성시킬 수 있는 본능적 욕구를 가지고 태어난다고 보았다. 매슬로는 인간이 균형을 유지하거나 좌절을 회피하는 것에만 관심이 있기보다는 성장에 더 많은 관심이 있다고 생각했다. 매슬로의 주요 공헌은 동기가 어떻게 위계적으로 구성되는가에 대한 분석과 건강한 성격에 대한 연구를 바탕으로 인간의 자아실현의 중요성을 강조한 점이다.

1) 욕구위계

매슬로는 인간은 자신의 행동을 활성화시키는 다섯 가지 욕구(즉 생리적 욕구, 안전
욕구, 소속감과 사랑 욕구, 존중 욕구, 자아실현 욕구)를 타고났다고 주장하였다. 또
한 그는 욕구라는 것이 그 자체로서 본능적인 것이며 우리는 욕구위계에 의해서 동기
화된다고 제안하였다. 욕구는 본능적이지만 그 욕구를 충족시키기 위해서 우리가 하
는 행동은 선천적인 것이 아니며 학습에 의한 것이다. 따라서 이러한 행동은 사람마
다 매우 큰 차이를 보이게 된다.

다섯 가지 욕구는 위계적이므로, 개인은 하위의 욕구가 어느 정도 충족되어야 그
다음의 욕구에 관심을 갖게 된다. 즉 생리적 욕구가 어느 정도 만족되어야 개인은 자
신의 안전에 관심을 갖게 된다. 안전감을 달성하면 사랑하고 사랑받고자 추구하게 된
다. 사랑 욕구가 만족되면 존중받으려고 한다. 존중의 욕구를 달성한 후에, 우리는 궁
극적으로 자아실현(self-actualization), 즉 자신의 잠재력을 충족시키는 과정을 추구
하게 되는 것이다.

(1) 생리적 욕구(physiological needs)

모든 욕구 중에서 가장 기본적이고 강력한 욕구는 유기체의 생존과 유지에 관련된 생
리적 욕구다. 즉 인간의 생존을 위해 필요한 음식, 물, 수면, 성 등에 관한 생리적 욕
구는 다른 욕구에 비해서 가장 기본적이며 강력하다. 극도의 빈곤지역에 거주하는 사
람들의 경우, 생존 그 자체가 절대적인 관심사가 되며 이들에게는 먹는 것과 살아남
는 것이 우선적 욕구가 된다. 이들에게 자아실현의 욕구는 꿈 같은 이야기로 여겨지
고 사치스럽게 느껴질 것이다. 생존의 문제가 어느 정도 충족되면, 다음 욕구인 안전
의 욕구를 추구하게 된다.

(2) 안전의 욕구(safety needs)

질서 있고, 안정적이며, 예측할 수 있는 세상에 대한 유기체의 요구가 안전에의 욕구
다. 안전 욕구의 만족을 위해서는 안전, 안정감, 보호, 질서, 그리고 공포와 불안으로
부터 자유로운 상태가 요구된다. 기본적으로 인간은 생리적 욕구가 어느 정도 충족되

면 다음으로 안전 욕구를 우선적으로 갈망한다. 오랜 내전지역에 거주하는 사람들이나 끊임없이 싸우는 부부싸움에 노출된 자녀들의 경우에 안전에 대한 욕구가 충족되지 못해 무척 불안한 심리적 상태이므로 자신의 신체적, 심리적 안전을 갈망하게 된다. 매슬로는 조직과 질서가 전혀 없는 지나친 허용은 오히려 아이의 안전 욕구를 위협하기 때문에, 아이에게 걱정과 불안을 야기한다고 생각했다. 따라서 아이에게는 자유와 함께 그들이 대처할 정도의 제한이나 규칙이 있어야 한다. 생리적 욕구와 함께 안전의 욕구는 유기체의 생존을 위한 가장 기본적인 욕구라고 할 수 있다.

(3) 소속감과 사랑의 욕구(belonging and love needs)

생리적 및 안전 욕구와 같은 유기체에게 필요한 기본적인 욕구가 어느 정도만 충족되면 사람은 소속감과 사랑에의 욕구를 갈망하게 된다. 인간은 기본적인 욕구 충족이 되면 다른 사람과 친밀한 관계를 맺고 싶고 특정 집단에 소속되기를 원하는 사회적 동물이다. 이러한 소속과 사랑의 욕구를 충족시킬 수 있는 최초의 그리고 최소의 사회적 관계가 바로 가족이다. 현대사회에서 가족의 해체 및 1인 가족의 증가는 사람들로 하여금 소속과 사랑의 욕구가 충족되기 어렵게 만들고, 이로 인해 현대인은 극심한 외로움 속에서 심리적 어려움을 겪기 쉽다. 매슬로 역시 과학기술이 발달된 현대사회에서 소속감 및 사랑의 욕구가 충족되기가 더욱 어려워짐을 지적하였다. 사랑을 주고받고 싶은 욕구는 다른 사람과의 긴밀하고 따뜻한 관계 속에서 충족될 수 있다.

(4) 존중의 욕구(esteem needs)

개인이 소속감과 사랑 욕구를 충족하면 다음으로 자아존중(self-esteem)의 욕구를 갖게 된다. 매슬로는 자아존중의 욕구를 충족하기 위해서는 두 가지 존중 욕구, 즉 자신으로부터의 존중과 타인으로부터의 존중을 필요로 한다는 점을 지적하였다. 자아존중을 이루기 위해 개인은 유능감, 자신감, 숙달, 성취, 독립 등을 갖는 것이 필요하다. 또한 자신에게 중요한 타인(대개 부모나 형제, 동료 등)으로부터 자신의 유능감에 대한 인정을 받는 것이 필요하다.

자아존중의 욕구를 충족시킨 사람은 자신의 능력과 가치에 대해 확신을 가지는 반면, 자아존중이 결여된 사람은 자신이 남보다 못하다고 생각하고 자신이 무능하다고 생각한다. 따라서 자아존중이 결여되면, 삶의 여러 가지 문제에 맞설 수 있는 자기확신이 부족하게 되고 더 나아가 자아실현을 이루기 힘들다. 참된 자아존중은 자신의 능력과 경쟁력에 대한 현실적인 판단 위에 기초해야만 한다고 매슬로는 지적하였다. 자기 자신에 대한 존중과 함께 타인의 인정으로 자아존중의 욕구가 충족된 개인은 욕구의 마지막 단계인 자아실현의 욕구를 추구하게 된다.

(5) 자아실현 욕구(self-actualization needs)

욕구위계의 마지막 단계인 자아실현은 자신의 잠재력과 능력을 인식하고 충족시키는 것을 말한다. 자아실현은 개인이 지니고 있는 소질과 역량을 스스로 찾아내어 그것을 충분히 발휘하고 계발하여 자기가 목적한 이상(꿈)을 실현하는 것을 말한다. 매슬로는 모든 인간은 인생을 살아가는 동안 자신의 잠재력을 충족시킬수 있는 자아실현의 기회를 갖는다고 주장하였다. 자아를 실현하기 위해서는 많은 전제조건이 필요하다. 첫째는 사회와 자기 자신의 구속으로부터 자유로워야 하며, 둘째는 욕구위계에서 하위에 있는 생리적 욕구와 안전의 욕구에만 집착해서는 안 되며, 셋째는 가족 및 타인들과 친밀감을 느끼며, 타인과 사랑을 주고받을 수 있어야 한다. 마지막으로, 무엇보다도 자신의 강점과 약점에 대한 현실적 자각을 갖추어야 한다(Schultz & Schultz, 1998).

2) 결핍심리학과 성장심리학

매슬로는 인간 행동을 설명하고 이해하려는 심리학을 크게 두 종류로 구분하였다. 그가 구분한 두 가지는 결핍심리학(deficiency psychology)과 성장심리학(growth or being psychology)이다. 결핍심리학은 기본적 욕구 충족 영역에서의 인간 행동에 관심을 두는 반면, 성장심리학은 자아실현 욕구의 추구에서 인간 행동을 연구한다. 이러한 분류에 따른 몇 가지 내용을 살펴보면 다음과 같다.

(1) 결핍 욕구와 성장 욕구

결핍 욕구는 유기체 내에 있는 부족한 어떤 것을 충족시키려는 욕구를 말하며 욕구위계 중에서 우선적으로 만족되어야 하는 욕구들이다. 여기에는 생리적 욕구와 안전에 대한 욕구, 소속과 애정 욕구, 자아존중의 욕구가 있다. 결핍 욕구는 부족할 경우 그것을 충족시키려는 욕구가 강렬해지지만 부족 부분이 어느 정도만 채워지면 그에 대한 욕구는 감소하게 되는 '긴장 감소 모델'을 따른다. 결핍 욕구는 결핍으로 인해 생겨나는데 그 결핍은 타인에 의해, 혹은 외부 환경에 의해 충족되는 것이기 때문에 결핍 욕구가 강하면 외부환경이나 타인에 의존하게 된다. 결핍 상태가 너무 오래가거나 극단적이면 우리의 몸과 마음이 병들기(예 : 신경증) 쉽다.

성장 욕구는 욕구위계에서 가장 상위에 있는 자아실현의 욕구를 말하며, 유기체가 자신의 잠재력을 발휘하여 자신이 가치롭게 여기는 목표를 추구하려는 욕구, 아름다움을 추구하고(심미적 욕구), 새로운 것을 배우려는 욕구(인지적 욕구) 등을 말한다. 성장 욕구는 기본적 욕구가 충족된 후에 나타나는 욕구로서 충족되어도 그 욕구가 감소되지 않는다. 이러한 점은 욕구가 충족되고 나면 욕구가 감소되는 결핍 욕구와 구별된다. 예컨대, 알고자 하는 욕구가 큰 사람은 평생 동안 끊임없이 연구하고 배우고 싶어 한다. 성장 욕구가 강하면 자율적이고 자기지시적이 되는데, 왜냐하면 자아실현 욕구는 자신만이 충족할 수 있는 욕구이기 때문이다. 이러한 성장 욕구가 충족되었을 때 갖게 되는 성취감은 보다 건강한 삶을 만들 수 있으며 우리의 경험을 확장하고 삶을 풍성하게 하는 것이다.

(2) 결핍 사랑과 성장 사랑

결핍 사랑은 타인이 자신의 욕구를 충족시켜 주기 때문에 타인을 사랑하는 것이다. 이러한 사랑은 이기적인 욕구에서 비롯된 사랑이다. 즉 결핍 사랑은 자존감, 혹은 섹스를 위한 욕구, 고독의 두려움 등에서 비롯된다. 결핍 사랑은 결핍 욕구가 충족되지 못해서 생긴 사랑이기 때문에 그 사람으로부터 자신이 원하는 사랑을 얻지 못할까 봐두렵게 되어 연인에게 매우 의존적이게 된다.

성장 사랑은 자신은 물론이고 타인의 성장을 위한 사랑이다. 성장 사랑을 하는 사람은 결핍에 괴로워하지 않고 사랑을 갈구하지 않는다. 그는 사랑하는 사람에게 의존하지 않고 독립적이다. 성장 사랑은 비소유적이며 이기적인 자기만족보다 타인의 행복에 보다 많은 관심을 가진다. 성장 사랑에서 사랑은 주고받는 것이며 자신의 성장만큼 사랑하는 사람의 성장에도 관심을 보이는 이타적인 사랑이라 말한다. 에리히 프롬의 사랑의 기술에 묘사된 다음의 글은 성장 사랑을 잘 표현한다.

> 사랑한다는 것은 관심(interest)을 갖는 것이며, 존중(respect)하는 것이다. 사랑한다는 것은 책임감(responsibility)을 느끼는 것이며 이해하는 것(understanding)이고, 주는 것(give)이다.
>
> —에리히 프롬(Erich Fromm, 1956)

3) 자아실현

에이브러햄 매슬로(Abraham Maslow, 1970)는 심리적인 문제가 있는 임상사례가 아니라 건강하고 창의적인 사람들을 연구함으로써 자아실현에 대한 자신의 아이디어를 발전시켰다. 매슬로는 자아실현적인 삶을 살았던 자신의 친구나 동료로부터, 그리고 널리 알려진 역사적 인물(예 : 링컨, 아인슈타인, 루스벨트, 간디)로부터 발견할 수 있었던 특성을 확인하였다. 매슬로는 연구를 통해 자아실현을 이룬 사람들만의 특성들을 보고하였다. 자아실현자들은 자기수용적이며, 개방적이고 자발적이며, 자애롭고 남을 보살피며, 다른 사람의 견해로 인해서 위축되지 않았다. 수많은 피상적인 관계보다는 자신의 삶에서 중요한 소수와 깊이 있는 관계를 맺었다. 자아실현자들은 평범한 일상 속에서 절정경험(peak experience)을 다른 사람보다 더 자주 경험하였다. 절정경험이란 누구와 사랑을 하거나 자신이 좋아하는 일에 완전히 몰두할 때 느끼는 정서적 고양 상태를 뜻한다. 힘들게 오른 산봉우리에서 아름다운 절경을 볼 때나 영화나 공연을 보며 깊은 감동을 느끼는 순간 등 시간이 멈춘 듯하거나 몇 시간이 몇 분 같기도 한, 가슴 벅찬 순간을 말한다.

(1) 자아실현자의 특징

① 현실에 대해 효율적이고 명확하게 지각한다.

② 자신과 타인은 물론 주변 환경에 대해 수용적이다.

③ 자발적으로 일하고 단순하고 자연스럽게 행동한다.

④ 자신의 인생에 대해 사명감을 가지며 자신보다는 문제에 초점을 둔다.

⑤ 고독에 초연하며 혼자 있는 시간을 즐긴다.

⑥ 새롭고 창의적인 시각(인식)으로 세상을 바라본다.

⑦ 절정경험을 일상에서 자주 경험한다.

⑧ 공감을 잘하며 사회에 대한 관심이 많다(이태석 신부).

⑨ 소수의 사람들과 깊이 있는 대인관계를 경험한다.

⑩ 인종이나 종교 등의 사회적 편견이 없으며 민주적이다.

⑪ 창의적이고 독창적이며 실패를 두려워하지 않는다.

(2) 자아실현에 이르는 행동(Maslow, 1971)

① 어린애와 같이 완전히 몰두하고 집중하라.

② 확실하고 안전한 방법에 집착하기보다 새로운 것을 찾아라.

③ 경험을 평가하는 데 있어 자신의 느낌을 소중히 하라.

④ 정직하고 일에 대한 책임감을 가져라.

⑤ 자신의 견해가 다른 사람과 달라서 다른 사람들로부터 소외되는 경우 그것을 수용하라.

⑥ 결정한 것은 무엇이든 열심히 하라.

⑦ 자신의 단점을 찾아내려 하고 그것을 고치려고 노력하라(Rogers, 1959).

자아실현자의 특별한 경험-몰입(flow)

미하이 칙센트미하이(Mihaly Csikszenmihalyi)는 마틴 셀리그먼과 함께 긍정심리학을 창시한 사람 중 한 명이며 몰입의 연구로 세계적인 명성을 얻고 있다. 그가 긍정심리학에 관심을 갖게 된 것은 동물실험만 하고 정신이상자만을 다루는 심리학에 실망했기 때문이다. 또한 어린 시절 전쟁을 겪으며 집과 직장을 잃고 삶의 의미마저 잃은 듯 살아가는 사람들을 보았던 경험을 떠올리며 "인생을 정말 가치 있게 만드는 것은 무엇인가?"라는 물음에 깊은 관심을 가지면서 긍정심리학 연구에 몰두하게 되었다.

그는 미술가, 음악가, 스포츠 선수들에 대한 연구를 하면서 이들이 작업을 할 때 다른 모든 것을 잊고 집중하는 모습에 깊은 인상을 받았고 이를 계기로 몰입에 대한 연구를 하게 되었다. 몰입은 어떤 일에 집중해 완전히 몰두했을 때의 의식 상태로, 무아지경(無我之境)이나 물아일체(物我一體)라는 표현과 유사한 상태를 말한다. 또한 몰입은 주위의 모든 잡념, 방해물을 차단하고 자신이 원하는 어느 한 곳에 모든 정신을 집중하는 것이다. 칙센트미하이는 몰입했을 때의 느낌을 '물 흐르는 것처럼 편안한 느낌', '하늘을 날아가는 자유로운 느낌'이라고 했다. 일단 몰입을 하면 몇 시간이 한순간처럼 짧게 느껴지는 시간 개념의 왜곡 현상이 일어나고 자신이 몰입하는 대상이 더 자세하고 뚜렷하게 보인다. 그리고 몰입 대상과 하나가 된 듯한 일체감을 가지며 자아에 대한 의식이 사라진다.

칙센트미하이는 몰입이 물 흐르는 것처럼 자연스럽고 편안한 느낌이란 의미에서 영어로 '플로(flow)'라고 칭했다. 칙센트미하이는 몰입을 위한 조건 일곱 가지를 제시했다. ① 분명한 목표가 있어야 한다, ② 어느 정도 잘하고 있는지를 알아야 한다, ③ 도전과 능력이 균형을 이루어야 한다, ④ 행위와 인식이 하나가 되어야 한다, ⑤ 방해받는 것을 피해야 한다, ⑥ 자기 자신, 시간, 주변을 잊어야 한다, ⑦ 경험 자체가 목적이 되어야 한다.

마틴 셀리그먼은 낙관적인 아이(*The Optimistic Child*, 2007)에선 몰입은 좌절이 없다면 절대 가질 수 없는 경험이라고 주장한다. "실패를 겪지 않고 계속 성공만 했다면 진정한 몰입을 경험할 수 없다. 또한 보상이나 높은 자존감, 자신감, 패기 등은 몰입을 만들어

내지 못한다. 좌절을 꺼리고, 불안을 없애고, 어려운 도전을 피하는 태도는 모두 몰입을 방해한다. 불안과 좌절, 경쟁과 도전이 없는 삶은 바람직한 삶이 아니며, 몰입이라는 최고의 상태를 경험할 수 없게 막는다."라고 하여 좌절의 의미와 함께 삶에서 실패를 두려워하지 않는 도전의 중요성을 역설하였다.

3. 칼 로저스

칼 로저스(Carl R. Rogers, 1902~1987)는 미국 일리노이주 오크파크에서 6명의 자녀 중 넷째로 태어났다. 로저스는 수줍음이 많았지만 매우 총명한 소년으로 자라났다. 그는 과학을 좋아했고 13세에 생물학과 농업 전문가로 소문이 났다. 아이러니하게도 로저스의 가족은 따뜻하거나 애정적이지 않았다. 그의 이론에서 강조하는 감정의 표현과 공감은 허락되지 않았다. 그 결과 그의 다른 두 명의 형제처럼 로저스도 15세 때 위궤양을 앓았다. 로저스는 농업을 전공하기 위해 1919년 위스콘신대학에 진학하였는데, 농업에 흥미를 느끼지 못했다. 그는 유니온 신학교에 진학하여 신학을 공부하기로 마음을 바꾸었는데 신학을 공부하면서 오히려 종교보다 종교를 통해 충족하려는 개인의 욕구에 관심을 가지게 되었다. 또한 신학교의 길 건너에 있는 컬럼비아대학에서 심리학 강의를 들으면서 새로운 관점을 갖게 되었다.

로저스는 29세인 1931년 컬럼비아대학에서 박사학위를 받은 후, 뉴욕주 로체스터에 있는 아동생활지도 클리닉에서 일을 하였다. 여기서 비행 및 장애아동을 진단하고 치료하며 시간을 보냈고 이 시간들은 이후에 정서적 장애를 가진 아동을 상담하는 방식에 대해 생각하게 하였다. 이후에 12년간 시카고대학에서 카운슬링센터를 운영하다가 1957년 다시 위스콘신대학으로 돌아와 정신분석적 접근과 행동주의와 맞서 싸우며 자신의 견해를 피력하였다. 로저스는 생애 마지막 15년간 사회갈등 문제와 세계평화에 관심을 가지고 공헌하였으며 노벨평화상 후보에 지목되기도 하였다.

로저스는 사람은 근본적으로 선하며 자아실현의 경향성을 갖고 태어난다고 믿었다. 그는 성장을 저해하는 환경에 의해 방해받지 않는 한, 우리 모두는 성장과 실현이 준비되어 있는 도토리와 같은 존재라고 믿었다. 로저스(1980)는 도토리가 자라기 위해 햇빛, 물과 영양분이 필요한 것처럼, 한 개인의 성장을 촉진시키기 위해서 진실성, 수용성, 공감성의 세 가지 조건이 필요하다고 주장하였다.

1) 자아개념

로저스는 인간이 본질적으로 건설적이고 합리적인 존재라는 긍정적인 시각을 가졌으며, 이는 컬럼비아대학에서의 존 듀이 철학에서 영향을 받은 것이다. 그는 인간 본성에 대해 크게 두 가지 가정을 하고 있는데, 하나는 모든 사람은 자신의 가능성을 실현시키고자 하는 자아실현(self-actualization)의 경향성을 소유하고 있다는 것이다. 즉 인간은 스스로 자신을 개발해서 성장해 나갈 수 있는 잠재 능력을 소유한 존재이며, 인간의 삶에서 최우선적인 동기는 자신의 역량이 허용하는 한도 내에서 최선의 자아(self)가 되고자 하는 것이다. 이러한 자아실현 경향성은 정상인뿐만 아니라 심리적인 부적응을 겪고 있는 사람을 포함해서 모든 인간에게 내재한다고 믿었다.

로저스가 주장한 다른 하나는 인간은 개인마다 독특한 현상학적 장(phenomenal field)이 있다는 것이다(Rogers, 1951). 즉 모든 사람은 세상을 지각하고 느끼며, 또 자신이 어떤 사람인가에 대해 생각하는 사적이고 주관적인 경험의 세계를 가지고 있다는 것이다. 따라서 개인이 어떻게 행동하는가는 그가 세계를 어떻게 지각하고 해석하느냐에 달려 있으며, 개인의 행동은 개인이 세계를 지각하고 해석한 직접적인 결과라고 본다. 이는 곧 개인을 가장 잘 이해하기 위해서는 그가 세상을 어떻게 보고 해석하는가 하는 내적 준거 틀(internal frame of reference), 즉 자아(self)를 이해할 필요가 있다는 것을 의미한다.

개인이 세상을 지각하고 해석하는 준거 틀인 자아의 형성과 발달은 부모, 형제, 친척 등 개인을 둘러싸고 있는 중요한 사람들과의 상호작용을 통해서 이루어진다. 식물이 성장하는 데 필요한 햇빛, 물, 적당한 온도 등의 환경조건이 있듯이, 자아가 건강하게 성장하는 데도 필요한 환경조건이 있다. 이 환경조건이란 공감적 이해(empathy), 무조건적인 긍정적 존중(unconditional positive regard), 진실성(congruence)이 있는 환경이다.

로저스의 성격 이론에서 중요한 것은 자아개념(self-concept)이다. 자아개념은 자기 자신에 대한 지각과 가치평가로서 자기가 어떤 사람인가에 대한 자기인식이다. 사람들은 생활 속 경험을 통해 '나는 부지런하다', '나는 정직하다', '나는 마음먹은 일은 꼭 해낸다'와 같은 자기 자신에 대한 신념 및 인식을 형성한다. 자아개념은 내가 생각하는 나(I) 또는 타인에게 보여지는 나(me)를 규정하는 모든 생각, 지각, 그리고 가치로 구성되어 있는데 여기에는 지금 현재의 나인 실제적 자아(real self)와 되고 싶은 나인 이상적 자아(ideal self)에 대한 자각이 포함되어 있다. 자기 자신을 어떻게 지각하느냐 하는 것은 세상에 대한 지각과 자신의 행동 둘 다에 영향을 준다. 예를 들어 자신을 강하고 유능하다고 지각한 여성은 자신이 연약하고 무능력하다고 생각하는 여성과는 아주 다르게 세상을 지각할 것이고 행동하는 방식도 다를 것이다.

이러한 자아개념은 그 자체를 유지하려는 성향이 있어서 자아개념에 일치하지 않는 생각이나 행동은 부정하고, 일치하는 생각이나 느낌, 행동만을 받아들이고, 자아개념과 일치하는 것은 실제 경험한 것이 아닌데도 마치 자신이 직접 경험하고, 느끼고 생각한 것처럼 왜곡한다.

로저스에 따르면, 개인은 모든 경험을 자아개념과 관련시켜 평가한다. 사람들은 자아개념과 일치하는 방식으로 행동하고 싶어 하고, 일치하지 않은 경험과 감정은 위협적인 것이 되고, 의식에 들어오는 것이 거부될 수도 있다. 자아개념과 불일치하기 때문에 개인이 부인하는 경험이 많으면 많을수록 자기와 현실 간의 괴리가 더 커지고 부적응 가능성도 더 커진다. 반대로 적응이 잘된 개인은 자신의 생각, 경험, 그리고 행동과 일치하는 자아개념을 갖고 있고 새로운 경험과 아이디어에 동화되면서 변화될 수 있다. 실제 경험과 자아개념과의 괴리로 인한 부적응 외에 이상적 자아와 실제적 자아 간의 괴리가 클수록 현재 자신의 모습에 불만족하게 되고 부적응하기 쉽다. 반면에 이상적 자아와 실제적 자아를 비슷하다고 느낄수록 개인은 만족하고 적응적이다. 따라서 두 가지 괴리―실제 경험과 자아개념 간의 괴리, 이상적 자아와 실제적 자아와의 괴리―를 경험할수록 부적응하기 쉽고 심리적 어려움을 겪기 쉽다.

로저스는 자기를 타인과 구분함과 동시에 타인의 사랑과 관심을 받고자 하는 욕구가 있다고 가정하였다. 그리고 아이는 중요한 타인과의 경험 및 타인의 가치 체계와 평가에 따라 자신의 말이나 생각, 행동 등을 판단하고 평가한다. 이러한 경험을 통해 타인의 가치 체계가 자신의 가치 체계로 내재화되고, 내재된 가치 체계에 의해 자신의 생각, 느낌, 행동을 평가하며 서로 일치하지 않을 경우 부정적인 자아개념을 갖기 쉽다. 이러한 부정적 자아개념을 갖지 않게 하려면 부모나 주위 사람의 관심과 무조건적인 긍정적 존중이 필요하다. 즉 아이의 특정 행동에 대한 훈육("동생을 때리면 안 돼.")과 아이 존재 자체를 수용하지 않는 것("너란 아이는 구제불능이구나.")은 엄연히 다른 것이다. 부모가 아이를 수용하고 무조건 존중하면 아이도 자신을 부정적으로 인식하거나 왜곡하지 않고 부모의 기대에 맞추기 위해 자신을 바꾸지 않고 본래 자신의 모습을 수용하며 건강한 자아가 발달할 수 있게 된다.

로저스 역시 프로이트처럼 어린 시절이 성격 형성에 큰 영향을 미친다고 보았다. 그러나 프로이트가 성격 형성에 영향을 미치는 요인을 어린 시절 무의식적 욕구의 충족 정도로 본 것에 비해, 로저스는 어린 시절 주위 사람과의 관계에 두었다. 어린 시절 주위 사람과의 관계 속에서 형성된 자아개념은 개인의 성격 형성뿐만 아니라 심리적 건강에까지 영향을 미친다.

2) 내담자중심 치료

인본주의 치료는 사람이 합리적 삶을 선택하고 그러한 선택을 할 수 있는 능력과 자유를 가지고 있다고 가정한다. 인본주의 치료가 심리치료 분야에 도입한 혁신 중의 하나는 심리치료 서비스를 받고 있는 사람에 대해 '환자'보다 '내담자'라는 단어를 사용한 것이다. 환자라는 말은 전문가에 의해 치료받아야 할 질병을 가진 사람이라는 뜻이지만, 이와는 대조적으로 내담자라는 말은 상담자와의 인간관계를 통해 성장방법을 터득하는 사람이라는 뜻이 되어 심리치료에 대한 인본주의적 개념과 잘 맞는다.

로저스(1951)는 인본주의의 이론적 가정에 근거하여 내담자중심 치료를 주창하였다. 이 견해에 따르면, 사람은 본래 선하며, 발달할 수 있는 환경만 주어지면 내적 잠재력을 실현하려는 자아실현의 방향으로 나아간다는 것이다. 인본주의적 관점에 따르면 자아실현 경향성이 자기나 다른 사람에 의해 차단되었을 때 심리적 장애가 발생한다는 것이며, 1940년대와 1950년대에 내담자중심 치료는 심리학자들 사이에서 중요한 치료적 접근으로 받아들여졌다.

아이가 태어나 성장하면서 자아개념을 형성해 나가는 과정에서 자신을 긍정적으로 존중하는 욕구를 가지게 되고, 이러한 긍정적 관심의 욕구를 만족시키기 위해서는 다른 사람으로부터도 긍정적 존중을 받는 것이 필요하게 된다. 또한 아이는 어른의 사랑과 칭찬을 받으려고 하는 욕구가 강하다. 그래서 아이의 생각과 사고는 어른의 사랑과 칭찬을 받을 수 있는 방향으로 발달하게 된다. 그러다 보면 아이는 사랑받고 긍정적 욕구를 채울 수 있는 어른의 가치 조건에 길들여져서 자신도 모르게 이러한 가치 조건을 받아들여 자아개념을 형성해 나가게 된다. 이러한 가치 조건에 따라 살아가게 되면 자아개념과 경험 간에 불일치가 생겨나 불안을 경험하게 되고 불안은 개인에게 하나의 위협으로 작용하게 된다. 따라서 내담자중심 치료에서는 내담자의 자아개념과 경험 간의 불일치를 제거하고 방어기제를 해체함으로써 기능을 충분히 하는 사람이 되도록 돕는 것을 목표로 한다.

치료 과정에서는 특정한 기법보다는 치료자의 태도를 중시한다. 치료자는 따뜻하고 허용적인 분위기를 제공하여 내담자가 자유롭게 자신의 감정을 표현하도록 하고, 이를 적극적으로 경청(active listening, 傾聽)하고 비판 없이 반영하면서 존중할 때 내담자는 스스로 자신의 문제를 극복하고 성장하게 된다. 로저스는 "우리가 정말로 상대방을 이해하고 공감하면서 상대방의 말을 듣는 경우는 드물다. 그렇지만 특별한 유형의 듣기(적극적 경청)야말로 가장 강력하게 한 개인을 변화시키는 힘의 하나다."라고 주장했다.

내담자중심 치료자는 내담자에 대한 무조건적인 긍정적 존중을 기초로 내담자를 수용하려고 한다. 치료자는 또한 내담자의 관심과 감정에 공감한다. 공감적 이해를 내담자에게 전달하기 위해 로저스는 치료자가 내담자를 판단하고 충고하는 권위가자 아니라 평등관계에 근거한 의사소통, 즉 진솔성과 진실성의 자세를 취해야 한다고 주장했다(Rogers, 1957, 1980).

치료자가 자신의 허울을 벗어던지고 자신의 감정을 진실하게 표현할 때, 내담자가 아무 조건 없이 받아들여지고 있다고 느끼도록 만들 수 있을 때, 그리고 내담자의 감정을 공감할 때, 내담자는 자신의 자기 이해와 자기 수용을 심화시키게 된다(Hill & Nakayama, 2000).

내담자중심 치료는 치료자의 해석이 아니라 내담자의 의식적 자기지각에 초점을 맞춘다. 치료자는 판단이나 해석을 하지 않고 듣기만 하며, 내담자로 하여금 특정한 통찰을 얻도록 치료자가 해석하거나 지시, 이끌어가는 것을 자제하고 내담자 자신이 자신의 문제를 이해하고 자기를 수용하여 보다 긍정적인 자아개념을 갖고 문제의 해결방법을 찾기까지 기다리므로, 비지시적 치료(nondirective therapy)라고도 부른다.

로저스에 따르면 사람들은 진실하게 대함으로써 — 자신의 감정에 개방적이고, 거짓된 겉치레를 떨어버리고, 솔직하게 속내를 드러내 보임으로써 — 서로의 성장을 돕는다. 또한 사람들이 수용적으로 됨으로써 — 로저스가 말하는 무조건적 긍정적 존중(unconditional positive regard)을 보여줌으로써 — 서로의 성장을 돕는다. 수용적인 태도는 호의적 태도, 즉 우리가 실패한 것을 알고 있는 경우에도 우리를 가치 있게 대하는 태도다. 가식을 버리고, 최악의 감정을 고백하며, 그럼에도 불구하고 우리가 여전히 인정받고 있다는 사실을 발견하는 것은 커다란 안도감을 제공한다. 좋은 부부관계, 결속된 가족, 또는 친밀한 친구관계에서는 상대방의 자존감을 손상시킨다는 두려움 없이, 자유롭게 자발적으로 행동할 수 있다. 마지막으로 사람들은 서로의 마음에 공감함으로써 — 감정을 공유하고 상대방의 의도를 받아들임으로써 — 서로의 성장을 돕는다.

따라서 로저스는 진실과 수용 그리고 공감이 치료자와 내담자 사이의 관계뿐만 아니라 부모와 자식, 리더와 집단, 선생과 학생, 상사와 부하 등 어떤 두 사람 사이의 관계 성장에도 도움을 준다고 믿었다.

3) 인본주의적 이론의 시사점과 제한점

인본주의 심리학자들은 심리학의 다른 접근들이 간과하였던 많은 심리 현상들을 상기시켜 주었다. 사람들은 실제로 배고픔 및 성욕구와 같은 본능적인 욕구를 해결하려고 하지만 동시에 책을 읽고 아름다운 음악을 듣고 사람들과 깊은 관계를 맺으려고 하고 역경과 고난 속에도 자신의 꿈을 이루려고 노력하는 존재다. 인본주의 심리학자들은 사람들의 이러한 모습을 놓치지 않았으며 인간을 바라보는 새로운 시각을 제시하였다. 인본주의는 기존의 정신분석 이론과 행동주의가 바라보는 인간관에 저항하고 자연과학처럼 인간의 특성을 분석하고 실험 대상으로 삼고 인간을 단순화시켜서 몇 가지 범주로 나누는 것에 반대하였다. 인본주의는 심리학뿐만 아니라 경영, 교육, 사회복지, 심리치료 및 자기개발서의 이론적 기반을 제공하며 여러 분야에 적용되었다.

매슬로의 욕구위계 이론은 생리적 욕구와 사회적 욕구를 통합하여 하나의 욕구 이론으로 제시하였고, 사람에 따라 동기의 수준이 다를 수 있음을 시사하였다는 공헌점이 있다. 하지만 욕구위계 이론은 다음의 한계점이 있었다. 첫째, 일반적으로 인간의 욕구가 하급의 욕구로부터 상급의 욕구로 이행하면서 순차적으로 발로되지만 그러한 욕구의 순서가 항상 고정적인 것은 아니다. 예컨대 선천적으로나 의도적으로 소속의 욕구를 중시하는 사람에게는 소속의 욕구가 존중의 욕구보다 상위의 욕구로 나타날 수 있다. 쉬운 예로 어떤 사람은 생리적 욕구나 안전의 욕구가 충족되지 않은 가운데에서도 자아실현을 위한 활동에 정진하기도 한다. 둘째, 일반적으로 인간의 행동은 단일 욕구에 의해 이루어지는 것이 아니라 여러 욕구요인이 상호 복합적으로 작용하여 행동을 결정한다. 예컨대, 교사들이 방학 중에도 쉬지 않고 자원하여 연수를 받는 이유는 자신을 계발하기 위한 자아실현의 욕구와 함께 승진(존중의 욕구)을 위한 고려도 함께 작용하는 경우를 예로 들 수 있다. 셋째, 인간의 욕구와 동기를 고정된 것으로 파악하였다는 한계가 있다. 욕구의 상대적 중요성은 사람에 따라 다를 뿐 아니라, 개인에게 있어서도 상황에 따라 다른 것이 사실이다. 따라서 인간의 행동을 제대로 이해하기 위해서는 그 사람의 특성뿐만 아니라 처한 환경의 특성을 고려하는 것이 중요하다. 매슬로조차도 죽기 전에 "이 피라미드는 뒤집어졌어야 옳다."며 이론의 한계를 말했다. 5단계인 자아실현의 욕구가 오히려 원초적이며 근원적인 욕구라고 인정했다.

로저스의 내담자중심 치료는 치료적인 관계뿐만 아니라 다양한 인간관계에도 확대 적용될 수 있다는 것과 분석을 강조하거나 치료기법을 강조하는 다른 접근법과 달리 치료자의 태도 및 치료자와 내담자의 관계를 강조하였다는 의의가 있다. 하지만 치료

개입의 구체적인 효과를 파악하기 힘들다는 점과 비지시적 상담을 원칙으로 하지만 비언어적인 의사소통(목소리 톤, 표정, 제스처 등)을 통하여 실제 상황에서는 교묘히 내담자를 유도할 수 있다는 한계점이 있다. 또한, 각각의 문제 행동의 원인에 대한 구체적인 설명을 하지 못한다는 점과 반복적으로 자신의 관심사를 이야기하면서 내담자의 문제가 감소하고 긍정적인 변화가 일어나는 것은 반복강화를 통한 학습 이론적 관점에서 해석될 수 있다는 한계가 있다.

경청

마음을 얻는 지혜, 경청은 30대 후반의 이토벤이라는 별명을 가진 이청의 이야기다. 어느 날 그의 회사는 대대적인 구조조정 계획을 발표한다. 상사는 이청에게 구조조정에 협력하면 악기 대리점 개설권을 준다는 제안을 한다. 그는 동료들의 비난을 무시하며 회사의 구조조정을 돕는다. 그러나 대리점을 개점하는 날, 이청은 불치병으로 쓰러진다. 결국, 이청은 자신의 독선적인 행동을 뉘우치고, 상대의 마음을 얻어가는 과정을 통해 '공감' 과 '상생'을 위한 경청의 소중함을 일깨운다.

이청득심(以聽得心), 마음을 기울여 들음으로써 마음을 얻는다

악기를 만드는 회사에 다니는 이청, 그는 음악을 좋아한다. 곱슬머리 외모가 베토벤과 닮았다. 그런 까닭에 그는 '이토벤'으로 불린다. 그러나 그것은 정작 귀가 멀어 잘 듣지 못하는 베토벤처럼 남의 말을 전혀 듣지 않는다고 동료들이 붙인 별명이다. 직장에서 판단이 빠르고, 또 주저 없이 행동을 옮기는 스타일인 이토벤. 그러나 남의 의견에 대해서는 조금도 귀를 기울이지 않는다. 언제나 자신의 판단과 경험에 기반하여 결정을 내린다.

가정생활에서도 마찬가지다. 사랑하는 아내와 아들이 있지만, 그는 아들이 자폐아가 된 이유조차 맞벌이인 아내 탓으로 돌린다. 그런 그가 어느 날 회사 구조조정으로 인해 회사를 그만두게 되고, 뜻밖에 불치병인 암에 걸려 시한부 인생을 선고받는다. 결국, 마음을 얻는 지혜, 경청은 한 줄거리로 요약된다. '귀 기울이라는 것'이다. 불치병에 걸린 한 직장인이 그로 인하여 스스로의 삶을 반성하게 되고, 가족(아내와 아들)과 직장 동료들에게 커다란 선물('경청')을 남기고 떠난다. 이 책에서 소중한 반전은, 자기밖에 모르고 너무나 이기적인 이청은 죽기 전에 아들인 현이에게 바이올린을 직접 만들어 주고 싶은 꿈을 이루기 위해 한 동료의 도움을 받아 바이올린을 만들기 시작하는 데 있다. 이 과정에서 이토벤은 상대방에게 귀를 기울이고, 상대방의 말이 아닌 가슴으로부터 우러나는 소리를 듣는 법을 터득하게 된다. 쉬운 것 같지만 가장 어려운 것이 '경청'이다. 이 책은 남의 말을 듣는 것이 얼마나 중요한지에 대해서 일깨워주고 있다. 그것은 아무리 강조해도 결코 지나치지 않다. 사람들은 모두 자기 이야기를 하는 것을 좋아하고, 자기도 모르게 남의 말을 끊으며, 자기 말만 한다. 이 책은 그런 생각을 가진 사람들에게 따뜻한 시각으로 스스로 자신의 태도와 행동을 반성할 수 있도록 돕는다.

제5장

인지적 인간 이해

인 지심리학(cognitive psychology)은 1950년대까지 심리학의 주류 중 하나였던 행동주의에 대한 대안으로 시작되었다. 행동주의 심리학자들은 관찰 가능한 인간의 행동만을 연구의 대상으로 삼은 데 반해, 인지적 관점의 심리학자들은 인간의 행동이 조건화나 보상만으로 설명할 수 있는 단순한 과정이 아니라고 생각하게 되었다. 그들은 인간 행동에 영향을 주는 인간 내에 있는 어떤 체계들을 가정하고, 그러한 의식과정에 대한 연구를 하였다. 예를 들어 지각, 기억, 사고, 판단, 의사결정 과정, 언어 등이 그들의 주된 관심사이다. 이 장에서는 다양한 인지심리학의 주제 중에서 지각 과정, 기억, 문제해결 과정에 관한 내용을 살펴본다.

1. 지각

어떤 자극을 보고 그 자극이 무엇인지, 얼마나 멀리 있는지 또 어떤 방향으로 움직이는지를 파악하는 것은 인간에게 중요한 과정이다. 왜냐하면 그 대상을 파악해서 우리는 어떤 행동을 할지를 판단하기 때문이다. 예를 들어, 저 멀리 서 있는 사람이 내가 싫어하는 사람이고 나에게로 다가오고 있다면 피하려 할 것이고, 그 사람이 내가 만나고 싶고 좋아하는 사람이고 나를 향해서 오고 있다면 미소를 지으며 나도 다가가려 할 것이다.

　매 순간 수많은 환경 자극이 우리의 감각기관을 통해 들어오는데 자극의 크기가 어느 정도 이상이 되면 우리는 그 자극이 있음을 감지하게 된다(표 5.1). 그렇다면 인간

표 5.1　감각 자극의 절대역치(Galanter, 1962)

시각	한밤중에 50km 떨어진 거리의 촛불
청각	6미터 떨어진 거리에서 들리는 시계소리
미각	8리터 물에 탄 한 스푼의 설탕
후각	6개의 방에 퍼진 한 방울의 향수 냄새
촉각	뺨에서 1cm 떨어진 거리에서 날고 있는 파리의 날갯짓

자극이 있음을 지각하기 위해서는 자극의 크기는 어느 정도여야 할까? 감각 자극의 절대역치란 자극이 있는지를 사람들이 느낄 수 있는 최소한의 자극의 크기다.

그림 5.1　그림에서 몇 명의 인디언의 얼굴이 보이는가?

감각 과정과 지각 과정이 함께 작동하여 베브 두리틀의 작품 〈숲이 눈을 가지고 있다〉에서 복잡한 이미지들을 처리하게 된다.

은 어떻게 감각수용기를 통해서 지각된 정보로부터 의미 있는 지각을 하게 될까? 환경 자극은 일차적으로 신체의 감각기관을 통해서 전해지는데, 이를 감각(sensation)이라 한다. 감각 과정은 환경의 자극을 신체의 신경신호로 바꾸는 과정으로, 신체 감각 수용기와 자극의 특성으로 자극을 탐지하게 된다. 이렇게 신체 감각기관을 통해서 전해진 정보를 조직하고 이해하는 과정을 지각(perception)이라고 한다. 인간의 경험은 이러한 감각과 지각이 이루어진 결과라고 할 수 있다(그림 5.1).

　자극을 지각하기 위해서는 인간은 그 자극들을 체제화해야 한다. 구조주의자들의 주장에 따르면, 우리는 자극의 특성 하나하나를 모아서 어떤 대상을 지각하게 된다. 즉 사과를 지각할 때 사과가 가지고 있는 속성(동그랗고, 겉은 빨갛고 등등)이 모여서 '사과'를 지각하게 된다는 것이다. 하지만 지각 과정에 대한 게슈탈트(Gestalt) 심리학자들은 경험을 조각으로 쪼개어 분석하는 것으로는 인간의 지각적 세계를 이해할 수 없다고 주장하였다. 감각적인 요소들이 합쳐지면 그 이상의 형태가 형성된다는 것이다. 게슈탈트 심리학자들은 감각적 경험이 지각적 조직화(perceptual organization)의 원리에 따라 조직화된다고 주장하였다.

1) 형태지각 : 자극이 무엇으로 보이는가?

(1) 전경-배경의 원리

여러 개의 자극이 있을 때 그 자극들 중에서 우리는 특정 대상을 쉽게 지각할 수 있다. 많은 시각 자극 중에서 특정 대상을 지각하기 위해 인간은 시각 대상을 전경(figure)과 배경(ground)으로 구분하고, 전경을 의미 있는 대상으로 지각하게 된다. 전경은 어떤 의미를 가진 대상으로 지각되며, 배경은 특정 대상이 아닌 자극으로 인식되며 어떤 형태로 지각되지 않는다. 예를 들어, 바다 위에 떠 있는 요트를 보면, 요트는 전경으로 바다는 배경으로 구분해서 형태를 지각하게 된다.

어떤 대상이 있으면 우리는 자동으로 전경을 배경과 분리해서 형태를 지각할 수 있다. 만일 이러한 전경-배경 분리가 잘되지 않으면 어떤 경험을 하게 될까? 〈그림 5.2〉를 볼 때, 여러분은 그 그림에서 무엇이 보이는가? 술잔이나 꽃병이 보이기도 하고, 두 사람이 마주보고 있는 모습이 보이기도 할 것이다. 이 그림은 전경-배경이 서로 뒤바뀔 수 있는 그림이다.

━━━ 그림 5.2 ━━━ 가역성 도형 ─ 루빈의 컵
무엇을 전경으로 지각하느냐에 따라 사람이나 꽃병으로 지각하게 된다.

(2) 집단화의 원리

전경과 배경의 분리를 통해서 전경에 대한 지각이 이루어지면, 집단화 원리를 통해서 전경을 어떤 의미 있는 형태로 조직화하게 된다. 집단화(grouping)란 단순한 자극들

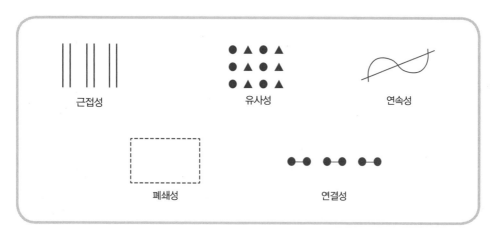

그림 5.3 집단화의 원리 : 근접성, 유사성, 연속성, 폐쇄성, 연결성의 예

을 묶어서 어떤 형태로 보려는 인간의 경향성을 의미하며 사람들이 사용하는 집단화의 원리에는 근접성, 유사성, 연속성, 폐쇄성, 연결성이 있다(그림 5.3). 지각해야 할 자극이 있을 때 근접성(proximity)은 가까이 있는 것을 하나의 요소로 보는 것을 의미하고, 유사성(similarity)은 비슷한 속성을 가진 요소끼리 함께 묶어서 보는 것이다. 연속성(continuation)은 연속된 자극을 하나의 형태로 지각하고 비연속성을 최소화해서 지각하려는 경향성을 의미한다. 폐쇄성(closure)은 결함이 있는 도형도 완성된 형태로 지각하는 인간 지각의 특성을 의미한다. 그리고 연결성(common fate)은 연결된 것을 하나로 보는 경향이 있다는 것이다.

2) 깊이지각 : 자극이 얼마나 떨어져 있는가?

인간이 어떤 대상을 보면 망막에 자극이 비치게 되는데, 그 자극은 2차원 자극이다. 이러한 2차원 자극을 3차원적 자극으로 지각하게 되어서 우리는 거리를 판단할 수 있게 되는데, 이를 깊이지각(depth perception)이라고 한다. 그렇다면 어떻게 이러한 과정이 가능할까? 인간은 두 눈이 있기 때문에 가질 수 있는 양안단서(binocular cues)와 한쪽 눈을 통해서도 처리가 가능한 단안단서(monocular cues)를 사용해서 깊이지각을 하게 된다.

(1) 양안단서

인간의 두 눈은 코를 가운데로 떨어져 있기 때문에 위치가 서로 달라서 어떤 대상을 봤을 때 두 눈의 망막에 들어오는 정보가 다르다. 이를 양안부등(binocular disparity)이라고 한다. 양안부등이 클수록 그 자극을 보는 사람과 자극 간의 거리가 가깝다. 한쪽 팔을 앞으로 쭉 뻗고 엄지손가락을 세워서 그 손가락을 보고, 한쪽 눈을 번갈아 감고 그 손가락을 보면 손가락이 좌우로 움직이는 것으로 보일 것이다. 그리고 다시 뻗은 팔을 오므려서 엄지손가락을 얼굴 앞쪽으로 두고 좌우 눈을 한쪽씩 뜨고 손가락을 보면 움직임이 훨씬 많을 것이다. 뻗었던 팔을 오므려서 보자 양안부등이 커져서 움직임이 더 크게 보이는데, 이는 거리가 가까워졌다는 것을 의미하는 것이다.

가까이 있는 대상에 대해서는 양안수렴에 따른 정보처리를 한다. 양안수렴(binocular convergence)은 물체가 가까이 있을수록 눈동자가 코 방향으로 모이는 것이다. 눈동자가 코 쪽으로 모일 때 전달되는 신경근육의 단서가 뇌로 전달되어 물체가 가까이 있는지 멀리 있는지를 알게 된다.

(2) 단안단서

우리는 두 눈이 아닌 한쪽 눈만 뜨고 있어도 깊이지각을 할 수 있다. 한쪽 눈에 들어온 정보들도 깊이지각을 할 수 있는 정보들을 제공하기 때문인데, 그 정보들은 다음과 같다.

① 상대적 크기(relative size)-망막에 비친 영상의 크기가 작을수록 멀리 있는 것으로 지각한다. 큰 대상을 작은 대상보다 가까이 있는 것으로 지각한다.

② 중첩(interposition)-한 물체가 다른 물체를 가리고 있으면 가려진 물체가 더 멀리 있는 것으로 지각한다.

③ 상대적 명확성(relative clarity)-형태가 흐린 것을 더 멀리 있는 것으로 지각한다.

④ 결의 밀도 변화(texture gradient)-멀리 있는 대상은 작고 촘촘히 놓여 있는 것으로 보인다.

⑤ 상대적 높이(relative height)-지평선 아래 있는 대상보다 위쪽에 있는 대상을 더

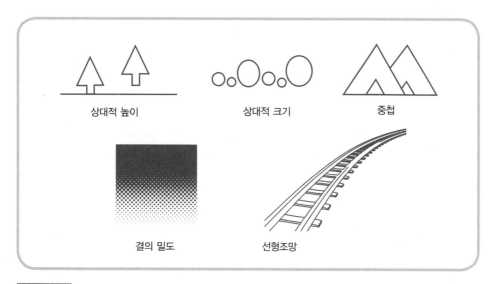

상대적 높이   상대적 크기   중첩

결의 밀도   선형조망

그림 5.4   단안단서 예시

멀리 있는 것으로 지각한다.

⑥ 상대적 운동(relative motion) – 우리 자신이 움직이면 움직이지 않고 있는 물체도 움직이는 것으로 지각한다. 우리가 현재 바라보는 응시점보다 가까이 있는 사물은 이동을 하면 반대방향으로 더 빨리 지나가고 응시점 넘어 있는 사물은 같은 방향으로 천천히 이동하는 것처럼 보인다. 대상이 가까울수록 더 빠르게 움직이는 것으로 보인다.

⑦ 선형조망(linear perspective) – 평행한 선들은 멀어질수록 한 점으로 모이며, 선들이 모일수록 더 멀리 있는 것으로 지각한다.

3) 운동지각 : 자극이 무엇을 하고 있는가?

우리가 보고 있는 자극이 움직이는 것으로 보일 때, 그 움직임은 실제로 움직이는 경우도 있고, 실제 움직이지 않지만 움직이는 것으로 보이는 가상적인 움직임도 있다. 어떤 자극이 실제로 움직이게 되면, 우리의 뇌는 신체상의 변화(망막상의 변화, 안구의 움직임, 몸 등)와 두뇌의 움직임 탐지세포를 통한 정보를 통합해서 실제로 움직이는 자극을 지각하게 된다.

하지만 지각하는 대상이 실제로 움직이지 않음에도 우리는 움직이는 것으로 오지각하기도 한다. 예를 들어, 조금씩 변하는 그림을 빠른 속도로 제시하면 움직이는 것으로 보인다. 이를 스트로보스코프 운동(stroboscopic movement)이라 하는데, 영화 장면이 바로 이러한 착시를 이용한 것이다. 달리기 하는 사람의 그림을 한 장 그리고 나서 달리는 모습을 조금 다르게 그린 그림을 여러 장 그려서 겹쳐놓고 빨리 넘기면 그 사람이 달리는 것으로 보여 신기해한 적이 있을 것이다. 그리고 어두운 곳에서 2개의 전구를 약간의 거리를 두고 세워놓고 번갈아 불을 껐다 켰다 하면 움직이는 것으로 보이는 현상을 파이 현상(phi phenomenon)이라 한다. 움직임에 대한 이러한 착시를 이용한 것이 광고판과 네온사인이다. 또 다른 예로 유도된 움직임(induced movement)은 큰 자극과 작은 물체가 인접해 있고 둘 간의 위치가 변할 때, 사람들은 작은 물체가 움직이는 것처럼 지각하는 경향이 있다는 것이다. 예를 들어, 구름에 걸린 달을 볼 때 실제로는 구름이 움직이지만 사람들은 달이 움직이는 것으로 본다.

4) 지각항등성

우리가 지각하는 대상은 시시각각으로 변한다. 하지만 그 대상이 변하더라도 우리는 같은 대상임을 알고 있다. 감각 자극이 변하여도 그 사물에 대한 지각이 일정하게 유지되는 현상을 지각항등성(perceptual constancy)이라 한다. 이러한 지각항등성은 형태, 크기, 밝기에 모두 해당이 된다.

형태항등성(shape constancy)이란 일정한 거리에 있는 물체를 그 움직임에 상관없이 동일한 형태로 지각하는 경향을 말한다. 예를 들어, 방문을 열면 열리는 각도에 따라 모양이 달라지는데도 같은 형태로 지각한다. 이는 사람들이 운동방향을 고려하기 때문이다.

크기항등성(size constancy)이란 물체가 멀어지면 망막상의 크기는 줄어들지만 그 물체의 크기를 같은 크기로 지각하는 경향성이다. 사람들이 거리를 고려해서 대상을 지각하기 때문에 가능한데, 우리는 바로 눈앞의 자동차가 저 멀리 가서 크기가 아주 작아지더라도 여전히 같은 크기의 자동차로 지각한다.

밝기항등성(light constancy)이란 빛이 바뀌어도 그 대상을 동일한 밝기의 대상으로 지각함을 의미한다. 손에 들고 있는 빨간 사과를 조명이 밝은 곳에서 보든 그늘에서 보든 모두 빨간 사과로 지각한다. 이는 우리의 뇌가 대상과 주변을 비교해서 색과 밝기를 계산하기 때문에 가능하다.

5) 착시

지각된 경험이 실제 대상과 일치하지 않는 경우가 있는데, 이를 착시(visual illusions)라고 한다. 우리가 흔히 볼 수 있는 시각적 착시가 〈그림 5.5〉에 제시되어 있다. 폰조(ponzo) 착시 그림을 보면 가운데 선분의 길이가 실제로는 같지만 아래 선분이 더 짧아 보인다. 그리고 뮐러–라이어(Müller-Lyer) 착시 그림을 보면 수평선분의 길이가 같은데 다르게 보인다. 에빙하우스(Ebbinghaus) 착시 그림은 가운데 원이 크기가 같지만 큰 원으로 둘러싸인 원이 더 작아 보인다.

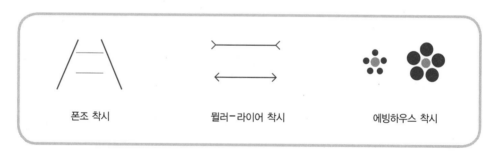

폰조 착시   뮐러–라이어 착시   에빙하우스 착시

그림 5.5　**시각적 착시의 예 : 폰조, 뮐러–라이어, 에빙하우스**

6) 맥락 효과

인간의 지각처리 방식에는 두 가지가 있다. 감각자료에서 정보를 모아 뇌로 보내어 정보를 분석해서 대상을 파악하는 것을 상향처리(bottom-up processing)라고 한다. 상향처리는 자료에 근거해서 대상을 파악한다고 해서 자료주도적 처리라고도 한다. 인간이 신체를 통한 다양한 감각 자극의 정보를 받아들여서 그 구조를 분석해서 지각하는 과정이 바로 상향처리라고 할 수 있다. 그리고 이와 정반대의 방향으로 정보가

처리되는 방식을 하향처리(top-down processing)라고 한다. 이미 알고 있는 정보를 토대로 현재 대상을 파악하는 것이다. 과거 경험, 지식, 동기 등이 현재의 지각에 영향을 미친다. 이미 알고 있는 지식이 대상을 파악하는 데 영향을 주기 때문에 개념주도적 처리라고도 한다.

여러분은 아래의 글자가 어떤 문장으로 보이는가?

THE CHT

두 번째와 다섯 번째 철자는 H나 A로 보일 수 있지만 영어를 공부한 적이 있는 사람들은 처음의 H는 H로, 두 번째 H는 A로 지각해서 'THE CAT'으로 지각하지 'TAE CHT'으로 지각하지는 않을 것이다. 이렇게 같은 자극에 대해서 다르게 처리해서 단어를 읽는 것은 우리가 영어를 학습한 경험이 있고 그렇게 철자를 읽을 때 'The Cat'이라는 의미가 있는 단어로 지각되기 때문이다. 즉 하향처리를 한 결과다.

그렇다면, 다음의 자극은 무엇으로 보이는가?

13

여러분은 숫자 13으로 보이는가 아니면 알파벳 B로 보이는가? 이제 아래의 글과 숫자를 보라. 이제는 어떻게 보이는가?

A
12 B 14
C

13이 숫자 사이에 있을 때는 숫자 13으로, 영어 철자 사이에 있을 때는 B로 지각된다. 같은 자극이 이처럼 다르게 보이는 이유는 무엇인가? 이는 주위의 자극이 무엇이냐에 따라 그 자극에 대한 정보처리가 달라지는 것으로, 이를 맥락 효과(contextual effect)라고 한다. 이처럼 우리는 맥락에 따라 정보를 처리하기도 하기 때문에 애매한 자극도 어려움 없이 처리해서 지각할 수 있다.

2. 기억과 사고

매일 우리는 많은 경험을 하고 어떤 경험들은 머릿속에 기억된다. 하지만 며칠이 지나면 오늘 우리가 경험한 것들 중 많은 것들이 사라지게 될 것이다. 또한 오랫동안 잘 잊히지 않을 것 같은 기억들이 사라지기도 하고 때로는 잘못 기억되기도 한다. 우리는 그 많은 정보 중에서 어떤 것을 기억하며, 열심히 기억하려 했던 어떤 것들은 왜 기억 속에서 쉽게 사라져버리는 것일까?

우리는 일반적으로 '기억'이라고 하면 이전에 뭔가를 알았다가 이후에 다시 떠올리는 것으로 생각한다. 물론 그러한 과정도 기억이지만, 더 세부적으로 인간의 기억 과정을 살펴보면 세 가지 과정이 있다. 즉 신체를 통한 감각정보를 기억 속에 저장 가능한 형태로 전환하는 과정인 부호화(encoding) 단계, 부호화된 정보를 기억 속에 유지하는 저장(storage) 단계, 그리고 기억 속의 정보를 다시 이끌어내는 과정인 인출(retrieval) 단계다. 이러한 과정 중에서 어떤 부분에 문제가 있을 때 우리는 잘 기억하지 못하는 경험을 하게 된다.

1) 기억모형 : 전통적 기억모형과 작업기억모형

인간의 기억은 어떠한 과정을 거쳐서 이루어질까? 인간의 기억에 대한 가장 전통적인 설명은 앳킨슨과 쉬프린(Atkinson & Shiffrin, 1968)의 모형이다(그림 5.6). 신체의 각 감각기관을 통해 들어온 감각 자극들이 감각기억으로 그리고 단기기억을 거쳐 장기기억으로 전이되어 기억을 형성한다.

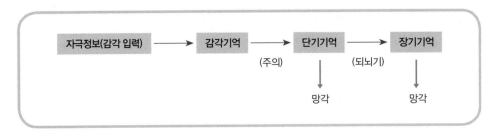

그림 5.6 앳킨슨과 쉬프린의 기억모형

(1) 감각기억

감각수용기를 통해 들어온 정보가 아주 짧은 시간 동안 원래의 감각양식으로 유지하는 기억을 감각기억(sensory memory)이라 한다. 감각기억은 소리에 대한 반향기억(echonic memory)이나 시각정보에 대한 영상기억(iconic memory)의 형태로 저장되며우리가 주의집중하지 않으면 몇 초 이내에 사라진다. 감각기억은 지속시간이 너무짧아서 의식적으로 자각하기 어렵다.

스펄링(Sperling, 1960)은 감각기억의 용량의 수와 지속시간에 대해 실험하였다.

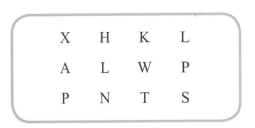

그림 5.7 스펄링의 실험에 사용된 자극의 예

〈그림 5.7〉의 자극을 0.05초 동안 한 번 보고 얼마나 기억해 낼 수 있는지를 보았더니 일반적으로 4~5개 정도를 기억하였다. 이처럼 모든 제시된 자극을 보고 이후에 다시 기억해 내는 것을 전체보고법이라고 한다. 하지만 스펄링은 또 다른 방식인 부분보고법을 사용하였다. 처음에 12개의 자극을 보여주고 저, 중, 고의 음 중에 하나를 들려주고 그 음에 따라 세 열 중 하나의 열만을 보고하도록 하였다. 그 결과, 사람들은 모두 정확히 회상을 하였다. 하지만 소리를 1초 후에 제시했더니 다시 4~5개 정보의 정보를 기억하였다. 이 결과를 보면 영상기억은 12개 정보를 저장할 수 있지만 1초 내에 소멸된다. 부분보고법의 효과는 음의 제시가 0.3초만 지연되어도 급격히 감소되고 1초가 지연되면

완전히 소멸되어 효과가 나타나지 않았다. 이는 모든 정보가 영상기억에 저장되지만, 지속 시간이 짧아서 3~4개 항목을 보고하는 동안 다른 자극이 사라짐을 의미한다.

(2) 단기기억

수많은 감각정보들이 외부세계에서 감각기관에 전해지지만, 우리가 주의를 기울이는 것만이 의식적으로 지각되고, 나머지 감각기억은 사라진다. 그리고 감각기억의 일부 중에서 주의집중한 정보는 단기기억으로 저장되게 된다. 단기기억(short-term memory, STM)은 되뇌기(rehearsal, 반복해서 학습)를 하지 않으면 최대 지속기간은 20~30초 정도이며(Peterson & Peterson, 1959), 되뇌기를 하면 그보다 오랜 시간 동안 유지된다. 그럼 단기기억의 용량은 얼마나 될까?

　다음의 숫자목록을 한 번 읽고, 보지 않고 숫자들을 제시된 순서대로 적어 보라.

2 4 9 6 3 4 5 8 1 7 3 6

　여러분은 몇 개나 정확하게 적었는가? 대부분 5~9개의 숫자를 적었을 것이다. 또는 그 이상을 적거나 다 맞은 사람이 있을 텐데, 그 사람들은 어떻게 해서 그렇게 할 수 있었을까? 아마도 2496 − 3458 − 1736 이런 식으로 숫자를 덩어리로 나누어서 기억을 했을 수도 있다. 밀러(Miller, 1956)는 단기기억의 용량을 밝혀냈는데, 개수가 7 ± 2개이며 이 수를 매직넘버(magic number)라고 하였다. 단기기억의 용량은 극히 제한적이지만, 청킹이라는 방식을 사용하면 더 많은 정보를 저장할 수 있다. 청킹(chunking)이란 자극들을 단기기억으로 부호화할 때 개별적인 정보 단위를 보다 큰 단위나 군집으로 조직화해서 기억하는 방식을 말한다. 앞의 예에서 12개의 숫자를 4개씩 묶어서 청킹을 사용할 경우 3개의 단위가 되는 것처럼 말이다.

　다음의 예를 기억해 보라.

2145151225418
JTBCMBCKBSSBS

당신은 몇 개의 자극을 회상하였는가? 숫자 하나하나, 글자 하나하나를 기억했다면 모든 자극을 다 기억하기 어려웠을 것이다. 하지만 청킹이라는 책략을 쓰게 되면 훨씬 쉽게 기억을 할 수 있다. 예를 들어, 위의 예에서 숫자는 의미 있는 특정 날짜로, 영어는 방송국의 영어 약자로 기억하는 것이다. 우리가 알고 있는 지식을 사용해서 기억하게 되면 훨씬 많은 정보를 쉽게, 그리고 좀 더 오랫동안 기억할 수 있다.

(3) 장기기억

단기기억 정보 중에서 되뇌기를 하면 장기기억(long-term memory, LTM)으로 저장되는데, 시간이 지나도 우리가 다시 떠올릴 수 있는 정보들은 장기기억에 저장되어 있다. 장기기억은 용량과 지속시간이 무제한이다. 100세가 다 되어가는 할아버지가 어릴 때의 기억을 여전히 할 수 있고, 인간이 얼마나 많은 양의 정보를 저장할 수 있는지는 정확히 측정할 수 없을 만큼 그 용량이 크다고 추정하고 있다.

장기기억의 종류는 기술, 행위, 조작 등의 절차에 대한 기억인 절차기억(procedural memory)과 사실, 정보, 인생사건에 대한 기억인 서술기억(declarative memory)으로 나눌 수 있다(Winograd, 1975). 우리가 한 번 배운 자전거 타기나 수영 등을 이후에 다시 학습하지 않아도 가능한 것은 절차기억이 있기 때문이다. 서술기억은 다시 개인이 주관적으로 경험한 사건에 대한 기억인 일화기억(episodic memory)과 일반지식, 객관적 사실인 의미기억(semantic memory)으로 나뉜다(Tulving, 1972, 1985, 1986). 자신이 가장 행복했던 순간, 첫사랑, 가장 슬펐던 사건 등에 대한 기억이 바로 일화기억인데, 각 개인의 경험이기 때문에 사람들마다 다르다. 그리고 일주일은 7일, 우리나라 국기는 태극기 등의 지식은 의미기억의 예라 할 수 있다.

(4) 기억의 이중설

인간의 기억에 대한 단기기억과 장기기억이라는 가정적인 기억은 실제로 존재하는가? 런더스(Rundus, 1971)는 사람들에게 단어를 학습하게 한 후 회상하는 실험을 하였는데, 사람들이 단어목록의 앞부분과 끝부분에 있었던 단어목록을 더 많이 회상하였다. 이러한 회상률을 계열위치 효과(serial position effect)라 하며, 그림으로 표기한 것이 계열위치 곡선(serial position curve)이다(그림 5.8). 계열위치 효과 중에서 단어

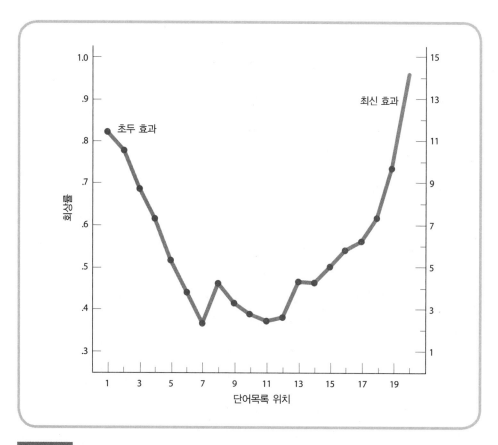

계열위치 곡선

단어의 목록 순서에 따른 회상률을 보면, 목록의 앞부분과 마지막 부분의 회상률이 높다.

목록의 앞부분의 정보가 잘 기억되는 현상을 초두 효과(primacy effect)라 하는데, 이는 앞부분의 목록은 다른 단어들보다 더 많이 되뇌기를 해서 장기기억으로 전이되었다. 그래서 회상이 잘되는 것이다. 그리고 단어목록의 끝부분의 단어가 잘 기억되는 것을 최신 효과(recency effect)라고 하는데, 이는 가장 최근에 들어온 정보가 단기기억에 있어서 회상이 잘되는 것이다.

(5) 작업기억모형

배들리(Baddeley, 1986)는 기억에 대한 이전 모형에서 단기기억이 단순히 장기기억으로 전이되기 전에 단기저장소에 머무르기만 하는 것이 아닌 훨씬 활성화된 기억

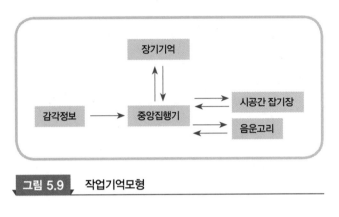

그림 5.9 **작업기억모형**

을 제안하였다. 그는 그러한 기억을 작업기억(working memory)이라 하였고, 인간기억 과정에 대한 새로운 모형을 제시하였다(그림 5.9). 작업기억은 시공간 잡기장(visuospatial sketchpad),

중앙집행기(central executive), 음운고리(phonological loop)의 세 부분으로 이루어져 있다. 시공간 잡기장은 시각적 심상이나 공간 정보를 담당하는 부분으로, 예를 들어 집에서 학교까지 온 길을 생각하라고 할 때 떠올릴 수 있는 기억이다. 음운고리는 청각적 부호에 대한 기억을 담당하는데, 예를 들어 114에 전화번호를 묻고 전화를 하기 위해서 잠시 기억하는 것이다. 중앙집행기는 추리, 의사결정을 하고 시공간 잡기장이나 음운고리의 정보를 통합한다. 예를 들어, 새 휴대폰을 사려고 할 때 여러 휴대폰의 기능을 비교해서 어떤 휴대폰을 살지 판단하는 과정을 의미한다. 현재는 이러한 수정된 새로운 모델을 인간 기억의 모형으로 인정하고 있다.

2) 망각의 원인

인간이 무엇인가를 학습한 후 그 내용을 얼마나 기억하게 될까? 에빙하우스(1885)는 저장된 기억이 얼마나 오래 유지되는지를 연구하였다. 사람들에게 무의미 철자를 학습하게 한 후, 시간이 지난 후의 변화를 보았다(그림 5.10). 그 결과를 보면 학습한 내용의 상당부분이 망각되었다가 일정하게 안정됨을 보여준다. 그렇다면 왜 열심히 학습한 것들이 기억 속에서 그렇게 사라져버리는 것일까?

망각의 원인에는 여러 가지가 있다. 첫째는 비효율적인 부호화, 즉 주의분산된 정보처리로 인해 부호화가 실패했기 때문이다. 정보를 접할 때 주의집중하지 못하면 정보 자체가 기억에 저장되기 어렵기 때문이다. 예를 들어, 다른 생각을 하느라 바로 앞

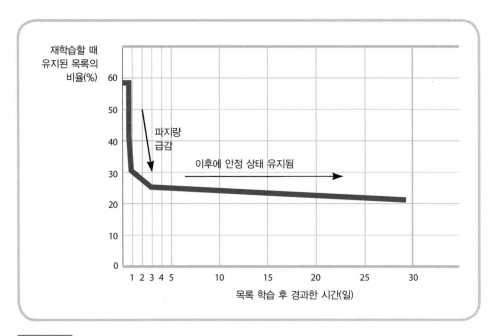

그림 5.10 에빙하우스의 망각 곡선(Ebbinghaus, 1885)

학습한 내용이 학습 후 약 19분 안에 약 42%가 망각되고, 이후에는 안정적으로 유지됨을 알 수 있다.

에서 이야기하는 사람이 무슨 말을 했는지 기억을 못하거나 집중해서 읽지 않은 책의 내용은 방금 전에 읽었는데도 기억하지 못하는 경우다.

　두 번째 망각의 원인은 시간이 지남에 따라 기억의 흔적이 사라지는 소멸(decay)이 일어나기 때문이다. 이는 에빙하우스의 연구결과처럼, 시간이 지나면 우리가 학습했던 내용의 어떤 것들은 기억 속에서 사라져 회상할 수 없게 된다.

　세 번째는 다른 정보의 영향으로 인한 간섭(interference) 현상 때문이다. 간섭의 한 현상은 이전 정보가 새 자극의 기억을 방해하는 순행간섭(proactive interference)이 있다. 예를 들어, 새 남자친구와 데이트 중 옛 남자친구의 이름을 부르는 실수를 하는 경우다. 이전 남자친구의 이름이 민재이고 현재 남자친구의 이름이 재민이라면 간섭은 더할 것이다. 또 다른 간섭 현상으로는 새 정보가 이전 자극의 기억을 방해하는 역행간섭(retroactive interference)이 있다. 예를 들어, 새 휴대폰 번호를 기억한 후 이전 번호가 잘 기억나지 않는 경우다. 간섭 현상은 정보가 서로 유사할 때 더욱 잘 일어나

기억의 재구성 – 법정에서의 목격자 진술

인간의 기억이 얼마나 정확할 수 있을까? 여러분은 자신이 기억하고 있는 내용들이 얼마나 정확하다고 생각하는가? 학창시절 같은 경험을 했던 친구와 그때의 기억을 다시 이야기하면 저마다 다른 기억들을 하고 있다는 것을 여러분은 경험해 봤을 것이다. 인간 기억의 특징은 기억했던 것을 그대로 회상해 내지 않는 경우가 많다는 것이다. 개인의 욕구나 동기에 의해서 인간은 많은 것들을 재구성해서 기억한다.

　로프터스와 팔머(Loftus & Palmer, 1974)는 이러한 인간 기억의 특성을 실험실에서 증명하였다. 실험참가자에게 자동차 사고에 대한 영상을 보여주고 일주일 후 질문을 하였다. 한 집단의 실험참가자에게는 자동차가 '충돌했을 때' 깨진 유리창을 보았느냐고 질문하였고, 다른 집단의 실험참가자에게는 자동차가 '부딪혔을 때' 깨진 유리창을 보았느냐고 질문을 했다. 자동차가 '충돌했을 때'라고 질문을 했을 때 더 많은 사람들이 자동차의 유리창이 깨졌다고 대답했다. 하지만 실제로 그 영상에서 자동차의 유리는 깨지지 않았다.

　인간의 기억이 재구성되는 것은 법정에서 특히 문제가 될 수 있다. 목격자의 증언이 판결에 중요한 자료가 되기 때문이다. 또한 현재 우리가 가지고 있는 과거에 대한 기억들이 정확하지 않을 가능성도 생각해 볼 필요가 있다. 내가 현재 생각하고 있는 중요한 기억들이 다른 사람에게는 전혀 다른 내용으로 기억되고 있을 수 있기 때문이다.

게 된다.

　넷째는 분명히 머릿속에 저장이 되었는데, 인출에 실패한 경우다. 그 대표적인 예로 분명히 자신이 기억하고 있다는 사실조차도 아는데 입속에서 맴돌기만 하고 생각이 떠오르지 않는 설단 현상(tip of tongue)이 있다. 예를 들어, 오랜만에 우연히 만난 동창생을 보고 분명히 이름을 아는데 그 친구의 이름이 생각나지 않는 현상이다. 또는 시험을 칠 때, 분명히 공부를 했고 책의 그림까지도 기억나고 그 단어를 알고 있다는 것을 아는데도 생각나지 않아 답을 적지 못하기도 한다.

　다섯째는 동기화된 망각(motivated forgetting)인데, 사람들은 불쾌하고 고통스러워서 그 사건과 관련된 기억을 하지 않으려 한다는 것이다. 일반적으로 사람들은 실패에 대한 기억을 잘 하려 하지 않는다. 예를 들면, 대학 졸업 후 자신의 학점을 기억하라고 하면 좋지 않았던 학점이 잘 기억되지 않는다는 것이다. 드문 경우이기는 하지만 일반적으로 사람들은 외상사건(예 : 아버지로부터의 성추행)을 잘 기억하는데, 이처럼 도저히 잊을 수 없는 외상사건에 대해 기억하지 못하는 경우가 그 예가 될 수 있다.

3) 맥락, 기분과 기억

인간은 욕구, 기대, 동기, 정서를 가진 존재다. 이러한 인간의 특성은 기억에 영향을 주기도 한다.

이전에 농담으로 화장실에서 공부하면 잘 기억된다는 말이 있었다. 정말 그러할까? 아마 화장실에서 다시 기억을 떠올리면 그럴지도 모른다. 정보를 부호화할 때와 인출할 때의 상태가 같을 때 잘 기억되는 현상을 상태의존 기억(state-dependent memory)이라 한다(Godden & Baddeley, 1975). 한 연구에서 사람들에게 각각 바닷속에서와 육지에서 단어를 학습하게 하고 다시 바닷속에서와 육지에서 단어를 회상하게 했다. 그 결과를 보면 사람들이 자신이 학습한 장소와 단어를 회상한 장소가 같을 때의 회상률이 다를 때의 회상률보다 높았다. 즉 바닷속에서 단어를 학습한 사람은 육지에서가 아닌 바닷속에서, 그리고 육지에서 단어를 학습한 사람은 바닷속에서가 아닌 육지에 서 단어를 더 잘 떠올렸다.

사람들의 기분이 기억에 영향을 주기도 하는데, 그 예로 기분일치 효과(mood-congruence effect)가 있다. 즉 자신의 기분과 일치하는 내용이 더 잘 떠오르게 된다는 것이다(Baddeley, 1989). 행복할 땐 좋았던 일과 긍정적 사건이, 우울하면 슬펐던 일과 부정적 사건이 더 잘 떠오른다. 그래서 연인과 다투게 되고 기분이 상하면 그 상대방이 자신에게 잘하지 못했던 또는 서운했던 일이 더 많이 생각나게 된다. 그리고 인간은 일반적으로 부정적인 감정을 일으키는 기억을 억압하려고 하지만, 때론 완성하지 못한 것에 대한 기억이 오래가는 경우도 있다. 이러한 현상을 자이가르닉(Zeigarnik) 효과라 하는데, 이는 이루지 못한 일에 대한 기억이 오래 기억되는 현상

을 말한다. 일을 완성하지 못하면 계속 그 일에 대한 각성이 존재해서 더 기억을 오래
하게 된다는 것이다. 그래서 이루지 못한 첫사랑에 대한 기억이 오래가며, 풀지 못한
한두 개의 시험문제가 더 오랫동안 기억된다.

강한 정서가 있는 정보를 잘 기억하는데, 이를 섬광기억(flashbulb memory)이라
한다. 이는 일반적으로 기억은 해마와 관련되는데, 강한 정서를 동반한 기억은 해마
외에 인간의 감정과 관련된 편도체도 관여해서 기억을 더 오래 하도록 만든다. 아마
여러분도 아주 슬프거나 행복하거나 충격적이었던 사건들은 세세한 것까지 자세히
오랫 동안 기억하고 있을 것이다.

4) 사고와 문제해결

인간의 사고는 기억 속의 정보를 사용하는 과정으로, 그 과정에는 개념, 추리, 판단,
의사결정, 언어 이해, 문제해결 등 다양한 유형이 있다. 여기서는 그중 문제해결 과정
만을 다루고자 한다.

우리는 살아가면서 다양한 문제들을 접하게 되고 매번 그러한 문제들을 해결해 나
가고 있다. 우리가 접하게 되는 문제들은 '잘 정의된 문제(well-defined problem)'와
'잘 정의되지 않은 문제(ill-defined problem)' 두 가지로 구분해 볼 수 있다. 잘 정의된
문제는 수학 공식을 사용해서 방정식을 푸는 것과 같이 문제의 출발점, 목표 상태, 그
리고 그 목표 상태에 이르는 과정이 명확한 문제다. 잘 정의되지 않은 문제는 문제의
출발점, 목표 상태, 목표 상태에 이르는 과정 중 하나 이상이 명확하지 않은 문제다.
예를 들면 아름다운 집을 짓는 것, 인생을 잘 사는 것과 같은 문제들이다.

우리가 해결해야 할 문제가 잘 정의된 것이든 잘 정의되지 않은 것이든 우리는 어
떻게 그런 여러 가지 문제들을 해결할까? 문제해결 방식에는 크게 연산법, 어림법,
통찰 세 가지가 있다. 연산법(알고리듬, algorithm)은 문제해결을 위해 모든 가능한
대안을 검색해서 문제를 해결하는 방식으로, 단계를 거치기만 하면 정답을 찾을 수
있다. 하지만 문제해결을 위해서 가능한 모든 대안들을 확인해야 하기 때문에 시간이
많이 걸린다. 어림법(발견법, heuristics)은 간단하고 대략적으로 생각하는 방식으로,

과거 경험이나 유사한 문제를 풀었던 방식을 사용해서 '이렇게 하면 될 것 같은' 방식으로 문제를 해결하려는 것이다. 그러나 이러한 방식으로 문제를 해결하려 하면, 실수가 많고 문제를 꼭 해결한다는 보장이 없다. 끝으로, 통찰(insight)은 문제에 대한 해결을 갑자기 깨닫게 되는 방식이다.

〈그림 5.11〉에 나와 있는 문제를 풀어보라. 여러분 중 누군가는 문제를 쉽게 풀 것이고, 또 다른 누군가는 여전히 문제를 풀지 못해서 고민하고 있을 것이다. 왜 누군가는 문제를 해결하는 데 어려움을 느끼게 될까?

문제해결을 방해하는 인간의 심리적 현상인 고착(fixiate) 때문일 수 있다. 고착은 새로운 조망에서 문제를 보지 못하게 하는 현상을 말하는데, 그 종류에는 두 가지가 있다. 마음 갖춤새(mental set)는 특정한 방식으로 문제를 해결하려는 경향성, 또는 이전에 성공적이었던 방식을 계속 선택하게 되는 현상이다. 이전에 문제해결을 했던 방식으로 현재의 문제를 해결하려 하고 실패하는데도 계속 그 방식만을 떠올리는 것을 말한다. 예를 들어, 아홉 점 연결문제를 풀지 못한 당신은 스스로 9개의 점에 테두리를 그어서 그 안에서 점을 연결하려고 했을 것이고 이미 실패했던 선을 방향만 바꾸어서 계속 했던 방식으로 문제를 해결하려고 했을 것이다. 이는 우리 인생의 문제에서도 마찬가지일 것이다. 예를 들면, 동성 친구를 사귀는 방식대로 여성을 대하는 남성은 여자 친구와 잦은 갈등을 빚게 될 것이다. 또는 대인관계를 잘 맺지 못하는 사람이 새로운 다른 사람을 만나게 되어도 그 사람은 여전히 자신이 늘 하던 방식대로 사람을 만나게 되고, 결국 또다시 대인관계에 어려움을 겪게 될 것이다.

두 번째로 기능적 고착(functional fixedness)이 문제해결을 방해하는데, 이는 대상의 일상적인 기능만 생각하려는 경향성으로 어떤 대상의 다양한 기능을 떠올리지 못해서 문제를 해결할 수 없게 만든다. 던컨의 양초 문제에서 양초를 벽에 붙이기 위해서는 성냥상자를 촛대의 받침으로 사용해야 문제를 풀 수 있다. 그런데 사람들은 성냥상자를 성냥을 넣어두는 것으로만 생각하게 된다. 처음의 실험에서 43%의 사람만이 정확하게 문제를 풀었다. 이후에 던컨이 성냥상자에서 성냥을 꺼내놓고 다음 실험을 했더니 100%가 성공적으로 문제를 풀었다. 이는 더 이상 기능적 고착이 일어나지 않게 조건을 바꾼 것이다.

아홉 점 연결문제 : 연필을 종이에서 한 번도 떼지 않고, 9개의 점을 4개의 선분을 사용해서 모두 연결하시오.

성냥개비 : 6개의 성냥개비를 사용해서 4개의 정삼각형을 만드시오.

성냥갑과 양초 : 다음의 물건을 이용해서 양초를 벽에 붙이시오.

그림 5.11 　문제해결 과제

생물학적 인간 이해

인간의 감정, 생각, 마음은 어디에서 생겨나는 것일까? 과학의 발전으로 우리는 인간의 뇌에서 비롯된다는 사실을 알게 되었다. 인간의 신체와 마음은 서로 밀접하게 관련되어 있다. 마음의 변화에 따라 신체가 영향을 받기도 하고, 역으로 신체의 변화가 마음의 변화를 일으키기도 한다. 스트레스를 받아 몸이 아프기도 하고 긍정적인 마음으로 사는 사람들이 더 건강하게 살기도 한다. 또는 신체의 신경전달물질이 많거나 적어서 감정이 달라지기도 한다. 예를 들어, 신경전달물질인 세로토닌의 양이 결핍되면 우울증을 경험하게 된다.

인간의 행동과 마음(정서, 기억, 사고 등)에 영향을 미치는 생물학적 현상들을 연구해서 인간을 이해하고자 하는 접근이 생물심리학(biological psychology)이다. 생물심리학자들은 인간의 행동을 뇌와 다른 신체기관의 활동과 관련시켜 설명하려 한다. 이 장에서는 생물심리학의 다양한 연구 중에서 신경계(뉴런의 구조와 신호전달 방식, 뇌의 부위와 기능)에 대한 연구들을 살펴볼 것이다.

1. 뉴런

1) 뉴런의 구조와 기능

뉴런(neuron)은 인간의 중추신경계에 약 100~1,000억 개가 존재하며, 서로 복잡하게 연결되어 있고 정보를 주고받는다. 뉴런의 구조는 여러 유형이 있지만 기본 구조는 유사한데, 각 개별 뉴런의 구조를 살펴보면, 뉴런은 세포체(cell body), 수상돌기(dendrites), 축색(axon)으로 이루어져 있다(그림 6.1).

세포체는 뉴런의 생명을 유지하고, 수상돌기에서 받아들인 정보를 통합하여 축색으로 전달하며, 신경전달물질을 생성한다. 세포체 끝부분에 있는 나뭇가지 모양의 수상돌기는 다른 뉴런으로부터 정보를 받아들여 세포체에 전달한다. 축색은 길고 가는 신경섬유로 세포체에서 생성된 전기적 신호를 축색의 끝부분인 종말단추로 전달해서 다른 뉴런에게 정보를 전달하는 역할을 한다. 그 표면이 수초(myelin sheath)라는 절연체로 싸여 있는 유수초 축색(myelinated axon)과 절연체로 싸여 있지 않은 무

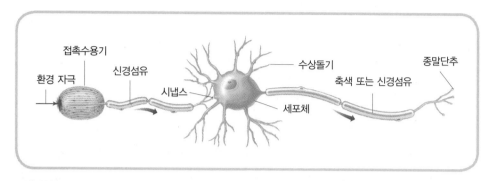

그림 6.1　뉴런의 구조

개별 뉴런은 세포체, 수상돌기, 축색, 종말단추로 이루어져 있으며, 시냅스 간격을 두고 다른 뉴런과 연접해 있다.

수초 축색(unmyelinated axon)으로 구분된다. 유수초 축색은 수초가 없는 부분인 마디들이 있는데, 이를 랑비에 결절(nodes of Ranvier)이라 하며, 축색의 이러한 구조는 신경전달의 속도를 빠르게 하는 역할을 한다. 축색의 끝부분인 종말단추(terminal button)는 축색을 따라 전해진 전기적 신호의 자극을 받아 신경전달물질을 방출해서, 그다음 뉴런에 정보를 전달한다.

　하나의 뉴런은 다른 뉴런과 약간의 틈을 사이에 두고 연결되어 있는데, 두 뉴런 간의 간격을 시냅스 간격(synaptic cleft)이라 한다. 한 뉴런의 종말단추와 다음 뉴런의 수상돌기의 접합부분을 시냅스(synapse)라고 한다. 시냅스 간격의 앞에 있는 뉴런을 시냅스 전 뉴런(pre-synaptic neuron)이라 하고, 시냅스 간격의 뒤에 있는 뉴런을 시냅스 후 뉴런(post-synaptic neuron)이라 한다.

2) 뉴런의 정보전달

뉴런은 자극(빛, 열 등)을 받은 감각수용기로부터 신호를 받거나 다른 뉴런으로부터 화학적 신호를 전달받으면 활동하게 된다. 뉴런의 정보전달은 하나의 뉴런 내의 전달과 두 뉴런 간의 전달 두 가지 방식으로 이루어진다.

　먼저 뉴런 내의 정보전달은 수상돌기에서 받은 신호가 전기적 반응을 일으킬 만큼 크면, 그 신호가 축색을 따라 종말단추로 전달되는 방식으로 이루어진다. 그렇다면 전기적 반응은 어떻게 일어날까? 뉴런을 뉴런막이 싸고 있는데, 아무런 자극이 없을 때 뉴런 내부는 (−) 전위를 띠고, 외부는 (+) 전위를 띠며 이러한 이온 차이로 전압 차가 존재하는데, 이를 안정전위(resting potential)라 한다. 뉴런마다 다르기는 하지만 일반적으로 −70mV의 전위 차이가 있다(뉴런막 안이 밖에 비해 음전위를 약간 더 띤다). 뉴런 내에 신경전달이 이루어지기 위해 필요한 전기적 반응을 활동전위(action potential, 역치 이상의 탈분극 자극 때문에 막전위가 역전이, 즉 내외가 바뀌는 것으로 세포의 신경충동을 일으킬 수 있는 전위를 의미)라고 한다.

활동전위가 일어나는 과정을 살펴보면, 안정전위 상태일 때 뉴런 내부에 (+) 이온이 들어오면 전위차가 감소하는데, 이를 탈분극(감분극, depolarization) 상태라고 한다. 이는 활동전위가 쉽게 일어날 수 있는 상태가 되었음을 의미하며 이를 흥분성 전위라고 한다.

뉴런 내에 (−) 이온이 들어오면 뉴런 내의 전위차가 더 심해져서 활동전위가 일어나기 어려운 과분극(hyperpolarization) 상태가 되며, 이를 억제성 전위라고 한다. 수상돌기에 전해진 신호는 흥분성이거나 억제성 신호인데, 이러한 신호를 세포체에서 종합해서 흥분성 신호가 억제성 신호보다 커서 전위가 +40mV가 되면 활동전위가 일어나게 되고, 이러한 전기적 반응이 축색을 따라 종말단추로 전달된다.

세포 내의 정보전달이 종말단추에서 끝이 나면 이후의 정보전달은 뉴런 간에 이루어진다. 뉴런 내의 정보전달이 전기적 반응을 통해서 이루어지는 것과 달리 뉴런 간의 정보전달은 화학적 전달이다. 뉴런 간의 정보전달은 시냅스 전 뉴런의 종말단추와 시냅스 후 뉴런의 수상돌기 사이의 틈인 시냅스에서 이루어진다. 세포체의 전기반응이 종말단추에 전해지면 종말단추 끝에 있는 소낭 속의 신경전달물질이 시냅스에 방출된다. 이 신경전달물질은 시냅스에서 시냅스 후 뉴런의 수상돌기에 있는 수용기로 부착된다. 이렇게 해서 이루어진 신경전달물질의 영향으로 뉴런 내에서 또다시 전기적 반응이 이루어진다. 신호를 전달한 후 신경전달물질은 시냅스 간격으로 다시 돌아오는데, 그중 일부는 시냅스 전 뉴런의 종말단추로 재흡수되거나 효소에 의해 분해된다.

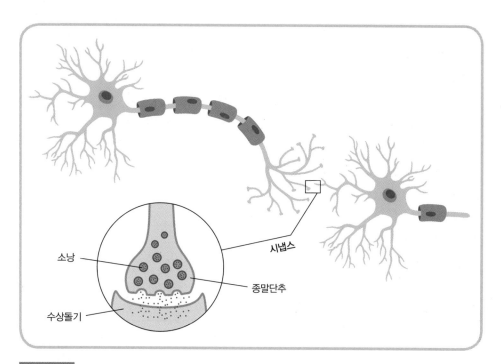

소낭

수상돌기

시냅스

종말단추

그림 6.2 시냅스 구조 : 뉴런 간 정보전달

3) 신경전달물질의 역할

시냅스에서 뉴런들 사이에 주고받는 화학적 물질을 신경전달물질(neurotransmitter)
이라 한다. 다양한 신경전달물질이 뉴런 사이에 이동하며 신경흥분을 일으키는데, 그
종류와 기능은 〈표 6.1〉에 나와 있다. 이러한 신경전달물질은 우리의 행동과 정서에
영향을 미친다.

아세틸콜린은 말초신경계에서 골격근과 내장근육의 운동에 관여하며, 뇌에서는 학
습과 기억에 영향을 미친다. 알츠하이머와도 관련이 있는 신경전달물질로, 알츠하이
머 환자의 뇌에는 아세틸콜린을 분비하는 뉴런의 변형이 많아져 아세틸콜린의 양이
현저히 적음을 알 수 있다. 운동신경과 근육이 만나는 곳에서 신경전달물질인 아세틸
콜린의 분비를 방해하면 근육의 수축을 억제하여 근육이 마비가 되면서 주름살이 펴
지는데, 이것이 보톡스의 효과다. 보톡스란 부패된 음식 세균인 클로스트리디움 보툴

표 6.1 신경전달물질의 종류와 기능

신경전달물질의 종류	기능	
아세틸콜린(acetylcholine)	주의, 학습, 기억, 각성 및 골격근 수축	알츠하이머 환자는 뇌 속에 아세틸콜린이 부족하다. 아세틸콜린을 분비하는 뉴런의 변성이 그 원인이다.
도파민(dopamine)	정서 조율, 진행운동의 조율	도파민이 너무 적으면 파킨슨병이, 너무 많으면 정신분열증이 발병한다.
노르에피네프린 (norepinephrine)	각성 담당, 교감신경계 활성화	노르에피네프린이 감소하면 우울증을, 증가하면 조증을 유발한다.
세로토닌(serotonin)	수면, 각성 및 기분 조절, 체온 조절	
글루타메이트(glutamate)	흥분성 물질, 흥분성 시냅스 제공	
가바(gamma-minobutyric, GABA)	억제성 신경전달물질	신경활동을 억제시키는 물질로 가바가 적어지면 신경활동이 과다해져서 불안을 경험하게 된다.
엔도르핀(endorphins)	고통 경감과 쾌감	

리눔(Clostridium Botulinum)에서 분비되는 독소를 정제한 것으로 아세틸콜린의 분비를 방해한다.

시상하부와 중뇌에 있는 뉴런이 도파민을 신경전달물질로 사용하며, 도파민은 각성, 기분, 운동 조절에 중요한 역할을 한다. 파킨슨병은 운동장애가 현저하게 나타나는데, 뇌의 기저핵에 도파민 수준이 낮아져 근육이 떨리고 몸놀림이 어렵게 된다. 도파민은 기분에도 영향을 주는데, 코카인이나 암페타민과 같은 약물은 종말단추에서 도파민 방출을 많이 일으킨다. 도파민이 많아지면 기분이 좋아지지만 원래의 수준으로 돌아가면 갑작스레 기분이 저하되고 더 많은 양의 도파민이 있어야 기분이 좋아진다. 과도한 도파민 방출이 반복되면, 뇌는 도파민 수용체를 줄여서 그 영향을 조절하게 된다. 도파민 수용체가 줄었기 때문에 이후에는 도파민이 많이 방출되도록 행동하게 된다. 스마트폰이나 인터넷을 하면 도파민이 많이 방출되므로 사람들은 중독에 빠지게 된다.

노르에피네프린과 세로토닌은 각성과 기분에 관여하는 신경전달물질이다. 노르에피네프린은 교감신경계에서 각성, 수면을 조절하는데, 노르에피네프린이 적으면 우울증을 경험하고, 증가하면 기분을 고양시킨다. 세로토닌은 수면 및 기분 조절과 관련되는데, 세로토닌이 적으면 불면증을 앓게 된다.

글루타메이트는 뇌에서의 정보전달에 관여하며, 학습과 기억에 영향을 준다. 글루타메이트는 흥분성 신경전달물질로 과잉되면 지나친 흥분이나 발작을 일으킬 수 있다. 가바는 억제성 신경전달물질로 운동 조절, 불안, 발작과 관련이 있는데, 가바 수준이 낮아지면 불안을 경험한다. 엔도르핀은 통증지각 및 이완에 관여하는 신경계에서 자연적으로 생성되는 통증제거제이다.

2. 신경계

신경계에는 간뉴런, 감각뉴런, 운동뉴런 세 종류의 뉴런이 존재한다. 간뉴런(inter neurons)은 중추신경계에 존재하는 뉴런으로, 중추신경계 내의 정보를 통합한다. 감각뉴런(sensory neurons)은 감각수용기 근육과 내분비선으로부터의 정보를 중추신경계로 전달하는 역할을 하며, 감각뉴런이 다발을 이룬 것이 감각신경이다. 끝으로 운동뉴런(motor neurons)은 중추신경계의 운동명령을 신체에 전달하는 역할을 하는데, 운동뉴런의 다발이 운동신경이다. 감각신경과 운동신경을 통한 정보는 척수를 거쳐 중추신경계를 통해서 뇌로 전달되거나 어떤 경우에는 직접 뇌로 전달된다(신성만 외, 2007).

신경계의 구조를 보면 우선 중추신경계와 말초신경계로 나뉜다. 중추신경계는 뇌와 척수로 이루어져 있고, 말초신경계는 체성신경계와 자율신경계로 나뉜다. 그리고 자율신경계는 다시 교감신경계와 부교감신경계로 구분된다(그림 6.3).

1) 중추신경계

중추신경계(central nervous system, CNS)는 뇌와 척수(spinal cord)로 이루어진다. 척수는 감각기관을 통해 들어온 정보를 뇌로 전달하고, 또 뇌의 명령을 신체의 근육으로 전하는 운동명령의 통로다. 하지만 뇌의 통제 없이도 행동을 통제하기도 하는

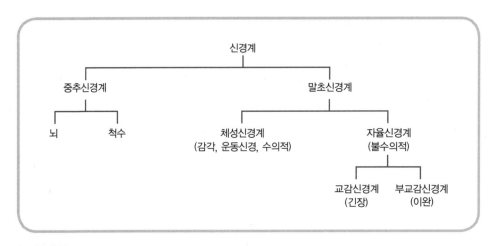

그림 6.3 신경계의 구조

데, 척수 반사(spinal reflex)는 뇌의 반응과 상관없이 일어나는 활동으로 감각신경과 운동신경이 관여한다. 예를 들어, 뜨거운 냄비를 만지면 뜨겁다는 것을 인식하기도 전에 재빨리 손을 떼게 된다.

인간의 뇌는 1.3kg에 불과하지만 인간의 모든 행동과 마음을 통제한다. 뇌는 좌반구와 우반구가 있는데, 신경섬유다발로 두 반구가 서로 연결되어 있다. 우선 뇌의 구조를 살펴보면, 중심핵(central core), 변연계(limbic system), 대뇌로 구분할 수 있다(그림 6.4). 중심핵은 뇌의 가장 안쪽에 위치한 부분으로 심박, 호흡, 삼키기 등의 자율신경과 관련된다. 뇌간을 둘러싸고 있는 변연계는 동기, 정서, 기억 등과 연관이 있다. 가장 바깥쪽의 대뇌는 신체를 통해 들어온 감각정보를 통합하고, 운동협응과 추상적 사고를 하는 부분이다. 중심핵은 생명유지의 기능과 관련되며, 변연계는 기억과 정서, 그리고 대뇌는 최종적으로 신체를 통제하고 정보처리를 하는 중추다.

(1) 중심핵

중심핵(central core)은 신체 내부 상태를 조절하는 것과 관련되며, 뇌간(연수와 뇌교), 망상체, 시상, 소뇌가 포함된다.

뇌의 가장 안쪽에 있으며 생명유지에 필수적인 기능인 심장박동, 호흡, 혈압, 소화

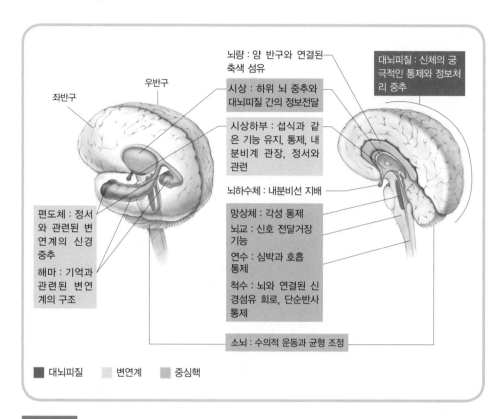

뇌량 : 양 반구와 연결된 축색 섬유

대뇌피질 : 신체의 궁극적인 통제와 정보처리 중추

시상 : 하위 뇌 중추와 대뇌피질 간의 정보전달

시상하부 : 섭식과 같은 기능 유지, 통제, 내분비계 관장, 정서와 관련

우반구

좌반구

뇌하수체 : 내분비선 지배

편도체 : 정서와 관련된 변연계의 신경중추

해마 : 기억과 관련된 변연계의 구조

망상체 : 각성 통제

뇌교 : 신호 전달거장 기능

연수 : 심박과 호흡 통제

척수 : 뇌와 연결된 신경섬유 회로, 단순반사 통제

소뇌 : 수의적 운동과 균형 조정

■ 대뇌피질   ■ 변연계   ■ 중심핵

그림 6.4　뇌의 구조와 기능

를 관리하는 뇌간(brainstem)은 연수(medulla)와 뇌교(pons)를 포함하고 있다. 연수는 뇌간의 한 부분으로 척수가 뇌와 만나는 곳이다. 신체에서 전해지는 정보와 뇌에서의 명령을 전달하는 신경섬유가 교차되어 있으며, 좌측 신체는 우뇌와 우측 신체는 좌뇌와 연결되는 부위이기도 하다. 뇌교는 연수 바로 위에 위치하고 있는데, 뇌의 한 부위에서 온 신호를 다른 부분으로 전달하는 중계 정거장 기능을 한다. 척수에서 시상까지 연결된 망상체(reticular formation)는 수면, 각성과 관련되는데, 뇌를 각성시켜 새로운 자극에 주의집중하게 한다. 이 부분이 손상되면 혼수상태에 빠질 수 있다.

　시상(thalamus)은 뇌간 윗부분으로, 후각을 제외한 감각수용기를 통해 들어온 정보를 각 감각을 담당하는 대뇌피질로 전달한다.

　소뇌(cerebellum)는 유연하고 숙련된 움직임을 수행하기 위한 신체능력에 중요하다. 근육의 긴장과 자세 조절, 운동학습과 기억을 유지하는 역할을 한다(Nyberg, 2006). 술을 마시면 걸음을 잘 걷지 못하게 되는데, 이는 알코올이 소뇌 기능을 억제하기 때문이다.

(2) 변연계

변연계는 동기화된 행동, 정서적 반응, 기억과 관련되며 체온, 혈압, 혈당을 조절하는데, 편도체와 해마, 시상하부가 포함된다.

편도체(amygdala)는 정서 통제와 정서적 기억에 중요하며, 불쾌, 분노, 두려움과 같은 정서반응과 공격적 반응에 영향을 준다. 위험한 상황이 되었을 때 그 상황을 피하게 하고, 정서적 사건을 오래 기억하는 것은 바로 편도체가 있기 때문이다. 그리고 이 부위가 손상되면 폭력적인 사람이 덜 폭력적이 된다. 그러나 얼굴표정의 정서적 내용을 인식하는 데 어려움을 겪게 되는데, 특히 부정적인 정서표현을 인식하기가 어렵다.

그림 6.5 첫키스만 50번째

애덤 샌들러와 드루 베리모어 주연의 영화. 매력남 수의사 헨리는 우연히 루시를 보고 첫눈에 반하게 된다. 헨리는 루시와 다음 날 데이트를 하기로 하고 헤어진다. 다음 날 헨리가 루시를 만나러 갔을 때 루시는 헨리조차도 기억하지 못한다. 루시는 1년 전 교통사고 당일로 기억이 멈춰버렸다.

해마(hippocampus)는 정보를 저장하는 기능을 하며, 학습과 기억 과정에 중요한 역할을 한다. 그러므로 해마가 손상을 받게 되면 인간 기억에 문제가 생길 수 있다. 해마에 문제가 생기면 어떻게 되는지를 알 수 있는 예가 바로 H. M이라는 환자다. H. M은 간질발작이 심해서 마지막 방법으로 외과적인 수술을 통해서 해마를 제거하였다.

그는 수술 이후 똑같은 잡지를 계속 다시 읽으며, 새로 만난 사람을 한 번 본 후에 다시 알아보지 못했다. 이러한 것을 순행성 기억상실증(anterograde amnesia)이라 한다(그림 6.5). 해마가 손상되면 과거 일만 기억하고, 새로운 정보를 습득할 수 없다. 하지만 의식적으로 자신이 새로운 기술을 습득했다는 사실을 기억하지 못하지만 새로운 기술은 습득할 수 있다. 서술기억은 손상을 받아서 기억해 낼 수 없지만 절차기억은 손상받지 않는다.

시상하부(hypothalamus)는 시상의 아랫부분에 위치해 있다. 시상하부는 자율신경계, 내분비계를 통제하며, 먹기, 마시기, 성적 행동, 땀 분비를 통해서 체온을 조절하기도 한다. 그리고 보상중추(reward center)가 시상하부에 있다. 신경심리학자인 제임스 올즈와 피터 밀너(James Olds & Peter Milner, 1954; Olds, 1975)는 쥐를 대상으로 한 실험에서 실수로 자신들이 원래 연구하려던 망상체가 아닌 시상하부에 뇌의 전극을 꽂아서 실험을 하게 되었다. 그래서 쾌를 주는 뇌의 부위를 우연히 찾아냈다. 그들은 그 부위를 쾌중추라 하였고, 쾌중추를 자극하면 '쾌'를 경험하게 된다. 그 후 그들은 쥐의 뇌의 쾌중추에 미세전극을 꽂고 쥐들이 스스로 지렛대를 누르면 뇌에 자극을 받을 수 있게 하였다. 그렇게 하였더니 쥐들은 엄청난 속도로 탈진할 때까지 지렛대를 눌렀다. 만일 인간에게 이러한 장치를 만들어주면 어떻게 될까? 아마도 하루 종일 지렛대만 누르고 있을지도 모른다.

(3) 대뇌

대뇌는 뇌의 가장 바깥 부분으로 기억, 논리, 자기지각을 담당한다. 대뇌의 바깥 표면층을 대뇌피질(cerebral cortex)이라 하는데, 대뇌피질에 있는 작고 얕은 홈을 열(fissure)이라 하고, 가장 깊은 홈을 구(sulcus)라고 한다. 대뇌피질은 중심구(central sulcus)과 외측열(lateral fissure)을 기준으로 전두엽, 두정엽, 측두엽, 후두엽 4개의 엽(lobe)으로 나뉜다(그림 6.6). 중심구는 반구의 앞과 뒤를 나누며, 외측열은 반구의 위와 아래를 구분해 준다. 중심구 앞에 위치하면서 외측열 위의 부분을 전두엽(frontal lobe), 중심구 뒤와 외측열 윗부분을 두정엽(parietal lobe), 외측열 아래를 측두엽(temporal lobe), 반구 뒤쪽의 나머지 부분을 후두엽(occipital lobe)이라 한다.

전두엽에는 추론, 판단, 목표를 설정하는 인지적 활동과 골격운동을 통제하며, 신체의 움직임을 담당하는 운동피질(motor cortex)이 있다. 좌반구의 운동피질은 신체 오른쪽의 운동을 통제하고, 우반구의 운동피질은 신체 왼쪽의 운동과 관련된다.

두정엽은 감각과 공간정보에 대한 지각과 관련되는데, 온도, 촉감, 신체의 위치,

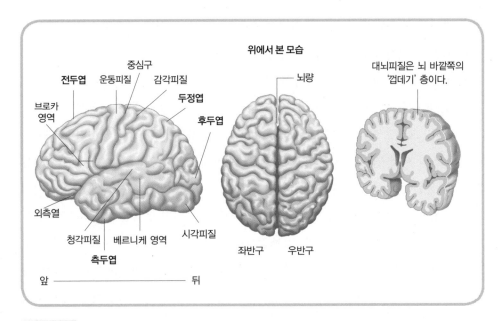

위에서 본 모습

대뇌피질은 뇌 바깥쪽의 '껍데기' 층이다.

중심구

전두엽 운동피질 감각피질

브로카 영역 두정엽

후두엽

뇌량

외측열

청각피질 베르니케 영역 시각피질

측두엽

좌반구 우반구

앞 ——————————— 뒤

그림 6.6 **대뇌피질**

두 반구에는 각기 전두엽, 두정엽, 측두엽, 후두엽 4개의 엽이 있다.

통증에 대한 정보처리를 하는 감각피질(sensory cortex)이 있다. 후두엽은 시각정보를 처리하는데 망막의 중심부를 관장하는 시각피질(visual cortex)이 있다. 이 영역이 손상되면 안구에 이상이 없더라도 시력을 상실하게 된다. 측두엽은 청각을 담당하는데 귀로 들어온 정보를 처리하는 역할을 하는 청각피질이 있으며, 청각피질(auditory cortex)은 언어와 관련된 영역이다. 기저핵은 대뇌피질 아래쪽의 핵으로, 운동기능(예 : 걷기)과 관련된 뉴런의 집합체다.

　일차 감각피질(시각, 청각, 촉각)과 운동피질을 제외한 나머지의 대뇌피질을 연합피질(association cortex)이라 한다. 연합피질은 대뇌피질의 70%를 차지하며 여러 정보를 통합해서 고등 정신 과정이 가능하게 한다.

2) 말초신경계

말초신경계(peripheral nervous system, PNS)는 신체 각 부분을 중추신경계와 연결해 주는 뉴런이다. 자극이 감각기관에 전달되면 신경신호로 감각신경에 전해진다. 이러한 정보는 척수를 통해서 뇌에 전달되거나 뇌로 직접 전달되며 뇌에서는 운동신경에 정보를 보내서 근육이나 분비선에 명령을 내린다.

말초신경계는 체성신경계(somatic nervous system)와 자율신경계(autonomic nervous system)로 나뉜다. 체성신경계는 중추신경계가 몸의 모든 골격 근육으로 정보를 보내는 운동신경과 감각수용기로부터 오는 정보를 중추신경계로 보내는 감각신경으로 구성된다. 감각수용기의 정보를 뇌로 전달하거나 뇌가 골격근에 명령을 전달하게 된다.

자율신경계는 신체 내부의 기관(위, 심장 등)을 조절하는 역할을 하며, 교감신경계(sympathetic nervous system)와 부교감신경계(parasympathetic nervous system)로 구분할 수 있는데, 그 활동이 불수의적이다. 교감신경계는 스트레스를 받거나 응급 대처 상황에서 신체를 활성화시키고, 에너지를 동원하는 역할을 한다. 응급 상황이 되면 심장박동이 증가하고, 호흡이 빨라지고, 혈압이 증가하고, 소화계가 활동을 하지 않아 소화가 잘 되지 않게 된다. 부교감신경계는 응급 상황이 끝나면, 신체를 안정시키고, 에너지를 보존하는 역할을 한다. 심장박동은 원래로 돌아오고, 혈압과 호흡은 느려지고, 소화도 정상적으로 기능을 한다.

3) 2개의 뇌

대뇌는 뇌량(corpus callosum)이라는 신경다발이 연결하고 있는 2개로 나뉘어 있다. 좌뇌 우뇌라는 말은 일상적으로 많이 사용되고 있으며, 마치 서로 다른 기능을 담당하고 있는 것으로 사람들은 믿고 있다. 좌반구(left hemisphere)는 쓰기, 읽기, 말의 이해력 등의 언어능력과 관련되며(Hellige, 1990; Long & Baynes, 2002), 우반구(right hemisphere)는 시공간 관계에 좀 더 관련 있는 반구로 간주된다. 브로카(Broca)는 죽은 환자들을 대상으로 뇌와 언어의 관계에 대해 연구하였다. 어떤 환자들은 말을 이해하고, 눈으로 글을 읽을 수는 있지만 유창하게 말을 하지는 못하였다. 그러한 환자들의 뇌를 살펴보니 좌반구 전두엽 왼쪽에 손상이 있었는데, 이 부분은 언어의 이해와 표현과 관련되는 곳으로 브로카의 이름을 따서 브로카 영역(Broca's area)이라 한다(그림 6.6). 그리고 좌반구 측두엽의 특정 영역이 손상된 사람은 말을 하기는 하는데 전혀 의미가 통하지 않는 말을 하였는데, 이러한 현상과 관련된 좌반구 측두엽의 특정 부분을 베르니케 영역(Wernicke's area)이라 한다(그림 6.6). 이처럼 언어와 관련해서 중요한 뇌의 부위는 모두 좌반구에 위치하고 있다. 좌반구가 손상되면 읽기, 쓰기, 말하기 등의 능력이 떨어진다.

인간의 두 뇌가 서로 다른 기능을 담당한다는 사실이 밝혀졌다. 하지만 좌반구와 우반구는 뇌량으로 연결되어 있기 때문에 두 반구의 정보가 서로 교환된다. 그렇다면 두 반구가 연결되어 있지 않다면 어떻게 될까?

좌반구와 우반구가 분리된 사람을 대상으로 각 반구의 역할을 더 명확히 확인해 볼 수 있다. 분리된 뇌는 뇌량을 절단하는 것인데, 심한 간질 환자들을 치료하기 위한 최후의 방식으로 사용되었다. 스페리(Sperry, 1966)와 가자니가(Gazzaniga, 1970)는 분리된 뇌(split-brain) 환자를 대상으로 좌우반구의 기능에 대한 연구를 수행하였다. 분리된

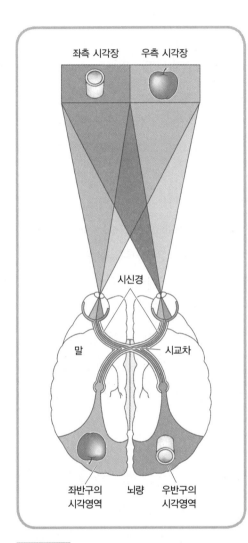

그림 6.7 **좌우 시야 정보의 대뇌 전달 과정**

왼쪽 오른쪽 시야에 정보를 다르게 제시할 수 있게 하면 왼쪽 눈에 제시된 자극은 우반구로, 오른쪽 눈에 제시된 자극은 좌반구로 전달된다. 전달된 정보는 뇌량을 통해서 서로 다른 반구로 정보전달이 이루어진다. 하지만 뇌량이 절단되면 정보가 다른 반구로 전해지지 않는다(출처 : 데이비드 마이어스, 마이어스의 심리학 개론, 신현정·김비아 공역, 서울 : 시그마프레스, p. 75).

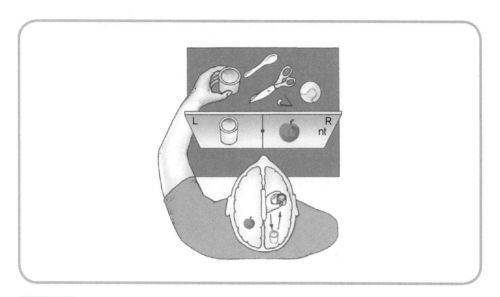

그림 6.8 **분리된 뇌 실험**

분리된 뇌 환자의 경우, 좌·우 눈에 제시된 자극이 서로 전달되지 않는다. 그래서 좌·우 눈에 서로 다른 자극을 제시하고 무엇을 보았는지 질문하면 오른쪽 눈에 제시된 자극을 말하게 되고(언어 중추가 좌반구에 있음), 왼손(우반구의 지배를 받음)으로 본 것을 찾으라고 하면 왼쪽 눈에 제시되어 우반구로 전해진 자극을 찾게 된다.

뇌 환자에게 왼쪽이나 오른쪽 시야에 자극을 순간적으로 보여주었다. 그러면 왼쪽 시야의 정보는 우반구로, 오른쪽 시야의 정보는 좌반구로 정보가 전달된다(그림 6.7). 그리고 나서 자신이 무엇을 보았는지 말하게 하거나 보았던 자극을 손으로 찾게 했다. 뇌가 분리되지 않은 사람은 자신이 본 것이 무엇인지 말할 수 있고, 보았던 것을 손으로 찾을 수 있다. 하지만 분리된 뇌 환자들은 자신이 본 것을 말하지는 못하지만 자신이 본 것을 손으로 찾을 수 있었다.

　예를 들어, 왼쪽 시야에는 컵 그림을, 오른쪽 시야에는 사과 그림을 보여준다. 그리고 방금 본 것을 이야기하거나 본 것을 찾게 한다. 무엇을 보았는지 물었을 때 오른쪽 시야에 나타난 (좌반구로 전달) 사과를 보았다고 말했다. 그런데 보았던 것을 왼손으로 짚어보라고 하였을 때 (우반구에 보이는) 컵을 짚었다. 분리된 뇌 환자는 좌반구로 전달된 것을 보았다고 하고 자신이 본 것을 왼손으로 찾아보라고 하면 우반구로 전달된 것을 가리키게 된다(그림 6.8).

반구편재화에 대한 연구를 살펴보면, 언어생성과 이해 중추는 좌반구에 위치하고 있고, 시-공간 정보처리는 우반구가 더 우세하다. 그리고 분할된 뇌 환자에 대한 연구를 통해서 좌뇌와 우뇌의 역할이 구분됨을 알 수 있었다. 하지만 뇌의 편재화는 존재하지만, 우리가 분할된 뇌 환자처럼 뇌가 서로 분리된 경우가 아니라면 2개의 뇌는 서로 정보를 전달해서 과제를 수행한다. 그렇게 우리의 뇌는 통합적으로 역할을 하는 것이다.

제7장

인간 발달

1. 발달과 발달 원리

1) 발달의 개념

발달(development)은 인간의 생명이 시작되는 수정의 순간에서부터 죽음에 이르기까지의 전 생애를 통해 이루어지는 모든 변화의 양상과 과정을 의미한다. 발달 변화의 과정에는 신체·운동기능, 인지, 언어, 성격, 사회성, 정서 등 인간의 모든 특성이 포함된다.

예전에는 아동기와 청년기의 발달은 긍정적 변화인 반면에, 중년기 이후부터 노년기의 발달은 쇠퇴로 인한 부정적 변화라는 생각이 지배적이었다. 그러나 최근에 밝혀진 연구결과에 의하면 노년기에도 분석, 통합, 추론, 문제해결능력 등 여러 영역에서 긍정적인 발달이 지속되고 있는 것으로 나타났다. 따라서 단순한 증가나 감퇴에 근거하여 인간의 발달 변화를 긍정적 변화나 부정적 변화로 판단하는 것은 발달의 과정을 제대로 보여주지 못하는 것이다(송명자, 1995).

2) 발달심리학의 목적

발달심리학은 인간의 전 생애에 걸친 모든 발달적 변화의 양상과 과정을 연구하는 학문 분야다.

발달심리학 연구의 목적은 크게 두 가지로 나누어볼 수 있다. 첫째, 연령이 변화함에 따라 여러 영역의 발달적 변화 양상을 있는 그대로 기술하는 것이다. 아기는 언제 목을 가누며, 언제 뒤집기를 하며, 언제 걸을 수 있는가? 아기가 처음 어휘를 사용하게 되는 것은 언제인가? 이러한 물음에 답하기 위해서 실제 일어나는 현상을 잘 관찰하여 기술하는 것이 현상기술 연구다. 현상기술 연구 자료는 여러 심리적 특성이 정상적으로 발달하는가의 여부를 확인할 수 있게 하는 규준(norm)을 제공해 준다.

발달심리학 연구의 또 다른 목적은 기술된 현상의 기저 과정을 설명하는 것이다. 다시 말하면 무엇이, 그리고 어떻게 해서 발달적 변화를 일으키는지에 대한 연구로, 발달기제 연구하고 한다. 만일 현상기술 연구를 통해 2세와 4세 간 아동의 언어능력에 급격한 증가가 있는 것으로 밝혀졌다면, 왜 이 시기에 그러한 변화가 일어나며, 어떤 요인들이 어떠한 과정을 통해 그러한 변화를 일으키게 되는가를 탐색하는 것이 발달기제 연구다.

3) 발달의 원리

(1) 발달은 개체와 환경과의 상호작용 산물이다

인간은 유기체와 그를 둘러싸고 있는 환경과의 끊임없는 상호작용의 결과로서 발달한다. 인간 발달의 어떤 측면도 유전 또는 환경 중 어느 하나에 의해 전적으로 영향을 받지는 않는다. 예를 들어, 아동이 부모로부터 물려받은 유전인자는 환경에 의해 그 잠재력을 발휘할 수 있는 범위가 제한되며, 환경의 영향 또한 아동이 지닌 유전인자의 본질에 의해 제한된다.

(2) 발달에는 일정한 순서와 방향이 있다

인간은 발달 속도에 있어서 개인차가 있지만, 여러 가지 발달 측면이 나타나는 순서와 방향은 일정하며 이 순서와 방향은 바뀌지 않는다. 발달이 일정한 순서로 진행된다는 것은 어떤 발달 단계에서 나타나는 변화가 이전의 단계에서 이루어졌던 변화에 기초하여 이루어진다는 것을 의미한다.

　발달의 순서와 방향은 ① 상부에서 하부로의 발달(머리에서 발끝으로), ② 중심에서 말초로의 발달, ③ 일반적인 것에서 구체적인 것으로의 발달이라는 세 가지 원리를 따른다.

(3) 발달에는 개인차가 있다

앞서 언급했듯이 인간은 일반적이고 보편적인 순서와 원리에 따라 발달한다. 하지만 발달의 속도와 결과에 있어서는 개인에 따라 차이가 있다. 예를 들어, 어떤 아이는 키가 크고 어떤 아이는 키가 작으며, 어떤 아이는 내성적이지만 어떤 아이는 외향적이다. 이러한 개인차 때문에 똑같은 아동은 하나도 없으며, 모든 아동은 각각 특별하다.

　개인차는 개인 간 차이와 개인 내 차이로 나누어볼 수 있다. 초등학생을 보면 같은 반에 있는 아동이라 해도 키가 10cm 이상 차이가 나는 경우를 볼 수 있는데, 이와 같이 한 아동과 같은 발달 단계의 다른 아동 간의 차이를 개인 간 차이라 한다. 한편 어떤 아동의 경우 지적 능력은 또래 아동에 비해 뛰어나나 운동능력은 뒤쳐질 수 있다. 이처럼 한 아동 내에서 보이는 발달 영역 간의 차이를 개인 내 차이라 한다(정옥분, 2002).

(4) 발달의 각 측면은 상호 밀접하게 관련되어 있다

일반적으로 연구자들은 인간 발달을 신체적 · 정서적 · 인지적 · 사회적 발달 등과 같이 몇 가지 영역으로 나누어 설명한다. 이렇게 발달을 몇 가지 측면으로 분리시켜 다루는 것은 발달의 각 측면들이 각기 독립적으로 기능하기 때문이 아니라 설명의 편의상 그렇게 할 뿐이라는 것을 알아야 한다. 신체, 언어, 인지, 정서 등 발달의 모든 영역들은 각기 독립적으로 발달하는 것이 아니라 서로 밀접하게 관련되어 서로 영향을 주고받는다(Berk, 2001).

2. 태내발달

태내기는 수정 후부터 출산에 이르는 약 40주 동안의 기간으로 하나의 단일세포가 결국 완전한 인간의 모습을 갖추게 되는 경이로운 변화의 과정이다. 태내기는 크게 3단계, 즉 난체기, 배아기, 태아기로 나뉜다.

1) 태내발달 단계

(1) 난체기

첫 번째 단계인 난체기는 수정부터 시작되어 그 후 약 2주간의 기간을 말한다. 나팔관에서 수정된 수정란은 36시간 이후부터 빠르게 세포분열을 하다가 7일 정도에 배반포가 되고 이 배반포가 나팔관을 따라 내려와 자궁벽에 착상된다. 착상에 성공한 배반포의 내층은 태아가 되고 외층은 태아에게 영양과 산소를 공급하고 노폐물을 실어나르는 태반이 된다.

(2) 배아기

배아기는 수정 후 약 2~8주 사이에 해당되는 시기로서, 이 기간 동안에 중요한 신체 기관과 신경계가 형성된다. 이 시기가 시작되는 3주경에 크기가 약 0.7cm이던 것이 8 주가 되면 사람의 형태를 갖추게 되며, 무게는 약 0.9g, 키는 약 2.5cm가 된다(Moore & Persaud, 1993). 배아기 동안 수정체는 3개의 층을 형성하며 가장 바깥층은 피부와 신경조직으로, 중간층은 근육, 뼈와 순환기관으로, 안쪽층은 소화기관과 폐로 발달한다. 배아기 동안에 각 기관이 급속하게 형성되는 만큼 바람직하지 못한 환경의 부정적 영향이 크다(그림 7.1).

(3) 태아기

임신 8주부터 출산 전까지가 태아기다. 태아기에는 배아기에 형성된 장기들의 지속적 성장이 이뤄지며 태아기 중반을 넘어서면 장기들이 기능을 하기 시작한다. 중추신경계가 형성되면 곧 신경세포가 근육에 연결되어 태아는 움직이기 시작하고, 감각기관도 뇌와 연결되어 기능을 하기 시작하여 26주 정도에는 소리에 반응하기 시작한다(Kisilevsky, Muir, & Low, 1992). 경이로운 것은 이때부터 태아가 어머니의 목소리를 다른 목소리보다 선호한다는 점이다(DeCasper & Fifer, 1980). 태아들은 어머니의 목소리를 들을 때 상대적으로 안정적이고 느린 심박을 보이는 반면, 다른 여성의 목소리에는 빠르고 불안정한 심박반응을 보여, 태아가 어머니의 목소리를 더 선호하는 것을 알 수 있다.

후각도 태아기에 발달하며, 산모가 임신 중 먹었던 특정 양념에 대해 그 산모의 아기가 다른 아기들보다 그 냄새를 더 좋아하였다(곽호완 외, 2011). 미각도 빠르게 발달하여 임신 15주가 되면 성인 수준으로 발달한다. 청각, 후각, 미각에 비해 시각의 성숙에는 시각적 자극 경험이 필수적이므로 시각은 가장 늦게 발달하는 감각기관이다. 임신 7개월 무렵이면 신체기관의 기능이 원활하게 이루어지고 폐도 어느 정도 성숙하기 시작하여 조산을 해도 생존할 수 있으므로 임신 7개월(약 28주)을 생존가능연령(age of viability)이라 부른다.

2) 태내발달에 영향을 미치는 요인

착상이 이뤄지기 전까지 외부의 영향이 태아에게 미치지 못하지만 배아기 초기(임신 3~4주)에 탯줄과 태반을 통해 어머니와 연결되고 나면 태아는 어머니를 통하여 다양한 외적 요인들의 영향을 받게 된다. 특히 배아기에 유해물질 등에 노출되는 것은 태아기보다 더 심각한 영향을 초래하는데, 이 시기는 대부분의 장기가 형성되는 시기이기 때문이다. 그렇다면 태아의 발달에 영향을 미치는 요인들은 무엇일까?

(1) 어머니의 영양상태

태아는 발달에 필요한 모든 영양분을 산모를 통해 섭취하기 때문에 산모의 영양상태는 태아발달에 결정적인 요인이며 출생 후 유아기에 이르기까지 장기적인 영향을 미칠 수 있다. 산모의 영양이 부족하면 유산과 사산의 가능성이 높고, 발육이 늦으며 신

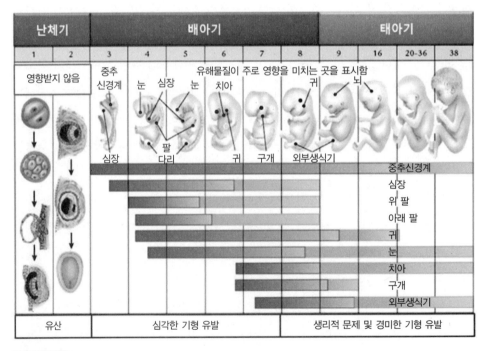

그림 7.1 태내발달 시기에 따른 유해물질의 영향력

출처 : Berk, 2008.

체적으로 기형이 될 확률이 높다. 특히 임신 초기의 영양 결핍은 뇌와 신경계의 발달에 지장을 초래한다. 산모가 철분이 부족하면 낮은 적혈구 수치로 인해 초래되는 질병에 걸릴 가능성이 높아지며, 아동기의 철분 부족은 인지적 기능의 손상이나 운동장애, 정서적 문제로 이어질 수 있다(Lozoff 외, 2006). 반대로 산모가 엽산이나 비타민을 섭취하면 태아의 신경계 이상 위험을 낮춘다고 알려져서 임신기간 동안 복용하도록 권고된다(Ryan-Harshman & Aldoori, 2008).

(2) 기형기인물질

산모가 질병을 앓거나 약물들을 사용하게
되면 태반을 통해 태아에게 전달되거나 감
염을 일으킬 수 있다. 이와 같이 태아의 발
달에 해를 끼치고 기형을 유발하는 물질
이나 환경적 요건들을 통틀어 기형기인물
질(teratogens)이라고 한다. 기형기인물질
에는 질병(풍진, 콜레라, 매독), 약물(담배,
술, 항 우울제, 마약), 중금속(납이나 수은)
과 방사선 등이 있다. 예를 들어, 산모의 풍

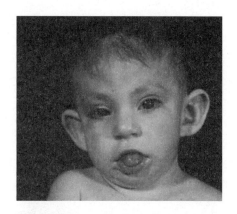

그림 7.2 태아알코올 증후군 아동의 얼굴

진은 정신지체, 시각장애, 청각장애, 심장질환 등을 유발할 수 있다. 또 산모가 당뇨병환자일 경우 정상 어머니에게 태어난 아기보다 기형아가 될 확률이 훨씬 높다. 산모가담배나 술과 같은 약물을 사용하는 것도 태아의 건강에 직접적인 영향을 끼친다. 예컨대, 어머니의 음주는 태아알코올 증후군(fetal alcohol spectrum disorder, FASD)을 일으킬 수 있는데, 이 증후군의 아기들은 얼굴, 팔다리, 심장과 신체기형뿐만 아니라 주의력결핍과 지적장애, 행동 문제를 보인다. 태아알코올 증후군은 미국에서 출생되는신생아들의 1%에서 나타나며 지적장애의 주요한 원인 중 하나다(Burd 외, 2007).

산모의 흡연(주변인들에 의한 2차 흡연)도 유아에게 심각한 영향을 미칠 수 있다. 어머니의 지나친 흡연은 태아에게 산소공급량을 감소시켜 미숙아나 저체중아를 낳을 수 있고 사산의 위험을 증가시킨다.

3. 영유아기 발달

1) 발달 초기의 신체와 대뇌 발달

출생 이후 유아들은 아주 빠른 속도로 성장한다. 신장과 체중이 증가하고 신체비율에도 변화가 크다. 생후 1년이 되면 체중은 약 세 배 정도, 키는 약 25cm 커지므로 이때를 1차 성장급등기라고 한다.

신체뿐만 아니라 대뇌에서도 많은 변화가 일어나는데, 특히 태내기에 이미 생성되어 특정 영역으로 이동한 신경세포는 출생 후 수많은 시냅스를 형성한다. 2~3세 정도까지 시냅스는 과잉 생성되다가 점차 가지치기를 통해 성인의 수준에 도달하게 된다. 가지치기는 학습과 경험 여부에 따라 결정되는데, 경험을 통해 강화되는 시냅스는 연결망들이 있지만 환경 자극을 받지 못하면 연결망이 없어지게 된다. 가지치기 과정을 통해 대뇌는 보다 효율적으로 발달하는데, 초기 아동기에 형성된 시냅스의 절반 정도가 청소년기에 이르면 가지치기가 된다(Chechik, Meilijson & Ruppin, 1999). 특히 아동이 성장하는 환경의 질은 대뇌의 발달에 영향을 끼쳐 사랑 속에서 다양한 경험이 가

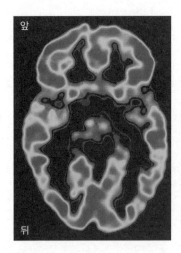 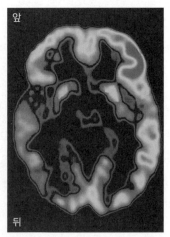

그림 7.3 루마니아 고아들의 PET 대뇌 영상(왼쪽-일반 가정 아동, 오른쪽-루마니아 고아)

밝은 부분이 활성화된 영역을 표시한다. 고아들의 뇌는 일반 가정 아동에 비해 활성화된 영역이 적다.

출처 : Feist & Rosenberg, 2010.

능한 환경에서 아동은 보다 복잡한 신경망을 형성하게 되지만 학대받거나 사랑이 박탈된 환경에서 아동의 신경망 형성은 저해된다(Mirescu & Gould, 2006). 아동 방치와 학대가 대뇌발달에 끼친 영향을 보여주는 극단적인 사례는 어린 나이에 고아원에서 자란 루마니아 고아의 연구에서 볼 수 있다. 이 고아들은 작은 침대에서 대부분의 시간을 보냈고, 매우 제한적인 자극을 받았다. 어릴 때부터 방치되었던 루마니아 고아들의 대뇌활동은 일반 가정의 아동에 비해 상대적으로 매우 약화되어 있다(Cichetti, 2001).

2) 발달 초기의 운동 및 감각, 지각 발달

(1) 영아의 운동능력

운동능력이란 신체활동에 필요한 근육조절능력을 말하며 앉기, 기기, 걷기, 달리기와 같은 대근육 운동과 그림 그리기, 글자쓰기, 오리기, 자르기와 같은 소근육 운동을 포함한다.

생후 1개월에서 6개월 사이 영아는 대개 반사적 운동능력만 보인다. 손가락을 입에 넣으면 빠는 빨기반사처럼 생존에 관련된 반사와 잡기반사나 걷기반사처럼 이후 걷고 물건을 잡는 동작으로 발달되는 반사동작을 보인다.

표 7.1 50%의 유아들과 90%의 유아들이 이행능력을 보이는 평균 연령(단위 : 개월)

운동능력	50%	90%
엎드려서 90도로 고개를 든다	2.2	3.2
뒤집는다	2.8	4.7
잡아주면 앉는다	2.9	4.2
혼자 앉는다	5.5	7.8
잡고 선다	5.8	10.0
긴다	7.0	9.0
잡고 걷는다	9.2	12.7
잠깐 동안 혼자 선다	9.8	13.0
혼자 선다	11.5	13.9
걷는다	12.1	14.3

만 3~4개월부터 영아는 다양한 운동능력을 발달시킨다. 유아들은 대체로 동일한 순서로 운동이행능력이 발달하는데, 유아들은 고개를 들고 난 뒤에 뒤집으며, 앉고 기고 난 뒤에 서며, 그다음 걷게 된다. 이러한 운동능력에는 개인차가 있어서 어떤 유아는 좀 더 빨리, 어떤 유아는 좀 늦게 나타난다.

운동능력의 발달은 일반적으로 성숙의 영향을 많이 받지만 경험의 영향도 받는데, 자메이카처럼 어린 영아들에게 다양한 신체 자극을 주는 문화권에서 자라는 아이들은 평균적으로 그렇지 않은 북미의 아이들보다 운동기술이 더 빨리 발달한다(Berk, 2008). 그뿐만 아니라 2주에서 8주 된 영아들을 세워서 규칙적으로 걷기반사를 연습시키면 연습을 하지 않은 영아들보다 더 일찍 걷는다(Zelazo 외, 1993). 이것은 성숙의 영향을 많이 받는 운동능력의 발달도 환경에서의 경험이 중요함을 보여주는 예들이다.

(2) 영아의 감각 및 지각능력

① 청각—26주에서 28주 된 태아도 날카로운 소리에 움직인다. 신생아는 소리나는 쪽으로 고개를 돌린다. 흥미로운 쪽으로 고개를 돌리는 반응은 생후 약 6주 무렵에 사라졌다가 3~4개월 되어 다시 나타난다(이는 처음에는 반사반응이었다가 이후에 의도를 가진 행동으로 변화했음을 의미한다). 신생아는 또한 아주 유사한 소리, 예를 들어 음이 다른 2개의 소리의 차이를 탐지할 수 있고, 사람 목소리와 다른 소리를 구분할 수 있다. 신생아들은 또한 인간 언어의 다양한 속성을 구분할 수 있다. 예를 들어, 1개월 된 영아는 "파"와 "바" 같은 비슷한 소리를 구분할 수 있다(Olsho 외, 1985).

② 미각과 후각—영아는 출생 직후 곧장 맛을 구분할 수 있다. 영아는 짜고, 쓰고, 신 맛의 액체보다는 단 액체를 더 좋아한다. 단 액체를 맛보면 신생아는 가벼운 미소를 보이는 이완된 표정을 지으며, 때때로 입술을 핥기도 한다. 신 액체를 맛보면 입을 오므리고 코를 찡그린다. 쓴 것을 맛보면 영아는 입꼬리를 내리면서 혀를 내밀어 싫다는 표정을 짓는다. 신생아는 냄새도 구분할 줄 안다. 태어난 지 일주일이 채 지나지 않은 신생아들도 엄마의 젖냄새와 다른 산모의 젖냄새를 구분할 수 있

을 만큼 후각이 발달되어 있다(Russell, 1976).

③ 시각 — 시각은 경험의 역할이 중요하여 출생 시 가장 덜 발달된 감각이다. 신생아의 시력은 0.03밖에 안 되고 6개월 무렵이면 0.2가 된다. 따라서 영아들은 20~30cm 정도 떨어진 곳에 있는 물체에 가장 잘 반응한다. 아동들이 성인 수준의 정상시력에 도달하는 연령은 3~4세 무렵이다(Banks & Salapatek, 1983). 하지만 시각에서의 선호도를 보면 영아들은 어떤 자극보다도 사람 얼굴을 가장 오래 응시하여 선천적으로 사람 얼굴을 선호함을 보여준다. 영아들의 선천적 얼굴 선호는 자연스럽게 엄마를 유심히 쳐다보게 만들고 이는 엄마로 하여금 양육행동을 하게 하므로 적응적 가치가 있다. 3개월이 되면 영아는 자기 엄마의 사진을 알아볼 수 있고, 낯선 이의 사진보다는 엄마의 사진을 더 선호하는 변별을 보여준다.

　유아가 깊이를 지각하는 것은 언제부터일까? 깁슨(Gibson)과 워크(Walk)는 시각절벽장치를 활용하여 깊이지각실험을 하였다. 이 상자 위 중앙(절벽으로 보이는 부분의 가장자리)에 아이를 내려놓고, 깊은 쪽의 반대편에서 어머니가 아이를 불러 기어오도록 유도하였다. 6개월 미만의 영아들은 깊이를 무서워하지 않고 어머니 쪽으로 기어간 반면, 6개월 이상의 영아들은 어머니가 불러도 깊은 쪽으로 기어가지 않으려고 하였다(Gibson & Walk, 1960). 이는 6개월 무렵이면 깊이지각과 함께 기기 경험을 통해 깊이에 대한 두려움을 형성한 것을 의미한다.

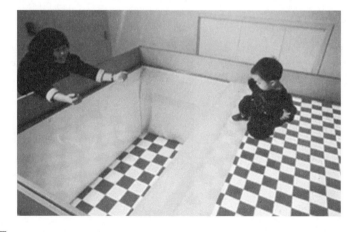

그림 7.4　시각절벽장치의 예

학자들은 깊이에 대한 지각이 생득적인지 아니면 경험을 통해 학습된 것인지에 관심을 가졌다. 캄포스와 동료들(Campos 외, 1978)은 2개월 된 영아를 시각절벽이 있는 곳에 누이면 심장박동이 느려지면서 조용해지는 것을 발견하였다. 이러한 반응은 영아가 시각절벽을 두려워하지는 않지만 흥미를 갖고 주의를 기울이고 있음을 시사한다. 이상의 연구를 종합해 보면 깊이에 대한 지각은 생득적인 반면, 깊이에 대한 공포는 기기 시작하면서 경험을 통해 학습되는 것으로 판단된다.

(3) 영아의 인지능력

최근에 영아가 사물을 응시하는 시간을 재거나 전자 젖꼭지를 빠는 속도와 강도를 측정하는 등의 다양한 비언어적 측정방법이 개발되면서, 과거 '백지' 상태로 태어난다고 여겨졌던 영아들의 다양한 능력을 보여주는 연구가 많아지고 영아기 인지능력에 대해 새로운 이해를 하게 되었다.

그 대표적 연구 중 하나가 윈(Wynn)의 수개념 연구다. 윈은 5개월 영아에게 미키마우스 인형 하나가 있는 무대를 보여주고, 무대를 잠시 가린 상태에서 다른 미키마우스 인형 하나를 무대 안으로 넣는 것을 보여주었다. 그리고 무대를 다시 공개했을 때 미키마우스가 여전히 하나인 경우나 미키마우스가 2개로 된 경우를 각기 보여주었다. 5개월 영아들은 미키마우스가 2개인 경우보다 여전히 1개인 경우를 더 오래 응시하였는데, 이는 1+1=2여야 하는 개념을 이해하고 미키마우스가 하나 더해졌음에도 1개만 남아 있는 상황을 더 놀랍게 인식한 것으로 보인다. 이뿐만 아니라, 유사한 방식으로 2-1의 상황을 보여주자 1개 남아 있는 것보다 2개 남아 있는 상황을 더 오래 응시하는 반응을 보여 5개월밖에 안 된 영아도 간단한 덧셈과 뺄셈을 할 수 있음을 증명하였다(Wynn, 1992).

기억능력은 어떨까? 로비-콜리에

그림 7.5 　영아기 기억실험

(Rovee-Collier)의 연구결과를 보면 어린 영아들도 기억능력을 가지고 있음을 알 수 있다. 2~3개월 된 영아들이 누워 있는 침대 위에 재미있는 모빌을 달고 모빌과 영아들의 발목을 끈으로 묶어서 영아들이 발을 차면 모빌이 돌아가는 것을 학습하게 하였다. 이렇게 발을 차서 모빌을 돌리는 것을 학습한 2개월 된 영아는 3일 후까지, 3개월 된 영아들은 일주일까지, 6개월 된 영아는 2주일 이상 발을 차면 모빌이 돌아간다는 사실을 기억하였다가 다시 모빌이 보이는 침대에 눕히면 발을 차기 시작하였다. 이 결과는 영아들도 단순하고 친숙한 자극을 재인하는 능력뿐 아니라 과거에 경험했던 사실을 회상할 수도 있음을 보여준다(Rovee-Collier, 1995).

앞의 연구들은 영아가 '백지' 상태로 태어난다는 관점에 도전을 던지며, 영아들이 학습을 위한 인지적인 준비가 된 상태로 세상에 태어난다는 것을 의미한다.

4. 인지발달 : 피아제의 인지발달 이론

인지발달은 발달심리학의 중요한 영역으로 연구되어 왔으며 대표적인 인지이론가는 장 피아제(Jean Piaget, 1896~1980)다. 피아제는 1896년 스위스의 한 작은 마을에서 태어났다. 피아제는 10세 때 공원에서 본 참새에 관한 논문을 발표했으며, 고등학교 시절의 연체동물에 관한 연구는 과학자들 사이에서 호평을 받았다. 10대 중반에 제네바에 있는 박물관의 관장이 되어달라는 요청을 받았으나 거절한 적이 있으며, 22세인 1918년 동물학 박사학위를 취득하였다. 피아제는 프랑스 파리에 있는 Binet 연구소에서 아동용 지능검사 제작에 관여하면서 어린이들의 오답과 실수가 일정한 유형을 지니고 있음을 발견하고, 아동들의 사고 체계가 전적으로 어른들과 다르다는 사실을 확인하였다. 이러한 발견은 아동 정신세계의 독특성과 사고의 질적 변화를 전제로 하는 그의 인지발달 이론을 형성하는 계기가 되었다. 피아제는 아동심리학 분야에서만 40권 이상의 책과 100편 이상의 논문을 발표하였다. 1980년 9월 임종까지 피아제는 그의 집에서 아동 사고의 본질과 발달에 관한 저술과 연구를 계속하였다.

1) 기본 개념

(1) 도식(스키마)

도식은 인간으로 하여금 사고를 조직하게 하고 환경에 적응하게 하는 심리적 구조다. 행동 및 사고를 조직하고 환경에 적응하는 성향이 연령에 따라 달라진다는 것은 아동의 심리적 구조가 경험적 활동에 의해 후천적으로 학습된다는 것을 의미한다.

기본적인 반사를 갖고 태어난 유아는 반사 행동의 반복을 통해 도식을 형성해 나간다. 예를 들어 빨기반사를 갖고 태어난 갓난 아기는 젖을 빠는 반복적 경험을 통해 빨기에 대한 도식을 갖게 된다.

(2) 동화와 조절

도식은 동화와 조절 과정을 반복하면서 차츰 복잡해지고 정교화되는데, 동화란 새로운 정보가 들어왔을 때 새로운 정보를 기존의 도식에 융합시키는 과정을 말하고, 조절은 동화 과정에서 새로운 정보가 기존 도식에 융합될 수 없을 때 기존의 도식을 수정하거나 새로운 도식을 만드는 과정을 말한다.

예를 들어, 도시에서 자란 아동이 어머니와 함께 시골을 가던 중 소를 보았을 때 기존 도식인 '개'를 이용해 소를 이해하려는 것이 동화이고 동화를 통해 "엄마, 저기 개가 지나가."라고 말하게 된다. 이때 엄마가 "저것은 개가 아니고 소야."라고 대답하는 것을 듣고 새로운 도식인 '소'를 만들어 내는 것이 조절이다.

이처럼 우리는 동화와 조절을 통해 인지구조의 평형화를 이루고자 한다. 동화와 조절의 평형화 과정을 통해 우리는 도식을 정교화하고 확장하면서 인지구조를 재구성해 왔으며, 피아제는 이러한 인지구조의 질적 변화에 근거하여 인지발달 단계를 주장하였다(Piaget, 1952).

2) 인지발달 단계

(1) 감각운동기 : 생후 2세까지

이 시기는 출생해서 약 2세까지를 말하며, 피아제는 감각운동기를 6개의 하위 단계로 구분하였다(Ginsburg & Opper, 1988; Piaget, 1952). 피아제가 이 시기를 감각운동기라고 명명한 것은 이 시기의 영아가 자신의 감각 및 운동을 통해서 자신의 주변 세계를 탐색하고 도식을 확장하기 때문이다.

그림 7.6 대상영속성 실험

이 단계의 중요한 발견은 대상영속성 개념으로, 이는 어떤 대상이 지금 내 눈에 보이지 않더라도 계속 존재한다는 것을 인식하는 것이다. 이 개념은 대개 7~8개월경부터 형성되기 시작하며, 피아제는 대상영속성 개념이 감각운동기 동안에 단계적으로 보다 정교하게 발달하는 것임을 보여주었다. 장난감을 천으로 덮으면, 6개월 된 영아는 장난감을 찾으려는 시도를 하지 않는데, 마치 그 장난감이 더 이상 존재하지 않는 것으로 생각하는 것 같다. 이와는 달리 8개월 이상 된 영아는 장난감을 천으로 덮으면 천을 들추며 장난감을 적극적으로 찾는다. 8개월 이상 된 영아는 대상영속성 개념을 획득하여, 천에 덮여 보이지 않아도 대상이 존재한다는 것을 아는 것 같다. 그러나 이 연령이라도 탐색에 한계가 있는데, 특정 장소에 반복해서 숨겨진 장난감을 여러 번 찾아본 영아는 어른이 그 장난감을 다른 장소로 옮겨서 숨기는 것을 보았음에도 계속 이전에 찾았던 장소에서 장난감을 찾는다. 한 살 무렵이 되어서야 비로소 아이는 보이는 위치 이동을 이해하여 이전 시행과 관계없이 마지막으로 보았던 장소에서 장난감을 찾는다(12~18개월). 보이는 않는 위치 이동까지 추론하여 장난감을 찾으려면 18개월 이상이 되어야 한다.

(2) 전조작기 : 2~7세

아동이 약 2세가 되면 전조작기(preoperation stage)로 들어간다. 이 시기는 사고의 논리적인 조작이 가능하지 않아 전조작기라 부르며, 전조작기의 특징은 다음과 같다.

① 보존 개념을 이해하지 못함

둘레가 넓은 잔의 물을 둘레가 좁은 잔에 부으면 물의 높이는 높아졌지만 둘레가 좁

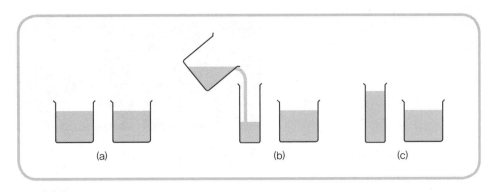

그림 7.7 피아제의 보존 실험

으므로 물의 양은 이전과 같다(상보성)거나, 좁은 잔의 물을 다시 넓은 잔에 부으면 같아진다(가역성)와 같은 조작을 하지 못하므로 전조작기 아동은 보존 개념을 이해하지 못해 물의 양이 달라졌다고 말한다. 피아제는 전조작기 사고가 시각적 인상에 압도된다고 생각하였다. 전조작기 아동들은 양이나 무게의 보존보다는 찰흙 모양의 변화나 잔에서 물의 높이 변화와 같은 시각 자극에 따라 판단이 달라진다. 보존 개념의 획득 시기는 연령에 따라 달리 나타나는데, 수, 길이, 액체, 양의 보존개념은 6~7세에, 넓이, 무게는 8~10세에, 부피는 10~12세에 획득된다(송명자, 1995).

② 자기중심성

피아제에 의하면, 전조작기 아동의 핵심적인 또 다른 특징은 자기중심성이다. 자기중심성이란 타인의 생각, 감정, 지각, 관점 등이 자신과 동일한 것으로 가정하는 전조작기 사고의 특징을 의미한다. 전조작기 아동들은 자신과 다른 사람의 관점이 다를 수 있음을 알지 못한다—이들은 자기 아닌 다른 모든 사람들도 자신과 동일한 방식으로 환경을 지각한다고 믿는다(Piaget, 1950). 이것을 입증하기 위해 피아제는 '세 산 문제'를 만들었다(그림 7.8). 〈그림 7.8〉과 같이 3개의 산의 모형이 있는 판의 좌석 중간에 4세 유아가 앉아 있다고 가정하자. 자신이 앉아 있는 자리에서 이 산의 모습이 어떻게 보이느냐고 물으면 대부분의 유아는 조망 A를 바르게 선택할 수 있을 것이다. 좌석 (d)에 인형을 하나 갖다 두고 좌석 (a)에 앉아 있는 유아에게 "만일 네가 인형이 있는 자리에 앉아서 산을 보면 이 산이 어떻게 보이겠느냐?"고 물으면 대부분의 유아

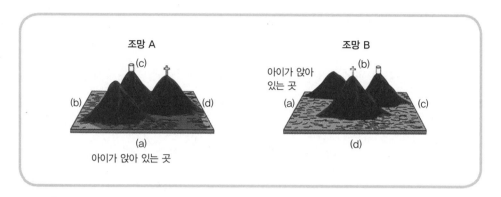

그림 7.8   피아제의 '세 산' 모형

는 조망 B를 선택하지 못하고 여전히 조망 A를 선택하게 될 것이다. 7세 이전의 아동들은 대부분 인형의 위치에서 보는 사진을 고르라 하였음에도 자신이 보는 세 산 모형의 사진을 선택하여 자신과 인형의 조망이 같다고 지각함을 알 수 있었다(Piaget & Inhelder, 1948/1956). 이처럼 전조작기 유아는 자신의 위치에서만 사물을 이해할 뿐 타인의 위치에서 보이는 사물의 모습을 추론하지 못하는 사고의 한계를 보인다.

연령이 증가할수록 유아는 차츰 다른 자리에서 보는 산의 모습이 자기가 보는 산의 모습과 다를 것이라는 사실을 깨달을 수 있게 된다. 타인의 시각에서 보는 조망을 정확하게 추론해 내는 조망수용능력(perspective taking ability)은 7~8세 이후가 되어야 획득된다(Piaget, 1950).

③ 물활론적 사고

전조작기 아동은 모든 사물이 생명과 의지를 가지고 있다고 믿는데, 이를 물활론적 사고라고 한다. 3세 아동이 탁자에 걸려 넘어져 울고 있을 때, 어른들이 탁자를 때리며 혼내는 소리를 듣고 울음이 진정되는 경우는 물활론적 사고의 예라고 할 수 있다. '해가 지면 나무도 누워서 잠을 잔다', '인형이 놀아주지 않으면 심심하잖아'와 같은 생각 또한 물활론적 사고의 예들이다. 물활론적 사고도 처음에는 모든 사물이 살아 있다고 생각하다가, 스스로 움직이는 것은 살아 있다고 생각하다가(자동차는 움직이므로 살아 있지만, 풀은 움직이지 못하므로 죽었다), 점차로 생명이 있는 것만 살아 있는 것이라고 생각하게 된다(Dolgin & Behrend, 1984).

앞의 세 가지 특징 외에도 전조작기 아동은 꿈과 현실을 잘 구분하지 못해 자고 일어나서 꿈에서 먹던 케이크를 내놓으라고 울거나 엄마에게 자신과 놀던 공룡이 어디 갔냐고 궁금해한다. 다른 사람의 동기를 고려하기보다는 일의 결과에 따라 판단하거나(엄마를 돕느라고 설거지를 하다 컵을 6개 깬 아이가 몰래 사탕을 꺼내먹다 컵을 1개 깬 아이보다 더 나쁘다고 함), 사건의 상황을 고려하지 못하는(위급한 사람을 태우고 가는 구급차가 신호등을 어긴 것은 잘못이라고 말하는 등) 특징을 보인다.

(3) 구체적 조작기 : 7~12세

이 단계가 되면 전조작기의 사고 특성에서 벗어나게 되어 보존 개념을 획득하게 되고, 타인의 시각이 자신과 다름을 알게 되고, 물활론적 사고를 점차 하지 않게 된다. 이 시기의 아동은 꿈과 현실을 구분할 수 있게 되고 타인의 의도를 고려하여 판단하고 사건의 상황도 고려할 수 있게 된다. 하지만 구체적 대상과 상황에 대해서만 논리적 조작이 가능하므로 구체적 조작기라고 하며, 가설을 정하고 체계적 검증을 하기는 힘든 것이 한계이다. 구체적 조작기 아동은 1, 3, 5, 7, 9를 보고 홀수라고 할 수 있지만 $2n-1$과 같은 식을 만들기는 쉽지 않다. 하지만 형식적 조작기가 되면 가설적인 상황에 대해 사고할 수 있으므로 이것이 가능해진다.

(4) 형식적 조작기 : 12세 이후

형식적 조작기가 되면, 아동은 성인 수준에서 사고할 수 있고 추상적인 개념도 이해할 수 있으며 가설을 정해서 체계적으로 검증하는 것이 가능해진다. 형식적 조작기의 특징을 보여주는 한 연구에서, 아동은 진자가 움직이는 속도(진동의 주기)를 결정하는 요인을 찾아내고자 하였다. 고리에 달려 있는 긴 줄과 줄 끝에 매달 수 있는 여러 개의 추가 제공된 상황에서 아동은 줄의 길이를 다양하게 할 수 있고 매다는 추의 무게를 바꿀 수 있고 추를 놓는 위치도 바꿀 수 있다. 구체적 조작 단계에 있는 아동들은 주어진 변인들의 일부를 바꾸면서 진자속도를 측정하지만 모든 경우의 수를 체계적인 방식으로 검증하지 못하였다. 그러나 형식적 조작기인 청소년들은 일련의 가설을 정하고 가능한 경우의 수를 체계적으로 검증할 수 있었다. 이들은 어느 한 변인(추의 무게)이 진자의 속도에 영향을 주는지 추론하고, 나머지 모든 변인을 일정하게 고정하고 한 변인만을 바꾸었을 때 그 효과가 나타나는지 확인한다. 이 변인이 진자의 속도에 영향을 주지 않는 것으로 보이면, 그 변인을 배제하고 다른 변인으로 시도해 본다. 모든 변인을 고려하여 체계적으로 검증하여 가설이 맞는지 확인하는 것은 형식적 조작기의 핵심적 특징이다. 또한 이 시기가 되면 청소년들은 처음으로 도덕적, 정치적, 철학적인 생각과 가치 문제 등을 이해하기 시작한다. 타인의 사고 과정을 이해하고, 같은 문제에 대해 다른 사람들은 어떻게 보고, 어떻게 생각할까에도 관심을 갖게 된다.

3) 피아제 이론에 대한 비판

피아제 이론은 아동들의 인지발달에 관한 기존의 생각(아동의 인지는 성인의 축소판이라는 생각)을 바꾸어놓았으며, 아동의 발달에 따른 인지적 특징을 알게 해준 이론이었다. 또한 피아제의 연구는 아동의 인지발달에 대한 포괄적인 이론이었으며, 아동이 세상에 대해서 사고하고 문제를 푸는 과정에 대한 수많은 추후 연구를 가능하게 하였다.

그렇지만 최근의 영아와 유아의 인지기능을 검증할 수 있는 새로운 방법들을 통해 알게 된 사실은 피아제가 영아와 유아의 인지능력을 과소평가하였다는 것이다. 피아제의 인지발달 이론을 검증하기 위해 고안된 많은 과제들이 실제로 주의집중, 기억, 그리고 구체적인 실제 지식과 같은 여러 가지 기술을 필요로 한다. 아동들은 검증하려는 인지능력을 갖고 있지만, 그 능력 외에 요구되는 기술이 부족하여 그 과제를 수행하지 못했을 수 있다. 대상영속성을 예로 들어보자. 8개월 이전의 영아들이 천이 덮여진 장난감을 찾는 과제에 성공하려면 아동은 대상물이 여전히 존재한다는 사실(대상영속성)을 이해할 뿐만 아니라 대상물이 숨겨진 장소를 기억해야 하고(기억력) 그 장난감을 찾는 동작(운동능력)을 보일 수 있어야 한다.

베일라전과 드보(Baillargeon & DeVos)는 생후 3개월의 영아에게 〈그림 7.9〉에 제시된 것과 같이 키가 큰 당근과 작은 당근이 스크린의 한쪽에서 다른 쪽으로 나오는

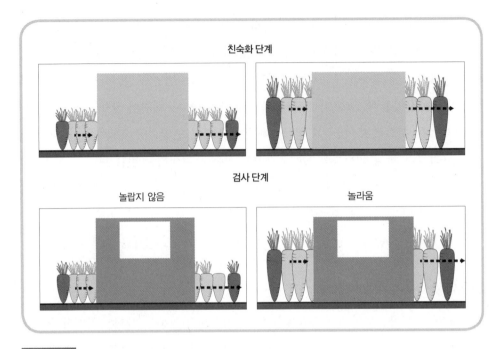

친숙화 단계

검사 단계

놀랍지 않음

놀라움

그림 7.9 베일라전과 드보(1991)의 대상영속성 실험

출처 : Berk, 2008.

장면을 보여주었다. 영아들이 이에 익숙해지고 나면 중앙의 창문이 뚫린 스크린으로 스크린을 바꾼다. 그리고 두 종류의 장면을 보여주었는데, 하나는 키 작은 당근이 스크린 뒤로 지나가는 것이고 다른 하나는 키 큰 당근이 지나가는 것이었다. 재미있는 것은 두 경우 모두 스크린의 창문을 통해 지나가는 당근이 보이지 않았다는 점이다. 대상영속성을 이해했다면 키 작은 당근이 지나갈 때 창문을 통해 보이지 않는 것은 당연하지만 키 큰 당근이 지나갈 때 아무것도 보이지 않는 것은 대상영속성과 맞지 않는 것이었다. 생후 3개월 된 영아도 키 큰 당근이 지나갔음에도 아무것도 보이지 않을 때 놀라워하며 키 작은 당근이 지나갈 때보다 더 오래 응시하는 반응을 보여주었다. 이는 3개월밖에 되지 않은 영아들도 대상영속성 개념을 이해하고 있음을 보여주는 결과다(곽호완 외, 2011 재인용).

또한 전조작기 아동의 자기중심성을 보여준 세 산 모형 과제뿐만 아니라 보존 개념에 사용했던 피아제의 과제들이 너무 어려워서, 과제를 단순화한 최근의 실험에서는 유아들이 보다 일찍 자기중심성을 벗어나고 보존 개념을 획득함을 보여준다(Flavell, 1981). 만약 세 산 모형 대신 우리가 일상생활에서 볼 수 있는 마을 모형을 제시했을 때 만 5세 정도가 된 유아들도 인형의 조망과 자신의 조망이 다름을 알았다.

그리고 수의 보존에 대한 한 실험에서, 실험자는 두 세트의 장난감 병정이 똑같다는 대답을 들은 뒤 한쪽의 장난감 병정들을 넓게 펼친 후 다시 질문을 반복하였다. 5세 아동은 펼쳐진 쪽이 더 많다고 말하면서 수의 보존을 이해하지 못하였다. 그러나 그다음 연구자는 장난감 병정들을 개별로 서술하지 않고 "이쪽은 내 군대이고 저쪽은 네 군대다. 내 군대와 네 군대 중 어느 쪽이 더 많니, 아니면 두 쪽이 같니?"라고 바꾸어 물어보기만 하여도 대부분의 아동들은 수의 보존을 이해할 수 있었다(송명자, 1995).

4) 콜버그의 도덕판단의 발달

미국의 심리학자 로렌스 콜버그(Lawrence Kohlberg, 1927~1987)는 연구참여자들에게 도덕적 딜레마 이야기를 제시함으로써 도덕판단의 발달에서 보편적 단계를 찾고자 하였다(Kohlberg, 1969, 1975).

> 유럽에 살고 있는 한 여인이 암으로 죽어가고 있었다. 한 가지 약만이 그녀의 생명을 구할 수 있는데, 그 약은 어느 시골 약사가 일생 동안 연구한 끝에 최근에 개발한 것이었다. 약사는 약값을 원가의 열 배인 2,000달러로 정했다. 병든 여인의 남편이었던 하인츠는 돈을 빌리려고 모든 수단을 동원했으나 약값의 절반 정도밖에 구하지 못했다. 그는 약사에게 자기 아내가 죽어가고 있으니 약을 싸게 팔거나 아니면 나머지 돈을 나중에 갚게 해달라고 부탁했다. 그러나 약사는 안 된다고 하였다. 남편은 절망하게 되었고 아내를 위해 약국 문을 부수고 들어가 약을 훔쳤다. 그 남편은 꼭 그렇게 해야만 했을까?

콜버그는 이 이야기를 들려주고 그 주인공의 행동이 옳은지 또는 그른지, 왜 그렇게 생각하는지 등을 물어봄으로써 아동들의 도덕적 추론의 발달 단계를 추정하였다. 콜버그는 면접 내용을 근거로 도덕판단의 6개의 발달 단계를 구성하였는데, 각 단계는 세 수준으로 묶여진다. 그는 이런 식의 여러 개의 딜레마에 대한 대답을 분석하였으며, 행위의 옳고 그름이 아니라 그 결정을 하게 된 이유에 근거하여 채점되었다. 예를 들어, "아내가 죽어가는 것을 내버려두면 곤란에 빠질 것이다." 때문에 그 남편이 약을 훔쳐야 된다고 말하거나, "약을 훔치면 붙잡혀 벌을 받게 될 것이다." 때문에 남편이 약을 훔치지 말아야 한다는 대답은 둘 다 전인습적 수준으로 채점된다. 두 경우 모두 예상되는 처벌을 근거로 옳고 그름이 평가되었기 때문이다.

콜버그는 모든 아동들이 10세 이전까지는 전인습적 수준에 있으며, 10세 이후부터는 인습적 수준으로 발달하는데, 이 시기 이후부터는 다른 사람의 의견을 고려하여 행위를 평가하기 시작하기 때문이다. 대부분의 청소년들은 13세까지는 인습적 수준에서 도덕적 판단을 할 수 있다. 콜버그는 형식적 조작기에 도달해야만 수준 III인 후인습적 수준의 판단에 필요한 추상적 사고를 할 수 있다고 주장하였는데, 후인습적 수준에서는 보편적 윤리에 따라 행위의 정당성이 평가된다.

콜버그는 실험참가자 중 10% 미만이 '명확한 원칙에 근거한' 6단계 수준의 도덕판단을 보였다고 보고하였다. 앞서 소개된 이야기에 대해 16세 청소년이 보여준 판단이 그 예다. "사회법칙에 의하면 그 남편은 잘못되었다. 그러나 하느님의 자연법에 의하면 약사가 나쁘고, 남편이 옳다. 사람의 생명이 이익보다 더 우선적이다. 누가 죽느냐에 상관없이, 죽어가는 사람이 생판 모르는 사람일지라도 그 남자는 죽어가는 사람을 구할 의무가 있다"(Kohlberg, 1969).

표 7.2 콜버그의 도덕성 발달 수준과 단계

수준과 단계	단점
1단계. 처벌 지향 2단계. 보상 지향	**전인습적 수준** 처벌받는 정도를 기준으로 도덕적 판단 보상이나 자신을 만족시켜 주는 정도를 기준으로 도덕적 판단
3단계. 착한 소년 · 소녀 지향 4단계. 법과 질서 지향	**인습적 수준** 타인의 인정/불인정을 기준으로 도덕적 판단 사회적 규칙, 법과 질서를 지키느냐를 기준으로 도덕적 판단
5단계. 사회적 계약 지향 6단계. 보편적 원리 지향	**후인습적 수준** 개인의 권리를 존중하고 사회계약을 유지하는 정도를 기준으로 도덕적 판단 시간과 문화를 초월하여 적용될 수 있는 보편적 원리(정의, 평등)를 기준으로 도덕적 판단

5. 사회성 발달 : 애착

1) 애착의 기원

애착(attachment)은 유아가 자신의 주요 양육자(대개는 어머니)에게 갖는 특별한 정서적 유대관계를 말한다(Bowlby, 1958; Ainsworth 외, 1978). 프로이트는 아이가 어머니를 특별하게 느끼는 것은 어머니가 아이의 생리적 욕구를 충족시켜 주기 때문이라고 하였다. 오랫동안 발달심리학자들은 유아가 영양분의 욕구를 만족시켜 주는 사람에게 애착을 느끼게 된다고 보았다. 그러나 할로(Harlow)의 대리모 실험은 애착의 뿌리가 생물학적 욕구 충족에 있지 않음을 보여준다.

1950년대에 위스콘신대학교 심리학자인 해리 할로와 마거릿 할로는 자신들의 언어 연구를 위하여 원숭이를 키웠다. 새끼 원숭이의 경험을 동일하게 하고 질병을 차단하기 위하여 출생 직후에 어머니로부터 격리시키고 위생처리된 개별 우리에서 사육하였는데 여기에는 얇은 무명으로 만든 유아용 담요가 들어 있었다. 놀랍게도 새끼 원숭이들은 담요에 강한 애착을 보였으며, 빨래하려고 담요를 가지고 가면 원숭이는 몹시 불안해하였다.

할로 부부는 새끼 원숭이가 담요에 애착을 보이는 것이 영양분을 공급하는 대상에게 애착을 형성한다는 기존의 주장과 맞지 않다는 사실을 인식하였다. 그렇다면 이것을 어떻게 증명할 수 있겠는가? 할로 부부는 두 마리의 인공 원숭이 어미를 만들었다. 하나는 철사로 감겨 있지만 젖병이 달린 어미였고, 다른 하나는 부드러운 천으로 둘러싸인 천 어미였다. 할로 부부의 실험 결과는 많은 심리학자들을 놀라게 만들었다. 원숭이들은 먹이를 주는 철사 어미에게 애착을 형성하는 것이 아니라 편안함을 주는 천어미에게 애착을 형성하여 하루 중 대부분의 시간을 천 어미에게 매달려 있었다. 이로써 할로는 애착 형성에 있어 가장 중요한 요소는 생물학적 욕구 충족이 아닌 접촉 위안이라고 결론지었다(Harlow & Zimmerman, 1959).

2) 애착 이론

 애착 이론의 기본적 원리는 영국 심리학자 존 볼비(John Bowlby, 1907~1990)가 주장하였다. 애착 이론은 영아와 부모 간의 애착 관계의 질에는 개인차가 있고 애착 관계의 질은 영아의 발달에 많은 영향을 준다는 생각에 기초하고 있다.

애착 이론에 의하면, 인간은 특별한 사람들과 강한 정서적 유대를 맺으려는 경향을 갖고 있다. 진화 과정의 결과로, 영아는 특히 스트레스 상황에서 보호자에게 가까이 가기 위한 행동, 예컨대 울기, 안기기, 미소짓기, 따라가기, 부르기와 같은 행동을 보여주는데 이런 행동을 애착 행동이라 한다. 애착 행동의 목적은 영아와 애착 인물 간에 적절한 거리를 유지함으로써 안전감을 얻고자 하는 것이다.

애착은 생후 처음 몇 달 동안 서서히 형성된다. 6~8개월 사이에 이루어지는 낯가림은 유아가 양육자에게 애착을 형성하고 있다는 증거다(Bowlby, 1969). 영아의 애착 행동은 주요 양육자로부터 다양한 반응을 이끌어내는데, 이때 주요 양육자의 반응의 질이 애착에 있어서의 개인차를 결정한다. 즉 양육자가 아이가 애착 신호를 보낼 때 곁에 있고 애착 신호에 민감하게 반응하면, 영아는 양육자와 안정된 애착 관계를 형성할 가능성이 높지만, 아이가 애착 신호를 보낼 때 양육자가 곁에 없거나 그 신호에 일관되게 반응하지 않으면, 불안정한 애착 관계를 형성하기 쉽다. 안정된 애착 관계에서 엄마는 영아에게 확신을 가지고 환경을 탐색할 수 있게 하는 안전기지(secure base) 역할을 한다. 즉 어머니와 애착 형성이 잘 이루어진 아이일수록 새로운 것을 탐색하는 모험에 더 적극적이므로, 애착은 어머니에 대한 의존성을 증가시키는 것이 아니라 아이의 자율성을 높여준다.

주요 양육자와의 지속적인 상호작용을 통해 영아는 자신과 타인에 대한 신념과 기대를 형성하게 되는데, 이러한 신념과 기대를 내적 작동 모델(internal working model)이라 한다. 자신과 타인에 대한 모델은 일단 형성되면 계속 유지되는 경향이 있고, 일생 동안 삶의 경험 및 타인에 대한 지각과 해석에 기여하면서 이후의 발달에 지속적으로 영향을 준다.

3) 애착 유형

애착 이론의 기본 원리인 볼비의 이론을 검증 가능하게 한 사람은 메리 에인즈워스(Mary Ainsworth, 1913~1999)였다. 에인즈워스는 부모와 잠깐 헤어진 후 다시 만났을 때 보여주는 영아의 반응을 관찰하는 '낯선 상황(Strange Situation)' 절차를 개발했다. 이 실험실 상황에서 보여주는 영아(12~18개월)의 행동을 관찰하여 에인즈워스는 세 가지 애착 유형, 즉 안정 애착, 불안정 회피 애착, 불안정 저항 애착을 발견하였다(Ainsworth, 1973).

에인즈워스에 의하면, 안정 애착을 형성한 영아는 엄마를 안전기지로 삼아 낯선 곳이지만 놀이에 몰두할 수 있다. 분리되었을 때에는 엄마를 찾으며 불안을 보이지만 엄마와 다시 만났을 때 엄마로부터 위안을 받고 쉽게 안정을 찾을 수 있다. 이러한 모습을 통해, 위안의 대상으로서 엄마에 대해 신뢰감을 형성하였음을 알 수 있다. 이와는 달리, 불안정 회피 애착 관계의 영아는 엄마가 방을 나가거나 들어오는 것과 상관없이 계속 놀이를 하며 엄마와의 상호작용을 회피하려고 한다. 이는 주요 양육자인 엄마가 자녀가 보이는 신호를 계속 무시하며 양육한 결과로 엄마가 자신의 신호를 무시한 것처럼 자신도 엄마의 부재에 신경 쓰지 않는 것이다. 겉으로는 불안한 모습을 보이지 않지만 실제 영아 침 속의 스트레스 호르몬(코르티졸) 수치는 매우 높다. 그럼에도 불구하고 그들은 오랜 경험을 통해 엄마가 자신을 위로하고 달래줄 것이라는 확

그림 7.10 에인즈워스와 낯선 상황 실험

신이 없으므로 분리나 재회 시 울지 않으며 불안한 자신의 감정을 숨긴다. 불안정 저항 애착의 영아는 분리 시 심한 불안을 보이다가 재회 시 엄마가 달래주어도 쉽게 진정되지 않으며, 엄마에게 안겨 있으려 하면서도 엄마를 밀어내는 식의 모습을 보여 불안정 양가 애착이라고도 한다. 그것은 엄마가 아이의 신호에 일관되게 반응하지 않으며 양육한 결과다. 어떤 때에는 아이의 신호에 민감하게 반응하다가 어떤 때에는 아이의 신호를 무시하는 행동을 하므로 아이는 엄마가 자신을 위로해 줄 것이라는 확신이 부족하여 자신의 감정을 과장되게 표현한다. 영아들 중 약 2/3(60~65%) 정도의 아기들이 안정 애착을 형성하고, 나머지 1/3은 불안정 애착(불안정 회피 20%, 불안정 저항 10~15%)을 형성한다. 이후의 연구를 통해 애착의 네 번째 형태인 불안정 혼돈 애착 유형이 밝혀졌다(Main & Solomon, 1990). 불안정 혼돈 애착을 형성한 영아는 재회시 엄마에게 어떻게 행동해야 될지 모르는 것처럼 보인다. 그들은 얼어붙거나 멀찌감치 서서 엄마를 쳐다보거나 심지어는 낯선 이를 따라 나가려는 아이도 있었다. 그들은 불안정 저항 애착처럼 울면서 엄마에게 다가가서 안아달라고 해야 할지 아니면 불안정 회피 애착처럼 혼자서 참아야 하는지를 모르며 상황에 압도되는 모습을 보인다. 이것은 엄마가 극심한 혼란 상태에서 아이를 양육하였으며 아이가 보내는 신호에 대해 극단의 방식으로 반응해 왔음을 반영한다(Shaffer, 1993). 요약하면, 낯선 상황절차에서 분리와 재회 시 아이가 보이는 모습은 주요 양육자가 자녀를 양육하는 모습과 닮아있으며, 이를 통해 아이가 엄마에 대해 어떤 신념과 기대를 형성하였는지를 이해할 수 있다.

만 1세 이전에 형성된 애착 유형과 이에 따른 행동반응의 특성은 성장한 후에도 지속되는가? 앞에서 언급한 네 가지 애착 유형의 아기들을 만 6세가 되었을 때 다시 '낯선 상황'에 두고 이들의 행동을 관찰하였더니 그 결과 애착 유형이 지속적임을 보여주었다(Main & Cassidy, 1988). 독일에서 이루어진 연구에서도 실험 대상 중 약 78%의 유아에게서 1세 때의 애착 유형이 6세에도 그대로 유지되고 있는 것으로 밝혀졌다.

또한 애착 유형이 세대 간 전달된다는 연구결과들이 있었는데, 이들 연구에서는 어린 아기를 둔 젊은 부모에게 성인 애착 면접지(Audult Attachment Interview, AAI)를 통해 자신의 부모와의 애착 유형을 진단한 다음, 낯선 상황절차를 통해 자신과 자녀

간의 애착 유형을 관찰하여 두 유형 간의 상관을 비교하였다. 이 연구에서 두 세대의 애착 유형 간의 상관이 높음을 발견하였다(r = .62). 이러한 결과는 어린 시절 부모와 가졌던 애착 경험이 성인기까지 지속되며, 이후 부모가 되었을 때 자신의 자녀를 양육하는 데 영향을 미치며 세대를 이어 전달되는 것으로 해석될 수 있다(Ainsworth & Eichberg, 1992).

4) 애착의 영향

이렇게 형성된 애착 유형은 이후의 발달에 중요한 영향을 미친다. 애착은 정서발달과 사회성 발달뿐만 아니라 인지발달에도 영향을 주는 것으로 보고되고 있다. 애착이 정서발달에 미치는 영향을 실험적으로 검토한 유명한 연구가 할로와 동료의 사회성 박탈 실험이다.

생후 첫 6개월 동안 다른 원숭이들과 격리되어 인공 어미와 함께 길러진 어린 원숭이는 성인 원숭이가 되어 이상한 행동을 보였다. 이들은 자라서 다른 원숭이들과 상호작용을 하지 못하였고(불안하여 웅크리거나, 비정상적인 공격행동을 보임), 교미를 하지 못하는 등의 부적절한 성행동을 보였다(Shaffer, 1993). 생후 초기 사회적 박탈을 경험했던 암컷 원숭이가 상당한 노력 끝에 교미에 성공했다 하더라도, 첫 새끼를 방임하거나 학대하는 경향을 보였다(이후의 새끼들에게는 좀 더 나은 어미가 되었지만). 이러한 결과는 모성행동이 환경적 경험을 반영한다는 점을 시사한다. 또한 원숭이의 사회성 박탈 실험 결과를 통해 애착 형성 시기에 장기간의 출타나 입원 등으로 애착 대상과 떨어지거나 반복적으로 낯선 사람에게 맡겨진 유아는 이러한 경험이 없는 유아에 비해 낯선 상황에서 보다 높은 불안을 갖기 쉽다고 추론해 볼 수 있다.

영아기에 형성된 애착의 질은 성장 후 또래관계와 유의미한 상관관계를 보인다. 연구자들은 12개월에 안정 애착 또는 불안정 애착으로 분류되었던 아기들을 3세 6개월까지 추적하여 관찰하였다(Sroufe 외, 1993). 3세 6개월이 되었을 때 12개월에 안정 애착을 형성했던 유아는 불안정 애착을 형성했던 유아에 비해 또래에게 관심을 더 많이 보이고, 놀이장면에서 주도권을 가졌으며 또래와의 긍정적인 상호작용이 많았다. 교사들은 안정 애착 유아를 자존감이 높고, 공감적이며, 친구가 많은 아이로 평가하였다. 또한 또래들 사이에서도 인기 있는 아이로 평가되었다. 이러한 경향은 다른 연구들에서도 지지되었으며, 초등학교까지 지속되었다(Cohn, 1990; Suess, 1987). 이처럼 안정 애착은 높은 수준의 인지정서적 기능과 사회적 능력 발달에 긍정적인 영향을 미친다. 그러나 이것이 한 번 만들어진 애착 유형이 변하지 않는다거나 불안정 애착은 이후에 극복될 수 없다는 것을 의미하지는 않는다. 앞서 보았던 인공 어미로 격

과도한 영상물 노출은 영유아의 발달을 저해할 수 있다

영유아는 자신을 둘러싼 자극들에 빠르게 집중하고 몰입하는데, 이 시기에는 다양한 감각(시각, 청각 등)의 정도가 높은 영상물은 영유아의 집중을 끌기에 가장 좋은 도구로, 많은 매체에서 영유아를 위한 영상 프로그램을 개발하고 있다.

하지만 영유아 영상 프로그램을 제작했던 미국의 소아과학회에서 만 2세 이전 유아들에게는 텔레비전이나 비디오 시청을 피하도록 제도적 절차를 마련하고, 부모와 사회에 이를 적극적으로 알리고 있다. 1,000편의 연구결과에서 텔레비전이 아동에게 미치는 부정적인 영향력을 연구하여 영상물 과다의 문제점들을 제시하였다.

우리나라에서도 이경숙 외 연구팀이 서울과 경기지역 50개월 미만의 영유아 중 정상집단 460명을 대상으로 영상물 시청에 대한 실태조사를 하였고, 이들 중 120명을 무선선별하여 임상집단 영유아 117명과 영상물 시청실태와 경향성을 비교하였다. 그 결과 생후 12개월 이전부터 매일 2시간 이상 영상물에 노출되었고, 부모가 집안일을 하는 동안 영유아 혼자 보았던 영유아는 영상물 과다노출로 인해 발달상의 문제를 보였다. 특히 생후 6개월부터 매일 하루 4시간 이상 영상물에 노출된 임상집단 영유아들은 신체적 발달에는 특별한 지연이 없었으나 주 양육자와 불안정 애착을 형성하였으며 언어발달 지연과 사회적 상호작용의 결함, 정서조절 문제, 역기능적 활동수준, 과도한 경직성과 기타 여러 가지 행동 문제를 보였다.

물론 부모가 제한된 시간에 영유아와 함께 시청하고 적절한 반응과 경험을 공유한다면 그 피해는 줄어들 것이지만, 많은 사람들의 생각처럼 영상물을 통해 영유아의 뇌발달을 자극하면 긍정적 영향을 미칠 것이라는 의견에 대해 현재까지의 연구결과들은 부정적인 입장이다.

출처 : 서울시보육정보센터 보육칼럼 8호

리되어 길러진 원숭이라 할지라도 생후 첫 6개월 동안 또래 원숭이들과 상호작용할 수 있도록 해주거나, 또래와 한동안 격리되어 지냈다 하더라도 이후 자기보다 어린 원숭이 무리에 섞여 상호작용할 수 있도록 해주면 보다 잘 적응하는 모습을 보여 초기의 사회적 박탈이 회복 가능하였다. 이처럼 가정환경이 변하고 긍정적인 관계 경험이 많아지고 부모와의 상호작용 방식이 달라지면 애착 유형도 바뀔 수 있다.

아이를 엄마가 하루 종일 데리고 있는 경우와 보육기관에 맡기는 경우 어느 것이 아이의 성장에 도움이 될까? 연구결과는 보육기관에 맡기는 영아도 엄마와 안정 애착을 형성할 수 있다는 것을 보여준다. 이러한 결과는 아이하고 같이 지내는 시간의 양이 중요한 것이 아니라 상호작용의 질이 중요하다는 것을 시사한다.

6. 성격과 사회성 발달

1) 기질

많은 부모들이 자신의 아이들이 서로 너무나 다른 성격을 갖고 있다는 것에 종종 놀랄 때가 있다. 생후 첫 주부터 영아들은 활동 수준, 환경 변화에 대한 반응, 주된 정서 등에서 개인차를 보인다. 어떤 아기는 많이 우는가 하면, 다른 아기는 별로 울지 않는다.

어떤 아기는 작은 환경적 변화에도 반응하는가 하면, 다른 아기는 웬만한 변화에도 반응을 보이지 않는다. 영아들은 안아주는 것에 대한 반응도 다르다. 어떤 아기는 안아주는 것을 좋아하고 안아주는 사람에게 더 찰싹 달라붙지만, 다른 아기는 뻣뻣해지고 고함을 지른다. 이처럼 기질(temperament)은 자극에 대한 반응, 정서의 표현, 각성 수준, 자기 규제 등 여러 측면에서 생물학적으로 결정된 개인차로, 선천적인 성격 특성을 말한다. 이란성 쌍생아에 비해 일란성 쌍생아의 기질이 더 유사하다는 것은 성격 특성이 유전적으로 결정될 수 있음을 시사한다(Hetherington & Parke, 1993; Thomas & Chess, 1984).

기질에 대한 개척자적인 연구는 1950년대 140명의 영아들을 대상으로 시작되었다. 처음 자료는 부모와의 면접을 통해 수집되었고, 교사와의 면담과 아기에게 실시된 검사점수가 보완되었다. 아홉 가지 특질[활동성, 규칙성, 접근-회피, 적응성, 반응 역치, 반응 강도, 정서(기분), 주의 산만, 주의 범위와 지속성]에서의 점수를 기반으로 세 가지 유형으로 기질을 분류하였다. 규칙적으로 잠을 자고 먹고 대체로 평온하고 즐거우며, 새로운 상황에 쉽게 적응하는 영아는 순한 기질의 아이(easy child)로 분류되었다(표집의 약 40%). 생활습관이 불규칙적이고 예측하기 어렵고, 새로운 상황에 강렬하게 부정적으로 반응하며 크게 웃거나 우는 등 강한 정서를 보이는 영아는 까다로운 기질의 아이(difficult child)로 분류되었다(표집의 약 10%). 활동이 적고 반응 강도가 약하면서, 새로운 상황에서 약간의 위축을 보이며 적응하는 데 시간이 많이 필요한 영아는 느린 기질의 아이(slow to warm-up child)로 분류되었다(표집의 약 15%). 나머지 35%는 세 유형 어디에도 포함되지 못했다.

신생아를 대상으로 한 연구는 여러 가지 기질의 차이가 선천적으로 타고나는 것이고, 부모와 영아의 관계는 상호 교호적이어서 영아의 행동에 따라 부모의 반응도 달라지고 부모의 반응에 따라 영아의 행동이 달라짐을 보여준다. 쉽게 달래지고, 안아주면 달라붙고 울음을 멈추는 영아는 부모로 하여금 자신이 잘하고 있다는 유능감과 뿌듯함을 높여준다(최영희, 1994). 마찬가지 방식으로 까다로운 기질로 분류되었던 영아도 부모가 자녀의 기질적 특성을 이해하고 양육하면 이후에 이전보다 순한 기질로 평가되는 것은 기질에 대한 조화의 적합성(goodness of fit)이 중요함을 시사한다.

2) 에릭슨의 심리사회적 발달 이론

(1) 이론 개요

에릭슨(Erikson, 1902~1994)은 매우 특이한 이력을 가지고 있다. 그의 학력은 고졸에 불과하지만, 미국의 하버드대학교 심리학과 교수로서 20세기 지성사를 빛낸 거장으로 인정받았다. 에릭슨은 '정체성(identity)'이라는 개념을 통해 심리학뿐만 아니라 교육, 사회, 정치, 경제, 문화에 지대한 영향력을 미쳤다.

유대인이었던 에릭슨의 어머니는 에릭슨이 태어나기도 전에 남편과 헤어졌으며, 이후 에릭슨의 어머니는 소아과 의사였던 유대인 양부와 재혼을 해서 에릭슨을 유대인으로서 양육했다. 에릭슨은 유대인 가정에서 성장하지만, 유대인과는 외모가 너무도 달라 유대인 사회에서는 이방인 취급을 받았다. 사실상 에릭슨은 키가 크고 금발에 푸른 눈의 덴마크인을 닮았다. 이러한 성장배경을 가지고 있는 에릭슨이 정체성에 대한 문제에 남다른 열정을 기울이게 된 것은 매우 자연스러워 보인다.

에릭슨은 인간 행동의 기초로서 원초아(id)보다는 자아(ego)를 강조하고 또 자아가 형성되는 심리사회적 환경을 중시하였으며, 전 생애를 통해 개인이 경험하는 사회적 상호작용과 개인 내적인 요인이 결합되어 발달이 진행된다고 보았다. 에릭슨의 심리사회적 발달 이론은 청소년기까지가 아니라 전 생애를 통한 발달이라는 점과 자아를 성격의 중심적 구조로 보고 있다는 점에서 프로이트의 이론과 구분된다.

에릭슨의 심리사회적 발달 단계는 단계마다 개인에게 부과되는 사회적 요구가 있는데, 이 요구는 하나의 위기(crisis)로서 그 해결 여부가 개인 인생의 전환점이 된다는 것을 강조한다. 다시 말하면, 에릭슨은 인생의 발달 과정을 8단계로 구분하고 각 단계마다 해결되어야 할 사회 발달 문제가 있어서 그것을 어떻게 해결하며 그 과정

표 7.3 에릭슨의 사회적 발달 이론

단계	발달 위기	과업
유아기 (출생~1세)	기본적 신뢰감 대 불신감	유아들이 사람을 신뢰하는 것을 학습하기 위해서는 욕구가 충족되어야 한다. 욕구가 충족되지 않으면 사람을 불신하게 된다.
걸음마기 (1~2세)	자율성 대 수치심과 회의감	걸음마기 유아들은 스스로 행동함으로써 독립성을 학습하거나, 자신의 능력에 의문을 갖게 된다.
학령전기 (3~5세)	주도성 대 죄책감	학령 전 아동들은 책임을 지고 주도성을 갖는 것을 학습하거나, 무책임한 것에 죄책감을 느낀다.
학령기 (6세~사춘기)	근면감 대 열등감	아동들은 새로운 지식과 기술을 학습하거나, 무능함을 느낀다.
청년기 (10대에서 20대로 진입)	정체감 확립 대 정체감 혼미	청소년들은 자기개념을 수립하거나, 자신이 어떤 사람인지에 대해 혼란을 느낀다.
성인 초기 (20대~40대 초반)	친밀감 대 고립감	젊은 성인들은 친밀한 관계를 수립하기 시작하거나, 사회적 고립감을 느낀다.
성인 중기 (40대~60대)	생산감 대 침체감	성인들은 가족, 사회, 미래세대로 관심의 초점을 확장하거나, 목적을 상실했다고 느낀다.
성인 후기 (60대 후반 이후)	자아통합감 대 절망감	노년이 된 성인들은 자신의 삶에 대해 만족감을 느끼거나 실패감을 느낀다.

에서 자아가 어떤 특성을 획득하느냐가 성격발달 및 적응에 영향을 미친다고 보았다
(Erikson, 1959).

(2) 아동기 및 청소년기 장애

아기가 태어나 성장하면서 각 시기에 달성해야 하는 발달 과업이 있다. 아이가 각 시
기에 발달 과업을 달성하지 못하거나 환경에 부적응할 때 여러 가지 어려움을 겪게
된다(표 7.4 참조).

아동이 성장하면서 겪는 여러 가지 장애 중에는 생물학적인 원인이 보다 분명한 경
우(지적장애, 발달장애)도 있지만 환경적인 원인으로 문제가 촉발되었거나 가중되는
경우가 많다. 따라서 아동기의 문제를 돕기 위해서는 아동뿐만 아니라 아동이 처한
환경상의 어려움도 함께 개선되도록(예를 들어, 부모상담 및 교육을 통한 양육태도
변화나 방과 후 혼자인 아동의 돌봄교실 참여 등) 해야 한다. 또한 아동은 아직 언어
적 능력이 미발달된 상태이기 때문에 자신의 기분이나 필요를 어른들처럼 언어로 표
현하기 어렵다. 이러한 특성으로 인해 아동 상담은 놀이, 미술, 음악 등과 같은 다양
한 비언어적 의사소통 매체를 활용하는 경우가 많다.

아동기에 어려움을 일찍 파악하여 초기에 어려움을 극복할 수 있도록 돕게 되면 이
후 청소년기 및 성인기에 겪을 수 있는 큰 심리적 부적응이나 정신병리적 문제를 줄
일 수 있다.

표 7.4　시기별 발달 과업 및 주된 어려움

	영유아기 (0~15개월)	걸음마기 (15개월~3세)	유아기 (3~6세)	아동기 (7~12세)	청소년기 (13~18세)
발달 과업	• 애착 • 기본적 　신뢰감	• 분리개별화 • 자율성 • 자기통제	• 주도성 • 사회화 • 역할습득	• 유능감 • 자존감 • 또래관계	• 정체감 확립 • 심리적 독립 • 통합된 성격
주요 문제	• 지적장애 • 발달지연 • 발달장애 　(자폐증)	• 애착장애 • 수면장애 　(악몽, 야경) • 섭식장애 　(이식증, 반추장애)	• 불안장애 　(분리불안장애) • 배설장애 　(유뇨증, 유분증) • 공포증 • 의사소통장애	• ADHD • 학습장애 • 반항장애 • 아동기 우울증 • 틱 장애 • 선택적 함묵증 • 강박증 • PTSD	• 품행장애 　(비행) • 식이장애 　(거식증) • 약물남용 • 기분장애 　(우울증) • 자살

제8장

성격

세 상에는 수많은 사람들이 살아가고 있고, 그 많은 사람들은 서로 유사하게 행동하기도 하지만, 또 참으로 다르게 행동하기도 한다. 예를 들어, 회사 입사면접날 5명의 지원자가 면접을 보러 면접실로 들어와 면접관 앞에 앉았다. 어떤 지원자는 너무 긴장해서 손을 떨고, 어떤 지원자는 밝게 웃고 있으며, 또 다른 지원자는 아무런 표정 없이 앉아 있다. 같은 상황에서 서로 다르게 행동하는 이유를 무엇으로 설명할 수 있을까? 아마 가장 쉽게는 성격 차이로 설명할 수 있을 것이다. 우리는 '성격'이라는 단어에 익숙하며 "저 사람은 성격이 좋아", "내 동생은 게을러서…", "난 저애랑 성격이 안 맞아", "난 성격이 소심해서 못해" 등 일상생활에서 자주 사용하며 살아가고 있다. 그렇다면 '성격이란 무엇인가?'라는 질문에 대해 여러분은 쉽게 답을 할 수 있는 가? 또 사람마다 성격이 왜 다른지 그 이유를 말할 수 있는가?

성격은 사람들 간의 차이, 각 개인의 행동 이유, 그리고 미래에 그 개인이 어떻게 행동할 것인지를 예언할 수 있기 때문에 심리학에서 성격에 대한 많은 연구가 수행되어 왔다.

이 장에서는 성격이란 무엇이며, 또 성격이 어떻게 형성되는지 그 과정에 대해 살펴본다. 성격에 대한 대표적인 이론, 즉 특질론, 정신분석, 인본주의, 행동주의-사회인지적 관점에서 설명하는 성격의 의미를 살펴본다.

1. 성격의 정의

성격(personality)에 대한 연구는 심리학 내에서 아주 오래전부터 시작되었다. 성격이 무엇인지에 대해 학자들마다 다양한 성격에 대한 정의를 내렸고(표 8.1), 성격에 대한 일치된 정의는 아직까지 없다.

학자마다 다른 정의를 내리고 있지만, 성격에는 두 가지 측면이 포함된다. 첫째는 독특성으로, 성격은 각 개인을 서로 구분해 줄 수 있어야 한다는 것이다. 두 번째는 안정성으로 성격은 시간과 여러 상황에서 비교적 안정적이고 일관되게 나타난다는 것이다. 이러한 차원에서 성격을 정의하면, 성격은 '다른 사람과 자신을 구분해 주는 비교적 지속적이고 안정적인 개인의 사고 및 행동양식'으로 정의할 수 있다.

표 8.1 성격에 대한 정의

학자	성격에 대한 정의
올포트(Allport, 1937)	성격은 한 개인을 다른 사람과 구별하게 하는 그 개인이 가진 독특한 심리적 특성이다.
길포드(Guilford, 1959)	성격은 개인의 특성들의 독특한 양식이다.
카텔(Cattel, 1965)	성격은 개인이 어떤 상황에서 어떻게 행동할지를 예측할 수 있게 해주는 것이다.
미셸(Mischel, 1976)	성격은 어떤 상황에서 개인의 적응을 특징짓는 행동 패턴이다.
주커먼(Zuckerman, 1991)	성격은 시간의 흐름과 상관없이 일관되게 나타나는 행동이다.
퍼빈과 존(Pervin & John, 1997)	성격은 한 개인의 감정, 사고, 행동의 일관된 형태를 설명해 주는 특징이다.

2. 성격 이론

1) 유형론

성격을 기술하는 가장 초기의 방식은 몇 개의 유형으로 나누고 각 유형에 해당하는 사람은 그러한 성격의 사람이라고 설명하는 방식이다. 가장 오래된 유형론은 히포크라테스가 주장한 체액의 구분에 의한 성격 구분이었다. 히포크라테스는 인간을 체액에 따라 네 유형으로 나누었다. 인간의 네 가지 체액 중에서 혈액이 우세한 사람은 활달하고 적극적이며, 담즙이 우세한 사람은 냉담하고 차가우며, 흑담즙이 우세한 사람은 우울하고, 황담즙이 우세한 사람은 성질이 급하고 흥분을 잘한다고 주장하였다.

셸던(Sheldon, 1942)은 세 가지 체형으로 사람을 구분해서 성격을 설명하려 하였다. 사람들은 체형에 따라 내배엽형(뚱뚱한 체형), 중배엽형(근육질의 체형), 외배엽형(마른 체형)의 사람으로 나누어진다. 내배엽형은 성격이 느긋하고 사교적이며, 중배엽형은 힘이 넘치고 경쟁적이고 자기주장적이고, 외배엽형은 내성적이고 자의식이 강하다고 주장하였다. 이와 비슷한 시도로 사상의학에서 체질(소음인, 소양인, 태음인, 태양인)에 따라 성격을 구분하였고, 한때 한국에서도 엄청난 붐을 일으키기도 하였다. 또 많은 사람들이 흥미롭게 여기고 이슈가 되었던 혈액형에 따른 성격 구분도 유형론의 한 예가 될 수 있다.

유형론에 따른 성격 구분은 과학적인 연구방법이 발달하기 이전의 시도들로, 현재
는 단순한 유형에 따라 성격을 구분하려 하지 않는다.

2) 특질론

심리학자들은 성격을 몇 가지 주요 차원에서의 차이로 설명하고자 하였다. 성격을 기
술하고 분류하기 위해서 사용하는 차원을 '특질 또는 특성(trait)'이라고 하는데, 특질
이란 각 개인을 구분해 주는 비교적 안정적인 기본적 속성을 말한다. 사람들이 개인
차를 보이는 이유는 그 사람에게 어떤 특질이 얼마나 많이 있느냐로 설명할 수 있다.
많은 사람들이 알고 있는 내향적인, 외향적인 성향도 하나의 특질이다. 예를 들어, 외
향적인 특질이 강한 사람은 내향적인 사람보다 더 적극적이고 사교적으로 대화한다
고 생각한다. 이러한 특질 이론에서 주장하는 성격이 사람들이 일반적으로 생각하는
'성격'에 대한 개념과 가장 유사할 것이다.

인간의 성격을 기술하기 위해서는 어떤 특질이 중요하며 또 몇 개의 특질이 타당
한지에 대해서는 학자마다 의견이 다르다. 올포트(Allport), 카텔(Cattell), 아이젱크
(Eysenck) 등의 학자들이 인간의 성격을 기술할 수 있는 다양한 특질에 대해 연구하
였고, 이렇게 밝혀진 특질에 근거하여 다양한 성격검사들이 개발되었다.

올포트(1937)는 성격을 모든 사람이 가지는 공통특질(common trait)과 한 개인의
독특한 특질인 개인적 성향(personal disposition)으로 구분하였다. 개인적 성향은 다
시 주특질(cardinal traits), 중심특질(central traits), 이차특질(secondary traits)로 구
분하였다. 주특질은 개인의 대부분의 행동에 영향을 미치는 특질이며 극소수의 사람
에게만 있다. 예를 들어, 아인슈타인을 생각하면 '똑똑하다'는 특질로 그 사람의 대부
분의 행동을 기술할 수 있다. 중심특질은 각 개인의 행동과 생각에 영향을 미치는 특
질이다. 타인의 성격을 기술할 때 사용하는 특질로 개인마다 5~10개의 특질을 가진
다. 우리가 흔히 타인의 성격이 어떠하다고 말할 때 사용하는 것이다(내성적, 활달한,
친절한). 예를 들어, "내 친구는 내성적이고, 착하고, 차분한 편이야."라는 식으로 그
개인의 성격을 말할 수 있을 것이다. 이차특질은 일관성이 없는 특질로 어떤 특정 상황

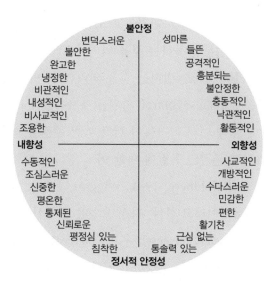

아이젱크의 성격 기술

한스 아이젱크와 시빌 아이젱크는 성격에 대한 기본 차원으로 외향성–내향성, 정서적 안정성–불안정을 사용했다. 이 두 차원상에서 다양한 성격 특질을 설명하였다(Eysenck & Eysenck, 1963).

에서만 영향을 미치는 특질이다. 예를 들어, 특정 음식을 좋아하거나 하는 특질이다.

카텔(1950, 1965)은 특질을 표면특질(surface trait)과 근원특질(source trait)로 가정하였다. 표면특질은 겉으로 드러나는 행동 특질이다. 예를 들어, 어떤 사람은 남의 부탁을 잘 들어주고, 도움이 필요한 친구를 잘 도와준다. 이러한 표면적인 특질을 보고 우리는 그 사람을 친절한 성격이라고 말한다. 표면특질은 상황의 영향을 받아 쉽게 변할 수 있지만, 근원특질은 개인의 성격의 핵심이 되는 특질로 일관적이고 안정적이다.

그리고 카텔은 생애기록, 자기평정, 객관적 검사 등을 통해서 얻은 자료를 요인분석하여 성격에 중요한 16개의 하위특질을 밝혀냈다. 그 하위특질로 구성된 성격검사가 16PF(Sixteen Personality Factor)이다.

아이젱크(1973)도 요인분석을 통해서 성격의 기본 차원을 발견하였다. 기본 특질로는 외향성(extraversion)–내향성(introversion), 정서적 안정성(emotional stability)–불안정(neuroticism)이며 이 기본 특질을 두 축으로 해서 다양한 성격 특질을 구분할 수 있다고 주장하였다(그림 8.1). 외향성은 쾌활하고 사교적이고 긍정적이며, 내향성은 수줍어하고 수동적이고 덜 사회적이고 조용함을 의미한다. 불안정은 불안, 침울, 성급함, 공격적, 안절부절 못하는 것을 의미하고, 정서적 안정성은 침착하고 마음이 안정적이며 정서적 통제를 잘하는 것을 의미한다. 아이젠크는 이후 정신병 (psychoticism)-충동통제(impulse control) 차원을 추가하였다.

특질의 종류와 수에 대해 여러 학자들이 서로 다른 주장을 해왔지만, 다양한 성격의 특질 중에서 가장 기본적인 특질에 대한 어느 정도의 합의가 이루어져 5개의 성격요인을 구조화하였다(Goldberg, 1981; Wiggins, 1996). 이 5개의 차원을 5요인 모형(five-factor model)이라고 한다. 다섯 요인은 외향성(extraversion), 신경증 (neuroticism), 성실성(conscientiousness), 우호성(agreeableness), 개방성(openness) 으로 사람의 성격을 5개의 차원으로 설명하고 있다(표 8.1). 외향성은 사교적이고 활동적인지 아니면 내성적이고 조용한 사람인지의 정도를, 신경증은 정서적으로 안정된 사람인가 불안정한 사람인지의 정도를, 성실성은 믿을 만하고 조심성이 있는지 아니면 게으르고 조심성이 없는 사람인지의 정도를, 우호성은 타인을 부드럽게 대하고 배려하는지 아니면 냉소적이고 타인에게 적대적인지의 정도를, 개방성은 새로운 생

표 8.2 성격의 5요인

5요인	특성
외향성(extraversion)	• 높음 : 사교적이고 말하기를 좋아함, 모험적, 자기주장성, 흥분 추구, 긍정적 감정 • 낮음 : 혼자 있고, 자기주장을 잘 하지 않고, 조용하며, 정서표현을 잘하지 않음
신경증(neuroticism)	• 높음 : 감정적, 불안정, 신경질적인, 긴장, 불안, 기분에 쉽게 영향받음, 사건에 정서적 반응 • 낮음 : 침착하고, 안정감 있고, 예민하지 않음
성실성(conscientiousness)	• 높음 : 체계적, 자제력, 인내심, 의무감, 성취를 위해 열심히 노력함 • 낮음 : 충동적, 부주의하고, 게으른, 유능감이 부족
우호성(agreeableness)	• 높음 : 다른 사람을 잘 도와줌, 예의바름, 마음이 따뜻함, 타인에게 신뢰감을 줌, 정직함, 고분고분, 모질지 못함 • 낮음 : 타인을 의심하고, 이기적, 타인에게 냉정, 타인 비난 잘함
개방성(openness)	• 높음 : 새로운 생각을 잘 수용함, 흥미 영역이 넓음, 공상, 다양함과 새로움, 심미적, 독립성 • 낮음 : 상상력이 부족한, 호기심이 없는, 반복되는 일을 좋아함, 실용적

한국판 성격 5요인 척도(BFI-K)

아래 질문에 대해 평소 성격과 가장 일치한다고 생각되는 것을 그 정도에 따라 대답하여 주십시오.

"나는 나 자신이 이런 사람이라고 생각한다."

1	2	3	4	5
전혀 그렇지 않음	그렇지 않은 편임	보통	그런 편임	항상 그런 편임

1. ___ 말이 많다.
2.* ___ 다른 사람의 흠을 잘 잡는다.
3. ___ 맡은 일을 철저히 한다.
4. ___ 마음이 우울하고 가라앉았다.
5. ___ 독창적이고 새로운 아이디어를 생각해 낸다.
6.* ___ 보수적이다.
7. ___ 다른 사람을 잘 도와준다.
8. ___ 경솔할 때가 있다.
9.* ___ 느긋한 편이고, 스트레스를 잘 해소한다.
10. ___ 여러 가지에 대하여 호기심이 많다.
11. ___ 정력적이다(활기가 넘친다).
12.* ___ 다른 사람과 자주 다툰다.
13. ___ 믿음직한 일꾼이다.
14. ___ 긴장하곤 한다.
15. ___ 머리가 좋다.
16. ___ 매사에 매우 열심이다.
17. ___ 너그럽다.
18.* ___ 무질서한 경향이 있다.
19. ___ 걱정이 많다.
20. ___ 상상력이 풍부하다.
21.* ___ 말수가 적은 편이다.
22. ___ 믿음직스럽다.
23.* ___ 게으른 편이다.
24. ___ 차분하고, 쉽게 화내지 않는다.
25. ___ 창의적이다.
26. ___ 자기주장이 강하다.
27. ___ 차갑고 냉담하다.
28. ___ 일을 끝까지 마친다.
29. ___ 변덕스러운 편이다.
30. ___ 예술적/미적 경험을 중시한다.
31.* ___ 가끔 부끄럼을 타고 감정을 숨긴다.
32. ___ 사려 깊고 거의 모든 사람에게 친절하다.
33. ___ 능률적으로 일을 처리한다.
34.* ___ 긴장된 상황에서도 침착하다.
35.* ___ 규칙적인 생활을 좋아한다.
36. ___ 어울리기를 좋아하고 사교적이다.

37.* ___ 때로 다른 사람에게 무례하다.

38. ___ 계획을 세워 일을 처리한다.

39. ___ 쉽게 신경질을 낸다.

40. ___ 생각하기를 즐긴다.

41.* ___ 예술에 대한 관심이 별로 없다.

42. ___ 다른 사람과 협력하기를 좋아
한다.

43.* ___ 쉽게 주의가 산만해진다.

44. ___ 미술, 음악, 문학에 대한 세련
된 감각이 있다.

---

① 외향성 : 1, 6R, 11, 16, 21R, 26, 31R, 36

② 우호성 : 2R, 7, 12R, 17, 22, 27R, 32, 37R, 42

③ 성실성 : 3, 8R, 13, 18R, 23R, 28, 33, 38, 43R

④ 신경증 : 4, 9R, 14, 19, 24R, 29, 34R, 39

⑤ 개방성 : 5, 10, 15, 20, 25, 30, 35R, 40, 41R, 44

* 표시의 항목은 점수를 역치환해서 계산한다.

각이나 경험을 수용하고 호기심이 많은지 아니면 관습적이고 보수적인 사람인지의 정도를 의미한다. 이 5요인 모형의 보편성은 이미 동서양을 막론하고 여러 나라를 통해서 그 타당성이 입증되었다(McCrae & Costa, 1985, 1987, 1997; John, 1990).

특질 이론은 성격을 구분하는 데 용이하고 많은 심리검사의 개발을 이끌었지만, 성격이 어떻게 형성되고 변화하는지에 대한 설명은 하지 못한다는 한계를 지니고 있다. 또한 개인 내의 특질은 환경에 따라 다르게 표현될 수 있다. 예를 들어, 내향적인 특질이 많은 사람이라 하더라도 늘 내향적이지만은 않다. 자신이 좋아하거나 친숙한 사람과는 외향적인 사람들처럼 사교적이고 자기주장적이고 수다스러울 수 있다.

3) 정신분석 이론

이미 제2장에서 프로이트의 이론을 설명하였다. 정신분석에서는 무의식적인 갈등과 아동기의 경험을 강조한다. 인간의 성격은 원초아, 자아, 초자아로 구성되며, 심리성적 발달 단계를 거치며 성숙한 성격으로 발달한다. 그러나 욕구 만족이 너무 부족하거나 과잉될 때 심리성적 발달 단계의 어느 한 단계에 고착되면 그 단계 특유의 성격이 된다는 것이다.

프로이트에서 시작된 정신분석은 그 당시 심리치료와 분석에 상당한 영향을 미쳤으며, 그를 따르는 학자가 많았다. 하지만 이후에는 프로이트의 이론에 일부 동의하지만 그와 다른 주장을 하는 이론가들이 나타났는데, 그들을 신프로이트학파(Neo-Freudian)라 한다. 프로이트의 영향을 받은 신프로이트학파는 프로이트가 주장한 무의식이 인간 행동에 영향을 미친다는 것과 어린 시절의 경험이 중요하다는 그의 주장에는 동의한다. 하지만 프로이트와 달리 무의식의 내용이 성과 공격적 충동이라는 가정은 반대하며, 무의식보다는 인간의 의식이 인간 행동에 더 큰 영향을 미친다고 주장하였다. 그들은 의식상의 자아의 역할에 대해 강조한다.

아들러(Adeller, 1929)는 프로이트와 같이 아동기를 중요하게 여겼으며, 아동의 행동양식이 5세 이전에 형성된다고 보았다. 그는 모든 사람들은 자라면서 열등감 콤플렉스(inferiority complex)를 겪게 되는데, 이러한 열등감을 극복하기 위한 노력이 인간의 행동을 동기화시킨다고 제안하였다. 심리적으로 건강한 사람은 이러한 열등감에 대처하는 방식을 알고, 스스로 노력해서 열등감을 극복하고 자아존중감을 발달시킨다. 열등감이 더 나은 성장을 위한 계기가 되기도 하지만, 심한 열등감에 빠지게 되면 자기파괴적이고 병리적인 성격을 형성하게 된다. 심한 열등감을 느끼고 있는 사람들은 타인을 사랑하지 못하고, 무관심하거나 자신을 무가치하게 생각하거나 타인에 대해 불신하기도 한다. 신체의 결함, 과잉보호, 무관심과 거부, 부모의 지나친 기대 등이 개인을 이러한 심한 열등감에 빠지게 한다고 주장하였다. 아들러는 우월감 콤플렉스에 대해서도 제안했는데 자신의 능력에 대해 지나치게 과장되게 믿는 사람들은 자기중심적이고 자만하는 사람이 된다는 것이다.

그는 또한 사회적 요인이 성격형성에 영향을 미친다고 주장하였다. 가장 중요한 사회적 요인은 가족으로 출생순위, 부모의 교육 수준, 부모의 태도와 가치관 등도 성격에 영향을 준다고 보았다. 출생순위와 성격의 관계를 보면, 첫째는 태어나서 부모나 주변 사람들의 사랑과 관심을 혼자 받다가 동생이 태어나면서 사랑과 관심을 빼앗기게 된다. 그래서 자신감을 상실하거나 미래에 대해 부정적인 생각을 갖지만, 규칙을 중시하거나 타인을 배려하고, 책임감이 강하다. 둘째의 경우는 태어나자마자 모든 것을 나누기 때문에 적응력이 강하지만 승부욕과 소유욕도 강하다. 하지만 반항적이고 질투가 심하다. 막내는 응석받이로 키워진다. 우월에 대한 욕구가 적게 되어 가족과 동떨어진 낯선 곳에서 정체성을 찾으려 한다. 외동들은 평생 동안 가족의 관심을 받게 되며, 자신의 중요성을 과장하게 되고 자부심이 강하고 독립적이지만, 유아독존적일 수 있으며 남들과 경쟁을 피하려 한다.

융(Jung, 1959)은 프로이트가 주장한 무의식이 행동에 영향을 준다는 가정에는 동의하지만, 성 본능을 인정하지 않았고 아동기 시절도 중요하지만 성인 기간도 성격에 중요하다고 주장하였다. 융은 성격을 세 가지 구조로 가정하였는데, 자아, 개인무의식과 집단무의식이다. 자아는 우리가 의식할 수 있는 성격의 부분으로 일상적인 생활을 하는 나의 모습이다. 개인무의식은 자신의 경험을 통해 형성된 부분으로, 사람마다의 경험에 따라 개인무의식은 다를 수 있는데, 각 개인들이 가지고 있는 각자의 기억, 감정, 소망, 충동 등이 포함된다. 이는 프로이트가 가정한 무의식과 같은 개념이다. 집단무의식(collective unconsciousness)은 보편적인 인간의 경험으로 우리의 사고, 기억, 감정, 욕구가 과거 조상에서부터 저장되고 축적되어 우리도 모르는 사이 전해진 것이다. 집단무의식은 원형(archetype)의 형태로 각 세대로 전해지며, 역사와 신화에서 많은 원형들을 찾아볼 수 있다. 예를 들어, 인류의 공통적인 경험을 의미하는 원형은 신, 영웅, 귀신을 믿게 만든다. 성격과 관련된 원형의 다른 형태인 아니무스 (animus)는 여성 속에 있는 남성성의 원형이고, 아니마(anima)는 남성 속에 있는 여성성을 의미하는데, 모든 인간은 이 두 가지를 모두 가지고 있다. 융은 건강한 성격이란 남성성과 여성성이 조화를 이루는 것이라고 보았다. 페르소나(persona)는 사회 역할 수행에 대한 심상으로, 남에게 보이는 자신의 모습이다. 그림자(shadow)는 개인이 가진 어두운 측면(본능적이거나 성적인 내용)을 의미한다. 원형은 개인의 성격 중 한 요소를 형성하게 된다.

정신분석학은 과학적 근거가 부족하고, 비정상인을 대상으로 한 이론이기 때문에 그 가설들이 사실인지 입증하기 어렵다는 비판을 받았다. 하지만 인간 행동의 원인

성격에 대한 생물학적 견해

성격에 대한 다양한 접근들에서 주장한 것처럼 성격은 환경과 각 개인의 경험의 영향을 받기도 하지만 생물학적으로 다르기 때문에 서로 다른 성격이 존재할 수 있다.

내일은 중간고사를 치르는 날이다. 이럴 때, 우리 자신은 어떤 행동을 하게 될까? 시험을 잘 쳐서 좋은 학점을 받아보자고 목표를 정하고 열심히 공부를 하는가? 아니면 '시험을 못 쳐서 학점이 안 좋으면 어쩌지'라고 고민하며 불안한 상태에서 공부를 하는가?

그레이(Gray, 1981, 1987, 1990)는 아이젱크의 성격 특성을 뇌 체계와 관련시켜서 목표를 추구하려는 사람과 회피를 하려는 사람의 차이가 어디에서 비롯되는지 알고자 하였다. 그는 행동접근체계(behavioral approach system, BAS)와 행동억제체계(behavioral inhibition system, BIS) 두 가지 시스템을 제안했는데, 두 시스템은 서로 독립적이다.

BAS는 보상과 관련된 환경 단서에 민감하게 반응하는데, 긍정적 목표를 달성하기 위한 목표접근 행동을 동기화시킨다. 즉 원하는 것을 추구하는 행동을 하게 한다. BAS는 좌측 전전두엽 피질과 관련된다. 예를 들어, 곧 시험을 쳐야 하는데 열심히 공부해서 학점을 잘 받고자 하는 목표가 세워지고 이러한 BAS의 활성화로 인해 열심히 공부를 하게 된다.

BAS가 반응적인 사람은 좋은 측면에 민감하다. 예를 들어, 소개팅을 한다고 할 때 어떤 좋은 사람을 만나게 될지 설레며 소개팅 장소에 나가게 된다. BAS 반응이 낮은 사람은 그저 '누군가를 만나겠지'라는 생각을 하며 소개팅 장소에 나갈 것이다. BAS는 희망, 의기양양, 행복과 같은 정적인 정서 경험과도 관련되며, 성공적이며, 자기조절의 어려움을 덜 겪는 경향이 있다.

BAS와 달리 BIS는 처벌과 비보상과 관련된 단서에 반응하는데 부정적 결과를 피하기 위해서 목표지향적인 행동을 억제한다. BIS는 우측 전전두엽 부분과 관련되며, 공포, 불안, 좌절, 슬픔과 같은 부정적 정서의 원인이 된다. 회피 목표를 추구하는 사람은 성취를 덜 하고, 자기조절의 어려움을 더 많이 겪는다. 예를 들어, BIS가 활성화되는 사람은 시험을 친 후 시험을 잘 치지 못했을 거라고 심히 걱정하게 된다.

행복한 사람과 불행한 사람은 BAS가 활성화되는 사람과 BIS가 활성화되는 사람의 차이로 설명할 수도 있다. BAS가 활성화되는 사람은 좋은 결과를 기대하고, 좋은 결과를 얻기 위한 노력들을 하게 되고, BIS가 활성화되는 사람은 부정적 결과에 대해 과잉반응하고 걱정하게 된다.

으로 여겨졌던 의식 외에도 무의식적 충동이나 갈등이 원인이 될 수 있다고 주장하여 심리학의 영역을 무의식까지 확대하게 되었다. 또한 이전의 치료는 의학적 치료가 많았는데, 정신분석의 발전으로 최초로 심리치료를 사용할 수 있게 되었다.

4) 인본주의 이론

1950년대 심리학은 정신분석과 행동주의가 주류를 이루었다. 프로이트의 인간에 대한 부정적인 견해와 행동주의의 기계적인 인간 행동 분석에 대한 불만으로 인본주의가 나타나기 시작했다. 인본주의학자들은 인간에 대한 긍정적인 견해를 강조했는데, 인간이 성적, 무의식적 갈등에 의해 행동하거나 외적 자극이나 보상 때문에 존재하기보다는 자신의 인생을 스스로 결정하고 성장하고 자신의 잠재력을 개발하려는 자아실현을 하는 존재라고 보았다.

인본주의적 접근은 사람들이 세상을 어떻게 지각하고 이해하는지와 자아실현의 욕구를 강조한다. 개인은 자신의 고유한 방식으로 세계를 지각하고 그에 근거하여 행동하기 때문에 세상을 바라보는 개인의 고유한 지각방식이 그 사람의 성격이 된다.

로저스(Rogers, 1947)는 개인의 주관적 경험과 감정, 세상과 자신에 대한 개인 견해를 강조한다. 특히 자신을 스스로 어떻게 평가하고 있는지가 중요하다고 보았다. 자기 자신에 대한 지각을 '자기(self) 또는 자기개념(self-concept)'이라고 한다. 자기개념은 세상에 대한 지각과 자신의 행동 모두에 영향을 준다. 그러므로 성격은 자기개념으로 구성되며, 개인마다의 자기개념이 다르기 때문에 행동이 서로 다르다.

로저스는 인간은 두 가지 자기개념을 가진다고 보았다. 그 하나는 현재의 자기 모습인 실제 자아(real self)이고, 다른 하나는 자신이 되고 싶은(원하는) 모습인 이상적 자아(ideal self)이다. 이 두 개념 간에 차이가 클수록 사람들은 불안하고, 위협적인 감정을 느끼게 된다. 두 개념 간의 차이가 적을수록 긍정적인 자신에 대해 만족하고 안정된 감정을 느끼게 된다. 이러한 자기개념의 차이를 가져오는 원인은 가치조건이다. 가치조건이란 긍정적 관계에 대한 조건들을 타인이 정해 주는데 그 타인은 주로 부모가 된다. 그러나 가장 중요한 한 사람인 부모는 아이를 무조건적으로 수용하고 사랑하는 것이 아니라 부모의 기대에 부응할 때 그러한 수용을 한다. 아동은 자신을 이러한 조건화된 가치에 맞추어서 자기개념을 형성시켜 나간다. 그러한 과정에서 인간은 다른 사람이 원하는 방식으로 자기개념을 형성하게 되고, 이러한 자기개념은 실제와는 다른 이상적인 자기개념이기 때문에 자아실현을 하는 데 방해를 받을 수 있다. 로저스는 사람들이 자신의 실제 원하는 모습으로 자기개념을 형성하기 위해서는 조건 없이 받아들여지는 무조건적인 긍정적 수용(unconditional positive regard)이 중요하다고 주장하였다. 타인으로부터 무조건적으로 수용을 받고 공감을 받으면 더 이상 꾸미거나 왜곡되지 않은 자신의 진정한 감정을 이해하게 되어 건강한 성격발달을 이룰 수 있다는 것이다.

매슬로(Maslow, 1968, 1970)는 건강한 사람은 자신이 원하는 모습으로 되기 위해서 끊임없이 노력한다고 가정하였다. 매슬로는 인간의 행동을 동기화하는 다섯 가지 욕구(생리적 욕구, 안전의 욕구, 소속감과 사랑의 욕구, 존중의 욕구, 자아실현의 욕구)를 위계화하였다. 각 단계의 욕구가 충족되지 않으면 그 욕구를 채우려고 하는 결핍 욕구(deficiency needs)가 생기게 된다. 하위 단계의 욕구가 채워지지 않으면 그 상위 단계의 욕구를 추구하려 하지 않는다. 그리고 각 단계의 하위 욕구가 충족되면 그 상위 단계의 욕구를 충족하고자 하는 성장 욕구(growth need)를 느끼게 된다(Maslow, 1995).

결핍과 충족의 두 욕구를 통해서 인간은 자아실현이라는 최상의 목표를 이루려 나아가는 존재라는 것이다. 사람마다 현재 자신이 가진 욕구가 다르기 때문에 서로 다른 방식으로 삶을 살아가는 것이다.

매슬로는 심리적으로 건강하고 창조적인 사람에 관심을 가지고 자아실현한 사람(예를 들어, 아인슈타인, 링컨 등)에게서 건강한 성격을 찾으려고 노력하였다. 자아실현을 한 사람들은 현실을 정확하게 지각하고, 자신을 잘 수용하며, 타인의 능력을 인정하고, 몇 사람과 깊고 만족스러운 관계를 맺고, 사고와 행동이 자발적이며, 열심히 일하고 자신의 인생을 즐기는 사람이다. 그리고 그들은 일상적인 일에 끊임없이 감사한다.

인본주의는 그 개념들이 명료하지 않고 과학적으로 검증하기 어렵다는 비판을 받았지만, 인간의 긍정적인 면들을 강조하고 찾으려 했다는 점에서 좋은 평가를 받았다.

5) 행동주의-사회인지 이론

행동주의자들은 인간의 행동을 결정하는 요인이 외부의 환경에 있다고 주장하였다. 개인이 살아오면서 학습한 방식대로 어떤 자극에 반응하며, 이러한 반응의 차이가 곧 개인의 성격이 된다고 주장한다. 고전적 조건화와 도구적(조작적) 조건화를 통해서 학습된 결과가 개인차를 나타낸다. 그리고 사회인지적 관점의 심리학자들은 사람들 각자가 가지고 있는 인지적 요인(통제감, 자기효능감, 낙관주의, 자기조절능력)이 성격을 구성한다고 주장한다. 이러한 사고방식이 실제로 우리의 행동을 야기하기 때문에 이런 사고방식에서의 차이를 성격의 차이로 보았다.

반두라(Bandura, 1977, 1986)는 인간의 성격이 행동주의자들이 주장하는 단순한 자극에 대한 반응과 같은 기계적 관계 외에 인간의 인지 과정이 간과되었다고 주장하였다. 자신의 행동을 검색하고 평가하고 규제하는 인지적 과정들이 중요하다고 보았다. 인간 행동은 개인의 내적 과정과 환경이 서로 영향을 미친 결과다. 그리고 개인이 직접 경험하고 강화받은 행동뿐만 아니라 타인의 행동을 통해서도 학습이 된다고 보았다. 즉 관찰학습(observational learning) 또는 모델링(modeling)을 통해서도 행동 변화가 이루어질 수 있다. 관찰학습을 통해 학습한 행동이 강화받게 되면 이후에도 계속 나타나게 되며, 강화받을 것인가 처벌받을 것인가에 기초하여 행동을 선택하게 된다.

사람들은 또한 자신의 기준과 비교해서 행동을 평가한다. 이러한 스스로의 평가 과정은 자기효능감(self-efficacy)에 영향을 준다. 자기효능감은 자신이 하려는 일을 얼마나 잘해낼 수 있는가에 대한 스스로의 믿음이다. 자기효능감이 높은 사람은 자신감 있고, 더 높은 목표를 정하며, 자신이 하고자 하는 일이 성공할 것으로 기대한다. 그에 반해 자기효능감이 낮은 사람은 실패를 기대하기 때문에 도전을 피하고 어려움이 있으면 쉽게 포기하며, 우울하고 불안해한다. 자기효능감은 과거의 경험, 타인의 성공과 실패에 대한 대리적인 경험, 타인의 평가, 행동할 때 경험하는 불안 등의 영향을 받는다.

미셸(Mischel, 1973, 1976, 1990)은 사람의 성격을 이해하기 위해서는 어떤 상황에서 그 개인이 행동하는 데 영향을 주는 인지적인 개인 변인을 고려해야 한다고 제안하였다. 미셸은 개인 변인으로 다섯 가지를 주장하였다. 첫째, 그 개인이 그 상황에서 무엇을 할 수 있느냐의 문제다. 이는 개인의 능력(신체적, 지적, 사회적인 능력 등)과 관련

혈액형과 성격

다음 네 가지 성격 유형 중에서 자신과 가장 잘 일치하는 유형은 어떤 유형인가?

★ 나는.......집단이나 동료 만들기를 좋아한다. 다소 경쟁적이고, 정치적이며, 누가 무리에서 힘을 가진 사람인지 빨리 파악하는 편이다. 언변이 뛰어나며, 표현력이 좋은 편이다. 어떤 계획을 세울 때는 주로 단기간의 계획을 세우는 편이다. 이상적인 목표를 추구하고 생각하지만, 생활은 지극히 현실적으로 한다. 이해득실에 대해서 확실한 편이다.

● 나는....... 겉으로 보기에는 유연하지만 마음은 엄격하고 고집이 강한 편이다. 변화가 많은 것보다는 안정적인 것이 좋다. 보람이나 사명감을 느끼는 일을 하면 기분이 좋다. 내면은 열정적이고 천성은 급하지만, 표면적으로는 잘 드러내지 않는다. 마음의 상처를 받으면 회복하는 데 오래 걸리는 편이다. 타인에 대한 의심이 많아서 남을 쉽게 믿지 않지만, 한 번 믿으면 철저하게 믿는 편이다. 미래에 대해 다소 비관적이고, 사소한 걱정을 많이 하는 편이다. 어떤 일이든 열심히 노력하는 편이다. 틀에 박힌 사고를 많이 한다.

▲ 나는....... 기준, 틀, 형식에 맞추는 것을 좋아하지 않는다. 정에 약하고 잘 울고 쉽게 감동하는 편이고 사람을 잘 믿는다. 흥미와 관심이 가는 일에 몰두를 하는 편이라 어떤 일에 몰두하면 주변 사람들을 잘 챙기지 못하게 된다. 집단에 얽매이기보다는 자유로운 생활과 개인행동을 더 선호하는 편이다. 사람을 쉽게 사귀고 누구에게나 스스럼없이 대하는 편이다. 다소 무신경하고 통찰력이 부족해서 눈치가 없다는 소리를 들을 때가 있다.

■ 나는....... 생활의 경제력을 중시하는 편이다. 합리적이고 기능적 생활을 선호한다. 타인과 지나치게 가까이 지내는 것보다는 일정한 거리를 유지하는 것이 더 편하다. 나 자신의 사생활을 중시한다. 어떤 판단을 할 때 감정적으로 하기보다는 이성적으로 하는 편이다. 일을 할 때 다소 끈기가 부족한 편이다. 정이 많지는 않은 편이다.

혈액형에 따라 성격을 구분하는 방식이 책과 여러 매체를 통해서 소개가 된 후 많은 사람들이 정확성의 여부와는 상관없이 일상생활에서 재미로 사용하고 있다. 심리학 내에서 그러한 성격 구분은 인정되고 있지 않다. 그렇다면 사람들은 왜 그러한 구분을 흥미로워하고 그렇다고 믿게 되는 것일까?

사람들은 누구나 가지고 있는 일반적인 특성을 자신의 성격이라고 이야기하면 다른 사람에게도 그러한 특성이 있는지는 생각하지도 않고, 자신의 독특한 성격으로 믿으려는 경향이 있다. 이러한 현상은 좋은 특성일 때 더 그러한데 이러한 현상을 바넘 효과(Barnum effect)라고 한다. 심리학자인 포러(Forer)는 이러한 현상을 실험으로 증명하였다. 그는 학생들을 대상으로 성격검사를 하게 한 후, 신문 점성술 난의 내용을 일부 수정하여 학생들에게 성격검사 결과라며 나누어주었다. 그리고 학생들에게 검사결과가 자신의 성격과 얼마나 일치하는지 평가하게 하였다. 결과는 대부분의 학생들은 자신의 성격과 잘 맞는다고 평가하였다.

인간의 '성격'에 대한 관심은 무엇을 반영하는 것일까? 우리는 그만큼 자신을 이해하고, 또 다른 사람을 알고 싶은 마음이 있기 때문이 아닐까? 성격에 대한 충분한 이해가 뒷받침된다면 내가 어떤 사람인지 그리고 상대는 어떤 사람인지에 대해 한층 성숙된 견해를 가질 수 있을 것이다.

(★O형 ●A형 ▲B형 ■AB형)

된다. 사람마다 능력이 서로 다르며 자신의 능력과 어떤 능력이 요구되는 상황이 상호작용한다. 두 번째는 개인구성 개념이다. 같은 정보나 상황에 대해 사람마다 가지고 있는 세계관과 도식에 근거해서 사람들은 다르게 해석한다. 사람들이 같은 상황에 대해서도 다르게 반응하는 것은 그 상황을 다르게 해석하기 때문이다. 세 번째 변인은 행동-결과 기대다. 어떤 행동이 특정한 결과를 일으킨다는 신념이다. 네 번째는 개인의 주관적 가치다. 어떤 결과에 대해 얼마나 가치롭게 생각하는가 하는 것이다. 누군가는 성적이 중요하고, 누군가에게는 친구 사귐이 중요할 수 있다. 자신이 중요하고 가치가 있다고 생각하는 것을 위해서 우리는 목표를 세우고 수행을 하려 한다. 다섯 번째는 자기조절 체계다. 목표를 세우고, 그에 관한 계획을 수립하고, 행동으로 실천하기 위해 여러 행동을 한다. 이러한 개인 변인은 그 사람이 그 상황에서 어떤 행동을 할지에 영향을 준다.

행동주의-사회인지적 관점은 개념이 상대적으로 명확하며, 여러 심리치료 기법을 발전시켰다. 하지만 인지적 측면을 강조하다 보니 인지 이외의 정서적 측면과 동기적 영향에 대해 소홀히 다루었다는 비판을 받고 있다.

제9장

심리검사와 지능

1. 심리검사의 개관

사람마다 지문이나 얼굴이 서로 다른 것처럼 어떤 특성에서든 개인 간에는 차이가 있다. 이러한 개인 간의 차이를 파악할 수 있다면, 그 개인에 대해 많은 것을 이해하고 예측할 수 있다. 예컨대, 어느 학과에 진학하여 공부하는 것이 좋은지, 어떤 직업을 선택하는 것이 나와 잘 맞고 성공할 가능성이 높은지, 나는 왜 다른 사람과 다르게 느끼고 행동하는지와 같이 개인의 이해 및 진로 지도에 도움이 될 수 있다. 그래서 개인차를 측정하고 파악할 수 있는 도구를 개발하는 것은 성격심리학의 주요 과제였다.

1) 정의와 유형

심리검사란 성격, 지능, 적성과 같은 인간의 내적인 특성을 파악하고자 다양한 도구를 이용하여 양적, 질적으로 측정하고 평가하는 것이다. 심리검사는 측정되는 특성에 따라, 또는 구조화의 여부에 따라 나누어질 수 있다.

우선 측정되는 특성에 따라 두 가지로 나눌 수 있는데, 하나는 인지적 특성과 역량을 측정하는 일종의 능력검사를 들 수 있으며 지능검사가 대표적이다. 능력검사는 문제를 풀어 정답을 구하게끔 구성되어 있고, 그 정답을 다른 피검자에 비해 얼마나 잘 수행했느냐에 따라 비교 평가된다. 다른 하나는 인간의 감정이나 흥미, 태도 등을 측정하는 것으로 일종의 태도 및 성격검사를 들 수 있다. 이러한 성격검사는 특정한 사항에 대한 자신의 감정이나 흥미, 태도 등을 측정하기 때문에 정답이 없고 문제에 대한 피검자의 판단과 결정에 따라 평가된다. 대표적인 성격검사에는 MBTI, MMPI 등이 있으며, 흥미검사에는 직업선호도검사, 스트롱 진로탐색검사 등이 있다.

심리검사는 도구의 구조화 여부에 따라 크게 객관적 검사와 투사적 검사로 구별될 수 있다. 객관적 검사는 검사 과제가 구조화되어 있고 채점 과정이 표준화되어 있으며, 해석의 규준이 제시되어 있는 검사를 말한다. 객관적 검사는 개인마다 갖고 있는 공통적 특성이나 차원을 기준으로 하여 피검자의 상대적인 위치를 비교하고 평가한다. 객관적 검사를 보면, 지능검사에는 웩슬러 지능검사(K-WAIS, KEDI-WISC, K-WPPSI), 성격검사에는 MMPI, MBTI, 흥미검사에는 직업흥미검사, 적성검사 등이 있다. 객관적 검사는 검사실시와 해석이 표준화되어 있어 실시와 해석이 간편하며, 검사의 신뢰도 및 타당도가 검증되어 있다는 장점이 있다. 하지만 피검자들이 자신이 의도하는 방향으로 문항에 대해 반응할 수 있다는 것과 그 개인만의 독특성에 대한 정보를 제공할 수 없다는 단점이 있다.

이에 비해 투사적 검사는 검사 과제가 비구조화되어 있고 모호한 검사자극에 대해 피검자가 자극을 해석하는 과정에서 피검자의 욕구, 갈등, 성격과 같은 개인의 독특성에 대한 정보를 평가하려는 목적을 가진 검사다. 투사적 검사에는 로르샤흐검사, TAT, KFD, HTP, SCT 등이 있다. 투사적 검사는 객관적 검사와는 달리 모호한 검사자극에 대해 피검자가 자유롭게 반응하도록 하기 때문에 방어가 어렵고 개인이 평소에 의식화되지 않던 사고나 감정을 표현하게 되어 무의식적인 심리적 특성이 평가될 수 있다는 장점이 있다. 하지만 투사적 검사는 전반적으로 신뢰도와 타당도가 객관적으로 검증되기 어렵다는 단점을 갖고 있다(최정윤, 2010).

2) 측정방법

심리검사는 여러 가지 면에서 자연과학이나 의학에서 사용하는 검사와 차이가 있다. 자연과학이나 의학에서 실시하는 검사는 검사도구 및 시약과 그것이 검사하고자 하는 속성 간의 관계가 직접적이고 분명하다. 산도에 반응하는 리트머스지를 측정하려는 용액에 넣고 리트머스지의 변화를 살펴보면 그 용액의 산도를 정확하게 측정할 수 있다. 산도를 측정하는 시약과 산도 간의 관계가 명확하기 때문이다. 하지만 심리검사의 경우, 검사도구와 측정하려는 검사속성 간의 관계가 그처럼 직접적이고 분명하지 않다. 예컨대, 성격검사의 경우에 사람의 성격과 성격검사에 사용된 문항 간의 관계가 직접적이지 않다. 따라서 그 검사가 성격을 얼마나 정확하게 측정했는지 명확하지 않다. 검사를 통하여 얻은 결과로 피검자의 내적 상태를 추론하고 행동을 예측하는 것은 제한적이다. 이것은 심리적 속성이 지니는 추상성과 복잡성에 기인되며, 이러한 심리검사의 특성 때문에 검사결과에 대한 일반화된 해석은 신중해야 된다. 따라서 개인에 대한 심리평가를 할 때에는 단일 심리검사가 아니라 총집으로(full battery) 심리검사를 실시하여야 하며, 심리평가는 심리검사를 통해 얻어진 정보와 함께 면담, 행동관찰, 개인력 등의 자료를 참고하여 종합적인 평가를 내려야 하는 전문적 과정이어야 한다.

2. 심리검사의 요건

만약 여러분이 지금 앉아 있는 책상의 가로, 세로 길이를 잰다고 한다면 어떤 것으로 잴 것인가? 고무줄로 잰다거나 곡선자로 잰다면 이것은 정확한 측정이 될 수 없을 것이다. 마찬가지로 심리적 특성을 측정하는 것이 자연과학적 대상처럼 직접적인 측정은 아니겠지만, 심리검사는 신뢰롭고 타당하게 심리적 특성을 측정하는 도구로서 다음의 요건을 갖추어야 한다.

1) 신뢰도

(1) 개념

검사의 신뢰도(reliability)란 검사에서 얻은 점수를 얼마나 믿을 수 있는가 하는 점이다. 즉 검사자에 따라, 검사 실시시기에 따라, 또는 검사문항의 표집에 따라 검사결과가 얼마나 안정적이고 일관성이 있느냐를 의미한다. 예를 들어, 피검자는 어떤 상황에서는 다른 상황에서와는 달리 더 성실하게 검사에 응할 수도 있고, 더 피로를 느낄 수도 있고, 더 불안해할 수도 있다. 이런저런 이유로, 한 개인의 점수는 상황에 따라 정확히 일치하지 않게 된다. 이처럼 비슷한 두 검사 간의 점수차나 상황에 따른 점수차는 측정오차 때문이며, 이 측정 오차는 검사점수의 신뢰도를 감소시킨다. 무엇이 측정되든 간에, 측정결과는 어느 정도의 오차를 포함하기 마련이며, 이러한 오차들이 작용할 때 검사점수를 어느 정도 믿을 수 있는지 또는 어느 정도 일관성이 있는지를 나타내는 지수가 신뢰도 계수다. 신뢰도 계수는 신뢰도의 정도에 따라 0에서 1까지의 값을 갖게 된다.

(2) 유형

① 검사-재검사 신뢰도(test-retest reliability)

검사-재검사 신뢰도는 시간을 달리해서 같은 집단에게 같은 검사를 두 번 실시하여 얻은 검사점수 간의 상관계수를 산출함으로써 추정한다. 이 방법으로 신뢰도를 추정하고자 하는 경우에는 검사실시 시간간격에 유의해야 한다.

② 동형검사 신뢰도(equivalent or alternate form reliability)

동형검사 신뢰도는 같은 유형의 검사 2개를 동일 집단에게 실시한 후 두 검사점수 간의 상관계수를 산출함으로써 신뢰도를 추정하는 방법이다.

③ 반분신뢰도(split-half reliability)

반분신뢰도는 하나의 검사를 한 집단에게 실시한 후 전체 검사 문항을 양분하고, 이 분할된 두 부분을 독립된 검사로 간주하여 그 두 부분의 점수 간 상관을 계산하는 방법이다.

④ 문항내적 합치도(inter-item consistency)

이 방법은 모든 검사 문항에 대한 반응의 일관성에 기초하고 있다. 반분신뢰도에서 나누어진 두 부분을 각각 독립된 검사로 보는 것과 유사하게, 문항내적 합치도에서는 검사 문항 하나하나를 독립된 하나의 검사단위로 보아 각 문항 간의 상관을 종합하여 문항의 동질성을 검토하는 방법이다.

2) 타당도

(1) 개념

타당도(validity)란 한 검사가 측정하고자 하는 것을 얼마나 잘 측정하고 있느냐와 관련되며, 타당도는 검사점수로부터 도출된 해석이 재고자 했던 심리적 특성을 반영했는지와 추론이 적절하고 유용한지를 결정한다. 심리검사가 어느 정도 타당하냐는 그 검사가 어떤 특성을 측정하는 데 사용되었느냐에 달려 있다. 예컨대, 지능검사는 지능을 측정하는 데는 타당하지만 성격을 측정하는 데는 전혀 타당하지 않다.

(2) 유형

① 내용타당도

내용타당도는 검증하고자 하는 영역의 중요한 측면들이 검사 문항에 적절한 비율로 포함되어 있는 정도를 말한다. 만약 지능검사라고 한다면, 그 검사가 지능의 중요한 영역(예를 들면, 언어성 지능 영역과 동작성 지능 영역)을 포함하고 있는지를 검증하는 것이 내용타당도다.

② 준거타당도

준거타당도란 하나의 검사점수와 하나 또는 그 이상의 준거점수와의 상관을 통해 타당도를 알아보는 방법으로 준거가 미래의 행동이냐 현재의 행동이냐에 따라 예언타당도와 공인타당도로 구분된다.

- 예언타당도 : 대학수학능력시험 점수가 대학 입학 후의 학업성적을 얼마나 잘 예측하는지를 알아본다거나 입사시험 점수가 입사 후의 업무성과를 얼마나 잘 예측해 주는가를 알아보는 것과 같이 피검자의 현재의 검사점수가 미래의 행동을 어느 정도 정확하게 예측하는지를 보는 것이다.
- 공인타당도 : 공인타당도는 예언타당도와 마찬가지로 현재 검사점수와 준거점수 간의 상관을 통해 타당도를 검증하는 과정이다. 예언타당도는 행동의 준거가 미래에 있는 반면 공인타당도는 행동의 준거가 현재에 있다는 점이 다르다.

③ 구인타당도

구인타당도는 검사가 측정하려고 하는 심리적 구성 개념을 얼마나 정확하게 측정하는가를 알려주는 것이다. 구인타당도는 요인분석을 통하여 검사의 요인구조를 밝히거나, 다른 변인들과의 상관을 분석하는 방법으로 검증될 수 있다. 예를 들면, 지능검사인 KEDI-WAIS II에 대한 요인분석 결과로 언어이해 영역, 작업기억 영역, 지각적 조직화 영역, 처리속도 영역으로 구성 개념을 나눌 수 있다.

3) 표준화와 규준

심리검사는 행동에 대한 표준화된 측정도구다. 표준화된 검사란 검사의 실시와 채점에 있어 동일한 절차를 사용함을 의미한다. 모든 피검자는 동일한 지시, 동일한 질문, 동일한 시간을 부여받는다. 이러한 표준화된 절차를 통해 얻어진 점수들에 대해 의미 있는 비교가 가능한 것이다. 예를 들면, 대학수학능력시험을 서울에서 본 사람이든 광주, 부산, 대전, 강릉 등 여타 지역에서 본 사람이든 모두 동일한 시험내용과 동일한 절차를 따르게 되는 것과 유사하다.

검사의 표준화에는 검사점수의 체계화를 위한 검사규준의 개발이 필요하다. 규준(norm)은 모집단을 대표하도록 선정된 표준화 집단에 검사를 실시함으로써 구성된다. 검사의 규준을 통해 심리검사에서 특정 개인의 점수가 다른 사람의 검사점수와 비교하여 어느 정도에 위치하는지를 알 수 있다. 심리검사에서 규준이 필요한 이유는 심리검사는 그 특성상 점수를 상대적으로 해석할 수밖에 없기 때문이다. 키나 몸무게와 같은 물리적인 변인의 개개 측정값은 그 자체로서 절대적인 의미가 있으므로 다른 사람들의 키나 몸무게 값이 없어도 해석이 가능하다. 하지만 심리검사는 절대영점을 알 수 없는 심리적 속성을 측정한 것이어서 개개의 점수만으로는 그 점수의 의미를 알 수 없다. 따라서 심리검사에서는 측정값을 상대적으로 해석함으로써 점수에 대한 의미를 알 수 있다. 예컨대, '창의성은 평균 수준이다' 혹은 '불안점수가 평균 이하다', '전체 지능지수(IQ)가 최우수 수준으로 상위 3% 이내다'와 같은 식으로 특정 개인의 심리검사 점수를 해석하는 것이다. 이러한 해석은 검사규준을 바탕으로 나온 것으로, 검사규준은 검사점수가 어떤 의미를 갖는지에 대한 이해를 돕는다.

3. 지능과 지능검사

1) 지능의 의미

지능은 심리학에서 가장 많이 연구되는 주제 중 하나다. 지능은 개인의 지적 능력을 포괄적으로 지칭하는 용어로 널리 사용되고 있지만, 아직까지도 학자들 간에 지능의 정의에 대한 논쟁이 계속되고 있다.

지능의 정의와 관련한 한 가지 큰 논쟁점은 지능을 보편적인 단일 능력으로 볼 것인가 아니면 여러 가지 특수한 능력으로 볼 것인가 하는 점이다. 어떤 사람은 과학에 재능이 있고, 또 어떤 사람은 운동, 예술, 음악, 또는 춤에 재능을 가지고 있는 것을 여러분은 알고 있을 것이다. 이제 지능에 대한 몇 가지 이론을 검토해 보고자 한다.

(1) 스피어먼의 지능의 2요인 이론

영국의 심리학자 찰스 스피어먼(Charles Edward Spearman, 1863~1945)의 2요인 이론은 지능이 2개의 요인을 가지고 있는 것으로 가정한다. 즉 일반 정신능력 요인인 g는 여러 인지 과제들에 공통이 되는 요인을 나타내며, 특수 요인인 s는 특수한 정신능력(수학, 기계, 혹은 언어 기술)을 포함한다. 스피어먼은 g요인이 개인의 정신 에너지를 나타내는 것으로 믿었다(Spearman, 1927). 그 후 100여 년이 지나 g요인은 지능을 정의하고 측정하는 데 있어 주요 요인이 되었다. 많은 심리학자들은 현재 사용되는 지능검사가 측정하는 것은 g요인이라고 보았고, 이는 스피어먼의 g가 현대적 의미의 IQ(Intelligence Quotient) 점수로 변환되었다는 것이다.

(2) 스턴버그의 지능의 삼원이론

로버트 스턴버그(Rovert Sternberg, 1949~)는 지능이 분석적 능력, 경험적 능력 및 맥락적 능력으로 구성된다는 지능의 삼원 이론을 주장하였다(Sternberg, 1984).

① 분석(구성) 지능

분석 지능은 새로운 지식을 획득하고 이를 논리적 과제해결에 적용하는 분석적 능력으로, 전통적인 지능지수 및 성취검사의 성공과 가장 밀접하게 관련된 정신능력을 말한다. 따라서 이러한 능력이 있는 사람은 일반적으로 시험성적이 우수한 학교 우등생이다.

② 경험(창의) 지능

경험 지능은 새로운 상황에서 직관력과 통찰력을 보이며 새로운 과제를 효과적으로 다루는 능력을 말한다. 경험 지능이 뛰어난 사람은 비록 학교에서 우등생은 아니지만 매우 창의적인 능력이 있는 사람이다. 경험 지능이 높은 사람은 새롭고 예상치 못한 문제를 잘 해결하며, 일상적인 과제를 더 효율적으로 수행하는 창의적인 방법을 찾을 수 있다(아이디어뱅크).

③ 실용(상황) 지능

실용 지능은 주어진 환경과 조화를 이루는 능력을 말하며, 스턴버그는 이를 실용 지능이라고도 하였다. 이러한 지능의 소유자는 자신의 환경에 잘 적응하며, 구체적인 상황에서 문제해결능력이 높고 사회적 유능성이 높고 실제적 적응능력이 높다. 이 지능은 전통적인 지능검사에서 얻어지는 지능지수와 학업성적과는 무관하며 정규적인 학교교육을 통해서 길러지지도 않으며 일상의 경험들에 의해 획득되고 발달하는 영역이다.

이후에 스턴버그(1990)는 특정 분야에서 성공을 한 사람들은 분석 지능과 경험 지능, 실용 지능이 잘 연결되어 있음을 강조하면서 이를 성공 지능이라고 하였다. 따라서 개인이 인생에서 특정 분야에서 성취를 이루기 위해서는 학교에서 분석적 지능뿐만 아니라 경험적 지능과 실용적인 지능 영역도 가르쳐야 함을 시사한다.

(3) 가드너의 다중지능 이론

하워드 가드너(Howard Gardner, 1943~)는 인간의 지능을 '특정 문화권에서 중요한 문제를 해결하거나 문화적 산물을 창조하는 능력'이라고 정의하였다(Gardner, 1983). 이는 전통적인 지능 정의 및 이해방식과는 두 가지 점에서 큰 차이를 보이고 있다. 첫째, 전통적인 심리측정 이론에서 일반 요인인 언어 지능과 논리수학 지능을 중심으로 지능을 이해하려는 관점에서 탈피하려 했다는 점이다. 둘째, 인간의 지능을 문화상대적인 개념으로 보았다는 점이다. 즉 각 문화권마다 일상생활에서 가치롭게 여겨지는 지적 능력들이 다르기 때문에 지능은 문화권에 따라 달리 정의될 수 있다는 것이다. 따라서 개인의 지능은 단일한 문제해결능력이 아니라 여러 지능의 집합으로 정의되어야 한다는 것이다. 다중지능 이론에서 지능은 여덟 가지 영역, 즉 언어지능, 논리수학 지능, 공간 지능, 신체운동 지능, 음악 지능, 대인관계 지능, 자기이해 지능, 자연 지능이다(Gardner, 1993). 가드너의 다중지능 이론으로 인해 지능은 학습 상황에 국한되어 측정되는 것이 아니라 다양한 영역에서 평가될 수 있는 것이며 누구나 각기 나름의 강점(재능)을 가지고 있으며 이를 발견하고 개발하는 것이 중요하다는 면에서 지능에 대한 새로운 이해를 하게 되었다(EBS 다큐프라임 〈아이의 사생활 — 다중지능〉 참고).

① 언어 지능(linguistic intelligence)

언어 지능이란 언어와 관련된 활동에 민감하고 언어를 효과적으로 구사하는 능력이다. 즉 읽기, 쓰기, 말하기에 필요한 단어를 효과적으로 사용하고 잘 활용하는 능력을 말한다(예 : 문학가, 시인, 언론인 등).

② 논리수학 지능(logical-mathematical intelligence)

논리수학적 지능이란 숫자를 효과적으로 사용하고 추론하는 능력이다. 즉 계산능력, 논리적 추론능력, 문제해결능력 등을 말한다. 이 지능에는 논리적 관계 설정능력, 논리수학적 기억력 또는 논리수학적 창의성, 과학능력과 산수능력이 포함된다(예 : 수학자, 과학자 등).

③ 공간 지능(spatial intelligence)

공간 지능이란 시각적이고 공간적인 세계를 정확하게 지각하는 능력과 그런 지각을 통해 형태를 바꾸는 능력이다. 즉 그림이나 이미지와 관련된 지능이며 시공간적인 세계를 또 다른 관점에서 재창조하는 능력을 말한다(예 : 건축가, 디자이너, 조각가 등).

④ 신체운동 지능(bodily-kinesthetic intelligence)

신체운동 지능이란 자신의 모든 신체를 이용해서 생각이나 감정을 표현하는 능력과 자신의 손을 이용해서 사물을 만들거나 변형시키는 능력이다. 이 지능에는 자기자극에 대한 감수성, 촉각적 능력뿐만 아니라 신체 협응, 힘, 유연성, 속도 등과 같은 특정한 신체 기술이 포함된다(예 : 발레리나, 운동선수 등).

⑤ 음악 지능(musical intelligence)

음악 지능이란 음악적으로 표현된 양식을 지각, 변별, 변형, 표현하는 능력이다. 즉 리듬과 멜로디를 인지하고 감상하며 만들어내는 등의 음악에 대한 직관적 이해 및 음악을 분석하는 능력을 말한다. 이 지능에는 음악의 리듬 음조나 음색 및 음정에 대한 민감성이 포함된다(예 : 성악가, 연주가, 작곡가 등).

⑥ 대인관계 지능(interpersonal intelligence)

대인관계 지능이란 타인의 기분이나 동기, 감정을 지각하고 구분할 수 있는 능력이다. 즉 다른 사람의 기분이나 동기, 감정을 분별하는 능력, 다른 사람들을 이해하고 그 사람들과 일할 수 있는 능력, 타인과의 관계를 형성하고 유지하는 능력 모두를 포함하는 것으로 다른 사람의 기분이나 동기를 파악해 적절히 반응할 줄 아는 타인 이해에 관한 지능이다. 이 지능에는 얼굴표정, 목소리, 몸짓 등에 대한 민감성뿐만 아니라 상대방의 기분, 감정, 의도를 읽을 수 있는 단서들을 구분할 수 있는 능력 그리고 그런 단서들에 대해 효과적으로 잘 대응할 수 있는 능력 등을 포함한다(예 : 상담가, 코칭 전문가 등).

⑦ 자기이해 지능(intrapersonal intelligence)

자기이해 지능이란 자기 자신을 정확히 이해하고 삶 속에서 효과적으로 자신을 조절할 줄 아는 능력이다. 이 지능에는 자기 자신에 대한 정확한 이해뿐만 아니라 자기 내면의 기분이나 동기, 욕구에 대해 이해하고 통찰하는 능력이 포함된다(예 : 철학자, 심리학자).

⑧ 자연 지능(naturalistic intelligence)

자연 지능이란 다양한 꽃이나 풀, 돌과 같은 식물 및 동물들의 공통점을 찾거나 분석하는 능력이다. 즉 환경에 관심을 갖고 자연을 탐구하는 능력, 그리고 환경에서 생존하고 적응할 수 있는 능력을 말한다(예 : 동물학자, 생태학자, 원예가 등).

나의 강점 지능과 약점 지능은 무엇인가?

1 : 전혀 그렇지 않다   2 : 별로 그렇지 않다   3 : 보통이다
4 : 대체로 그렇다   5 : 매우 그렇다

1. ___ 내 생각이나 감정을 효과적으로 표현하기 위해 글을 짜임새 있게 구성할 수 있다.

2. ___ 무엇이든 실험하고 검증하는 것을 좋아한다.

3. ___ 내 방 꾸미기나 조립 모형 만들기를 좋아한다.

4. ___ 사람들은 나에게 운동을 잘한다고 한다.

5. ___ 악기를 처음 배울 때 그 연주법을 비교적 쉽게 배운다.

6. ___ 가족이나 직장동료, 상사 등 누구와도 잘 지내는 편이다.

7. ___ 평소에 내 능력이나 재능을 계발하기 위해 노력하고 있다.

8. ___ 내 주위의 동·식물 혹은 사물 등에 대한 관찰력이 뛰어나다.

9. ___ 속담이나 격언, 비유를 사용하여 이야기하는 것을 즐긴다.

10. ___ 학교 다닐 때 수학이나 과학 과목을 좋아했다.

11. ___ 다른 사람으로부터 그림 그리기나 만들기를 잘한다고 칭찬받은 적이 있다.

12. ___ 평소에 신체를 많이 움직이는 활동을 좋아한다.

13. ___ 다른 사람과 화음을 이루어 노래를 하거나 악기를 연주하는 것을 좋아한다.

14. ___ 사람들의 계층, 권리, 의무 등에 관심이 많다.

15. ___ 나 자신을 되돌아보고 앞으로의 생활을 계획하는 것을 좋아한다.

16. ___ 동물이나 식물 기르는 것을 좋아한다.

17. ___ 글이나 문서를 읽을 때 문법적으로 어색한 문장이나 단어를 잘 찾아낸다.

18. ___ 어떤 문제가 생기면 여러 가지 방법으로 그 원인을 밝히고 해결하려고 한다.

19. ___ 새로운 지식을 습득할 때 그림이나 개념 지도를 그려가며 외운다.

20. ___ 뜨개질이나 조각, 조립과 같이 섬세한 손놀림이 필요한 활동을 잘할 수 있다.

21. ___ 취미생활로 악기 연주나 음악 감상을 즐긴다.

22. ___ 친구나 가족들의 고민거리를 들어주거나 해결하는 것을 좋아한다.

23. ___ 내 생각이나 감정을 상황에 맞게 잘 통제하고 조절한다.

24. ___ 옷이나 가방을 보면 어떤 브랜드인지 바로 알아맞힐 수 있다.

25. ___ 학교 다닐 때 국어시간이나 글쓰기 시간을 좋아했다.

26. ___ 물건의 가격이나 은행 이자 등을 잘 계산한다.

27. ___ 손으로 물건을 만들고 그림을 그리는 것을 좋아한다.

28. ___ 개그맨이나 탤런트, 주변 사람들의 행동을 잘 흉내낼 수 있다.

29. ___ 악보를 보면 그 곡의 멜로디를 어느 정도 알 수 있다.

30. ___ 다른 사람들로부터 다정다감하다는 소리를 자주 듣는다.

31. ___ 화가 나면 왜 화가 나는지 곰곰이 생각해 보곤 한다.

32. ___ 자동차에 관심이 많고 각각의 공통점과 차이점을 잘 알고 있다.

33. ___ 글을 조리 있고 설득력 있게 쓴다는 말을 자주 듣는다.

34. ___ 회사생활에서 발생하는 문제를 해결하는 절차와 방법을 잘 알고 있다.

35. ___ 어림짐작으로도 길이나 넓이를 비교적 정확히 알아맞힌다.

36. ___ 연기나 춤으로 내가 전하고자 하는 것을 잘 표현할 수 있다.

37. ___ 다른 사람의 연주나 노래를 들으면 어떤 점이 부족한지 알 수 있다.

38. ___ 직장동료나 상사의 기분을 잘 파악하고 적절하게 대처한다.

39. ___ 우울한 기분이 들 때 즐거워지기 위한 나만의 방법을 사용한다.

40. ___ 동물이나 식물에 관하여 많은 정보를 알고 있다.

답안지

A		B		C		D		E		F		G		H	
1		2		3		4		5		6		7		8	
9		10		11		12		13		14		15		16	
17		18		19		20		21		22		23		24	
25		26		27		28		29		30		31		32	
33		34		35		36		37		38		39		40	
세로 항목별 총계															
언어지능		논리수학		공간		신체운동		음악		대인관계		자기이해		자연	

2) 지능검사

(1) 지능검사의 발전 배경

인간의 지능에 대한 개념이나 이론의 발전은 지능을 측정하기 위한 검사도구의 개발 및 발전과 병행되어 왔다. 정신지체아의 진단과 임상적 · 교육적 처치에의 필요는 초기 검사의 발전에 영향을 주었으며, 지능검사가 개발되어야 하는 필요성과 밀접한 관련이 있다(송인섭, 1997).

현재 사용되고 있는 지능검사에 크게 기여한 사람은 프랑스 심리학자인 알프레드 비네(Alfred Binet, 1857~1911)로, 그가 만든 검사는 오늘날 지능검사의 기초가 되었다. 1881년에 공교육이 시행되면서 프랑스 정부는 비네에게 정규학교 교과과정을 이수하기 힘든 학습지진아들을 변별해 낼 수 있는 검사를 개발하도록 하였다. 비네는 처음으로 정신연령이라는 개념을 도입하여 생활연령과 비교함으로써 지적 지능을 알아보고자 하였다. 지능의 구성인자를 측정하기 위해 시도된 비네의 접근방법은 지금의 접근방법과는 많이 달랐지만, 지능검사 개발과 관련한 그의 연구가 있은 후에 새로운 지능검사들이 많이 개발되었으며, 지능의 본질에 관한 연구와 이론의 시금석이 되었다.

(2) 지능검사의 종류

지능검사는 측정목적과 실시방법에 따라 여러 가지로 나눌 수 있다. 우선 개인의 일반적 평균 수준을 측정하는 것이 목적인 일반지능검사와 특수한 정신능력을 독립적으로 측정하려는 특수지능검사로 분류한다. 현재 사용하고 있는 대부분의 검사는 일반지능검사이며, 특수지능검사는 후에 적성검사로 발전되었다.

검사의 실시방법에 따라서는 개인검사와 집단검사로 구분된다. 개인지능검사는 주로 진단용 검사로 많이 사용된다. 이는 검사자와 피검사자가 마주 앉아 한 사람씩 실시하므로 검사 장면의 통제가 용이하여 개인의 능력을 최대한 발휘할 수 있기 때문에 개인의 지능을 비교적 정확하게 평가할 수 있다는 장점이 있다. 반면, 실시가 복잡하여 검사실시를 위해서는 고도의 훈련 및 기술이 요구되며, 검사시간도 오래 걸린다는 단점이 있다. 이에 비해 집단지능검사는 여러 사람을 단시간에 검사할 수 있기 때문

에 경제성이 장점인 반면, 검사 장면에서 발생할 수 있는 여러 가지 오차 요인을 통제
하기 곤란하므로 신뢰성이 떨어진다는 단점이 있다.

여기에서는 대표적인 검사인 비네(Binet) 지능검사와 스탠퍼드-비네(Stanford-
Binet) 지능검사, 웩슬러(Wechsler) 지능검사를 소개하겠다.

① 비네 지능검사

지능의 측정은 19세기 후반 영국의 심리학자 골턴에 의해서 최
초로 시도되었지만, 현재 사용되고 있는 지능검사에 크게 기여
한 사람은 프랑스 심리학자인 비네로, 그가 만든 검사는 오늘
날 지능검사의 기초가 되었다. 비네는 프랑스 교육부로부터 정
상적인 교육으로는 교육 효과를 얻을 수 없는 아동을 가려낼
수 있는 검사개발을 위탁받고 시몬(Simon)과 함께 1905년 오늘날과 같은 형태의 지
능검사를 최초로 개발하였다.

비네-시몬 검사는 정신연령으로 아동의 점수를 나타내었는데, 한 아동의 정신연
령은 동일한 생활연령(chronological age)의 아동에게서 볼 수 있는 정신능력을 지니
고 있음을 의미한다. 비네-시몬 검사는 미국 스탠퍼드대학교의 터먼(Terman)에 의
해서 개정되어 1916년 스탠퍼드-비네(Stanford-Binet) 검사로 출간되었다. 우리나라
에서는 1960년판을 고려대 전용신 교수가 번안하여 고대-비네 검사로 제작되었다.
스탠퍼드-비네 검사는 지능에 대한 비네의 초기 개념에는 충실했으나, 지능검사의
결과는 스턴(Stern)이 제안한 지능지수 개념으로 점수화하였다. 지능지수(IQ)는 아동
의 정신연령을 생활연령으로 나눈 값에 100을 곱한 것이다(IQ=정신연령/생활연령
×100). 생활연령에 대한 정신연령의 비율을 지능검사 점수로 채택함으로써 연령이
다른 아동을 서로 비교할 수 있게 되었다.

② 웩슬러 지능검사

뉴욕의 벨레브 병원의 임상심리학자로 있던 데이비드 웩슬러(David Wechsler,
1896~1981)는 수천 명에 이르는 성인 내담자의 심리적 특성을 측정하는 책임을 맡고
있었다. 그는 스탠퍼드-비네 검사가 원래 아동용으로 만들어진 검사이기 때문에 자

 신의 목적에는 잘 맞지 않음을 발견하고 성인의 지능을 측정할 수 있는 검사 제작에 들어갔다. 결국 1939년에 성인을 위한 지능검사인 웩슬러 성인용 지능검사(Wechsler Adult Intelligence Scale, WAIS)를 완성하였으며, 후속 연구를 통해 아동용과 유아용 웩슬러 지능검사도 제작하였다(Wechsler, 1974).

웩슬러 성인용 지능검사는 두 가지 면에서 혁신적이라고 말할 수 있다. 첫째, 지능검사에 비언어적 추리를 요구하는 문항을 포함시킴으로써 스탠퍼드-비네 검사에 비해 피검자의 언어적 능력에의 의존도를 낮추었다는 점이다. 또한 언어적 능력과 비언어적 능력을 명확히 구분하기 위하여 언어성 IQ와 동작성 IQ를 분리하여 산출하였다는 점이다. 그 구성을 살펴보면, 총 11개의 하위 검사, 즉 언어성 지능을 재는 상식, 이해, 산수, 공통성, 숫자, 어휘의 6개 하위 검사와 동작성 지능을 재는 바꿔 쓰기, 빠진 곳 찾기, 토막 짜기, 차례 맞추기, 모양 맞추기의 5개 하위 검사로 이루어져 있다.

둘째, 웩슬러는 정신연령의 개념에 입각한 비네 식의 지능지수 산출방식을 버리고 정상분포에 기초한 새로운 점수 체계를 도입하였다는 점이다. 이 새로운 점수 체계는 이후의 거의 모든 지능검사에 채택되었는데, 오늘날 사용되는 지능지수(IQ)도 비네의 정신연령 개념이 아니라 웩슬러 식의 편차 IQ를 의미하는 것이다.

우리나라에서는 전용신 · 서봉연 · 이창우(1963)가 WAIS(1955)를 번안하여 한국웩슬러지능검사(K-WAIS)를 제작하였고, 그 후 개정된 WAIS-R(1981)의 한국판을 염태

표 9.1 웩슬러 지능검사

검사	내용
언어성 소검사	• 상식(information) • 숫자(digit span) • 어휘(vocabulary) • 산수(arithmetic) • 이해(comprehension) • 공통성(similarities)
동작성 소검사	• 빠진 곳 찾기(picture completion) • 차례 맞추기(picture arrangement) • 토막 짜기(block design) • 모양 맞추기(object assembly) • 바꿔 쓰기(digit symbol)

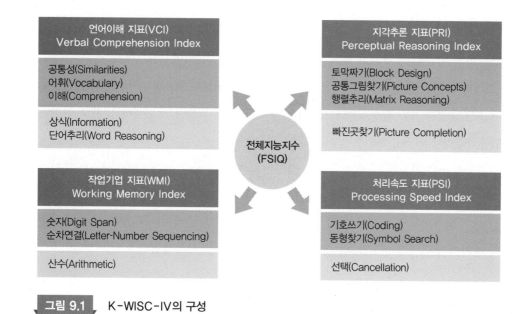

그림 9.1 **K-WISC-IV의 구성**

호 등(1992)이 제작하였고 K-WAIS-IV(16~69세)가 2012년 표준화되었다. 아동을 대상으로 하는 KEDI-WISC-IV(6~16세)가 2011년 곽금주, 오상우, 김청택에 의해 표준화되었고, 유아를 대상으로 하는 K-WPPSI(3~7세)가 1995년에 박혜원, 곽금주, 박광배에 의해 표준화되어 사용되고 있다.

3) 지능결정인자로서의 유전과 환경

지능이 유전의 결과물인가 환경의 결과물인가의 문제, 즉 지능결정에 있어 유전–양육(환경)(nature-nurture) 문제는 두 요인이 지능발달에 각각 얼마나 기여하였는지의 문제이며, 이는 오랫동안 논쟁거리였다. 1900년대 초에는 지능이 유전된다고 생각하였기 때문에 유전–환경 문제에 대한 대답이 '유전'에 치우쳤다. 1950년대에 와서는 심리학이 양육과 환경 요인을 강조한 행동주의에 의해 주로 영향을 받았기 때문에 그 대답은 '양육(환경)'으로 변하였다. 현재는 유전과 양육이 모두 지능에 기여한다는 생각이 지배적이다. 유전–환경 문제에 대한 이러한 현대적 입장은 이란성 쌍생아와 일란성 쌍생아 및 형제 간 IQ 점수를 비교한 연구와 입양아에 대한 연구결과에 기초한다.

(1) 쌍생아 연구

최근까지 발표된 쌍생아와 형제를 대상으로 수행된 지능 연구들로부터 나온 공통적인 결과는 일란성 쌍생아(.82)가 이란성 쌍생아(.59)보다 IQ 점수가 더 유사했으며, 이란성 쌍생아(.59)가 형제(.55)보다 IQ 점수가 더 유사하여 지능에서 유전의 영향을 입증하였다(Nichols, 1978).

연구자들은 지능에 미치는 유전의 영향이 아동기에 가장 크게 나타나지만, 나이가 들며 경험이 증가함에 따라 유전의 영향이 점차 감소된다고 믿었다. 그러나 80세 이상 나이 든 240명의 쌍생아를 대상으로 한 연구는 지능에 미치는 유전의 영향이 경험의 증가와 무관하게 비교적 전 생애에 걸쳐 안정적임을 보고하였다.

(2) 입양아 연구

사회 · 교육적 기회가 부족한 하류층 아동이 상류층 가정에 입양되어 풍부한 사회 · 교육적 기회를 받으면 어떻게 될까? 만약 환경 요인이 지능발달에 영향을 미친다면 환경적 기회를 풍부하게 제공함으로써 IQ 점수가 향상되어야 할 것이다. 프랑스의 한 연구 집단은 하류층 부모가 양육을 포기하여 중 · 상류층 가정에 입양된 생후 6개월 아동들을 연구하였다. 연구자들은 입양 아동의 평균 IQ가 하류층 부모에서 태어나 계속 그 부모 밑에서 양육된 아동들보다 14점이 더 높았다는 것을 발견하였다. 또한 중 · 상류층 가정에 입양된 아동은 학교에서도 비교 아동들보다 훨씬 더 잘 적응하였다. 이 연구결과는 환경 요인을 풍부하게 해줌으로써 지능발달과 학교 수행이 향상될 수 있음을 시사한다. 유사하게 열악한 환경에서 자란 흑인 아동들이 중류층 이상의 가정에 입양된 경우, 열악한 환경에서 계속 자란 아동들보다 10점 이상 더 높게 나타난 연구가 있다. 추적 연구에서도 연구자들은 입양되어 자란 청소년이 열악한 환경에서 자란 청소년보다 더 높은 IQ 점수를 보였으며, 입양아 연구결과로부터 지능발달에서 환경의 영향을 알 수 있다(Ginsburg, 1972).

(3) 상호작용 : 유전과 환경

현재 연구자들은 지능의 발달에 유전과 환경 중 어느 것이 더 중요한지에 관한 논의를 하기보다는 지능과 환경 사이의 상호작용에 대한 연구에 더 관심을 기울이고 있다. 많은 학자들은 유전에 의해서 지능 잠재력의 상한선과 하한선이 정해지고 그 잠재력의 범위 내에서 개인이 실제 나타내는 지능은 환경적 요인에 의해 결정된다고 가정한다. 이러한 지능의 범위를 반응범위라고 부른다. 이러한 가정에 의하면 아무리 환경이 이상적일지라도 넘을 수 없는 개인 IQ의 상한선이 있고 또한 가장 최악의 환경에서도 더 이상 내려갈 수 없는 개인 IQ의 하한선이 있다는 것이다. 반응범위 모형에 따르면 지능발달을 자극하는 좋은 환경에서 자란 아동은 잠재적 IQ 범위에서 가장 높은 점수를 받을 것이다. 반대로 좋지 않은 환경에서 자란 아동은 낮은 점수를 받을 것이다. 반응범위는 IQ척도상에서 20~25점 정도의 간격으로 추정된다.

4. 성격검사

성격을 알아보기 위한 방법에는 여러 가지가 있는데, 그중 가장 대표적인 방법이 검사법이다. 성격검사는 개인이 가지고 있는 어떤 기질이나 성격적 특성을 검사를 통해 평가하는 것이다. 다음과 같은 경우를 위해 성격검사가 필요하다.

첫째, 임상 장면에서 심리적 장애를 진단하기 위해 성격검사가 필요하다. 둘째, 다양한 일상적인 문제를 겪는 사람들을 대상으로 하는 상담 장면에서 문제해결에 도움을 주기 위해 성격검사가 필요하다. 셋째, 회사, 산업체, 정부 및 군에서 인사선발을 위해 성격검사가 필요하다. 조직관리자들은 지원자의 업무에 대한 적합성을 평가하기 위해 성격검사를 활용하고 있다. 넷째, 다양한 심리연구에 사용되기 위해 성격검사가 필요하다. 예컨대, 아동 양육방식과 내향성 간의 관계를 연구하려 한다면 내향성을 측정하는 것이 선행되어야 할 것이다 (Kleimnuntz, 1985).

여기서는 성격을 평가하는 방법으로 관찰법, 질문지법, 투사법 세 가지를 중심으로 알아본다.

1) 관찰법

관찰법은 말 그대로 일상생활이나 혹은 상담 상황을 관찰하여 개인의 성격을 파악하는 방법이다. 예컨대, 유치원에서 일방경을 통하여 아동의 놀이 장면을 관찰하는 것이다. 어떤 이야기를 하고, 어떤 몸짓이나 표정을 자주 짓는지, 어떤 버릇을 가지고 있는 지 등의 관찰을 통하여 아동의 성격을 이해하기 위한 자료를 얻을 수 있다. 우리가 주위 사람들의 성격을 파악하는 데 가장 손쉽게 쓰는 방법이 관찰법이다.

그러나 이러한 관찰법은 관찰기준이 명료하지 않은 경우, 평가자의 경험이나 고정관념에 의해 주관적인 판단을 하기가 쉽다는 단점을 가지고 있다. 이를 보완하기 위해 관찰 내용을 사전에 규정하고 기록방법을 표준화함으로써 조직적 관찰이 가능하도록 하여 객관적인 자료를 얻는 것이 필요하다.

관찰의 오류를 피하기 위해 관찰자는 '평정척도'를 사용한다. 평정척도는 관찰한 특성의 목록이나 평가할 행동에 대한 표준화된 형식을 제공하기 때문에 유용하다.

2) 질문지법

관찰법의 주관적인 경향을 보완할 수 있는 것이 바로 질문지법이다. 관찰법은 타인의 관찰에 의해 성격이 규정되지만, 질문지법은 개인이 질문지 내용을 읽고 자신이 느끼는 감정이나 행동을 자기보고 형식으로 대답하는 것이다. 그래서 질문지형 검사라고도 하고 자기보고식 검사라고도 하며 MBTI, MMPI가 대표적 검사다.

(1) MMPI

가장 광범위하게 사용되는 성격검사는 미네소타 다면적 인성검사(Minnesota Multiphasic Personlity inventory, MMPI)다. 이 검사는 1943년 해서웨이(Hathaway)와 매킨리(McKinley)에 의해 다양한 종류의 심리적 장애를 감별하고자 개발되었다. 해서웨이와 매킨리는 장애 진단을 받은 적이 없는 통제집단과 특정 장애로 진단을 받은 미네소타 주립 정신병원의 환자집단에게 태도, 감정, 증후에 관한 1,000개 이상의 질문을 실시하였으며, 이 과정에서 환자집단과 정상집단을 구분하는 550 항목을 발견하여 그것을 기반으로 MMPI를 개발하였으며 MMPI는 그 후 여러 번 개정되었다. 개정된 MMPI-2(1989년 발표)는 원래 척도와 같지만 타당도 척도가 보완되었고, 알코올중독과 약물남용, 자살충동, 섭식장애, A행동 유형 패턴과 같은 영역을 적절히 설명하기 위한 몇 가지 항목이 추가되었다(Graham, 1990).

다음은 MMPI-2에 있는 질문들이다.

- 가끔 뭔가를 때려 부수고 싶은 때가 있다.
- 섹스에 관한 생각에 사로잡히지 않았으면 좋겠다.
- 지루할 때 나는 흥미 있을 만한 일을 만들어낸다.
- 걸어갈 때 나는 보도의 틈을 밟지 않는다.
- 무슨 말을 하려고 하면 손이 떨릴 때가 많다.

이러한 질문에 예라는 답을 많이 했다고 해서 그 사람이 반드시 문제가 있거나 정신적 문제가 있는 것은 아니다. 오히려 심리학자들은 MMPI 프로파일 ―질문에 대한 답변의 패턴― 을 보고 심리적 어려움이 있는 사람을 구분하며, 피검자의 성격적 특징에 대해 해석한다. 하지만 누군가가 정신적으로 건강하게 보이려 한다거나 일부러 정신적 장애를 꾸며내려 한다면 어떻게 하는가? MMPI에는 검사의 신뢰도를 평가하기 위한 질문을 포함하는데, 그것이 타당도 척도다. 타당도 척도가 측정하는 하나의 변수는 '사회적 바람직성' 혹은 '좋은 사람'으로 보이려는 정도다. 예컨대, 사회적 바람직성이 높은 사람은 거짓말을 한 적이 없다는 문항에 '예'라고 답할 것이다. 더욱이 타당도 척도는 정신병 때문에 범죄를 저질렀다고 판결 받으려는 경우에 정신병인 척하는 사람을 찾아내야 하거나, 정신병원에서 퇴원하기 위해 실제보다 건강해 보이려는 사람을 구별하는 것을 도와준다. 만약 타당도 척도에서 너무 높은 점수가 나온다면 MMPI의 10개의 임상척도 결과가 신뢰롭지 못하다는 의미이므로, MMPI는 타당도 척도의 점수를 고려하여 해석해야 한다.

청소년 미네소타 다면적 인성검사(MMPI-A)는 1992년 청소년용으로 개발되었다. 이 검사는 약물남용, 섭식장애, 학교 및 가족 문제 등 특히 청소년에게 관련이 있는 항목들을 포함하고 있다. MMPI의 임상척도에 관해 많은 연구가 진행되었다. 처음에는 각 임상척도가 구체적인 장애 유형을 지적한다고 생각하였으므로, 우울 척도의 점수가 높으면 우울증을, 편집증 척도의 점수가 높으면 편집장애를 시사한다고 가정하

표 9.2 MMPI - 2의 척도 구성

척도		측정 내용
타당도 척도	무응답(?) 무선반응 비일관성(VRIN) 고정반응 비일관성(TRIN)	빠짐없이 문항에 응답했는지, 문항을 잘 읽고 응답했는지에 대한 정보 제공
	비전형(F) 비전형-후반부[F(B)] 비전형-정신병리[F(P)]	일반인들이 잘 반응하지 않는 방식으로 응답했는지에 대한 정보제공
	부인(L) 교정(K) 과장된 자기제시(S)	자기 모습을 과도하게 긍정적으로 제시하고자 했는지에 대한 정보 제공
	VRIN (무선반응 비일관 성척도)	피검자가 무선적으로, 즉 문항의 내용을 고려하지 않고 아무렇게나 반응한 경향을 탐지한다.
	TRIN (고정반응 비일관성 척도)	피검자가 문항 내용과 관계없이 모든 문항을 그렇다 또는 아니다로 반응한 경향을 탐지한다.
	F(B)(비전형-후반부 척도)	검사 후반부의 비전형 반응을 탐지한다. 검사를 실시하는 피검자의 수검태도 변화를 탐지한다.
	F(P)(비전형-정신병리 척도)	정신과 외래 환자와 일반 규준집단 모두 매우 낮은 빈도로 반응한 문항들로 구성된다. 의도적으로 자신을 부정적으로 보이려 하는지를 탐지한다.
	S(과장된 자기제시 척도)	방어성에 대한 추가정보를 주는 척도로 긍정왜곡을 하는 경우를 탐지한다.
임상 척도	건강염려증(Hs)	자기에 대한 집착, 불평, 적개심, 만성적인 신체 문제의 호소
	우울증(D)	슬픔, 비관, 우울, 의존성
	히스테리(Hy)	부인, 억압과 같은 신경증적 방어기제 사용, 의존적
	반사회성(Pd)	반항적, 충동적, 반사회적 행동, 권위에 대한 저항
	남성성/여성성(Mf)	전통적 성역할에서 이탈된 정도 남성이 점수가 높으면 문화적, 미적 관심 및 수동성 여성이 점수가 높으면 적극적, 자기주장적, 자기확신
	편집증(Pa)	의심, 예민성, 적개심, 투사
	강박증(Pt)	불안, 강박적 관심, 반추적 사고, 열등감
	정신분열증(Sc)	현실 접촉능력 상실, 자기통제 결여, 특이한 사고 및 행동
	경조증(Ma)	충동적, 고양된 정신운동 에너지, 사고의 비약
	사회적 내향성(Si)	순종적, 무기력, 내향성, 관습적, 융통성 부족

	RCd	의기소침
재구성 임상 척도	RC1	신체 증상 호소
	RC2	낮은 긍정 정서
	RC3	냉소적 태도
	RC4	반사회적 행동
	RC6	피해의식
	RC7	역기능적 부정 정서
	RC8	기태적 경험
	RC9	경조증적 상태

였다. 그러나 많은 연구 결과에 따르면 MMPI의 여러 임상 척도는 동시에 상승하기도 하고 하강하기도 하므로 척도점수와 장애 유형의 관계는 이보다 훨씬 더 복잡했다. 대부분의 환자들은 여러 척도의 점수가 함께 상승하므로 해석을 할 때에는 단일 척도가 아닌 프로파일 유형을 분석해야 한다. 이러한 특성 때문에 MMPI를 해석할 때는 매우 신중해야 하지만, 그럼에도 불구하고 MMPI는 임상 장면에서 아주 유용한 진단도구로 널리 사용되고 있다(Butcher, 1990).

(2) MBTI

MBTI는 Myers-Briggs Type Indicator의 머리글자만 딴 것으로 융(Jung)의 성격 유형 이론을 근거로 개발한 성격유형검사다. 이 검사는 모두 95문항으로 구성되어 있으며, 네 가지 척도의 관점에서 인간을 이해하려고 한다. 그리고 그 결과는 E(외향)-I(내향), S(감각)-N(직관), T(사고)-F(감정), J(판단)-P(인식) 중 각 개인이 선호하는 네

표 9.3 MBTI 선호지표

외향(E)	←	에너지방향	→	내향(I)
감각(S)	←	인식기능	→	직관(N)
사고(T)	←	판단기능	→	감정(F)
판단(J)	←	생활양식	→	인식(P)

표 9.4 MBTI 16가지 성격 유형

ISTJ 세상의 소금형	ISFJ 임금 뒤편의 권력형	INFJ 예언자형	INTJ 과학자형
ISTP 백과사전형	ISFP 성인군자형	INFP 잔다르크형	INTP 아이디어뱅크형
ESTP 수완 좋은 활동가형	ESTP 사교적인 유형	ENFP 스파크형	ENTP 발명가형
ESTJ 사업가형	ESFJ 친선도모형	ENFJ 언변능숙형	ENTJ 지도자형

가지 선호지표를 알파벳으로 표시한다.

개인은 4개의 차원 각각에 대한 연속선 중의 점수를 얻게 되는데, 차원점수는 보통 성격 유형의 체계에 따라 요약할 수 있다. 4개의 독립적인 차원 연속선상에서 나타나는 점수에 따라 16가지 성격 유형이 나온다. 예컨대, 어느 한 사람이 외향, 직관, 감정, 인식 쪽에 있으면 ENFP 성격 유형이며 그에 대한 설명은 다음과 같다(Gregory, 2000).

에너지의 방향이 내부세계보다는 외부세계로 향해 있다(E). 알려진 사실이나 전통적인 방법보다 사물에 대한 새로운 가능성을 선호한다(N). 문제를 해결하는 방식이 논리적 사고 및 분석이 아니라 개인의 가치와 감정에 근거한다(F). 그리고 계획과 질서보다는 융통성 있는 생활방식을 선호한다(P).

마이어스-브릭스 성격유형검사는 교육환경에서 인기가 많으며, 부부관계나 부모-자녀 관계뿐만 아니라 다양한 사회조직을 대상으로 구성원 간에 서로의 특성을 이해하고 수용할 수 있게 도와주어 상호 간의 갈등을 해결하는 데 유용하게 쓰인다(Sample, 2004).

3) 투사법

질문지법이 내담자의 반응을 이것 아니면 저것, '예' 아니면 '아니요'로 제한하는 데 비해, 투사법은 자신의 생각이나 느낌을 자유롭게 표현하여 평소에는 의식화되지 않았던 무의식적인 자신의 모습을 알 수 있게 해준다.

투사법은 내담자가 그림 자극을 보고 무엇처럼 보이는지 이야기하거나 도판을 보고 이야기를 꾸미게 하여, 피검자가 하는 이야기의 내용과 느낌을 통해 성격을 추정하는 방법이며, 로르샤흐 검사(Rorschach Test)와 주제통각검사(TAT) 등이 있다.

(1) 로르샤흐 검사

가장 오래되고 인기 있는 투사적 성격검사는 로르샤흐 잉크반점검사(Rorschach Inkblot Method)다. 이 검사는 스위스의 정신과 의사인 헤르만 로르샤흐(Hermann Rorschach)가 1921년에 개발한 검사로, 좌우 대칭인 잉크반점으로 만들어진 10개의 카드를 보여주고 얼룩이 무엇처럼 보이는지 혹은 무엇을 닮았는지를 대답하게 한다. 로르샤흐는 수천 장의 카드를 서로 다른 집단에게 실험한 결과 10장의 잉크반점검사로 주요 우울증, 편집증적 정신분열증을 판별할 수 있음을 알아냈다.

검사자는 잉크반점을 제시하면서 다음과 같이 말한다.

"이제부터 우리가 하게 될 검사는 로르샤흐라는 검사입니다. 이것에 대해서 들어본 적이 있거나 해본 적이 있습니까?"
- 없다고 하면 : "이것은 잉크반점으로 만든 검사입니다. 이제부터 여러 장의 카드들을 보여드릴 텐데, 이것이 무엇처럼 보이는지를 저에게 말씀해 주시면 됩니다."
- 있다고 하면 : 언제, 어디서, 어떤 목적으로 검사를 받았었는지, 당시의 반응을 기억하고 있는지를 물어본다. 당시의 반응을 기억하고 있다면 "굳이 그때의 반응과 똑같이 하려고 하신다거나 다르게 하려고 하실 필요는 없습니다. 그때 어떤 반응을 하셨는지와 상관없이, 지금 보이는 것을 말씀해 주시면 됩니다."라고 말한다.

로르샤흐 검사는 성격기술, 진단 및 치료계획과 평가에 사용된다(Ganellen, 1996; Weiner, 2004). 이 검사의 채점은 잉크반점 전체에 대해 반응했는지, 부분에 대해 반응했는지로 이루어진다. 잉크반점의 모양, 색깔, 그밖의 것이 답을 야기했는지 묻는다. 피검자에게 잉크반점에서 운동, 인간 형태 또는 부분, 동물 형태 또는 부분, 다

| 카드 I | 카드 II | 카드 III | 카드 IV | 카드 V |

| 카드 VI | 카드 VII | 카드 VIII | 카드 IX | 카드 X |

그림 9.2 **로르샤흐 검사 카드(카드 II, III, VIII, IX, X는 칼라)**

른 형태의 여부를 보고 반응했는지 묻는다. 주로 위치나 내용, 반응 결정 요인(모양, 색, 명암 등)을 중심으로 해석한다. 1990년대까지 로르샤흐 검사의 중요한 문제는 결과가 검사자의 해석이나 판단에 의존한다는 점이었다. 이러한 비판에 대하여 엑스너(Exner)는 신뢰롭고 안정적인 종합적인 채점 체계를 개발했다(Exner, 1993). 채점 체계에 대한 엑스너의 공헌으로 인해 다행히 로르샤흐 검사는 사라지지 않고 현재 MMPI 다음으로 병원 및 상담 현장에서 가장 많이 사용되고 있다.

(2) 주제통각검사(TAT)

또 다른 투사검사는 헨리 머레이(Henry Murray)와 그의 동료들이 1935년에 개발한 주제통각검사(Thematic Apperception Test, TAT)다(Morgan & Murray, 1935). TAT는 한 장의 백지 카드가 있고, 다른 19장의 카드는 다양한 상황에 있는 애매한 흑백 그림으로 구성되어 있다. 검사자는 그림 도판을 제시하면서 다음과 같이 말한다.

> "지금부터 그림들을 보여드리겠습니다. 각 그림을 보면서 이야기를 만들어보십시오. 이런 장면이 있기까지 어떤 일이 있었을지, 현재 무슨 일이 일어나고 있는지, 등장하는 사람들이 어떻게 느끼고 무엇을 생각하고 있는지, 그림 속 사람들의 관계는 무엇인지, 그리고 결과가 어떻게 되었을지에 대해서 이야기해 주십시오."

이야기를 듣고, 그 내용을 분석하여 욕구를 파악하는 것이 이 검사의 목적이며, 검

그림 9.3 TAT 그림 카드의 예 : 바이올린 앞에서 무엇인가 골똘히 생각하고 있다.

사를 통해 피검자의 욕구, 동기, 대인관계 등을 이해하는 데 도움이 된다. 예컨대, 어떤 피검자는 어린 소년과 바이올린이 나오는 TAT 카드에 대해 그 소년이 다가오는 음악시험을 생각하고 있다고 말하는데, 동일한 카드에 대해 또 다른 피검자는 이 소년이 엄마를 속이고 친구와 오토바이를 타고 놀러갈 계획을 꾸미고 있다고 말해 피검자의 욕구를 드러낸다.

이러한 투사법은 채점방식이 객관적이지 못하므로 관찰법처럼 검사자의 주관이나 고정관념이 반영되기 쉽다. 그러므로 좀 더 피검자의 성격을 올바르고 객관적으로 이해하기 위해서는 고도의 훈련과 오랜 경험이 요구된다. 투사법이 신뢰도와 타당도가 낮다는 단점에도 불구하고, 앞서 언급한 것처럼 개인의 역동과 욕구, 갈등적 측면을 잘 반영해 주어 전체적인 성격 이해에 매우 유용하므로 상담 및 임상 현장, 심리연구 등에 광범위하게 사용되고 있다.

(3) H-T-P 검사(집-나무-사람 그림 검사)

우리 주위의 여러 대상들 중에서도 '집', '나무', '사람'은 누구에게나 친숙하면서 상징성이 강한 대상이다. 피검자에게 이러한 상들을 그려보게 함으로써 피검자가 자신의 가정이나 자신에 대해 갖고 있는 표상을 투사적으로 알 수 있게 된다.

처음에는 아동용 지능검사의 도구로 인물화(DAP) 검사를 고안하였는데(Florance Goodenough, 1929), 주로 세부묘사를 얼마나 많이 했는가를 기준으로 지능을 연구하다가 그 과정에서 인물화가 지능뿐만 아니라 성격적 요인에 대해서도 풍부하게 드러내고 있음을 발견하게 되었다. 인물화 검사에 '집'과 '나무'가 부가된 이유는 검사 시행시 갑자기 "사람을 그려 보라."고 했을 때 불안을 느끼는 피검자가 많았으나 '집'과 '나무'는 보다 중립적인 자극이어서 이를 그리라고 하면 위협감을 덜 느끼기 때문이고 자기상을 풍부하게 반영할 수 있는 대상이기 때문이다.

'집' 그림은 전반적으로 가정생활과 가족 간의 관계에 관한 인상을 반영한다. 예를 들어 굴뚝에서 짙은 연기가 뿜어져 나오는 집 그림은 집안의 갈등상황을 표현한 것으로 해석할 수 있다. '나무'와 '사람' 그림은 주로 성격의 핵심적인 갈등 및 방어에 대한 정보를 제공해 준다. '사람' 그림이 의식적인 측면의 자기상을 반영하는 반면, '나무' 그림은 보다 무의식적인 측면의 자기상을 반영한다.

검사에 대한 지시는 다음과 같다.

"지금부터 그림을 그려 봅시다. 잘 그리고 못 그리는 것과는 상관없으니 자유롭게 그려보세요." A4용지를 가로로 제시하며 "여기에 집을 그려 보세요."라고 말하고 그리는 시간을 측정한다. 집 그림이 끝나면 A4용지를 세로로 제시하며 "이번에는 나무를 그려 보세요."라고 말하고 시간을 측정한다. 나무 그림이 끝나면 용지를 세로로 제시하고 "여기에 사람을 그려 보세요."라고 말한다. 사람을 다 그리면 성별을 묻고 용지를 한 장 더 제시하고 이번에는 앞서 그린 그림의 반대 성(性)을 그리도록 지시한다.

그림을 그리는 단계가 끝난 후 각각의 그림에 대해 여러 가지 질문을 한다. 집 그림의 경우 집에 누가 살고 있는지, 집안의 분위기는 어떤지, 앞으로 이 집이 어떻게 될지에 대해 질문한다. 나무 그림의 경우 나무는 어떤 나무인지, 몇 살인지, 앞으로 나무가 어떻게 될지, 나무의 소원이 무엇인지 등을 묻는다. 사람 그림의 경우 이 사람은 무엇을 하고 있으며 몇 살인지, 지금 기분이 어떤지, 성격은 어떤지, 앞으로 어떻게 될지에 대해 질문한다.

최근까지 그림검사의 타당도와 신뢰도에 대해 논박이 있어왔으나, 그럼에도 불구하고 HTP검사는 임상 장면에서 널리 받아들여지고 있다. 그 이유는 실시가 쉽고 시간이 많이 걸리지 않으면서 다양한 대상에게 실시할 수 있다는 이점 때문이다. 그림검사의 해석은 구조적 요소(검사태도와 소요시간, 그림의 크기, 필압, 위치 등)와 내

그림 9.4 초등학교 1학년 ADHD 아동(여)의 HTP

출처 : 아동심리검사사례집

용적 요소(지붕, 벽, 문, 창문, 가지, 수관, 뿌리, 머리, 얼굴, 팔, 다리 등) 두 측면을
고려해야 하며, 1개의 반응만으로 해석의 결정적인 증거를 삼아서는 안 된다(최정윤,
2010 재인용).

(4) SCT(문장완성검사)

문장완성검사는 다수의 미완성된 문장을 피검자가 자기 생각대로 완성하도록 하는
검사로, 단어연상검사의 변형으로 발전된 것이다. Rohde(1946)는 미완성 문장이 인
식하거나 표현할 수 없는 잠재된 욕구, 감정, 태도 등이 보다 잘 드러나게 한다고 생
각하였다. Sacks는 20명의 심리치료자들에게 가족, 성, 자기개념, 대인관계의 네 가
지 영역에 관한 태도를 이끌어 낼 수 있는 미완성 문장을 3개씩 만들게 하였고 내용

이 반복되는 10개를 제외한 50문항의 문장완성검사를 만들었다. 가족 영역은 어머니, 아버지 및 가족에 대한 태도를 측정한다. 예를 들어, "어머니와 나는 _____", "내가 바라기에 아버지는 _____", "우리 가족이 나에 대해서는 _____" 등이다. 성적인 영역은 이성관계에 대한 태도를 포함하고 있다. 예를 들면, "내 생각에 여자들이란 _____", "내가 성교를 했다면 _____" 등이 대표적이다. 대인관계 영역은 친구와 지인, 권위자에 대한 태도를 포함한다. "내가 없을 때 친구들은 _____", "윗사람이 오는 것을 보면 나는 _____" 등이 이 영역의 예다. 자기개념 영역은 자신의 능력, 과거, 미래, 두려움, 죄책감, 목표 등에 대한 태도를 포함한다. "내가 저지른 가장 큰 잘못은 _____", "내가 믿고 있는 내 능력은 _____", "언젠가 나는 _____" 등이 이 영역의 문항들이다. 검사지를 주면서 다음의 지시문을 읽게 한다.

> "다음에 기술된 문항들은 뒷부분이 빠져 있습니다. 각 문장들을 읽으면서 맨 먼저 떠오르는 생각을 뒷부분에 기록하여 문장이 되도록 완성하여 주십시오. 시간제한은 없으나 가능한 한 빨리 하여 주십시오. 만약 문장을 완성할 수 없으면 표시를 해두었다가 나중에 완성하도록 하십시오."

성인용 문장완성검사의 경우 어머니, 아버지, 가족, 여성, 남성, 결혼, 친구, 권위자, 두려움, 죄책감, 자신의 능력, 과거, 미래와 목표에 대한 태도로 나누어 해석하며 이 해석을 근거로 심한 손상, 경미한 손상, 손상이 발견되지 않음, 확인하기 어려움 등으로 분류하여 치료적 도움이 필요한지 여부를 판단한다. 문장완성검사는 다른 투사 검사와 함께 실시하여 해석하면 피검자에 대해 보다 적절한 이해가 가능해진다.

제10장

사회 행동

사람은 사회적 동물이라고 한다. 개인은 사회를 떠나서 살아갈 수 없으며, 서로 간에 영향을 주고받으며 살아간다. 사회심리학은 사람들이 어떻게 서로의 행동과 사고에 영향을 미치는지에 대해서 과학적으로 연구한다. 이 장에서는 우리가 타인들과 사회적 상황들을 어떻게 지각하는지, 다양한 사회적 관계 속에서 친밀감 형성에 영향을 미치는 요인들, 개인의 사고와 행동에 영향을 미치는 여러 사회적 상황들, 그리고 집단 내 개인 행동에 대해서 알아볼 것이다.

1. 사회적 지각

"열 길 물속은 알아도 한 길 사람 속은 모른다."고 하지만, 우리는 매일 많은 사람들과 만나면서 타인이 어떤 사람인지 알고자 노력한다. 그 사람의 성격, 의도, 감정 등을 나름으로 파악해서 상대방이 앞으로 어떻게 행동할 것인지를 예상하고 또 나는 어떻게 행동할 것인지를 생각한다. 이렇듯이 우리는 대인관계 상황에서 많은 생각과 판단을 하게 된다. 여기서는 우리가 자신과 타인의 행동의 원인을 이해하는 과정(귀인)과 대인관계의 첫 만남에서 이루어지는 인상형성에 영향을 미치는 요인과 인상형성 과정의 여러 가지 특성을 살펴볼 것이다.

1) 귀인

우리는 대인관계 상황에서 타인의 행동 이유에 대해서 궁금할 때가 많다. 우리는 어떤 행동의 결과가 긍정적이든 부정적이든 그 원인이 무엇인지를 생각하게 된다. 이렇게 자신이나 타인이 한 행동과 그 결과의 원인을 추론하는 과정을 귀인(attribution)이라고 한다. 귀인은 몇 가지 측면에서 중요한 기능을 한다. 우선 환경을 예측하고 통제하는 데 도움을 준다. 긍정적 결과보다 부정적 결과에 대한 적절한 귀인은 원인규명을 통해 앞으로 그러한 부정적 결과를 피하거나 예방할 수 있기 때문이다. 또한 행동 결과의 원인을 어떻게 귀인하느냐에 따라 우리의 감정, 태도 및 행동이 달라진다. 예를 들어, 어느 비 오는 날에 도로를 걸어가고 있는데 차가 지나가면서 빗물을 튀게 해서 옷을 심하게 버린 경우에 울퉁불퉁한 도로 때문이라고 생각하면 화가 덜 나고 아무런 행동도 하지 않겠지만 운전사의 난폭한 운전 때문이라고 생각하면 화가 나서 소리를 지르거나 보복하고 싶을 것이다. 마지막으로 과거의 수행에 대한 귀인은 미래의 수행에 대한 우리의 기대에 영향을 준다. 예를 들어, 시험 실패가 나쁜 운 때문이라기보다 자신의 노력부족이 원인이라고 생각하면, 다음 시험에는 실패하지 않기 위해 더 노력할 것이다.

연구자들은 개인이 행동의 원인을 추론할 때, 사용하는 정보에 많은 관심을 가져왔다. 하이더(Heider)는 모든 사람은 타인들의 행동을 이해하려는 욕구를 갖고 있고 그 설명을 찾으려는 나름 소박한 심리학자임을 제안하였다. 다음은 사람들이 귀인할 때 일반적으로 고려하는 귀인 차원들이다(Weiner, 1974). 첫째, 내부적-외부적 귀인이다. 내부적 귀인(internal attribution)은 행위자의 내부적 요인(예 : 태도, 성격, 능력, 동기, 노력 등의 개인적 특성)에 그 원인을 돌리는 것이다. 외부적 귀인(external attribution)은 행위자의 밖에 있는 요소, 즉 환경, 상황, 타인, 우연, 날씨 등의 탓으로 돌리게 되는 경우를 말한다.

둘째, 안정적-불안정적 귀인이다. 안정적 귀인(stable attribution)은 그 원인이 내부적인 것이든 외부적인 것이든 비교적 변함이 없는 지속적인 요인에 원인을 돌리는 경우이고 불안정적 귀인(unstable attribution)은 자주 변화될 수 있는 요인에 원인을 돌리는 경우다. 예를 들어, 내부적 요인 중에서 능력이나 성격은 잘 변하지 않는 안정된 요인이라고 할 수 있지만, 노력이나 기분, 동기 수준은 변화되기 쉬운 것이다. 외부적 요인 중에서 규칙이나 법률(빨간 신호일 때 운전), 직업적 역할 등과 같은 요인은 안정적이지만, 운이나 날씨 등은 불안정적 요인이다.

셋째, 통제가능성 차원은 어떤 원인을 개인이 통제할 수 있는지 여부의 문제다. 예를 들어, 노력과 같은 불안정한 내부적 요인은 일반적으로 통제 가능한 것으로 간주된다. 열심히 노력하거나 하지 않는 것은 스스로 결정할 수 있다. 그러나 능력과 같은 내부적 요인은 통제가 덜 가능한 것으로 지각된다.

(1) 귀인에서의 편향들

귀인에 대한 경험적인 연구들을 보면, 사람들은 자신이나 타인의 행동에 대해 귀인할 때, 다음과 같은 귀인 편향을 보이기도 한다. 가장 보편적인 세 유형의 편향, 즉 기본적 귀인오류(fundamental attribution error), 행위자-관찰자 편향(actor-observer bias), 이기적 편향(self-serving bias)을 살펴본다.

기본적 귀인오류는 우리가 다른 사람의 행동에 대한 귀인을 할 때, 상황적 요인(situational factors) 혹은 외적인 요인은 과소평가하고 성향적 혹은 내적 요인을 과대평가하는 경향성을 말한다(Ross, 1977). 즉 우리가 타인의 행동을 그들의 일반적 성격 특성들이나 태도들과 같은 내적인 요인들로 설명하는 대신에, 그들이 처한 상황의 중요성은 간과하는 경향이 있다는 것이다. 예를 들어, 가난한 사람은 그 사람이 처한 사회 · 환경적 요인보다 개인이 노력하지 않고 무능해서 가난하다고 귀인하는 것이다.

행위자 대 관찰자 편향은 우리가 행위자일 때와 관찰자일 때 각각 다른 방식으로 귀인을 한다는 것을 의미한다. 우리가 타인의 행동에 대해서 귀인할 때는 관찰자가 되어 타인의 성향적 원인을 과대평가하고 자신의 행동에 대해서 귀인할 때는 행위자가 되어 자신의 상황적 원인들을 과대평가한다. 즉 우리가 타인의 행동은 성향적인 요인에 귀인하는 반면에, 자신의 행동은 상황적인 요인에 귀인하는 경향을 말한다(Jones & Nisbett, 1972). 예를 들어, 타인의 실수는 그가 무능하거나 성실하지 않기 때문이라고 생각하는 반면에, 자신의 실수는 시험이 너무 어렵거나 운이 없었기 때문이라고 생각할 수 있다. 이러한 경향성에 대한 하나의 설명으로, 관찰자와 달리 행위자는 자신의 행동이 상황에 따라 어떻게 달라지는지를 잘 알고 있기 때문에, 자신의 행동을 안정적인 내적 요인보다는 특수한 상황적 요인에 귀인한다는 것이다. 또 다른 설명으로 조망(perspective)의 차이, 특히 특출성의 차이에 따른 것으로, 관찰자에게는 행위자가 두드러진 자극이 되어 그의 행위를 성향에 귀인하지만, 행위자는 자신의 행동을 보지 못하고 상황을 보기 때문에 자신의 행동을 외적인 요소에 귀인하게 된다는 것이다.

이기적 편향(self-serving bias)이란 성공은 자기의 공적이고 실패는 다른 사람이나 상황의 탓이라고 보는 귀인 편향을 말한다. '잘되면 내 탓, 못되면 조상 탓'이라는 말이 이러한 경향성을 잘 표현하고 있다. 이러한 귀인 경향을 방어적 귀인(defensive attribution)이라고도 한다. 예를 들면, 학생들은 성적이 잘 나오면 자신의 능력이나 노력으로, 못 나오면 시험의 난이도나 운이 나쁜 것 등으로 귀인한다. 사람들은 자신이 한 행동의 결과가 좋으면 내부적 귀인을 하는 반면, 행동의 결과가 좋지 않으면 외부적 귀인을 해서 자존심을 방어하려 한다.

2) 인상형성

우리는 타인과의 첫 몇 분간의 만남에서 상대에 대한 인상을 형성한다. 사람들은 한정된 정보에 기초해서 타인에 관한 광범한 인상을 형성하는 경향이 있다. 이렇게 형성된 인상은 정확한 것일 수도 있고 그렇지 않을 수도 있다. 그러나 첫인상은 이후의 대인 행동을 결정하는 중요한 요인이 된다. 여기서는 이러한 인상형성에 영향을 미치는 요인과 인상형성 과정의 여러 가지 특성을 살펴볼 것이다.

(1) 인상형성의 단서

우리는 타인과의 만남에서 충분한 대화나 접촉 없이도 상대방에 대한 인상을 매우 빨리 형성한다. 우리는 일반적으로 잘 알지 못하는 낯선 사람을 만나면 가장 눈에 잘 띄는 그 사람의 외모 특성에 근거하여 인상형성을 하는 경향이 있다. 외모의 특성을 통해서 그 사람의 내면적인 심리적 특징을 추론, 판단하는 것이다. 외모의 특성으로는 흔히 얼굴 생김새, 옷차림새, 비언어적인 행동단서 등이 있다. 예를 들어, 이마가 좁은 사람은 '속이 좁다', '인색하다', '고지식하다'든가 곱슬머리를 지닌 사람은 '고집이 세다' 등과 같이 어떤 외모의 특성은 특정한 성격적 특성과 관련되어 있다고 생각하는 경향이 있다. 우리는 여러 사람에 대한 직접적 또는 간접적인 경험에 근거해서 외모와 심리적 특성 간의 관계에 대한 나름의 소박한 이론 체계를 가지고 있다. 이러한 이론 체계를 암묵적 성격 이론(implicit personality theory)이라고 한다. 암묵적 성격 이론은 타인에 대한 인상을 형성하는 데 영향을 미친다. 그러나 동일한 외모의 특성을 가졌다고 해서 같은 성격 특성을 지니고 있지는 않다. 이러한 개인차를 무시하고 암묵적 성격 이론을 융통성 없이 적용하면, 부정확한 인상형성을 하게 되고 대인행동에도 영향을 미치게 된다.

(2) 인상형성의 원리

지금까지 밝혀진 인상형성의 원리들은 다음과 같다.

① 중심특성의 중시

우리는 한 사람의 특성에 대한 여러 가지 정보를 접했을 때, 모든 정보를 똑같은 비중으로 생각하지는 않는다. 그러한 정보 중에는 전체 인상을 좌우하는 중요한 정보가 있다. 이렇게 전체 인상을 형성하는 데 큰 비중을 차지하는 특성을 중심특성(central trait)이라고 부른다. 예를 들어', 지적이고 책임감이 강하고 따뜻한 사람'과 '지적이고 책임감이 강하고 냉정한 사람'에 대한 인상형성은 매우 다르다. 이와 같이 '따뜻하다'나 '냉정하다'와 같이 전체 인상을 형성하는 데 중요한 영향을 미치는 특성을 중심특성이라고 한다.

② 나쁜 평의 중시(부정성 효과)

사람들은 일반적으로 다른 사람에 대해 부정적인 평가를 하기보다는 긍정적인 평가를 하는 경향이 있다. 이를 긍정적 편향(positivity bias) 또는 관용 효과(leniency effect)라고 한다. 그러나 한 사람에 대해서 좋은 평판과 나쁜 평판을 함께 접하게 되면, 좋은 평판보다 나쁜 평판을 더 비중 있게 받아들인다. 이렇게 긍정적인 정보보다 부정적인 정보가 인상형성에 더 큰 비중을 차지하는 현상을 부정성 효과(negativity effect)라고 한다. 그 이유는 사람들이 대체로 다른 사람에 대해서 칭찬은 해도 단점을 잘 말하지 않는 사회적 분위기 속에서 부정적인 평판을 듣게 되면 훨씬 더 중요하고 신뢰로운 정보로 받아들이기 때문이다.

③ 초두 효과

다른 조건이 같다면, 먼저 제시된 정보가 나중에 제시된 정보보다 영향력이 더 크다는 것이다. 이런 현상을 초두 효과(primacy effect)라고 한다. 초두 효과가 나타나는 이유는 먼저 접하는 정보에 근거하여 일단 인상을 형성하게 되면 나중에 접하는 정보는 그 인상에 일치해서 받아들여지기 때문이다. 또 처음 제시되는 정보에 대해서는 더 많은 주의를 기울이지만 나중에 들어오는 정보에 대해서는 주의를 덜 기울이기 때문이기도 하다. 초두 효과는 인상형성에서 첫 인상의 영향력을 잘 설명해 준다.

④ 후광 효과

만일 어떤 사람에 대해서 좋은 사람이라는 인상을 형성하면 그 사람은 또한 매력적이고 지적이고 관대하다는 등의 좋은 특성들을 가지고 있는 것으로, 나쁜 사람이라는 인상을 형성하면 어리석고 게으르다는 등의 나쁜 특성들을 가지고 있는 것으로 간주하는, 일관성을 향한 경향을 후광 효과(halo effect)라고 한다. 즉 '좋은' 사람이라는 인상이 후광이 되어 이에 일치하는 다른 많은 긍정적인 특성을 가진 것으로(긍정적 후광 효과), '나쁜' 사람이라는 인상이 후광이 되어 이에 일치하는 많은 부정적인 특성을 가진 것으로(부정적 후광 효과) 간주된다.

2. 대인 매력

우리는 많은 사람들과 다양한 관계를 맺으며 살고 있다. 우리는 어떤 사람과는 친해지거나 사랑에 빠지면서 다른 사람과는 그렇지 못할까? 우리는 어떤 특성을 가지고 있는 사람들에 대해서 친밀함을 느끼고 호감을 가지는 것일까? 대인 매력에 영향을 주는 일반적인 요인들에 대해서 살펴보자.

1) 친숙성

파리에 에펠탑이 처음 건립되었을 때 파리 시민들은 아름다운 파리의 풍광을 해치는 끔찍한 괴물이라고 성토하였지만, 오늘날 에펠탑은 파리의 명물로 시민들의 사랑을 받는 상징물이 되었다. 이렇듯 매일 익숙하게 접하는 대상에 대한 친숙성은 호감을 낳는다.

(1) 근접성

우리 속담에 "멀리 있는 친척보다 가까운 이웃사촌이 낫다."라는 말이 있듯이, 물리적으로 가까이 있을수록 친밀한 관계를 형성하기가 쉽다. 근접성은 호감을 일으키는 중요한 단서가 된다. 우리는 옆집의 이웃을 멀리 떨어져 있는 친척보다 더 자주 본다. 이처럼 가까운 거리에 있는 사람들을 자주 접하게 되면 친숙함을 느껴서 호감이 증가된다. 또한 함께 시간을 보내거나 힘든 일이 있을 때 도움을 받을 가능성도 멀리 있는 사람보다 가까이 있는 사람에게서 더 많다. 사람들은 적은 부담으로 많은 이득을 얻는 관계를 원하는데 멀리 있는 사람들보다 가까운 거리에 있는 사람들과의 관계에서 이런 이득을 얻기 쉽다.

(2) 단순노출 효과

제이욘스(Zajonc, 1968)의 단순노출 효과(mere-exposure effect)는 특정 대상을 자주 접할수록 그 대상에 대해서 친숙성과 호감을 가지게 되는 현상을 잘 설명한다. 새로운 자극을 자주 접촉하게 되면 대체로 호감이 증가되고 긍정적인 평가를 하게 된다는 것이다. 그러나 단순노출 효과에도 예외는 있다. 특정 자극 대상을 자주 접해서 그 대상에 대한 친숙성과 호감이 나타나기 위해서는 최소한 그 대상에 대한 감정이 중성적이어야 한다. 처음부터 부정적 감정을 가진 대상을 자주 접촉하게 되면 오히려 더 싫어하게 될 수 있다.

2) 유사성 혹은 상보성

유유상종이라고 사람들은 자신과 태도, 가치관, 취미 혹은 사고방식 등이 비슷한 사람을 좋아한다. 한 연구에서 기숙사에 묵을 학생들에게 미리 태도와 가치를 묻는 척도에 응답하게 한 다음, 이를 근거로 룸메이트를 배정하였다. 어떤 방은 서로 유사한 태도를 가진 사람끼리, 다른 방은 서로 유사하지 않은 태도를 가진 사람끼리 룸메이트가 되도록 방을 배정하였다. 한 학기가 지난 후 어떤 사람들이 서로 친구가 되었는지 살펴본 결과, 룸메이트가 되기 전부터 유사한 태도를 가졌던 사람들은 서로 좋아하는 친구가 된 반면에, 이전에 유사하지 않는 태도를 가졌던 사람들은 서로가 싫어하고 친구가 되지도 않았다(Newcomb, 1961). 친구뿐만 아니라 연인이나 배우자를 선택할 때에도 유사성 원리가 적용되는데, 배우자들은 외모, 성격, 사회적 배경, 학력, 종교 등에서 서로 많은 공통점을 지닌다. 사람들이 자신과 유사한 태도와 특징을 지니는 사람에게 매력을 느끼는 이유를 사회비교 이론(Frestinger, 1945)으로 설명할 수 있다. 사람들은 자기 생각의 타당성을 다른 사람과의 비교를 통해 검증하는데, 유사한 사람들은 서로 간의 비교를 통해서 각자가 지니고 있는 생각, 믿음, 태도가 옳다는 느낌을 서로 지지함으로써 보상이 된다는 것이다.

　이처럼 사람들은 대부분 서로 유사한 사람들에게 호감을 느끼지만, 자신과 대조적이며 자신이 갖고 있지 못한 특성을 지닌 사람에게 호감을 느끼기도 하는데, 이를 상보성 가설이라 한다. 예를 들어, 내향적인 여자는 활달하고 외향적인 남자에게 매력을 느끼고, 외향적인 남자는 조용하고 차분한 성격의 여자에게 매력을 느끼는 경우다.

3) 호감의 상호성

사람은 나를 좋아하는 사람을 좋아하는 경향이 있다. 우리들 대부분은 긍정적 평가를 받는 것을 좋아하고 부정적 평가를 받는 것을 싫어하기 때문이다. 서로 초면인 대학생들에게 5분 동안 서로를 소개하게 한 후, 2명씩 짝을 지었다. 그런 후에 짝이 될 상대가 자신을 좋아하거나 싫어한다고 믿도록 만들었다. 이후 짝끼리 서로 상호작용하도록 했을 때, 상대가 자기를 좋아한다고 생각한 사람은 상대에게 호감 행동들을 더 많이 표현했지만, 상대가 자기를 싫어한다고 믿는 사람은 상대에게 호감 행동을 덜 표현했다(Curtis & Miller, 1986). 사람들은 이런 식으로 자신을 좋아한다고 생각하는 사람에게 받은 호감을 되돌려주려 한다.

4) 개인적 특징

(1) 성격 특성

사람들은 어떤 성격을 지닌 사람들에게 호감을 느낄까? 사람들은 성실하고, 정직하며, 진실하고, 신뢰할 수 있으며, 온정적이고, 유능한 사람을 좋아하였고, 거짓말을 많이 하고, 매너가 나쁘며, 동정심이 없고, 이기적인 사람을 싫어하였다(Anderson, 1968).

(2) 유능성

사람들은 대체로 유능한 사람들을 좋아하지만 너무나 완벽한 사람보다는 가끔 실수

를 하는 유능한 사람을 더 좋아하는 경향이 있다. 대학생들에게 네 자극 인물 가운데
한 사람을 묘사하는 녹음테이프의 내용을 듣고 이들의 인상을 평가하도록 하였다. 네
인물은 ① 거의 완벽한 사람, ② 거의 완벽하지만 실수를 저지른 사람, ③ 평범한 사
람, 그리고 ④ 평범하면서 실수를 저지른 사람이었다. 인상 평가 결과, 평범한 사람의
경우에는 실수를 저지른 사람보다 실수를 저지르지 않은 사람을 더 매력적으로 평가
한 반면에, 실수가 없었던 유능한 사람보다 실수를 저지른 유능한 사람을 더 매력적
으로 평가하였다(Aronson, Willerman & Floyd, 1966). 이 실험은 사람들이 유능한
사람들을 좋아하나 너무 완벽하기보다는 다소 허점을 보이는 사람을 더 매력적으로
평가함을 시사한다. 이 현상을 실수효과(pratfall effect)라 한다.

(3) 신체적 매력

"미모는 단지 껍질에 지나지 않는다."라고 하지만, 실제로 대인관계에서 신체적 매력
이 미치는 영향은 크다. 우리는 신체적으로 매력 있는 사람을 그렇지 않은 사람보다
더 좋아한다. 외모는 특히 이성관계에서 호감을 갖게 하는 데 중요한 영향을 미친다.
대학생들에게 컴퓨터를 통해서 무선적으로 데이트 상대를 선정해 주었다. 그 결과,
남녀가 서로 좋아하고 데이트를 계속하게 만든 유일한 결정요인은 지능이나 그 외의
다른 특성들이 아니라 신체적 매력이었다(Walster 외, 1966). 신체적 매력은 여성들
보다 남성들이 이성관계에서 상대의 매력을 평가할 때 상대적으로 중요하게 고려하
는 요인이다. 신체적으로 매력적인 사람들이 인기가 있는 이유를 후광 효과로 설명
할 수 있다. 사람들은 신체적으로 매력 있는 사람이 바람직한 성격 특성을 지니고 있
다고 가정하는 경향이 있다. 즉 그 사람의 외모가 후광이 되어서 보이지 않는 내면도
근사할 것이라고 생각한다. 예를 들어, 매력적인 사람은 매력 없는 사람보다 더 사교
적이며, 독립적이고, 사회적인 기술도 좋고 더 잘 적응하며, 성공적일 것이라고 믿는
다. 직업적 성공가능성과 관련하여 여성의 사진을 평가하도록 하였을 때, 실험참가자
들은 과체중이나 비만인 사람보다 날씬한 여성에게 더 높은 점수를 주었다(Wade &
Dimaria, 2003). 신체적으로 매력적인 사람이 긍정적으로 지각되는 또 하나의 이유
로 학습 효과를 들 수 있다. 우리는 어릴 적부터 외모의 아름다움이 선함과 관련되어

있다고 배워왔다. 백설공주나 콩쥐팥쥐 등에서 착한 사람은 모두 매력적인 외모로, 그리고 악한 사람은 모두 매력적이지 않은 외모의 인물로 묘사되어 있다. 이 때문에 사람들은 외모가 매력적인 사람이 바람직한 성격 특성을 지녔으리라고 추측한다는 것이다. 하지만 신체적 매력이 대인관계에 미치는 영향은 낯선 사람을 지각하는 데는 강력한 요인이 되지만, 일단 사람을 알고 나면 다른 특성들이 더 중요한 영향을 미친다(Eagly 외, 1991).

3. 사회적 영향

우리는 의식하든 의식하지 않든 간에 서로 영향을 주고받으며 살아간다. 여기서는 개인의 사고와 행동에 영향을 미치는 여러 사회적 상황들에 대해서 알아본다. 이러한 사회적 상황들에 대한 연구는 사회적 영향(social influence)이라는 주제로 연구되어 왔다. 사회적 영향은 다수나 집단이 개인 한 사람에게 영향을 주는 경우와 많은 사람들이 다른 많은 사람들과 집단적으로 상호작용하는 경우로 나누어볼 수 있다.

1) 태도와 태도 변화

어떤 특정 대상에 대한 태도는 인지적, 감정적 및 행동적 요소들을 갖는 지속적인 지향성이다. 일반적으로 태도는 인지적, 감정적 및 행동적 요소로 구성된다. 인지적 요소는 특정의 태도 대상에 대한 모든 인지들, 지식 및 신념들이다. 감정적 요소는 대상에 대한 감정, 특히 평가를 의미하며, 행동적 요소는 대상에 대한 반응이나 행동 경향성을 나타낸다.

예를 들어, 어떤 학생의 담배에 대한 태도를 생각해 보자. 인지적 요소는 담배의 성분, 담배의 효과, 담배의 폐해 등에 관한 정보나 담배에 대한 자신의 생각 등을 포함할 수 있다. 감정적 요소는 담배에 대한 감정을 포함하는데, 부정적이거나 긍정적인 평가를 의미한다. 행동적 요소는 담배에 대한 행동 경향성, 즉 흡연을 할지 금연을 할지를 포함한다.

(1) 태도와 행동

태도와 행동 간의 관계는 많은 연구자들의 관심사였는데, 그 이유는 태도가 행동을 예언한다고 생각하였기 때문이다. 그러나 이후 예외적인 결과들이 나오면서 태도가 행동에 미치는 영향은 태도 연구에서 중요한 논쟁거리가 되어왔다.

태도와 행동 간의 관계에 대한 고전적인 연구에서, 한 백인 교수(라피에르)는 젊은 중국인 부부와 함께 미국 전역을 여행하면서, 66개의 호텔과 184개의 식당에 들렀는데, 호텔 한 곳을 제외한 모든 곳에서 아무런 문제 없이 접대를 받았다. 그 당시에는 동양인에 대한 강한 편견이 있었다. 그 뒤에 그들이 들렀던 식당과 호텔에 편지를 보내서 중국인 부부를 손님으로 받을지의 여부를 물어보았다. 128개의 회신 중에서 92%는 손님으로 받지 않을 것이라고 응답하였다. 다시 말해서 영업주들은 자신들의 실제 행동과 다른 편견적인 태도를 표명하였다(LaPiere, 1934). 라피에르와 그 뒤의 많은 연구자들은 이러한 결과를 행동과 태도 간의 비일관성을 반영하는 것으로 해석하였다. 이후 태도와 행동 간의 관계에 대한 연구들은 태도가 행동을 예언하는 조건들, 즉 태도와 행동 간의 일치성을 높이는 조건들에 관한 것이었다. 그래서 일반적으로 다음과 같은 조건들에서 태도와 행동 간의 일치성이 높은 것으로 나타났다.

① 강력하고 일관된 태도는 약하거나 애매한 태도보다 행동을 더 잘 예언한다. 일반적으로 태도가 분명하고 일관될 때는 행동을 더 잘 예언한다.

② 행동과 구체적으로 관련된 태도를 측정하면 일치성이 더 높아진다. 예를 들어, 피임약을 실제 사용하는 행동은 산아제한에 대한 태도보다 피임약을 사용하는 것에 관한 태도와 더 일치했다(Davidson & Jaccard, 1979).

③ 태도는 시간에 따라 변화될 수 있기 때문에, 태도 측정과 행동 측정 간의 간격이 길수록 예측치 못했던 사건들이 더 많이 생길 수 있다. 그래서 태도와 행동을 거의 동시에 측정할 때, 태도의 행동 예언력은 높아진다. 예로, 선거 여론조사는 선거일이 임박해서 측정할 때 정확도가 높다.

④ 대부분의 상황들에서 몇 개의 태도들이 행동에 관련되어 있을 수 있다. 행동을 할 당시에 가장 특출한 태도에 따라서 행동이 결정된다. 따라서 행동 당시

에 가장 특출한 태도를 측정한다면, 행동을 잘 예측할 수 있다. 라피에르의 연구 (1934)에서 영업주들은 돈을 벌고 싶다는 태도와 중국인에 대한 편견 중에서 전자가 더 특출하였을 것이다.

⑤ 상황적 압력이 매우 강하면, 태도와 행동 간의 일관성은 낮아진다. 예를 들어, 라피에르의 연구에서 중국인 유학생 부부가 옷을 잘 차려입고 백인 교수와 함께 식당이나 호텔을 방문하면 업주 측에서는 인종집단에 대한 편견에도 불구하고 거절하기가 쉽지 않다.

(2) 태도 변화

특정 대상에 대한 사람들의 태도가 항상 일관적인 것은 아니다. 심리학자들은 오랫동안 사람들의 태도를 변화시키는 방법들에 관심이 있었다. 그 대상에 대한 인지적 및 정서적 요소들의 변화로 인해 태도가 달라지기도 하고, 태도 대상에 대한 행동의 변화를 통해서 태도가 변화되기도 한다. 인지부조화 이론(cognitive dissonance theory)은 사람들이 자신의 태도와 불일치하는 행동을 했을 때, 어떻게 태도 변화가 일어나는지를 잘 설명하고 있다. 이 이론의 가정에 따르면, 사람들은 자신의 태도와 행동 간의 일관성을 유지하려고 하기 때문에, 비일관성 혹은 부조화는 심리적 불편감을 불러일으킨다. 개인은 이미 저질러진 과거 행동은 바꿀 수 없기 때문에, 태도를 바꿈으로써 태도와 행동 간의 조화, 즉 일치성을 이루어서 심리적 불편감을 해소하려 한다는 것이다. 인지부조화에 대한 연구에서, 실험자는 실험참가자들에게 아주 재미없는 일을 시키고 대기 중인 다른 실험참가자들에게 과제가 재미있다고 말해주길 부탁하면서, 그 대가로 각각 1달러와 20달러를 주었다. 이후, 실험참가자들에게 이 과제가 얼마나 재미있었는지를 질문하였다. 단지 1달러를 받은 실험참가자들만이 실제로 이 과제가 재미있었다고 응답하였다(Festinger & Carlsmith, 1959). 인지부조화 이론에 따르면, 20달러라는 보상은 연구자의 부탁으로 자신의 태도와 상반되는 진술을 한 행동을 정당화시켜 줄 만큼의 충분한 대가가 되기 때문에, 태도와 행동 간의 부조화를 별로 느끼지 않는다. 즉 큰 금전적 보상은 행동(그 과제가 재미있다고 다음 사람에게 말하는 것)과 태도(그 과제가 지루한 것이었다) 간의 불일치를 정당화시킬 만큼 큰 것이라는 것이다. 그러나 1달러를 받은 사람들은 보상이 자신의 태도와 행동 간의 불일치를 정당화시키기엔 불충분했기 때문에 부조화를 경험하였고, 실제로 그 과제가 재미있었다고 태도를 바꿈으로써 부조화를 감소시켰다. 일반적인 결론은 보상이든 처벌이든 최소의 압력으로 태도와 상반된 행동을 유도하면, 태도와 행동 간의 부조화가 유발되고, 부조화를 감소시키기 위해 그 행동에 대한 태도 변화가 일어난다는 것이다.

2) 동조

힙합 바지가 한창 유행일 때 많은 청소년들이 자신의 취향이나 체형과 관계없이 힙합 바지를 입었다. 많은 사람들이 특정 행동을 하고 있다는 이유로 그 행위를 따라서 수행하는 현상을 동조(conformity)라고 한다. 동조가 일어나는 과정과 그 이유에 대해서 알아본다.

집단 내에서 나를 제외한 모든 사람이 만장일치로 특정 입장을 지지하는데 그들의 의견은 명백하게 틀린 것이고 나의 의견이 정답일 때, 여러분은 다수의 압력에 굴복해서 그들의 틀린 답에 동조할 것인가, 아니면 꿋꿋하게 내 의견을 주장할 것인가? 애시(Asch, 1955)는 다음과 같은 실험을 통해서 이런 상황에서의 개인의 동조 행동을 연구하였다.

1명의 실험참가자는 7명 내지 9명의 다른 사람들(실험도우미)들과 함께 실험에 참여한다. 실험자는 이들에게 수직 선분이 하나 그려진 카드와 수직 선분이 3개 그려진 카드를 보여주면서(그림 10.1 참조), 3개의 수직 선분 중에서 어느 것이 다른 카드에 있는 수직 선분과 길이가 같은 것인지 판단하라는 지시를 준다. 각자 자기 순서에 말을 하는데, 실험참가자는 마지막에 말하도록 하였다. 정답은 명백하지만, 모든 실험도우미들은 실험자의 지시에 따라 미리 정해놓은 하나의 오답을 말했다. 그 결과는 상당히 인상적이었는데, 실험참가자들 중 약 35%가 오답에 동조하였다. 그러나 집단이 만장일치 의견을 내지 않았을 때는 동조율이 상당히 떨어졌는데, 집단에서 단 1명의 실험도우미가 이탈하더라도 동조량은 35%에서 약 6%로 낮아졌다. 이탈자가 정답을 말하는 여부와 상관없이 동조율은 떨어졌다. 사람들이 만장일치의 집단 의견에 직면하게 되면 다수가 발휘하는 압력 때문에 동조할 가능성이 높지만, 만장일치가 깨어지게

그림 10.1 애시의 동조실험 사진과 표

3개의 비교선 중에서 어느 것이 기준선과 길이가 같은가? 5명의 다른 사람들이 '3번 선'이라고 말하는 것을 들은 후에 대부분의 사람들은 어떤 대답을 할 것으로 생각하는가? 애시의 한 실험 장면을 찍은 사진에서, 실험 참가자(가운데)는 그 집단의 다른 성원들의 대답과 자신이 생각하는 답변이 일치하지 않음에 따라 심한 불편감을 보이고 있다.

되면 다수 집단의 영향력은 상실되고 개인은 자신의 의견을 말할 가능성이 높아진다.

우리가 동조하는 이유는 때때로 애매한 상황에서 어떻게 행동해야 할지를 모를 때 타인들의 행동이 중요한 정보원이 되기 때문이다. 예를 들어, 뷔페에 처음 가는 사람은 남들이 어떻게 하는지 지켜보고 따라 한다. 이러한 유형의 동조를 정보적 영향 (informational influence)이라고 한다. 또 다른 이유로는 집단이나 타인들로부터 인정받고 거부당하지 않기 위해서 집단의 규범이나 행동들에 동조한다. 예를 들어, 평소에 편한 옷차림을 즐겨 입던 사람도 결혼식이나 장례식에 갈 때는 다른 사람의 눈을 의식해서 옷차림에 신경을 쓴다. 이러한 유형의 동조를 규범적 영향(normative influence)이라고 한다.

3) 권위에 대한 복종

수백만 명의 유대인을 학살한 죄목으로 유죄 판결을 받고 사형에 처해진 나치 전범 아이히만은 재판 과정에서 자신은 단지 히틀러의 명령을 따랐을 뿐이며, 유대인의 죽음에 개인적 책임감이 없다고 항변하였다. 우리는 이런 끔찍한 사건을 저지르는 사람들은 정상이 아니고 심리적으로 심각한 문제가 있는 사람들일 것이라고 생각한다. 그러나 아이히만을 관찰한 정신과 의사는 그가 정상이고 인간관계에서도 별 문제가 없는 사람이라고 보고하였다.

이런 잔인한 사건의 발생 원인이 행위자의 인간성이나 심리적인 문제라기보다 종종 행위자가 처해 있는 사회적 상황의 힘에서 비롯되기도 한다. 권위를 가진 대상의 명령에 복종하는 것은 사회생활이나 질서유지, 조직에서의 적응에 필요하고 도움이 되기도 한다. 예로 모든 운전자들은 음주단속을 하는 경찰의 지시에 따라야 하며, 직장의 신입사원은 상사의 지시를 수행해야 한다. 그러나 어떤 상황에서의 복종은 때로 평범한 사람들을 끔찍한 사건을 저지르는 범죄자로 만들어버리는 파괴적인 성질을 가지고 있다. 밀그램(Milgram, 1963, 1974)의 실험은 복종의 이러한 성질을 잘 나타낸다.

그는 '학습과 기억에 관한 연구'에서 실험참가자들에게 교사 역할을 맡도록 해서 학생(실제로는 실험도우미)이 기억 과제에서 오류를 범할 때마다 전기충격을 주도록 하였다. 전기충격장치에는 15볼트에서 450볼트까지 전압의 수치가 적혀 있었으며, '약함'에서부터 '위험'이라고 적혀 있었다(그림 10.2 참조). 그리고 실제로 실험참가자들에게 45볼트의 전기충격을 주어서 그 고통을 체험하게 하였다. 학생(실험도우미)은 실제로는 전기충격을 받지 않았지만, 실험참가자는 실제로 전기충격을 받는다고 믿었다. 학생이 자꾸 오류를 범하기 시작하고 전기충격의 강도가 상승하자, 학생이 고통스러워하고 항의하는 소리가 옆방에서 들렸다. 많은 실험참가자들이 이러한 절차에 대해서 이의를 제기하고 더 이상 못하겠다고 저항하였지만, 실험자는 정해진 규칙에 따라 실험을 계속해 주기를 촉구했다. 실험참가자의 65%에 해당하는 사람이 전기충격의 마지막 단계(즉 450볼트)까지 주었다.

이후 대학생들에게 밀그램의 실험에 대해서 말해 주고 자신들이 교사 역할을 맡았을 때, 학생이 고통을 호소하는데도 계속 전기충격을 주겠는지를 물었다. 대학생들 중 약 99%에 해당하는 학생들이 전기충격을 주지 않겠다고 응답하였지만, 단 한 사람은 가장 높은 수준의 전기충격까지 줄 수 있다고 하였는데, 그 학생은 명령 복종이라는 상황을 잘 아는 월남전 참전 군인이었다(Aronson, 1988).

밀그램의 실험결과는 권위 있는 지위에 있는 사람의 기대와 압력은 그것이 불합리하고 부당하다고 할지라도 복종을 하게 한다는 것을 나타낸다. 권위에 복종하는 개인

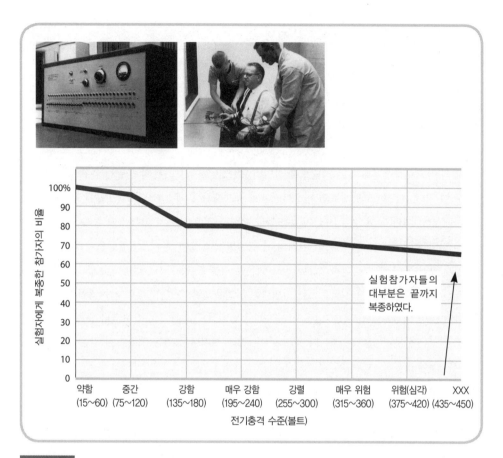

실험참가자들의 대부분은 끝까지 복종하였다.

그림 10.2 밀그램의 복종 실험

'교사' 역할을 맡은 성인 남성의 65%는 계속 진행하라는 실험자의 지시를 전적으로 따랐다. 그들은 '학생' 역할을 맡은 사람들이 실험에 앞서서 그들의 심장 조건을 언급하였음에도 불구하고, 그리고 150볼트 이후에 고함을 지르고 330볼트 이후에 괴로움을 호소하는 소리를 들었지만 실험자의 계속 진행하라는 지시를 따랐다 (Milgram, 1974).

은 자신의 행동에 대한 책임을 권위자에게 돌릴 수 있고 피해자의 고통에 대한 부담을 최소화시킬 수 있는 한 복종할 것이다. 그러나 피해자의 고통을 인식하고 책임감을 느낀다면 복종 요구에 저항할 것이다.

복종을 일으키는 또 다른 방법은 사람들에게 보수, 처벌 또는 위협을 가해서 원하는 행동을 수행하도록 압력을 넣는 것이다. 예를 들어, 10대 자녀가 흡연지 않기를 원하는 부모는 담배를 피우면 용돈을 주지 않거나 외출을 금지하겠다고 위협하거나

예루살렘의 아이히만

아돌프 아이히만은 게슈타포의 유대인 문제해결 최고 책임자로서 유럽 각지의 유대인을 폴란드 수용소로 수송하는 책임을 맡았다. 자신이 500만 명을 이송했다고 자랑하기도 했다. 제2차 세계대전 직후 미군에 체포됐지만 가짜 이름을 사용해 포로수용소에서 탈출했다. 일단 이탈리아로 도주했다가 1950년 가짜 여권을 이용해 아르헨티나로 도피하여 '리카르도 클레멘트'라는 가명으로 살았다. 이스라엘 정보기관의 끈질긴 추적 끝에 10여 년 지난 1960년 5월 체포돼 이스라엘에서 공개재판 후에 1962년 6월 1일에 교수형에 처해졌다. 재판 당시 그는 자신이 유대인을 박해한 것은 상부의 지시에 어쩔 수 없이 따른 것일 뿐이며, 자신은 거대한 기계의 한 톱니바퀴에 불과했다고 변명했으나 받아들여지지 않았다. 후에 심리학자 스탠리 밀그램은 실험을 통해 부당한 명령이라 해도 권위를 가진 자의 명령과 지시는 거부하기 어렵다는 사실을 보여주었다. 그러나 유대인 여성 철학자 한나 아렌트(1906~1975)는 아이히만은 명백한 유죄라고 주장하였다. '생각(사유)하지 않은' 잘못이 있다는 것이다. 즉 다른 사람의 처지나 정의를 생각하지 않은 것이 죄라는 것이다.

금연하면 용돈을 올려주겠다고 약속한다. 그리고 사람들은 단지 타인이 자신에게 어떤 일을 기대하고 있기 때문에 타인의 요구에 따르는 경우도 있다. 예를 들어, 사람들에게 자선금을 내도록 요구하고 그다음에 그들을 '자선적' 또는 '비자선적'이라는 명칭으로 불렀다. '자선적'이라는 명칭으로 불린 사람은 '비자선적'이라는 명칭으로 불린 사람보다 이후 기부를 더 많이 하였다(Kraut, 1973).

4) 방관자 효과

1964년 밤늦은 시간에 키티 제노베즈(Kitty Genovese)라는 젊은 여인이 뉴욕에 있는 그녀의 아파트 부근에서 괴한의 습격을 받았다. 그녀는 30분 이상 저항하였으나 끝내 살해되고 말았다. 적어도 38명의 이웃 사람들이 현장을 지켜보고 있었지만, 아무도 그녀를 도와주려고 나오지 않았을 뿐 아니라 경찰에 신고한 사람조차 없었다. 이 방관자들은 이 위험에 빠진 여자를 왜 도와주지 않았을까?

이후 심리학자들은 위험에 빠진 사람을 여러 사람이 지켜보고 있는 상황에서는 오히려 주변 사람들이 나서서 도움 행동을 줄 가능성이 낮은 현상을 지칭하는 방관자 효과(bystander effect)를 연구하기 시작했다. 라타네와 달리(Latané & Darly, 1970)는 도움을 필요로 하는 개인이 있는 상황에서 나 외의 다른 타인의 존재는 각 사람이 도움행동을 해야 한다는 책임감을 분산시킴으로써, 결과적으로 아무도 도와주지 않게 된다고 제안한다. 제노베즈 살인사건의 목격자들 역시 자신만이 아닌 다른 사람들도 사건을 목격하고 있다는 것을 알았기 때문에, 경찰에 연락하는 일이 나 아닌 '다른 사람이 할 일'이라고 결론지었을 수도 있다. 즉 긴급상황에서 위험에 처한 개인은 주변에 여러 사람이 있을 때보다 소수나 단 한 사람이 있을 때 오히려 도움받을 가능성이 많다는 것이다.

만약 방관자의 책임감 분산이 최소화된다면, 사람들은 서로 도울 것인가? 지하철에서 전동차가 움직이기 시작했을 때 한 남자가 갑자기 바닥에 쓰러져서 천장을 보고 누워 있는 상황에서 어느 한 사람이 도우려고 나서자 많은 사람이 따라서 도와주려고 나섰다(Piliavin, Rodin, & Piliavin, 1969). 이러한 사실이 시사하는 바는 개인들이 어떤 상황이 위급한지 아닌지를 판단하는 데 주변 사람의 행동을 정보로 사용한다는 것이다. 즉 주변 사람들 중에서 누군가가 도움 행동을 하면 위급상황으로 판단해서 도움 행동을 주지만 그렇지 않으면 위급상황이 아닌 것으로 판단해서 도움 행동을 하지 않는다는 것이다.

방관자 효과의 발생 원인은 타인들의 존재에 의해서 생긴 책임감 분산과 상황 해석의 애매성 때문으로 보여진다. 다른 주변인들의 행동은 우리가 상황을 어떻게 해석하는지에 영향을 미친다. 만일 타인들이 상황을 무시하거나 아무 일도 일어나지 않은 것처럼 행동하면 우리 역시 위급상황이 아니라고 생각할 수 있다.

결론적으로 도움을 필요로 하는 사람의 입장에서 보면 여러 사람에게 발견되는 것보다 소수의 또는 단 한 사람에게 발견되는 것이 구조될 가능성이 높고, 여러 사람에게 발견되어도 나서서 도와주려는 마음 따뜻한 한 사람의 모델만 있으면 주변 사람들의 도움을 받을 수 있을 것이다. 예를 들어, 지하철에서 구걸하는 사람에게 기부하는 사람을 본 사람은 보지 않은 사람에 비해 더 많이 기부한다.

4. 집단에서의 행동

우리 대부분은 가족이라는 집단에서 태어나고 성장하며, 이후 많은 다양한 종류의 사회집단 속에서 시간을 보내고 좋든 나쁘든 집단들의 영향을 받는다. 여기서는 집단이 우리에게 미치는 영향을 집단에서의 수행과 몰개인화 현상, 집단의사결정 과정으로 알아본다.

1) 집단과 과제 수행

(1) 사회적 촉진

타인들의 존재는 개인의 과업 수행에 어떤 영향을 주는가? 심리학자인 트리플렛 (Triplett, 1898)은 경륜 선수들이 혼자 달렸을 때보다 여러 명이 함께 달렸을 때 기록이 더 좋다는 것을 발견하였다. 이후 그는 아동들에게 정해진 시간 내에 낚싯줄을 가능한 한 빨리 감도록 한 실험에서, 한 조건은 같은 방에서 두 아동이 각자 자신의 낚싯대를 가지고 낚싯줄을 감도록 하였고 다른 경우에서는 방에서 혼자 낚싯줄을 감도록 하였다. 결과를 보면, 아동들이 혼자서 낚싯줄을 감았을 때보다 자신과 같은 일을 수행하고 있는(공동 수행) 다른 아동들이 있었을 때 더 빨리 감았다. 이후, 심리학자들은 공동 수행인 경우뿐만 아니라 단순히 옆에 있거나 지켜보는 사람이 있다는 것만으로도 개인의 수행이 촉진된다는 사실을 발견하였다. 이와 같이 혼자 수행할 때보다 타인이 있을 때 수행이 더 향상되는 현상을 사회적 촉진(social facilitation)이라고 한다. 그러나 타인의 존재가 항상 수행을 촉진시키는 것은 아니다. 타인의 존재가 개인의 수행을 촉진시키는지 여부는 과제의 난이도, 또는 숙련도와 관계 있는 것으로 보인다.

제이온스(Zajonc, 1965)에 의하면, 타인들의 존재는 개인의 충동이나 동기를 증가시키는데, 증가된 동기가 수행을 촉진시키는지는 과제에 달려 있다. 과제가 잘 학습되고 숙련된 것이면 동기의 증가는 수행에 도움이 되지만, 과제가 복잡하고 난이도가 있고 잘 학습된 것이 아니라면 오히려 수행은 억제된다는 것이다. 예를 들어, 쉬운 계산 문제는 여러 사람들 앞에서 오히려 더 잘할 수 있지만, 어려운 수학문제를 푸는 것은 긴장되고 불안해서 실수할 수도 있다.

(2) 사회적 태만

사람들은 혼자 일할 때보다 집단에서 공동목표를 위해서 일할 때 노력을 적게 하는 경향을 보인다. 예를 들어, 줄다리기를 할 때 젖 먹던 힘까지 내어서 있는 힘껏 당기는 사람도 있지만 '나 하나쯤이야' 하는 생각으로 당기는 시늉만 하는 사람도 있다. 이렇게 혼자 수행할 때보다 집단으로 수행할 때 노력을 덜 하는 현상을 사회적 태만 (social loafing)이라고 한다.

사회적 태만이 일어나는 이유를 보면, 집단의 공동목표를 위해 일하는 개인은 집합적 활동 속에서는 자신의 개인적 기여가 확인되거나 평가되지 않기 때문에, 집단 수행에 대한 책임을 덜 느끼게 된다. 즉 집단 수행에 대한 책임감이 집단의 모든 구성원들에게 분산되기 때문에 사회적 태만이 나타나게 된다는 것이다. 그러나 개인들에게 더 많은 개입감과 책임감을 제공함으로써 책임감 분산을 상쇄시킬 수 있다. 예를 들어, 점수나 결과가 공유되는 집단 과제에서 과제의 각 부분을 집단 구성원에게 개별적으로 할당해서 개인의 개별적인 기여도를 평가하는 절차를 도입하면 사회적 태만은 감소할 것이다.

2) 몰개인화

집단 상황에서 사람들의 개인적 정체감이 최소화되어 가끔 공격적이거나 비이성적인 양식으로 행동하는 현상을 몰개인화(deindividuation)라고 한다. 집단 속에서 개인의 익명성이 보장될 때, 반사회적 행동은 보다 더 일어나기 쉽다. 개인이 군중의 한 일원이 되면, 혼자라면 지켰을 규범을 어기는 경우들이 발생하기도 한다. 예를 들어 야구 경기장에서 홈팀을 열광적으로 응원하는데, 홈팀이 지고 있으면 많은 관중들이 흥분해서 야유를 보내고 물병을 던지는 등의 과격한 행동을 하기도 한다.

몰개인화에 대한 연구에서 4명의 대학생으로 구성된 집단의 실험참가자들에게 학습 실험에서 학습자(실제로는 실험도우미)가 학습의 오류를 범할 때마다 전기충격을 주도록 요청하였다. 집단의 한 조건에서 실험참가자들은 헐렁한 흰 실험복을 입고 자신의 정체를 타인들이 알 수 없게 얼굴을 가리는 두건을 쓰고, 이름도 불리지 않았다 (몰개인화 조건). 다른 조건의 실험참가자들은 자신의 옷을 그대로 입고 이름이 쓰인

명찰을 달도록 했다(개인화 조건). 실험이 진행되는 동안, 실험참가자들은 학습자가 오류를 범할 때마다 전기충격을 주었다(실제로 학습자가 전기충격을 받지는 않지만 실험참가자들은 충격을 받는다고 믿었다). 결과를 보면, 몰개인화 조건의 실험참가자들이 개인화 조건보다 두 배나 많은 전기충격을 주었다(Zimbardo, 1970). 실험에서 몰개인화 조건은 개인의 익명성을 보장해 주고 공격을 증가시켰다. 정체감의 상실은 때 때로 집단 속에서 개인들이 나타내는 폭력적이고 반사회적인 행동의 원인이 된다는 생각을 지지해 준다.

몰개인화된 상황에서 반사회적 행동을 할 가능성이 많지만 반드시 그런 것은 아니다. 집단이 친사회적 행동의 규범을 선호한다면 친사회적 양식의 행동을 하기도 한다. 예를 들어, 2002년 한일월드컵 대회에서 붉은 악마를 비롯한 대규모의 인파가 보여준 질서정연한 응원과 이후 쓰레기를 스스로 치우는 모습은 외국인들에게 깊은 인상을 심어주었다.

3) 집단의사결정

집단은 개인보다 더 나은 결정을 하는가? 집단은 합리적인 의사결정에 이르기 위해 구성원들의 지식을 이용할 수 있지만, 그 답은 조건적이다. 심리학자들은 집단과정이 의사결정에 영향을 줄 수 있는 두 가지 중요한 양식, 집단극화와 집단사고를 연구해 왔다.

(1) 집단극화

집단극화(group polarization)는 어떤 주제에 대해 개인적으로 결정을 할 때보다 자신과 같은 의견을 가진 구성원들로 이루어진 집단에서 의사결정을 할 때, 더 극단적이 되는 경향을 말한다. 예를 들어, 집단 구성원들의 전반적 의견이 보수적이라면 집단토의를 통해 보다 더 극단적인 보수주의 쪽으로, 최초 의견이 모험적인 쪽이라면 집단토의를 통해 더 큰 모험 쪽으로 결정을 하게 된다.

집단극화가 일어나는 원인은 집단 구성원들이 이미 문제에 대해 같은 의견을 공유하고 있는 상태에서 논의 과정을 통해서 다른 구성원들로부터 자신의 의견을 지지하는 더 많은 정보를 얻게 되기 때문에 기존의 입장이 더 강화되는 것으로 보인다. 이것은 집단 토론 후에 초기의 관점이 더 극화되는 것으로 나타난다. 또 다른 원인들로는 집단에 대한 동일시로, 집단의 규범에 동조한 결과로 집단극화가 나타난다는 설명과 사회비교를 통한 자기과시 때문이라는 것이다. 집단 내에서 구성원들은 자신을 호의적으로 나타내기 위해서 집단토의 과정에서 다른 구성원들의 입장보다 자신의 입장을 더 강하게 주장한 결과로 집단의사결정은 더 극단적으로 결정되는 집단극화가 일어난다고 본다.

(2) 집단사고

우리는 종종 한 사람의 머리보다 여러 사람이 머리를 맞대고 하는 집단의 결정이 현명할 것이라고 생각한다. 그러나 오히려 현실적인 평가를 못 해서 재난을 초래하는 의사결정에 이르게 되는 경우들을 본다. 집단의사결정 과정에서 각 구성원이 집단의 분위기와는 다른 자신의 의견을 표현하지 못해서 결국 비합리적인 집단 결정을 내리는 현상을 집단사고(group think)라고 한다(Janis, 1982).

역사적으로 집단사고로 잘못된 결정을 해서 오점을 남긴 사건들은 생각보다 많다. 제니스는 역사적으로 잘못된 판단으로 인해 실패한 사건들의 원인을 분석해서 그 원인이 집단사고에 있다고 하였다. 미국이 예상할 수 있었던 일본의 진주만 공습에 대처하지 못한 것이나 챌린저 우주왕복선 대참사 등은 집단사고와 관련되어 현실에서 벌어진 비극이다. 예를 들어 1986년 우주왕복선 챌린저호가 발사 73초만에 공중폭발한 대참사의 경우, 엔지니어들이 우주선 내부에 문제가 있다고 발사 연기를 건의하였지만 미 항공우주국(NASA) 고위 관리들은 별 문제가 없다고 확신해서 이 건의를 무시하고 발사결정을 하였다. 이들이 이런 결정을 한 데는 당시 수차례 연기되었던 발사시기에 대한 압력과 여론도 한몫을 했다. 그 결과는 대참사였다. 집단사고는 자문회의나 위원회 같은 과업지향적이고 구조화된 집단 상황에서 더 잘 일어난다.

제니스에 따르면, 집단사고는 (1) 집단의 응집력이 높은 경우, (2) 집단이 외부 영향을 받지 않는 경우, (3) 집단 내에서 찬반양론을 자유롭게 표현할 수 있는 체계적인 절차가 없는 경우, (4) 집단의 리더가 지시적이고 특정한 결정을 분명하게 선호하는 경우에 더 잘 일어난다고 한다. 제니스는 집단사고의 이러한 징후들이 불완전한 정보탐색과 비상 시 대책의 결여 같은 치명적인 결함들을 낳고 형편없는 결정을 내리게 한다고 제안하였다.

제니스는 집단사고에 대처하고 집단의사결정의 효과를 증대시키기 위해서 다음과 같은 제언들을 하였다.

① 지도자는 집단 구성원들이 모든 제안에 대해서 반론을 말할 수 있는 분위기를 만들어야 한다.

② 지도자는 자신의 선호나 기대에 관한 언급을 먼저 하지 않고, 구성원들이 각자의 의견을 말한 이후에 한다.

③ 집단을 하위 위원회들로 나누어서 문제점들을 독립적으로 토의하고, 그다음에 차이점들을 줄이기 위해 함께 토의한다.

④ 외부 전문가들을 토의에 초청해서 집단 구성원들의 의견에 이견을 제시하게 한다.

⑤ 회의에서 적어도 한 사람에게는 집단의 아이디어에 대한 비평자 역할을 맡긴다.

제11장

이상행동과 심리치료

그는 어리숙한 '산초'를 부하로 거느리고 이 세상의 모든 부정과 맞서 싸우기 위해 길을 떠난다. 그는 풍차를 거인으로 생각하고, 포도주가 든 가죽주머니를 상대로 격투를 벌이기도 한다. 현실과 유리된 몽상가인 돈키호테는 미치광이 취급을 당하고 웃음거리가 되지만, 그의 용기와 고귀한 뜻은 꺾이지 않는다. 돈키호테는 한낱 우스꽝스런 광인에 불과한가, 아니면 자신의 꿈과 이상을 실현하기 위한 용기 있는 자인가? 사람들은 자신이나 다른 사람들의 행동이 이상하다고 느끼는 경우가 있다. 우리가 이상하다고 하는 기준은 무엇인가?

이 장에서는 이상행동(abnormal behavior)을 구분하는 기준과 심리장애의 유형과 그 특징 및 임상 양상, 그리고 심리적 부적응에 대한 심리치료에 대해서 살펴볼 것이다.

1. 이상과 정상의 구분

우리가 '이상' 행동이라고 말할 때, 무엇을 이상행동이라고 하는 것일까? 우리가 '이상' 행동과 '정상' 행동을 구분하는 규준은 무엇인가? 일반적으로 다음과 같은 규준들을 근거로 해서 정상과 이상행동을 구분한다.

① 사회문화적 규준으로부터의 일탈 — "로마에 가면 로마 사람이 되어야 한다."는 말처럼 모든 문화에는 그 문화에서 용인되는 행동을 규정하는 기준이나 규준이 있다. 그리고 이러한 규준으로부터 현저하게 일탈하는 행동은 이상(행동)이라고 간주된다.

　　예를 들어, 이슬람 문화권에서는 손으로 음식을 먹는 것이 지극히 자연스러우나 우리 문화에서 손으로 음식을 집어먹는 행동은 상스러운 행동으로 비난받는다. 한 사회 내에서도 시간의 경과에 따라 이상의 개념은 변한다. 10여 년 전만해도 우리 사회 대부분의 사람은 여성의 흡연을 이상이라고 보고 비난하였지만지금은 이상행동으로 보기보다는 삶의 양식에서의 차이라고 본다. 이와 같이 정상과 이상에 대한 관념은 사회와 문화에 따라 다르고, 또 한 사회 내에서도 시대에 따라 다르다.

② **통계적 규준으로부터의 일탈** — 통계적으로 볼 때, 정상의 기준에서 일탈되어 있을 때를 말한다. 예를 들어, 신장, 체중, 지능 같은 특징들의 통계적 측정치 분포에서, 평균이나 정상 범주에서 심하게 벗어나 있을 경우 일탈이라고 한다. 이러한 기준은 개인의 심리적인 특성을 측정하는 검사를 통한 평가에도 적용된다. 예를 들어, 지능이 정상 범위에서 상당히 일탈되어 있어 학습이 어려운 아동을 정신지체라 한다. 그러나 이러한 정의에 따르면, 지능이 아주 높아서 영재라 불리는 아동들도 이상으로 분류된다. 그래서 우리는 이상행동을 정의할 때 통계적 측정치 이외에 다른 것도 고려해야만 한다.

③ **부적응 행동** — 개인의 행동이 개인의 복지나 사회에 미치는 영향을 고려해서 이상행동을 정의한다. 이러한 규준에 따르면, 개인에게 또는 사회에 해로운 영향을 미치는 부적응 행동이 이상행동이다. 예를 들어, 부모에게 공격적인 행동을 하거나 등교를 거부하는 청소년, 묻지마 범죄나 연쇄살인과 같은 반사회적인 행동 등이 여기에 해당된다.

④ **사적 고민(personal distress)** — 개인의 주관적인 고민(distress)이다. 때로는 객관적으로 드러난 이상의 증상은 없어서 다른 사람에게는 정상으로 보일 수 있지만, 개인은 불안감, 우울감, 초조감, 또는 불면증, 식욕상실 등 고통을 호소하며 괴로워하는 경우다.

이상의 규준들 중 하나의 규준만으로는 이상과 정상행동을 구분하기 어렵기 때문에 이상행동을 구분할 때 이 네 가지 규준, 즉 사회적 일탈, 통계적 빈도, 부적응 행동, 그리고 사적 고민 모두를 고려하게 된다.

무엇이 정상인가?

정상을 정의하는 것은 이상을 정의하는 것보다 더욱 어려운 것이지만, 대부분의 심리학자들이 아래에 있는 항목표의 특징이 정서적 복지의 지표가 되는 특징이라는 데 동의한다. (이러한 특징이 정신적으로 건강한 사람들과 정신적으로 병든 사람들을 확연하게 구분해 주는 특징은 아니라는 것을 유의하라. 이 특징은 이상으로 진단받은 사람에 비해 정상인 사람이 더 많이 갖고 있는 특징일 뿐이다.)

① **적합한 현실지각** — 정상인 개인은 자신의 반응과 행동을 평가하는 데 있어서, 그리고 자신의 주변세계에서 일어나고 있는 사태들을 해석하는 데 있어서 상당한 현실감이 있다. 정상인 개인은 다른 사람들의 말과 행동을 일관되게 오지각하는 일이 없으며, 자신들의 능력을 일관되게 과대평가하는 일도 없고 자신들이 달성할 수 있는 것 이상으로 달성하려고 덤벼드는 일도 없다. 또한 정상인 개인들은 자신의 능력을 과소평가하지도 않으며 어려운 과제라고 겁을 내어 피하지도 않는다.

② **수의적 행동 통제의 능력** — 정상인 개인들은 자신들의 행동을 통제할 수 있는 능력이 있다는 상당한 자신감을 갖고 있다. 정상인 개인들도 가끔 충동적으로 행동하는 때가 있으나, 자신들의 성적 충동과 공격 충동을 억제해야 할 필요가 있을 때는 억제할 수 있다. 정상인 개인들도 사회규범에 동조하지 않을 때가 있다. 그러나 그와 같은 경우에 정상인 개인이 내린 결정은 통제 불능의 충동 때문이 아니라 자발적으로 내린 것이다.

③ **자기존중감과 수용** — 제대로 적응하는 사람들은 자기 자신이 가치 있는 존재임을 스스로 인정할 줄 알며, 주변 사람들에게 자신이 수용되는 존재임을 느낀다. 제대로 적응하는 사람들은 다른 사람들과 함께 있는 것을 편안해하며, 여러 사회 상황들에서 자발적으로 반응행동을 보일 수 있는 능력이 있다. 동시에, 제대로 적응하는 사람들은 자신들의 의견을 집단의 의견에 완전히 예속시켜야 한다는 의무감에 젖지도 않는다. 무가치감, 소외감, 그리고 자신이 타인에게 수용되는 존재라는 느낌의 결여 등은 이상이라고 진단받은 개인들에게서 흔히 볼 수 있는 것이다.

④ **우호적 관계 형성의 능력** — 정상인 개인들은 다른 사람들과 밀접하고 만족스러운 관계를 형성하는 능력이 있다. 정상인 개인은 다른 사람들의 감정에 민감하게 반응

하며, 자신의 욕구를 충족시키기 위해 다른 사람들에게 지나치게 요구하지도 않는다. 정신적으로 혼란을 겪는 사람들은 자신들의 안전을 지키려는 우려가 너무 심해서 극도로 자기중심적이 되는 경우가 종종 있다. 정신적으로 혼란을 겪는 사람들은 자신의 감정과 노고에만 온 정신을 빼앗겨서 애정을 받으려고만 할 뿐 애정을 베풀지는 못한다. 때로는 정신적으로 혼란을 겪는 사람들은 자신들의 과거 관계가 붕괴된 것 때문에 친밀해지는 것을 두려워하기도 한다.

⑤ 생산성—제대로 적응하는 사람들은 자신들의 능력을 생산적인 활동으로 돌리는 능력이 있다. 제대로 적응하는 사람들은 삶 전체에 대한 열정이 크며, 하루하루 살아가는 데만 급급하지 않는다. 만성적인 기력부진과 피로감은 문제를 해결하지 못한 데에서 초래된 심리적 긴장의 증상으로 나타나는 경우가 종종 있다.

출처 : 장현갑 외, 2004.

2. 심리장애의 진단

적응의 실패로 발생하는 정신장애는 현재, 미국 대부분의 정신건강전문가들이 사용하는 정신질환의 진단 및 통계편람 제5판(Diagnostic and statistical Manual of Mental Disorder, 5th Edition, 줄여서 DSM-5, 2013)에 의해서 분류하고 진단하고 있다. 진단명은 장애를 치료하는 사람들이 보다 신속하고 간결하게 정보를 소통할 수 있게 해준다. 예를 들어, 조현병(과거에는 정신분열증이라 불린)이라는 진단은 진단받은 사람에 관한 많은 정보를 말해 준다. 또한 어떤 환자의 증상들이 다른 환자들의 증상들과 유사하다는 것을 알게 되면 그 환자에 대한 치료방법을 결정하는 데 도움이 된다. 그렇지만, 우리가 진단 명칭에 지나치게 많은 비중을 두고 환자를 분류된 진단명으로만 보면 각각의 사례가 갖고 있는 독특한 특징들을 간과하는 실수를 저지를 수도 있다.

다음에서 정신질환의 진단 및 통계편람 준거에 의해 대표적인 정신장애의 유형과 그 특징을 설명한다.

3. 심리장애의 분류

1) 조현병

조현병(schizophrenia)은 사고, 정서, 지각, 행동 등의 여러 측면에서의 혼란이 특징인 주요 정신병 중 하나다. 조현병의 주요 특징은 다음에 제시되어 있는데, 조현병이라고 해서 제시된 증상들을 모두 가지고 있는 것은 아니고 그 정도와 특징은 다르게 나타나기도 한다.

① 사고의 혼란 — 사고 과정과 사고 내용의 장애로 나누어볼 수 있다. 외부세계에 대해 객관적이고 현실에 입각한 판단을 내리고 사고하는 데 장애를 뚜렷이 보인다. 이러한 사고 과정 장애는 언어표현에서 지리멸렬하거나 엉뚱한 방향으로 빗나가는 식으로 나타나서 정상적인 대화가 어려울 때가 많다. 사고 내용 장애의 대표적인 것이 망상(delusion)이다. 망상이란 사실이 아닌데도 사실이라고 믿는 왜곡된 믿음을 말하며, 그 내용은 피해망상, 관계망상, 과대망상 등 다양한데, 가장 흔한 피해망상은 타인이나 집단이 자신을 위협하거나 자신을 해칠 음모를 꾸미고 있다는 신념으로, 예를 들어 국가기관이 자신의 전화를 도청하고 감시한다고 믿는 것이다.

② 지각의 혼란 — 다양한 지각 이상이 나타나는데, 자신을 포함한 주변의 모든 사물들이 이상하게 변형되어 보이는 착각을 경험한다. 실제 외부 자극이 없는데도 감각 경험을 하는 환각은 대표적인 지각장애다. 환각으로서 가장 흔한 것은 환청(보통은 사람의 말소리로 불쾌한 내용이나 욕설이 많다)이다. 환청에 대하여 환자는 여러 다양한 태도를 보이는데, 아주 괴로워하기도 하고 어떤 경우에는 환청이 지시하는 대로 행동하거나 대답하기도 한다. 환청보다 흔하지는 않지

만, 환시도 경험한다. 환각은 종종 사람을 놀라게 하고 공포에 떨게도 한다.

③ **정서표현의 혼란** — 정서적으로 둔감하거나 감정을 느끼지 못하는 무감동(apathy) 상태이거나, 또는 상황에 맞는 정상적인 정서반응을 표현하지 못하고 부적절한 정서를 표현한다. 예를 들어, 가족의 죽음과 같은 비극적 사건에도 아무런 정서 반응을 표현하지 않거나 미소를 짓는 등 상황과 맞지 않는 정서를 표현한다. 이런 증상들 때문에 다른 사람들과 정서적 유대를 맺기 어렵다.

④ **운동과 행의 장애** — 종종 이상하고 괴이한 행동을 한다. 일부의 사람들은 조증 상태에서처럼 매우 흥분해서 쉬지 않고 돌아다니거나 반대로 어떤 사람들은 미동도 하지 않은 채 멍하니 있거나 유별난 자세를 취한 채로 장시간 그대로 있기도 한다. 그리고 계절에 맞지 않게 이상한 옷차림을 한다든지 상황에 맞지 않는 엉뚱한 행동을 보일 수도 있다.

⑤ **일상적 기능의 저하** — 일상생활에서의 일들을 수행하기가 어렵다. 특히 사춘기에 발병하면 학교생활 적응과 사회기술 습득을 제대로 하지 못해서 교우관계도 별로 없다. 조현병을 앓고 있는 성인들은 종종 직업을 가지거나 발병 전의 직업을 유지하는 데 있어서 어려움을 겪는다. 개인위생이나 신변관리가 힘들기도 하다.

조현병은 그 개인에게도 큰 부담을 안겨주지만 그 가족과 지역사회에도 큰 부담이 된다. 이 장애는 사춘기 후반이나 초기 성인기에 시작되는 것이 보통인데, 바로 이 시기는 인생에서 황금기에 해당하는 시기라서 그 개인이나 가족에게는 큰 상실이 아닐 수 없다.

2) 주요우울장애

주요우울장애는 사랑하는 사람의 상실, 실연, 배척이나 따돌림, 재난 등과 같은 심한 심리사회적인 스트레스 이후에 발병하는 경우가 많다. 우울증은 우울하고 슬픈 기분을 주된 증상으로 하는 가장 흔한 심리적 장애다. 경미한 우울 증상들은 인생에서 소중한 것의 상실로 인한 스트레스에 대한 정상적인 반응이다. 주요우울증은 우울한 기분과 흥미나 즐거움의 상실로 일상적인 활동의 뚜렷한 저하와 식욕 및 체중의 감소,

수면장애, 에너지의 감소, 무가치감, 죄책감, 집중 곤란, 자살사고 반복, 자살계획 및 시도, 의사결정의 곤란 등과 같은 증상들 중 적어도 다섯 가지 이상 증상이 2주 이상 지속될 때 해당된다.

주요우울증은 성인의 경우에는 대부분 낙담, 침울감, 무기력을 호소하나, 아동 및 청소년은 민감해지거나 까다로운 기분으로 나타나고 특히 청소년은 비행 행동으로 발전할 수도 있다. 실제로 비행 청소년들은 표면적으로는 우울 증상을 보이지 않지만, 상당수가 내면적으로는 우울 증상을 호소한다. 그래서 청소년기의 우울증을 가면성 우울증(masked depression)이라고도 한다. 반면에 노인들은 지남력장애나 기억장애를 수반하기 때문에 다른 장애와 구분이 어려울 수도 있다. 우울한 기분보다는 신체적 불편함을 강조하여 얼른 보기에는 다른 장애처럼 보이기도 한다. 우울증은 다음과 같은 정서, 인지, 신체, 동기적 증상들을 보인다.

① 정서-우울증 상태에서는 우리 모두가 가끔씩 경험하는 일상생활에서의 울적함보다 훨씬 우울하고 슬픈 감정과 좌절감, 죄책감, 고독감, 무가치함, 허무감, 절망감 등과 같은 고통스러운 정서를 경험한다. 또한 그 어떤 것에서도 흥과 즐거

우울증과 자살

우울 증상이 심해지면 자살의 위험성도 그만큼 높아져서 자살을 기도하거나 실제로 자살하기도 한다. 자살을 기도하는 경향은 여자가 남자보다 세 배가 많다. 하지만 자살 기도로 실제 자살에 이르는 비율은 남자가 여자의 네 배에 이른다. 이러한 차이가 나는 한 가지 이유는 선택하는 자살 방법에 있다. 여자들은 흔히 동맥 절단, 수면제 과다복용과 같은 죽음에 이르는 데 시간이 걸리는 방법을 택함으로써 구조의 가능성이 높은 방법들을 택하지만, 남자의 경우는 총기 사용이나 추락과 같은 되돌릴 수 없는 방법들을 사용하는 경향이 있다. 그러나 사람들의 예상과 달리 아주 깊은 우울 상태에 있을 때는 오히려 자살의 위험이 상대적으로 낮다. 자살을 시도할 에너지조차 없기 때문이다. 자살의 위험은 깊은 우울에서 서서히 벗어남에 따라 증가한다. 이때 환자는 아직 우울한 상태이긴 하지만 활동할 수 있는 에너지와 능력을 어느 정도 갖게 되기 때문이다.

움을 느끼지 못하는 쾌감결핍증(anhedonia)을 경험하기도 한다.

② 인지—우울한 상태에서는 부정적이고 비관적인 생각이 증폭된다. 자신이 무능하고 열등하며 무가치한 존재로 여겨지는 자기비하적인 생각을 떨치기 어렵다. 미래가 비관적이고 절망적으로 보인다. 아울러 인생에 대해 허무주의적인 생각이 증가되어 죽음과 자살에 대한 생각을 자주 하는 경향이 있다. 아울러 인지적

자살의 실제와 통념

다음은 자살에 관한 내용들이다. 옳다고 생각하면 '예'로 답하시오.

1. 죽고 싶다는 말을 자주 하는 사람은 실제로 자살하지 않는다.
2. 공개적으로 자살을 논의하는 것은 사람들에게 자살가능성을 충동하는 것이다.
3. 자살을 시도한 경험이 있는 사람은 언젠가는 또다시 자살을 하려 한다.
4. 남자보다 여자의 자살률이 높다.
5. 구체적인 자살에 대한 계획을 세우는 사람이 그렇지 못한 사람보다 자살가능성이 높다.
6. 만약 한 사람이 자살하기로 작정했다면 이를 말릴 수 있는 방법은 없다.

채점

1. 거짓. 자살을 하는 대부분의 사람은 사전에 주변 사람들에게 어떤 언질을 한다. 친구가 자살이나 죽음에 관련된 말을 자주 입에 올릴 때는 특별히 살펴보길 바란다.
2. 거짓. 자살을 논의하는 것은 도움이 된다. 이는 감추어졌던 어두운 마음을 밝게 할 수도 있다.
3. 참. 한 번 자살을 시도했던 사람은 다시 시도할 가능성이 높다.
4. 거짓. 자살 욕구는 여자가 높지만 실제 자살하는 사람은 남자가 많다.
5. 참. 계획이 치밀할수록 자살가능성이 높다.
6. 거짓. 자살을 계획한 사람도 어느 정도는 살고 싶어 한다. 따라서 세심한 관찰과 따뜻한 관심은 그들을 살릴 수 있다.

출처 : 이수식 외, 1994.

기능도 저하되는데, 주의집중이 잘 되지 않고 기억력이 저하되며 판단에도 어려움을 겪게 되어 어떤 일에 결정을 내리지 못하고 우유부단한 모습을 보이게 된다. 이러한 사고력의 저하로 인해 자신의 능력을 발휘하지 못하고 학업이나 직업 활동에 어려움을 겪게 된다.

③ 신체 ― 우울증의 신체적 증상들은 식욕의 변화, 수면문제, 피로, 그리고 에너지 상실 등이다. 우울증 상태에서는 여러 가지 신체생리적인 변화가 나타난다. 우선 식욕과 체중에 변화가 나타날 수 있다. 흔히 식욕이 저하되어 체중이 현저하게 감소하는 경우가 많다. 그러나 때로는 식욕이 증가하여 많이 먹어서 갑자기 살이 찌는 경우도 있다. 아울러 우울한 사람들은 피곤함을 많이 느끼고 활력이 저하되며 성적인 욕구나 성에 대한 흥미가 감소한다. 또한 소화불량이나 두통과 같은 신체적 증상을 나타내고 이러한 증상에 집착하는 경우도 있다. 우울한 사람들은 흔히 수면장애를 겪게 되는데, 불면증이 나타나서 잠을 이루지 못하거나 반대로 평소보다 훨씬 많은 시간을 자거나 졸음을 자주 느낀다.

④ 동기 ― 우울증이 있는 사람은 수동적이며 활동성이 떨어진다. 우울증 상태에서는 행동과 사고가 느려지고 활기가 감소하여 행동이 둔하고 느리다. 우울한 사람은 어떤 일을 시작하는 데 어려움을 겪는데, 해야 할 일을 자꾸 미루고 지연시키는 일이 반복된다. 활력과 생기가 저하되어 아침에 잘 일어나지 못하고 쉽게 지치며 자주 피곤함을 느끼게 된다. 아울러 사회적 활동을 회피하여 위축되는 생활을 하게 된다.

우울증은 삶을 매우 고통스럽게 만드는 심리적 장애인 동시에 '심리적 감기'라고 부를 정도로 매우 흔한 장애이기도 하다. 우울증은 개인을 부적응 상태로 몰아가고 때로는 자살에 이르게 하는 치명적인 장애이지만, 전문적 도움이나 치료를 받으면 회복이 잘되는 장애이기도 하다. 그러나 우울증을 지닌 많은 사람들이 이러한 사실을 잘 알지 못하기 때문에 적절한 치료를 받지 않은 채, 우울증 상태에서 고통스런 삶을 살아 가는 경향이 있다.

3) 양극성장애

양극성장애(bipolar disorder)는 이전에는 조울증으로 알려져 있던 장애로 극도의 감정적 기복을 경험한다. 개인은 울증 삽화와 조증 삽화를 교대로 경험한다. 조증이 발현한 사람들은 표면적으로는 울증인 사람들의 행동과 반대로 보이는 행동을 한다. 조증의 특징은 지나치게 의기양양하고 과도하게 말이 많고 사고가 비약적이며, 매우 흥분되어 있고 지나친 자신감과 활동성을 보여준다. 실행가능성은 따져보지도 않고 거창한 계획을 세우지만 실행에 옮기는 데에는 별 흥미가 없다. 양극성장애는 그 양상에 따라 I형과 II형으로 구분한다. I형 양극성장애에서는 어느 시점에 이르러 조증 증상들이 종종 흥겨움의 선을 넘어 적대적 흥분으로 바뀌고 자신의 활동을 제지하려는 주변 사람들에게 분노하고 공격적으로 반응하는 자기파괴적 행동이 나타난다. 이러한 특성으로 대인관계 및 직업에서 손상을 초래한다. 개인이 나타내는 조증 삽화가 비교적 심각하지 않거나 역기능적 문제를 초래하지 않을 때, II형으로 진단된다.

4) 불안장애

우리들 대부분은 위협적인 상황이나 스트레스 상황에 직면하면 불안과 긴장을 느낀다. 그와 같은 느낌은 스트레스에 대한 정상적인 반응이다. 그러나 현실에 실제적인 위협이나 걱정거리가 없는데도 불안이 일어나고 그 때문에 일상의 생활 기능이 방해받는다면 불안장애로 볼 수 있다. 다음은 그 하위 유형들이다.

(1) 일반화된 불안장애

뚜렷한 현실적인 이유 없이 삶의 여러 부분에 대해 비합리적이고 과도한 걱정을 하는 것을 말한다. 이 장애는 별다른 이유 없이 불안한 느낌이 지속적으로 심하게 나타나며, 사소한 일도 지나치게 염려한다. 그 결과, 주의집중 곤란, 산만, 초조, 불면증 등과 함께 신체 증상을 호소한다. 근육통, 피로, 안절부절, 두통, 빈뇨, 어지럼증, 소화기 계통(위장 불쾌감, 설사 등)이나 심혈관계(심장 증상)의 다양한 신체 증상이 함께 나타나는 경우도 흔하다. 유병률은 일반적으로 남성보다 여성이 두 배 정도 높다.

(2) 공황장애와 광장공포증

공황장애는 이유 없이 갑자기 불안이 심해지며, 금방 죽을 것만 같은 극심한 공포발작을 몇 분간 경험한다. 이 발작은 심장박동 같은 자율신경계의 과활동, 과호흡, 진땀, 근육경련, 기절, 현기증과 같은 신체 증상들이 수반된다. 이 증상들은 자율신경계의 교감신경 부분이 흥분해서 나타난 것이며, 개인이 극도로 놀랐을 때 경험하는 반응과 똑같은 것이다. 극심한 공황이 개인을 엄습하면 개인은 죽음의 공포를 느끼게 된다. 또한 공황장애가 있는 사람들의 약 2/3에게서 광장공포증이 생긴다. 공황발작(panic attack)을 대부분 집 밖에서 경험하기 때문에 외부 장소에 나가기를 두려워한다. 외부 장소에서 자신이 공황발작을 일으킬지 모른다는 두려움과 위급 시에 도움을 받을 수 없을 것 같다는 불안 때문이다. 즉 자신의 힘으로는 공황발작을 대처할 수 없다고 믿는 공황장애 환자는 광장공포증이 되기가 더 쉽다.

(3) 특정공포증

특정한 대상이나 상황에 대해서 생기는 공포증이다. 특정한 대상이나 상황에 처했을 때 느끼는 강렬한 비현실적인 두려움과 불안 때문에, 그 대상이나 상황을 피해 버리는 장애다. 공포증이 있는 개인도 자신이 느끼는 공포가 불합리하다고 생각하지만 심한 불안과 두려움 때문에 공포의 대상이나 상황을 회피하게 된다. 즉 공포를 유발하는 상황이나 대상에 직면하지 못하기 때문에 일상생활이나 사회적 기능에 장해가 된다.

　예를 들면, 거미나 곤충에 대한 두려움으로 숲에도 갈 수 없는 곤충공포, 폐쇄된 장소에 대한 공포 때문에 엘리베이터를 타지 못하는 폐쇄공포, 사다리를 오르지 못하는 고소공포, 죽음공포 등 그 대상에 따라 다양하다. 현대 사회에서는 과거에 없었던 AIDS, 방사능, 공해 등이 공포의 대상이기도 하다.

(4) 사회공포증

사회적 상황이나 공공장소에서 다른 사람에게 노출되는 것, 부정적 평가를 받는 것, 창피당하는 것, 당황하게 되는 것을 두려워해서 회피 반응을 보이는 장애다. 예를 들어, 여러 사람 앞에서 발표를 하거나 무대에서 연주할 때 느끼는 무대공포, 사회적 상황에서 얼굴이 붉어지는 것을 다른 사람이 알게 될까봐 두려워하는 적면공포가 있다. 이밖에도 데이트 등 다양한 사회적인 상황들에서 공포를 경험한다. 이러한 공포나 불안감과 함께 가슴 두근거림, 근육긴장, 몸의 떨림, 홍조, 발한, 현기증, 심지어 복통, 설사 등의 신체적 고통을 호소하기도 한다. 사회적 상황에서 느끼는 자신의 공포가 과도하고 비합리적이라는 것을 알고 있지만 불안과 두려움을 버릴 수가 없다. 또한 사회공포증을 지닌 사람은 대부분의 경우 사회적 상황에서의 부정적인 결과를 예상하기 때문에 회피하려고 한다. 사회공포증은 사춘기 전후로 시작되며 치료하지 않으면 만성적인 공포가 되는 경향이 있다.

5) 강박장애

강박장애(obsessive-compulsive disorder)는 개인이 통제할 수 없는 원치 않는 특정한 생각(강박사고, obsession)이나 행동(강박행동, compulsion)을 반복하는 상태를 말한다. 개인이 원치 않는 어떤 특정한 생각이나 충동이 반복적으로 떠오를 때마다 불안이나 두려움이 동반되기 때문에 심리적으로 고통스럽고 생활의 지장을 받는다. 강박사고의 내용은 다양한데, 가장 흔한 것은 개인이 스스로 자신이나 타인을 공격하지 않을까 하는 걱정, 더러움이나 세균 감염에 대한 두려움, 반복되는 성적인 충동(예를 들어, 성적인 환상이나 외설적인 말을 외치고 싶은 충동) 등이다. 개인은 자신의 강박사고가 어리석고 불합리한 것이라고 인식해서 이를 막기 위한 반응으로 강박행동을 한다. 강박행동은 강박적 사고나 충동을 억제하기 위한 반응으로, 반복적이고 의례적인 행위다. 예를 들어, 다른 생각을 떠올리려는 노력, 손 씻기, 점검하는 등의 반복행동을 하거나 기도하기, 수 세기, 속으로 특정 단어 반복하기 등의 정신적인 활동을 통해 이를 중화시키려 한다. 강박장애가 있는 사람들 중에는 강박행동 없이 강박사고만을 가지고 있는 사람들도 일부 있지만, 강박사고를 가지고 있는 사람들의 대다수는 강박행동을 한다. 강박장애는 치료하지 않고 내버려두면 만성이 되는 경향이 있다.

강박장애의 하위 유형으로는 물건의 실제 가치와 상관없이 버리는 것을 어려워하는 저장장애(hoarding disorder), 반복적으로 몸에 난 털을 뽑는 발모광(tric-

> ### 강박장애
>
> 대학 2학년인 학생 김 씨는 노트를 아주 세심하게 정리한다. 교수가 말하는 것을 모두 적는 것은 물론이고 수업 후에 노트를 컴퓨터로 타이핑해서 보관한다. 만약 한 자라도 놓치면, 같은 과 친구에게 달려간다. 그래도 찾아내지 못하면, 불안해서 잠을 이루지 못한다. 그녀는 매우 꼼꼼한 학생이다. 그런데 그렇게 세심하게 정리한 노트를 가지고 공부는 하지 않는다.
>
> 김 씨는 어떤 것에 대하여 계속 생각하고 집착하는 강박사고(교수가 말하는 모든 것을 기록해야 한다는 생각)와 자신에게도 비합리적으로 보이는 강박행동(강의 내용을 확실히 다 기록해두려는 행동)을 보이는 강박장애로 고생하고 있다.
>
> 우리들 대부분도 경미한 강박증을 가지고 있으나, 대부분은 짧은 시간 동안만 지속된다. 예를 들면, 외출 시 문을 제대로 잠갔는지, 가스 밸브를 제대로 확인했는지 등을 잠깐 의심한다. 그러나 장기간에 걸친 강박증상은 개인의 삶을 부적응적이게 만든다.

hotillomania), 반복적으로 신체 부위의 피부를 뜯는 피부뜯기장애(skin-picking disorder), 하나 이상의 신체 결함에 과도하게 집착하는 것(예 : 코가 너무 크다, 눈이 짝짝이고 작다)으로 모든 신체 부위가 걱정의 대상이 되는 신체변형장애(body dysmorphic disorder) 등이 있다.

6) 외상 후 스트레스 장애

외상 후 스트레스 장애(post-traumatic stress disorder)는 급작스럽게 일어난 사건들로 인해 심리적인 충격을 경험하고 난 뒤 신체적인 안녕에 대한 공포, 무력감, 두려움 등을 보여 사회적, 직업적인 기능에서 심각한 고통이나 장애를 초래하는 경우에 해당된다. 외상성 사건으로는 교통수단으로 인한 사고, 강도, 인위적 재해, 전쟁, 때로는 홍수, 폭풍, 지진 등 생명을 위협하는 재난이 발생했을 당시에 받은 충격 등이 포함된다. 장애를 보이는 사람들은 위협적이었던 사건에 대한 반복적 회상이나 악몽에 시달리는 등 외상 경험을 재경험하기도 하고, 외상을 상기시키는 자극을 지속적으로 회피하거나 관련 자극에 과민하게 반응하기도 한다. 2014년 4월 16일 세월호 참사의 피해자들은 반복적으로 떠오르는 고통스런 기억 때문에 일상생활이 어렵다고 말한다.

7) 신체 증상 및 관련 장애

신체 관련 장애는 심리적 원인으로 인한 다양한 신체적 증상을 나타내는 경우를 말한다. 이 장애에 속하는 사람들은 기질적 원인을 찾을 수 없는 신체 증상을 심하게 호소하기 때문에, 의학적 검사로는 그에 대응하는 신체적 이상이 발견되지 않는 경우가 대부분이다. 주로 호소하는 가장 흔한 신체적 증상은 통증 증상(두통, 복통, 요통, 관절통, 흉통 등)과 소화기 증상(메스꺼움, 설사, 복통 등)이다. 이밖에 운동기능 상실이나 감각이상(실명, 청력 상실, 목소리가 나오지 않음) 등을 호소하기도 한다. 신체 관련 장애는 인간관계의 갈등으로 인한 심리적 문제를 부인하고 신체적 증상에 집착함으로써 자신의 책임을 회피하려는 경향과 관련될 수 있다.

미녀의 무관심

　　중학교 2학년에 재학 중인 K군은 오른팔 마비로 정신과를 찾아왔다. 선생님께 구타를 당했다고 했다. 정형외과, 신경외과 진찰을 받아보았으나 뼈나 신경에는 아무런 이상이 없다고 했다. 그리고 특별히 구타의 흔적도 없었다. 정신과 진찰실에서 어머니는 몹시 흥분해서 담임 선생님을 공격했다. 선생님은 미안해하며 당황해했다. K군이 다른 학생과 싸우고 있었고, 선생님은 훈계하면서 매로 가볍게 한 대씩 때려주었을 뿐이라고 했다. 그런데 그 정도의 매로 팔이 마비되다니 담임 선생님은 억울한 심정이었다. 흥미 있는 것은 K군의 표정과 태도였다. 어머니가 선생님을 심하게 비난할 때, 그는 빙긋이 웃고 있었다. 그리고 팔이 마비된 환자에게서 볼 수 있는 근심이나 절망감은 전혀 볼 수 없었다. 오히려 그는 즐기고 있는 듯했다. K군은 팔이 마비된 증세 때문에 얻은 이득이 있었다. 평소 갖고 싶었던 자전거를 가질 수 있었고 선생님을 곤경에 몰아넣은 것이다. 그래서 팔이 마비되어도 즐거울 수 있었다. 이처럼 증세에 대한 무관심을 보이는 것을 '미녀의 무관심(La belle indifférence)'이라고 한다.

출처 : 이무석, 2003

(1) 신체 증상 장애

신체 증상 장애(somatic symptom disorder)는 특별한 이상을 발견할 수 없는데도 반복적이고 만성적인 다양한 신체적 호소가 특징이다. 그 증상들은 여러 기관에 걸쳐 나타나고 이로 인해 자주 병원에 드나들며 약물치료를 받기도 한다. 특징적 증상으로 두통, 어지러움, 구토, 복통, 호흡곤란, 골근계 통증 등이다. 이러한 증상을 다양하게 그리고 과장되게 표현하고 상대방을 조종하려는 경향이 있다. 자신의 신체적 증상이 심리적 요인에 의한 것일 수 있다는 점을 인정하지 않고 신체 증상과 그 심각성에만 초점을 둔다.

(2) 전환장애

전환장애(conversion disorder)는 거짓이나 꾀병은 아니지만 갑작스런 운동마비, 감각이상(실명, 청력 상실) 등을 보인다. 이러한 증상의 원인은 의학적으로 설명되지 않으며, 심리적인 갈등이나 스트레스와 관련되어 있다고 본다. 일반적으로 급성이고 갑자기 증상이 시작된다. 신체 증상으로 인한 일차적 이득은 갈등이나 스트레스 상황에서 벗어날 수 있다는 것이다. 또한 이러한 증상을 통해 책임도 회피하고 관심이나 보상을 받는 이차 이득이 있으면 환자는 자신의 증상에 걱정하지 않고 무관심한 태도를 보이기도 한다.

(3) 질병불안장애

질병불안장애(Illness anxiety disorder)는 건강관련 정보에 지나치게 집착하고 흔히 몸에서 느껴지는 사소한 증상을 질병(예 : 각종 암, 간경화)으로 잘못 해석해서 자신이 심각한 질병에 걸렸다고 두려워하고 불안해한다. 요즘처럼 의학 정보가 홍수처럼 쏟아지는 시대에는 건강에 대한 걱정이나 관심을 갖지 않고 사는 사람은 별로 없을 것이다. 그러나 이 장애에 속하는 사람들은 의학적으로 이상이 없고 질병을 발견할 수 없음에도 불구하고 질병에 대한 두려움은 지속된다. 이 때문에 이 의사 저 의사를 찾아다니는 의사 쇼핑(doctor shopping)을 하고 불필요한 검사를 많이 받기 때문에 비용도 많이 들 뿐만 아니라 치료 부작용을 초래할 수도 있다.

8) 성격장애

성격은 개인을 특징짓는 비교적 안정적인 심리적 특성과 개인의 독특성을 나타내는 것으로, 흔히 인간관계에서 일정한 행동양식으로 나타난다. 이러한 일정한 행동양식과 성격특성이 개인에게나 사회적으로 기능장애를 초래해서 현실 적응에 심각한 문제를 나타내는 이상 성격을 성격장애(personality disorders)라 한다. 성격장애는 스트레스에 대한 대처나 문제해결이 미성숙하고 부적절하며, 청소년기나 성인기 초기에 드러나는 것이 보통이고 평생에 걸쳐 지속될 수가 있다. 여기에서는 몇 가지 대표적인 성격장애를 알아본다.

(1) 편집성 성격장애

편집성 성격장애(paranoid personality disorder)는 타인에 대한 강한 불신과 의심, 적대적인 태도로 사회 부적응적인 성격 특성을 말한다. 이러한 성격장애를 지닌 사람은 겉으로는 객관적이고 합리적인 사람으로 보이지만, 잘 따지고 고집이 세서 주변 사람들과 지속적으로 갈등과 불화를 겪는다. 배우자나 동료를 부당하게 의심하거나 타인의 부정행위 수집에 열을 올리고 정당한 근거 없이 주변 사람들이 자신을 속이거나 이용하려 한다고 의심하기도 한다. 그래서 소송이나 법적 분쟁에 자주 연루되기도 한다. 의심이 많고 논쟁적, 도전적이기 때문에 상대방을 화나게 만드는 경향이 있는데, 이러한 상대방의 화내는 반응을 자신의 의심과 불신이 타당하다는 증거로 사용하기도 한다. 주변 사람들과 친밀한 관계보다 적대적인 관계를 형성하는 경우가 흔하며, 타인을 믿지 않기 때문에 어떤 일이든 혼자 처리하는 경향이 강하다. 늘 긴장되어 있고 냉담하고 유머 감각이 없다.

(2) 반사회성 성격장애

반사회성 성격장애(antisocial personality disorder)는 지속적으로 사회의 규범이나 법을 지키지 않고, 무책임하고, 충동적, 반사회적 또는 범죄적 행동, 죄의식 없이 남을 해치는 행동을 반복적으로 해서 사회적 부적응을 초래하는 이상 성격이다. 이 성격장애를 지닌 사람들은 절도, 사기, 폭력과 같은 범죄에 연루되는 경우가 흔하고, 정

영화 <양들의 침묵>

피해자가 모두 몸집이 비대한 여인들이고 피부가 도려내어진 엽기적인 사건이 발생한다. 신참 FBI 요원 클라리스 스털링(조디 포스터)은 어느 날 상관 크로포드로부터 이 사건을 조사하라는 명령을 받는다. 이 사건의 유력한 용의자인 '버팔로 빌'이라고 별명이 붙여진 살인범에 대한 아무런 단서를 잡지 못하자 크로포드는 사건 해결에 결정적인 도움을 한니발 렉터 박사(앤서니 홉킨스)에게 받으라고 말한다. 한니발 렉터는 유능한 정신과 의사로 자신의 환자 9명을 살해하고 그들의 살을 뜯어 먹은 혐의로 정신이상 범죄자 감옥에 수감되어 있다. 그는 스털링과 처음 만나자마자 스털링의 체취와 옷차림, 그리고 간단한 말 몇 마디로 그녀의 출신과 배경을 간파해 그녀를 놀라게 한다. 스털링은 렉터와의 대화 중에 공포감과 매력을 동시에 느끼게 된다. 렉터는 스털링의 이야기를 해주지 않으면 정보를 줄 수 없다고 한다. 스털링은 그와의 대화에서 어린 시절의 상처를 재확인하게 되고, 둘의 신경전은 계속되지만 사건의 실마리는 점점 풀려간다. 마침내 스털링은 렉터의 조언으로 범인의 은신처를 알아내고 렉터는 다른 감옥으로 이송되던 중에 탈옥한다. 앤서니 홉킨스는 이 영화에서 반사회성 성격장애자 역할 연기로 아카데미 남우주연상을 받았다.

신병질자(psychopathy)로도 불린다. 이들은 지적 능력에 문제가 있거나 사고장애를 보이지는 않으나 지나치게 자기중심적이고, 위험한 상황에서도 불안해하거나 긴장을 느끼는 일이 별로 없다. 이 장애가 있는 사람들은 자신의 쾌락과 이익을 위해서 수단과 방법을 가리지 않으며 충동적으로 행동하고, 욕구좌절을 견디지 못한다. 책임감과 도덕성, 또는 타인에 대한 배려가 없고 타인의 고통을 초래한 자신의 행동에 대해서 자책하거나 후회하는 일이 없다. 자신의 잘못에 대해서 감동적인 회개의 변을 늘어놓는 경우도 있지만, 진정한 뉘우침이기보다는 처벌을 면하거나 형량을 줄이기 위한 수단에 불과한 경우가 대부분이다. 이들은 공감능력의 결여로 깊은 대인관계를 형성하지 못하고 흔히 아동기나 청소년기부터 폭력, 거짓말, 절도, 무단결석, 가출, 잦은 규칙위반과 같은 문제행동을 나타내는 것이 일반적이다.

영화 <얼굴 없는 미녀>

아무도 오지 않은 파티의 주인공 지수(김혜수 분)는 붉은 핏물의 욕조 속에서 발견된다. 그녀는 지적이고 매혹적이지만 천국과 지옥을 오가는 경계선 성격장애로 정신과 전문의 석원(김태우 분)의 치료를 받게 된다. 석원은 지수의 병이 누군가에게 버림받을지도 모른다는 위기감에서 생기는 마음의 병이라는 것을 알고 안타까워한다. 그녀의 상처를 치유하는 정신과 전문의 석원과 위태롭고 불안한 지수 간에 발생하는 위험한 사랑을 그린 영화다. '얼굴없는 미녀'란 제목은 '자아를 상실한, 자기정체성에 대한 확신이 없는 여자'를 직설적이면서도 상징적으로 표현한 말이다.

(3) 경계선 성격장애

경계선 성격장애(borderline personality disorder)는 정서, 행동, 대인관계의 불안정성과 정체감의 혼란을 특징으로 한다. 평상시에도 기분 변화가 심하며 만성적인 공허감과 권태, 우울감을 호소한다. 이들은 대부분 어렸을 때 성적 학대, 신체 학대, 유기, 이별, 상실 같은 부정적 경험을 한 경우가 많고 그래서 정상적인 대인관계를 형성하는 데 많은 어려움을 겪는다. 이들이 가장 두려워하는 것은 타인으로부터 '버림받는 것'이며, 이러한 상황이 예상되면 사고, 감정, 행동에 심한 동요가 일어난다. 공허감을 채워 줄 것이라는 기대감으로 이성에게 적극적으로 접근하지만, 상대방에 대한 과도한 집착과 강렬한 애정을 요구해서 관계가 파국으로 끝나기도 한다. 관계가 좌절되면, 상대방을 강하게 증오하거나 경멸하고 상대를 붙들어두기 위해 자해나 자살 같은 극단적인 행동을 하기도 한다. 이러한 특성으로 대인관계가 불안정하고 상대에 대한 이상화와 증오를 동시에 표현한다. 행동 면에서 충동적이고 통제력 상실로 예측할 수 없으며, 알코올이나 약물 오용, 문란한 성적 행동, 도박, 자살, 자해와 같이 자기손상을 일으키는 행동을 반복적으로 한다. 경계선 성격장애를 지닌 사람은 안정된 자아상이 확립되어 있지 않아 예측하기 힘든 다양한 돌출적 행동이 나타나며 본인도 자신에 대한 정체감 혼란을 경험한다.

(4) 연극성 성격장애

연극성 성격장애(histrionic personality disorder)는 마치 연극을 하듯 자신의 경험과 감정을 과장되고 극적인 형태로 표현한다. 그러나 감정기복이 심하며 표현된 감정이 깊이가 없고 피상적, 과시적이고 허영심이 많다. 타인의 애정과 관심을 끌기 위해 감정을 과장되게 표현하거나 신체적 매력을 이용해서 흔히 상황에 어울리지 않게 성적으로 유혹하는 행동을 하거나 도발적인 행동을 하기도 한다. 항상 관심의 대상이 되길 원하고 자신이 관심의 초점이 되지 못하는 상황에서는 우울하거나 불안해하는 경향이 있다. 이들은 사소한 자극에도 지나치게 반응하고 변덕스럽다. 대인관계 초기에는 매력적으로 느껴질 수 있지만, 관계가 지속되면 상대에게 지나치게 요구하고 끊임없는 인정을 바라기 때문에 부담스럽게 느껴진다. 불만스러운 일이 있으면, 울음, 비난, 자살 소동을 일으키고 상대방에게 죄책감을 일으켜 조종하려 하기도 한다. 연극성 성격장애자는 실제로는 의존적이며 무능하고 지속적으로 깊은 인간관계를 갖지 못한다.

(5) 강박성 성격장애

강박성 성격장애(obsessive-compulsive personality disorder)는 정돈성, 인내심, 완고함, 우유부단, 경직성, 그리고 감정표현의 인색함이 그 특징이다. 지나치게 완벽주의적이고 세부적인 사항에 집착해서 오히려 효율적으로 일을 처리하지 못하고, 규칙과 절차가 확실하지 않을 때는 결정을 내리지 못하고 많은 시간을 소비하는 우유부단함을 보인다. 대인관계에서는 따뜻함이나 부드러운 감정을 잘 표현하지 못하고 칭찬이나 농담을 거의 하지 않고 냉정하다. 사회생활에서는 정돈성과 완벽성, 융통성 부족으로 어려움을 겪을 수 있지만, 정확성이 요구되는 직업에서는 성공할 수도 있다. 돈에 매우 인색해서, 상당한 경제적 여유가 있음에도 불구하고 만일의 상황에 대비하여 자신과 가족을 위해서 돈을 쓰지 못한다. 돈벌이가 되지 않는 여가 활동이나 가족여행 등은 낭비라고 생각한다. 아울러 지금은 필요가 없더라도 미래에 언젠가는 사용될 것이라는 생각으로 여러 가지 잡동사니를 버리지 못하고 모아두거나 주워오는 경향이 있다. 이러한 특성으로 인해 가족이나 주변 사람들과 자주 갈등을 빚는다.

(6) 의존성 성격장애

의존성 성격장애(dependent personality disorder)는 자신의 삶에서 스스로 책임지기를 회피하고 타인에게 과도하게 의존하거나 보호받으려는 행동을 특징적으로 나타내는 성격장애다. 따라서 어떤 일을 혼자 해결하지 못하고 다른 사람에게 의지하며 도움을 구한다. 늘 주변에서 의지할 대상을 찾으며 그 대상에게 매우 순종적이고 복종적인 태도를 나타낸다. 의존 상대로부터 버림받는 것에 대한 지속적인 불안을 경험하며, 지지와 도움을 상실하는 것에 대한 두려움 때문에 상대에게 반대의견을 말하기가 어렵다. 타인의 보살핌과 지지를 얻기 위해서라면, 심지어 불쾌한 일을 자원해서 하기까지 한다. 착취적인 의존 상대로부터는 심한 고통을 받기도 한다. 학대하는 남편을 참고 견디는 부인의 경우를 예로 들 수 있다. 의존성 성격장애를 지닌 사람들은 혼자서 살아가기에는 자신이 너무 나약하다고 생각한다. 그러나 이런 지나친 의존행동은 상대방을 부담스럽게 해서 인간관계를 유지하지 못하는 경우가 많다. 의존 상대와 친밀한 관계가 끝나게 되면 일시적으로 깊은 좌절감과 불안을 경험하지만 곧 다른 의존상대를 찾아 유사한 의존적 관계를 형성한다. 이들은 사회적 활동에 소극적이며 책임을 회피하고, 결정을 내려야 하는 상황에 이르면 심한 불안을 느낀다.

9) 섭식장애

비만을 혐오하는 현대사회의 분위기 속에서 날씬해지기 위한 과도한 노력과 인간관계의 스트레스는 때로 섭식장애를 유발할 수 있다. 섭식장애(eating disorder)는 먹는 행동에 심각한 문제를 나타내는 경우로, 청소년기나 20대에 시작되며 만성적인 경과과정을 밟는다. 섭식장애에는 두 가지 하위 유형이 있다.

(1) 신경성 식욕부진증

신경성 식욕부진증(anorexia nervosa)은 신체상(body image)에 대한 왜곡된 지각으로 인해 먹지 않아서 체중이 비정상적으로 저하되는 경우를 말한다. 이 장애는 여자 청소년에게서 흔히 나타나며 이들은 실제로 날씬함에도 불구하고 자신의 몸이 뚱뚱하다고 왜곡되게 지각하는 경향이 강하다. 체중증가에 대한 심한 두려움으로 음식섭

취를 지나치게 제한하고 특이한 식사행동, 현저한 체중감소, 기초대사 저하, 무월경
등이 주 증상이다. 신체적, 심리적 후유증이 심해도 스스로 치료를 받으려고 하지 않
는다. 심한 저체중의 경우, 우울, 불면, 과민성, 사회적 위축 등의 증상을 보인다.

(2) 신경성 폭식증

신경성 식욕부진증보다 흔한 증상이 신경성 폭식증(bulimia nervosa)이다. 한 번에
빨리 많은 양을 먹는 것이 특징이다. 복통과 구역질이 날 때까지 많이 먹고 토하고 이
어서 죄책감, 자기혐오, 우울증으로 괴로워한다. 많이 먹은 후 체중증가에 대한 두려
움으로 일부러 토하거나 설사제나 이뇨제를 복용하기도 하고 금식을 하거나 과도하
게 운동을 하기도 한다. 여자에게 많고 청소년기나 초기 성인기에 발병한다. 섭식장
애는 인간관계 스트레스, 과잉통제적인 부모와의 갈등, 외모와 체형에 대한 과도한
예민성 등으로 인해 유발될 수 있다.

4. 심리치료

대부분의 사람은 어려운 심리적 문제에 부딪치면 가족, 친구, 선배 등 주변의 가까운
사람에게 조언이나 도움을 구한다. 그러나 이러한 도움을 통해서 극복하기 어려운 심
리적 문제인 경우에는 전문가의 도움을 필요로 한다. 스스로 해결할 수 없는 심각한
심리적 문제를 지닌 개인의 문제해결을 도와주는 전문적인 활동이 심리치료와 상담
이다. 심리치료와 상담은 간단히 말하면, 훈련받은 전문적 자질을 갖춘 치료자와 도
움을 필요로 하는 사람과의 상호작용을 통해서 문제를 해결해 나가는 과정이라고 말
할 수 있다.

심리치료는 인간관과 심리적 부적응을 다루는 입장, 그에 따른 치료기법의 차이에
따라 다양한 치료 이론들이 존재한다. 여기서는 대표적인 몇 가지 심리치료 이론에
대해서 간략하게 알아보고자 한다.

1) 정신분석학적 치료

정신분석학적 치료는 프로이트의 정신분석학 이론에 근거한 심리치료 방법이다. 정

신분석학적 치료자들은 부적응 행동의 원인을 무의식 속에 존재하는 해결되지 않은 과거의 욕구와 갈등에서 찾으려고 한다. 무의식 속의 욕구와 갈등은 항상 의식화되려는 충동을 갖고 있으며, 이러한 충동에 대한 불안을 부적응 행동의 직접적인 원인으로 본다. 개인은 무의식의 갈등이나 욕구가 의식화되려는 충동으로 불안을 느끼게 되고 이러한 불안으로부터 자신을 보호하기 위하여 심리적인 책략인 방어기제(defense mechanisms)를 무의식적으로 사용한다. 어떤 경우에는 이 방어기제가 불안을 감소시키는 데 성공하기도 하지만, 그렇지 못한 경우에는 그 결과로 심리적 부적응이나 신체적 증후를 경험하기도 한다.

치료의 목적은 내담자로 하여금 무의식 속에 억압된 갈등이나 욕구를 의식화시켜서 이것에 직면하도록 하는 것이다. 무의식을 의식화함으로써 개인의 성격 구조를 수정하고, 행동을 보다 현실적으로 변화시킴으로써 본능 충동의 요구에 따르지 않도록 자아를 강화하는 것이다(이현림 외, 2003). 달리 말하면, 정신분석적 치료의 목표는 자아의 기능을 강화해서 충동적이고 비합리적인 원초아를 효과적으로 통제하는 것이다.

이를 위하여 내담자가 무의식에 접근할 수 있도록 여러 가지 방법을 사용한다.

① 자유 연상(free association) — 치료 시간에 내담자의 마음에 생각나는 것이면 그것이 의미가 있든 없든 무엇이든 말하게 하는 것이다. 내담자는 자유 연상을 하는 동안에 가능한 한 논리적 사고를 하지 않으면서 편안한 상태에서 무의식의 내용을 떠올린다. 무의식에 있는 중요한 실마리가 편안하고 자유로운 연상에 의해서 찾기 쉽다고 가정한다.

② 꿈의 분석(dream interpretation) — 내담자의 꿈에 무의식이 표현된다고 가정한다. 프로이트는 '꿈은 무의식으로 가는 왕도'라고 언급하였다. 그래서 꿈에 표현된 주제나 내용을 통하여 내담자의 무의식을 알 수 있다고 본다. 그러나 꿈에는 무의식적 욕구들이 많은 상징을 동원해서 표현되기 때문에 그 내용을 이해하기 위해서는 분석이 필요하다.

③ 저항(resistance) — 내담자가 치료 과정에서 무의식의 갈등을 직면하기 두려워서 특정한 사고, 기억, 동기 등을 드러내거나 이야기할 의지가 없는 것을 말한다.

저항은 치료자에 대한 불평, 불만, 약속된 치료 시간을 잊어버리거나 결석, 쓸
데없는 말들로 시간 채우기 등 문제의 핵심에 도달하는 것을 방해하는 행동으로
나타나기도 한다. 치료자는 내담자의 무의식 속에 잠복된 과거의 갈등을 드러내
지 않으려는 저항 행동에 주의를 기울이면서 그 감추어진 의미를 해석해서 내담
자로 하여금 깨닫게 한다.

④ 전이(transference) — 치료 상황에서 치료자에게 표현하는 내담자의 무의식적 감
정반응인데, 과거 자신의 삶에서 중요한 타인에게 느꼈던 감정을 치료자에게 나
타내고 과거 중요 인물과 맺었던 관계를 치료자와의 관계에서 반복한다. 그러나
내담자 자신은 자신의 이런 감정을 모른다. 예를 들어, 내담자가 치료자 앞에서
지나치게 위축되고 눈치를 본다면 이는 치료자에 대한 감정과 태도라기보다 과
거 내담자를 무시했던 엄하고 강압적이었던 아버지 앞에서 보였던 내담자의 감
정과 태도의 재현이라고 볼 수 있다. 이러한 전이 현상을 분석함으로써 내담자
의 무의식적 갈등을 이해할 수 있다.

⑤ 해석(interpretation) — 꿈이나 자유 연상, 저항, 치료 관계 등에서 나타난 내담자
의 감정이나 행동의 의미를 지적하고 설명하는 기본적인 과정이다. 내담자는 치
료 과정에서 스스로 자신의 무의식적 갈등에 대한 통찰(insight)을 얻게 되지만

꿈으로 표현된 무의식

30대의 여선생님이 있었다. 시어머니의 비인간적인 시집살이로 불안신경증이 왔다. 그
런데 그녀의 꿈이 흥미로웠다. 더운 날이었는데, 마당에 개 한 마리가 돌아다녔다. 늙고
털이 빠진 흉칙스런 개였다. 작대기를 들고 쫓아가면서 그 개를 두들겨 패줬다. 개는 비
명을 지르며 달아났다. 개가 사립문을 나서면서 그녀를 돌아보았다. 놀랍게도 개는 시어
머니의 얼굴이었다. 깜짝 놀라서 잠을 깼다.

미워서 때려주고 싶은 시어머니지만, 그러나 선생님으로서의 도덕심이 이런 욕구를
자책한다. 무의식에 눌린 이 욕구가 꿈이 되어 나타난 것이다.

출처 : 이무석, 2003

스스로 이해하기 어려운 무의식적 갈등에 대해서는 치료자가 내담자의 다양한 무의식적 재료들을 종합하여 무의식적 갈등이나 방어기제를 해석해 줄 수 있다 (권석만, 2012).

2) 인간중심 치료

인간중심 치료(person-centered therapy)는 로저스의 인본주의 심리학에 근거한 심리 치료방법이다. 인간중심 치료는 처음에는 비지시적(nondirective) 치료, 내담자중심 치료(client-centered therapy) 등으로 불리다가 인간중심 치료란 명칭으로 정착되었다.

인간중심 치료는 인간은 성장과 자기실현을 향한 선천적인 경향성을 갖고 있다고 강조한다. 심리장애는 환경이나 주변상황에 의해서 개인의 이러한 경향성이 방해받을 때 발생한다고 본다. 그리고 내담자를 자신의 행동을 통제할 수 있는 능력과 행동에 대한 자유의지, 자신의 문제를 인식하고 해결할 능력이 있는 능동적인 존재로 본다. 그래서 치료자가 주도적, 지시적 역할을 하는 기존의 치료와 달리 치료자는 내담자가 내면세계를 탐색하도록 격려하는 조력자 또는 안내자의 역할을 하고, 치료에 대한 내담자의 책임을 강조한다.

치료의 목적은 상호신뢰적인 분위기에서 내담자가 적극적으로 자신을 공개하는 과정에서 자신의 내면세계(감정, 욕망, 가치관 등)를 이해하고, 자신의 문제를 파악할 수 있도록 돕는 것이다. 그 결과 내담자는 자신의 환경에 대한 왜곡된 지각을 수정하고, 현실적 경험과 자아개념 간의 조화를 이루어 자신의 잠재력과 자아실현을 촉진하는 것이 궁극적 목적이다(이현림 외, 2003 참조). 그러기 위해서는 무엇보다도 내담자가 자신의 문제를 거리낌 없이 말할 수 있는 신뢰롭고 안전한 분위가 중요한데, 이 과정에서 상담자의 태도가 중요하다고 본다. 로저스(1942)는 상담자의 태도로 '일치성 혹은 진실성', '무조건적인 긍정적 존중', '공감적 이해'를 말한다.

① 일치성 혹은 진실성 ― 치료자는 내담자와의 관계에서 자신의 감정이나 태도를 솔직하게 인정하고 표현해야 한다. 즉 치료자가 내면에서 경험하는 것과 내담자에

게 표현하는 것이 일치해야 한다. 그렇다고 치료자가 자신의 내면 경험을 내담자에게 다 노출해야 한다는 것은 아니다.

② 무조건적인 긍정적 존중 — 내담자의 존재를 어떤 가치나 기준으로 판단, 구별하지 않고 존재 그 자체를 무조건적으로 수용하는 것이다. 치료자는 내담자를 그 신분이나 지위로 판단하지 않고, 또한 내담자가 긍정적 행동과 감정을 표현할 때나 부정적이고 적대적인 감정을 표현할 때나 똑같이 수용하고 인정한다.

③ 공감적 이해 — 치료자가 내담자의 입장이 되어 경험함으로써, 내담자의 주관적인 세계를 이해하는 것이다. 치료자의 공감은 내담자로 하여금 이해받고 수용된다는 느낌을 갖게 하고, 보다 적극적으로 자신의 내면세계를 탐색하도록 격려한다.

로저스는 치료 이론이나 기법보다 치료자의 태도와 인간적 특성이 중요하다고 보았다. 또한 내담자가 자신의 문제를 잘 알고 해결능력도 갖고 있기 때문에 상담 초기에 내담자를 진단하거나 평가하는 것을 부정적으로 보았다.

3) 행동치료

행동치료(behavior therapy)는 행동주의 심리학에 근거해서, 심리적인 부적응을 다루는 과정에서 특정한 문제 행동만을 다루며 인간의 내부적인 문제(정서, 사고)에는 관심이 없다. 인간의 부적응 행동은 학습된 것이라고 가정해서, 학습과 조건형성 원리에 기초를 둔 다양한 행동치료 기법들을 통해서 부적응 행동을 치료한다.

행동주의는 인간의 모든 행동이 환경과의 상호작용 과정에서 학습된다고 본다. 부적응 행동 역시 잘못된 학습에 의해 습득된 것으로, 어떤 환경적 요인에 의해서 학습되고 지속 및 강화되는지에 초점을 둔다. 행동치료에서는 부적응 행동이 습득되고 유지되는 과정을 고전적 및 조작적 조건형성, 사회적 학습과 같은 학습 이론으로 설명한다.

행동치료의 주된 목표는 부적응적인 행동을 제거하거나 긍정적인 행동을 학습함으로써 내담자의 적응을 도울 수 있는 구체적인 행동 변화를 추구한다. 치료자는 내담자와 합의해서 구체적인 치료 목표를 정하고 달성 정도를 평가한다. 다음은 주로 사용되는 행동치료의 기법들이다.

① 소거 ─ 부적응 행동을 강화시키는 요인을 제거하는 것이다. 예를 들어, 아이의 별난 행동은 부모의 관심을 끌기 위한 것일 수 있으므로 별난 행동을 할 때마다 부모가 관심을 가지고 지적하면 아이의 부정적 행동은 오히려 강화된다. 그러나 아이가 긍정적으로 행동할 때 칭찬이나 격려를 하고 공격적이거나 부정적인 행동을 할 때는 무관심으로 반응하면 아이의 별난 행동은 서서히 감소될 수 있다.

② 혐오적 조건형성 ─ 문제 행동과 불쾌한 경험을 짝지어 제시해서 부적응 행동을 제거한다. 아동이 문제 행동을 할 때, '타임아웃(time-out)' 방법을 사용하거나 손톱을 심하게 물어뜯는 아동의 손톱에 몸에는 무해하지만 입에는 아주 쓴 맛이 나는 물질을 발라 놓으면 손톱을 물어뜯을 때마다 불쾌한 경험을 해서 손톱 물어뜯기 행동을 감소시킬 수 있다.

③ 노출법 ─ 내담자가 두려워하는 자극이나 상황에 반복적으로 노출시켜서 불안을 감소시키는 것이다. 예를 들어, 청결에 대한 강박으로 오염물질에 대한 접촉을 회피하고, 접촉하면 손 씻기로 오랜 시간을 보내는 경우에 오염 자극에 점진적으로 노출을 시키고 손 씻는 행동을 못하게 하면 처음에는 심한 불안을 경험하지만 점차 오염 자극과 접촉하고 손을 씻지 않아도 불안이 감소된다. 그리고 처음부터 강한 불안을 유발하는 자극에 노출시켜서 불안을 감소시키는 급진적 노출법인 홍수법(flooding)도 있다. 예를 들어, 어렸을 때 물놀이하다 익사할 뻔한 이후로 물가 가까이만 가도 불안을 느끼는 사람에게 안전한 수영장에서 물속에 빠지는 경험을 반복적으로 하게 함으로써 물에 대한 공포를 감소시키는 것이다.

④ 모델링 ─ 모델의 적응적 행동을 관찰하고 모방해서 적응직 행동을 수행하고 긍정적 결과를 학습한다. 예를 들어, 지나치게 수줍거나 대인기술이 미숙해서 이성관계에 어려움을 겪는 내담자에게 치료자가 모델이 되거나 아니면 다른 적절한 모델이 이성에게 접근하기, 감정 표현하기, 데이트 기술 등의 시범을 보이면 내담자는 이를 관찰, 모방한다.

⑤ 토큰 경제 ─ 조작적 조건형성에 기초한 치료의 한 형태가 토큰 경제(token economy)다. 토큰 경제는 병원이나 시설에서 생활하는 환자들에게 사용되어 왔다. 적절한 행동을 하면 토큰(예 : 포커, 칩 등)이 주어지고, 환자들은 이 토큰

을 모아서 좋아하는 다양한 보상으로 교환한다. 대부분의 유치원, 초등학교에서도 토큰 경제를 활용하는데, 교사는 아동이 바람직한 행동을 할 때마다 스티커를 보상으로 주고 아동은 스티커를 일정 개수 이상 모으면 좋아하는 물품으로 교환할 수 있다.

⑥ 체계적 둔감법 — 월피(Wolpe)가 개발한 체계적 둔감법은 부적응 증상을 제거하는 대표적 기법으로 특히 공포증 치료에 효과적인 것으로 알려져 있다. 이 기법은 근육의 긴장이완 훈련, 개인의 불안 위계 작성하기, 체계적으로 둔감화해 나가기의 세 단계로 이루어져 있다.

먼저, 근육의 긴장이완 훈련은 불안하면 교감신경계의 흥분으로 근육 긴장, 심장박동 증가, 과호흡, 진땀 등의 신체 증상이 수반되는데, 불안할 때 경험하는 이러한 신체 반응을 대치할 이완 반응을 훈련하는 것이다. 심리적 불안과 신체적 이완은 양립할 수 없기 때문에 교감신경계가 이완되면 불안도 감소된다. 그래서 내담자가 불안한 상황에서도 이완 상태를 유지할 수 있도록 훈련시킨다.

다음으로는 내담자에게 불안을 유발하는 자극들을 가장 낮은 수준의 불안을 일으키는 자극에서부터 가장 높은 수준의 불안을 일으키는 자극 순으로 불안 위계를 작성한다. 예를 들어, 이성관계에 불안을 느끼는 경우에 이성이 옆에 있을 때, 이성이 말을 걸어 올 때, 이성과 대화할 때, 이성이 데이트 신청을 할 때, 이성과 데이트를 할 때 등의 순으로 이성관계에서 경험하는 불안의 위계를 작성한다.

마지막으로 체계적으로 둔감화해 나가기에서는 근육 이완 상태에서 불안 위계 중에서 가장 낮은 불안을 유발하는 자극을 상상하게 해서 내담자가 불안을 보고하지 않으면 점차 조금씩 높은 불안 자극을 상상하게 해서 최종적으로 가장 높은 불안 유발 자극에도 불안을 느끼지 않을 때까지 반복한다.

4) 합리적 정서행동치료

합리적 정서행동치료(Rational Emotive Behavior Therapy, REBT)는 엘리스(Ellis, 1913~2007)가 만든 이론으로, 인지가 인간의 정서와 행동에 영향을 미치며 인간의 심리장애는 외상이나 과거 경험 자체가 아니라 그에 대한 개인의 해석이라는 것을 강조한다. 그래서 인간의 부적응적인 정서나 행동의 원인은 비합리적인 사고나 신념이라고 본다. 예를 들어, 우리가 우울한 기분을 느끼는 이유는 우울한 생각을 하기 때문이라는 것이다.

치료의 목표는 내담자의 현재 삶을 부적응적이게 만드는 비합리적이고 자기패배적인 신념을 찾아내어 합리적 신념으로 변화시키는 것이다. 이러한 치료 과정을 'ABCDE' 모델로 설명한다. A는 내담자가 경험한 또는 촉발된 사건(activating events)이고, B는 그 사건에 대한 내담자의 신념(beliefs), C는 비합리적 신념의 결과로 나타난 부정적 감정과 행동의 결과(consequences), D는 내담자의 비합리적 신념에 대한 논박(dispute)으로 내담자의 비합리적 신념이 타당하고 합리적인지에 대한 평가, 그리고 E는 내담자의 신념을 논박한 것의 효과(effect), 즉 합리적 신념으로의 변화를 의미한다. 정서장애와 문제 행동의 원인과 해결방법을 단순하고 명쾌하게 제시하는 것이 매력적으로 보이지만, 비합리적인 신념을 합리적 신념으로 변화시키는

나를 망하게 하는 열 가지 좋은 생각

1. 불쾌하고 두려운 상황은 계속 피하면 언젠가는 사라진다. 그렇게 믿고 행동하라.
2. 내가 변화시킬 수 있는 것은 없다. 내 삶은 타인과 외부상황에 의해서 통제되고 있다.
3. 모든 사람은 나를 인정해 주어야 한다. 그렇게 되도록 반드시 만들어야 한다.
4. 실패나 거절은 최악의 사건이다. 나는 이런 끔찍한 일을 도저히 견뎌낼 수 없다.
5. 나는 모든 일을 100% 완벽하게 해야 한다. 완벽하지 못하면 죽어야 한다.
6. 나는 과거에 꾸물거리며 일을 망쳐왔기 때문에 앞으로도 달라질 것은 없다.
7. 모험하지 마라. 인생에 행운이란 없다.
8. 세상은 항상 공정해야 한다. 그렇지 않으면 이 세상은 멸망해야 한다.
9. 문제에 대해서 생각만 하다 보면 영감이 떠오를 것이다. 그때를 기다리며 어떤 행동도 하지 마라.
10. 항상 다음과 같이 믿어라. 나는 너무 늙었다. 매사가 너무 어둡다. 나는 너무 나약해서 아무것도 할 수 없다.

출처 : 권석만, 2012

과정은 복잡하고 생각만큼 쉽지는 않다.

REBT의 가장 핵심적인 치료기법은 내담자의 비합리적 신념을 논박하는 것이다. 그 하나가 소크라테스식 문답법(Socratic questioning)으로서 치료자가 다양한 질문을 던져서 내담자 스스로가 자신의 비합리적 신념을 깨닫도록 하는 것이다. REBT 치료자들은 다음과 같은 다섯 가지 유형의 질문을 통해서 내담자의 변화를 유도한다 (Gandy, 1995).

① 논리적 논박—그러한 신념이 타당하다는 논리적 근거는 무엇인가?

② 경험적 논박—그러한 신념이 타당하다는 사실적 또는 경험적 근거는 무엇인가? 그렇게 생각할 만한 현실적인 근거가 있는가?

③ 실용적/기능적 논박—그러한 신념이 당신이 추구하는 목적을 달성하는 데 도움이 되는가? 당신의 기분을 좋게 하는 데 도움이 되는가? 당신의 인간관계를 긍정적으로 만드는 데 어떤 도움이 되는가?

④ 철학적 논박—그러한 신념이 과연 당신을 행복하게 하는가? 당신의 인생에 있어서 어떤 의미를 지니고 있는가?

⑤ 대안적 논박—이 상황에서 좀 더 타당한 대안적인 신념은 없는가? 당신의 삶을 효과적으로 만드는 합리적인 신념은 무엇인가?

그러나 REBT는 인지 구조를 바꾸는 치료이기 때문에 효과적이지 않은 내담자도 있다. 예를 들어, 사고가 지나치게 경직되어 있거나 특정 철학적, 종교적 신념을 가지고 있는 내담자나 지적 능력이 낮은 내담자에게는 적용이 어렵다.

제12장

직업심리

직 업심리학은 오랫동안 산업심리학이나 조직심리학의 한 부분으로 다루어져 왔으나 최근에는 이들 분야와 구별된 독립된 한 영역으로 자리를 잡아가고 있다. 산업현장에서 조직의 성과를 높일 수 있는 인재 선발에 초점을 두는 산업심리학이나 조직심리학과는 달리 직업심리학은 인간의 특성에 맞는 직업 선택에 초점을 둔다(박종원 외, 2009).

과거 직업 선택은 대개 남성이 가장의 역할을 충실히 수행하기 위한 경제적인 활동과 직결되는 것이었다. 그러나 오늘날 일은 더 이상 남성만의 전유물이 아니며, 생계를 유지하기 위한 수단으로서뿐만 아니라 자아실현을 위한 중요한 수단이 되었다. 따라서 자신에게 잘 맞는 직업을 선택하는 것이 삶의 아주 중요한 부분이 되었다. 이것이 최근 직업심리학에 대한 관심이 증가하는 이유가 아닌가 생각된다.

직업심리학은 1909년 파슨스(Parsons)의 직업 선택 모형을 바탕으로, 일을 하고 있거나 앞으로 일하려는 사람들의 직업과 관련된 행동과 문제를 과학적인 방법으로 규명하고자 하는 데서 출발하였으나, 최근의 직업심리학은 개인의 직업 선택뿐만 아니라 직업 적응, 직업 전환을 포함한 전 생애에 걸쳐 발생하는 다양한 주제를 다루고 있다. 하지만 이 책이 대학생을 대상으로 하는 교양 도서의 성격을 띠기 때문에 여기서는 대학생이 당면한 가장 시급한 문제인 직업 선택을 중심으로 살펴보고자 한다.

1. 직업과 직업관

1) 직업의 의미

우리 인간은 살아가는 동안 대개 의식적인 활동인 일을 한다. 그렇기 때문에 일은 우리의 삶에서 매우 중요한 위치를 차지한다. 일이란 휴식과 놀이를 위해 보내는 활동을 제외한 모든 생산적인 활동을 말한다. 그리고 일 가운데 성인이 생계유지, 사회봉사 또는 자아실현을 목적으로 지속적으로 가장 많은 시간과 노력을 투자하는 것을 직업이라 한다(송병국, 1999).

'직업(職業)'이라는 단어는 '직(職)'과 '업(業)'의 합성어이다. 여기에서 '직'은 다시 두 가지 뜻을 가지는데, 하나는 관을 중심으로 행하는 직무라는 관직적 뜻이 있고, 다른 하나는 직분을 맡아 한다는 개인의 사회적 역할의 뜻이 있다. 한편 '업'이라는 말은 생계를 유지하기 위하여 전념하는 일이라는 뜻과 자기 능력의 발휘를 위하여 어느 한 가지 일에 전념한다는 두 가지 뜻을 갖고 있다. 따라서 '직'과 '업'의 합성어로서의 '직업'이란 용어는 사회적 책무로서 개인이 맡아야 하는 직무성과 생계를 유지하거나 과업을 위하여 수행하는 노동행위의 이중적 의미를 내포한다고 볼 수 있다(정철영, 1999).

한국직업사전에서는 직업을 개인이 계속적으로 수행하는 경제 및 사회활동의 종류라고 정의한다. 여기서 일의 계속성이란 일시적인 것이 아니고 매일·매주·매월·정기적으로 행하고 있는 경우, 또는 계절적으로 하고 있거나, 명확한 주기를 갖지 않더라도 계속하고 있는 것을 말하며, 현재 하고 있는 일에 대해 의사와 능력을 가지고 행하는 것이어야 한다. 다음과 같은 활동은 직업으로 보지 않고 있다.

- 이자·주식배당·임대료(전세금·월세금)·소작료·권리금 등과 같은 재산수입을 얻는 경우
- 연금법이나 사회보장에 의한 수입을 얻는 경우
- 경마 등에 의한 배당금의 수입을 얻는 경우
- 보험금 수취·차용 또는 자기 소유의 토지나 주권을 매각하여 수입을 얻는 경우
- 자기 집에서 가사에 종사하는 경우
- 정규 주간교육기관에 재직하고 있는 경우
- 법률 위반행위나 법률에 의한 강제노동을 하는 경우

배우자와 직업이 정해지면 개인의 인생은 다 정해졌다고 한다. 프로이트는 정신건강의 지표로 사랑할 수 있는 능력과 일할 수 있는 능력을 들었다. 이처럼 직업은 개인에게 있어 매우 중요한 의미를 지닌다. 그뿐만 아니라 직업은 사회적으로도 중요한 의미를 가진다. 직업이 갖는 의미는 다양하게 지적되어 왔으나 다음 세 가지로 요약할 수 있다(김충기·장선철, 2006; 송병국, 1999; 정철영, 1999).

첫째, 직업은 생계유지의 수단이다. 직업은 무엇보다도 당사자와 가족의 생계를 유지하는 데 필요한 물질적 보수를 얻는 활동이라고 할 수 있다. 즉 직업은 생활에 필요

한 경제적 소득을 얻는 생계의 근거가 된다. 예외적인 경우도 있긴 하지만 대부분의 사람들은 직업을 통해 얻은 소득으로 자신을 비롯한 가족의 생계를 유지해 나간다. 농사를 짓는 사람이건, 회사를 다니는 사람이건, 사업을 하는 사람이건 직장에서 수행하는 일을 통해 경제적인 소득을 얻게 되고 그 소득으로 가족의 생계를 꾸려가게 된다.

둘째, 직업이 갖는 또 하나의 의미는 사회적 역할 분담이다. 직업은 생계유지의 수단 그 이상이다. 직업을 가진다는 것은 현대사회의 조직적이고 유기적인 분업 관계 속에서 분담된 기능 중 하나를 맡아 사회적 분업 단위의 직분을 수행한다는 것을 의미한다. 사회가 유지되고 발전되기 위해서는 다양한 분야에서 여러 가지 기능을 수행하는 것이 필요한데, 개인은 직업을 통하여 사회 구성원으로서 사회유지 및 발전에 필요한 기능을 수행한다. 농사를 짓는 사람은 모든 사람들에게 필요한 식량을 생산하고, 제조업에 종사하는 사람들은 일상생활에 필요한 다양한 물건을 만들어 제공하며, 유통업이나 운수업에 종사하는 사람들은 만들어진 상품을 소비자들에게 공급하는 역할을 수행하고 있는 것이다.

셋째, 직업은 개인에게 자아실현의 기회를 제공해 준다. 직업은 사람으로 하여금 자신이 할 수 있는 것, 가치 있게 생각하는 것, 자신이 좋아하고 만족해하는 것 등을 현실로 나타나게 하는 실제적이고 중요한 수단이다. 모든 사람들은 선천적으로 서로 다른 능력과 적성을 가지고 태어나는데, 직업은 그러한 개인의 능력과 적성을 발현하는 장이 되는 것이다. 음악적으로 뛰어난 자질을 가지고 태어난 사람은 음악가라는 직업을 선택함으로써 그의 음악적 자질을 마음껏 발휘하게 되는 것이며, 그것이 그에게는 곧 자아실현이 되는 것이다. 따라서 개인이 자신의 인생에서 성공하느냐 못하느냐의 여부는 무엇보다도 직업 생활에 있어서의 성공에 크게 의존한다고 볼 수 있다.

2) 직업관

(1) 직업관의 정의

직업관이란 개인이 직업에 대하여 어떠한 생각을 갖고 있고 어떠한 가치를 부여하며 선택의 기회가 주어졌을 때 어떤 기준을 가지고 무엇을 선호하는가 하는 것을 포괄하는 개념으로, 학자들마다 어느 정도의 차이는 있지만 일반적으로 개인이나 사회가 직업에 대하여 가지고 있는 가치관이나 태도를 말한다(양한주, 1998). 이러한 직업관은 특정한 개인이나 사회를 지배하는 가치 체계가 직업에 직접 반영되어 나타나는 경향이 있다. 그러므로 직업관을 논할 때는 개인과 사회라는 두 측면에서 언급되어야 한다. 여기서 개인적 측면이란 직업에 종사하는 개인이 직업을 선택하고 직무를 수행함에 있어서 어떤 의식이나 가치관을 가지고 임하는가를 의미하며, 사회적 측면이란 역사적으로 직업에 대한 의식이나 가치관이 사회의 발달에 따라 어떻게 변천되어 왔는가를 의미한다(송병국, 1999). 한 개인의 직업관에는 그 사회의 전통적인 문화, 습관 등이 반영되어 있으며, 이러한 직업관을 통해 개인은 직업을 결정할 때 '자기를 알고, 무엇을 중요시하며, 누구의 영향을 받아 어떻게 무엇을 한다'고 하는 마음을 정립하게 된다(양한주, 1998).

(2) 직업관의 유형

직업관의 유형은 분류 준거에 따라 다양하게 구분해 볼 수 있다. 먼저 직업의 기능 면에서 보면 직업관은 생계지향 직업관과 소명지향 직업관으로 구분해 볼 수 있다. 생계지향 직업관이란 직업을 수입을 위한 활동으로만 보는 직업관을 말하고, 소명지향 직업관이란 모든 사람은 사회적 지위나 위치에 따라서 해야 할 일을 하늘로부터 부여받고 태어나므로 자기의 일, 즉 직분에 충실하는 것이 하늘의 도리에 따르는 것이라고 보는 직업관을 말한다.

다음으로 직업의 목표 면에서 보면, 결과지향 직업관과 과정지향 직업관으로 구분할 수 있다. 결과지향 직업관은 직업이 수행하는 업적과 결과를 중요시하는, 즉 금전적 보수나 명예, 권력과 같이 직업을 통해서 얻게 되는 결과를 중요시하는 직업관을 말하고, 과정지향 직업관은 일하는 과정을 중요하게 생각하는 것으로 일 자체에 충실한 것에 비중을 두는 직업관을 말한다.

직업관은 또한 획득 과정을 기준으로 업적주의 직업관과 귀속주의 직업관으로 분류할 수 있다. 업적주의 직업관은 개인의 소질, 능력 또는 성취도가 개인의 직업선택의 중요한 기준인 동시에 결정적인 역할을 한다고 보는 직업관이고, 귀속주의 직업관은 개인의 능력이나 소질보다는 성별, 부모의 사회적 신분 등 개인이 선천적으로 가지고 태어난 여러 가지 조건이 직업 선택의 기준이며 결정요인이라고 보는 직업관이다.

한편 직업관은 직업을 어떻게 바라보느냐에 따라 자기 본위의 직업관, 사회 본위의 직업관 및 일 본위의 직업관으로 나눌 수 있는데, 이를 자세히 살펴보면 다음과 같다 (김충기 · 장선철, 2006; 송병국, 1999).

첫째, 자기 본위의 직업관이다. 이 직업관은 직업을 생계유지와 출세를 위한 수단으로 보는 입장이다. 이러한 직업관은 직업을 오로지 개인의 의식주를 해결하기 위한 수단이나 사회적 지위나 권력을 얻기 위한 수단으로만 생각하기 때문에 이기주의적 직업관이라 할 수 있다. 또한, 이 직업관은 개인의 욕구 충족을 기본으로 하기 때문에 사회에 기여한다는 의미를 찾아보기가 어렵다. 자기 본위의 직업관을 가진 사람으로는 서류를 조작하여 공금을 횡령한 공무원, 학생 유치를 위해 교사들에게 금품과 향응을 제공하는 대학 관계자, 제약사로부터 거액을 받고 특정 약품을 처방하는 의사, 자신의 지위를 이용하여 많은 돈을 챙기는 정치인이나 관료, 자신의 출세를 위해 부당한 재판을 하는 판사, 자사의 이익을 위해 중소기업에게 불공정한 거래를 강요하는 대기업 관계자 등을 들 수 있다.

둘째, 사회 본위의 직업관이다. 이 직업관은 직업을 단순히 자기 자신이나 가족의 이익을 위하는 것으로 생각하지 않고 사회나 국가를 위하여 봉사하는 것으로 생각하는 직업관이다. 이는 직업을 사회적 역할 분담의 측면에서 본 것으로 봉사지향적 직업관이라고도 한다. 즉 직업이란 사회의 유지 및 발전을 위해 필요한 기능의 개인적 분담이라 볼 수 있기 때문에 개인의 직업생활은 항상 전체 사회의 발전을 염두에 두고 이루어져야 한다고 보는 것이다. 이런 직업관을 가진 사람으로는 경제적으로 커다란 대가가 없음에도 불구하고 민족의 전통을 이어나가기 위하여 고집스럽게 종사하고 있는 각종 민속전통예술인, 뛰어난 능력을 지니고 있어 도시에서 일자리를 쉽게 구할 수 있음에도 민족의 먹거리 생산에 일생을 바치겠다는 다짐으로 농촌으로 귀환하는 사람 등을 들 수 있다.

셋째, 일 본위의 직업관이다. 이 직업관은 직업을 자신의 생계나 출세를 위한 것도 아니고 남을 위한 것도 아닌 자아실현의 과정으로 간주한다. 이런 이유로 자아실현의 직업관이라고도 한다. 자기가 가지고 있는 재능을 일을 통하여 마음껏 발휘하고 그 자체를 즐기기 위하여 직업을 선택하는 경우가 여기에 해당한다. 일 본위의 직업관은 직업을 수단이나 도구로 보지 않고 그 자체를 목적으로 본다는 점에서 본질적인 직업 관이라 할 수 있다. 그러나 모든 사람은 직업을 통하여 사회적 관계를 형성하고, 직업 을 통하여 삶에 필요한 재화나 용역을 얻는 것이 현실이기 때문에 일 본위의 직업관 은 하나의 이상적인 직업관에 불과할 수 있다. 따라서 우리 사회에 가장 필요한 직업 관은 앞에서 언급한 세 가지 직업관 가운데 어느 하나가 아니라 세 가지 직업관 각각 의 속성이 적절히 조화된 직업관일 것이다.

2. 진로 선택 및 발달 이론

대학 재학 기간은 이전 시기와는 달리 실제적으로 진로를 결정해야 하는 시기로서 장래의 직업을 준비해야 하며 무엇보다 특정 직업을 선택해야 하는 중요한 시기다. 왜 사람들은 특정한 직업을 선택하게 되는가? 진로 이론은 이러한 질문에 대한 답을 나름대로 제시한다. 진로 이론은 진로의 어떤 부분을 강조하느냐에 따라 다양하나, 크게 선택을 강조하는 이론과 발달을 강조하는 이론으로 구분해 볼 수 있다. 다음에서는 선택을 강조하는 대표적인 이론인 홀랜드(Holland)의 직업적 성격 유형론과 발달을 강조하는 대표적인 이론인 수퍼(Super)의 생애진로발달 이론에 대해 살펴보고자 한다. 이 두 학자는 직업 분야의 가장 영향력 있는 학자로 평가받고 있다.

1) 홀랜드의 직업적 성격 유형론

직업 선택에 관한 이론을 가장 명확하게 설명한 학자는 미국의 홀랜드(Holland)라 할 수 있다. 직업 선택에 대한 홀랜드의 관심은 자신이 1942년에서 1946년 사이에 징집병을 위한 면접자로 근무했던 군복무 시절부터 시작된 것으로 알려져 있다(이현림 · 김영숙, 1997). 그는 군생활을 통해 군인들은 개인의 성격에 따라 특정한 직무에 보다 관심을 보이고 더욱 만족해한다는 사실을 알게 되었고, 그때부터 군인의 직무를 몇 가지 유형으로 분류하려는 생각을 갖게 되었다. 전쟁 이후 홀랜드는 학생과 다양한 직업에 종사하는 사람들의 성격 유형을 정리하여 어떠한 성격이 어느 직업에 적합한지 연구하였고, 성격 유형과 직업환경의 관계에 대한 자신의 연구결과를 이론화하였다(박종원 외, 2009). 1959년에 처음 발표된 홀랜드의 이론은 발표된 지 60년이 지난 오늘날에 도 직업심리학의 역사에서 가장 많은 관심을 받아온 이론으로 평가받고 있다.

(1) 기본 가정

홀랜드는 여러 직업에 종사하는 사람들에 관한 정보와 직무환경에 관한 정보를 통합된 하나의 이론으로 조직하였다. 그의 이론은 다양한 성격 특성과 이에 상응하는 직업 간의 상호작용에 초점을 두며 다음과 같은 네 가지 가정을 기초로 하고 있다(Holland, 1992).

첫째, 대부분의 사람들은 여섯 가지 유형, 즉 현실형(Realistic), 탐구형(In-vesti-gative), 예술형(Artistic), 사회형(Social), 진취형(Enterprising), 관습형(Con-ventional) 중 하나로 분류할 수 있다. 이러한 성격 유형은 유전, 부모, 가정환경과 같은 개인적 요인과 그 외 다양한 사회문화적 요인 간의 독특한 상호작용을 통해 형성된다. 동일한 성격 유형의 사람들은 그 유형만의 특징적인 활동, 기술, 능력을 발휘하고 독특한 문제해결 방법과 태도를 가지고 있다.

둘째, 직업환경도 위에서 언급한 여섯 가지 유형 중 하나로 분류할 수 있다. 각 환경 유형은 그 환경 구성원들의 성격 유형에 의해서 결정되며, 동일한 환경은 유사한 형태의 보상, 기회, 업무로 이루어져 있다.

셋째, 사람들은 자신의 기술과 능력을 발휘하고 자신의 태도와 가치를 표현하며, 자기에게 맞는 역할을 할 수 있도록 하는 직업환경을 추구한다. 사람들은 자신의 성격 유형과 유사한 환경을 찾으려는 경향을 가지고 있다.

넷째, 개인의 행동은 그 사람의 성격적 특성과 환경적인 특성 간의 상호작용에 의해 결정된다. 따라서 한 개인의 성격 유형과 그 사람에게 적절한 환경 유형을 안다면 이 사람이 어떠한 환경에서 보다 안정적이고 만족할 만한 진로를 누릴 것인지를 예측할 수 있다.

(2) 직업 성격 유형

인간은 직업을 선택할 때 자신의 성격, 동기, 지식, 능력 등을 포괄적으로 고려하는데 그 과정에서 자신과 여러 측면(신체적 조건, 성격 특성, 사회적 · 문화적 · 물리적 환경 등)에서 유사한 사람들이 종사하는 일에 더욱 관심을 가지게 된다. 홀랜드는 이러한 직업 선택의 경향성을 직업 흥미(occupational interest) 혹은 직업 성격(occupational personality)이라고 하였다. 홀랜드는 인간의 직업 성격을 폭넓게 조사한 후 이들을 여섯 가지 유형(현실형, 탐구형, 예술형, 사회형, 진취형, 관습형)으로 구분하는 것이 사람의 성격과 직업 선택 간의 연관성을 잘 설명해 준다고 보았다(Holland, 1992). 그는 모든 개인과 직업이 여섯 가지 유형 중 한 가지로만 구분되는 것이 아니라, 몇 가지 유형 혹은 여섯 가지 유형 모두를 동시에 지닐 수도 있으며 다만 정도의 차이가 있을 뿐이라고 보았다. 각 직업적 성격 유형에 대해 살펴보면 다음과 같다(Niles & Harris-Bowlsbey, 2002).

① 현실형

손 기술을 사용하거나 기계를 다루는 일을 선호하는 성격적 특징이 있다. 현실적이고 구체적으로 행동하며 자신의 행동으로 즉각적인 결과가 도출되는 일을 선호한다. 눈에 보이지 않거나 모호한 결과를 도출하는 일에는 매력을 느끼지 못한다. 또한 선호하는 대부분의 일이 기술과 도구를 사용하여 스스로 작업하는 것이기 때문에 혼자 일하는 것을 선호한다. 따라서 이들은 인간관계 형성에 대한 관심은 다소 부족한 편이며, 자신의 행동에 대한 결과는 스스로 책임지려고 한다. 현실형의 특성을 강하게 나타내는 사람은 고집이 세고 솔직하며 남성적이고 착실하며 실용적인 성향이 강하다. 현실형인 사람이 선호하는 직업으로는 건축가, 엔지니어, 운전사, 비행기 조종사, 각종 기계 조작원 등이 있다.

② 탐구형

지적이고 분석적이며 과학적인 사고를 필요로 하는 일을 선호하는 성격 유형이다. 문제해결이나 탐구, 지식의 적용 및 창출에 관심을 가지며, 수학이나 과학, 물리학 등의 순수 학문에도 관심이 많다. 과학적으로 가치 있는 것을 중시하고 연구하는 일에 매력을 느끼며, 다른 사람들 앞에 나서서 활동하기보다는 자신만의 공간에서 연구 활동에 전념하는 것을 좋아한다. 새로운 것에 대한 호기심이 강한 편이어서 새로운 분야를 공부하고 익혀 알게 되는 것을 즐거워하며 지적이고 창의적이며 개방적인 성격을 지니고 있다. 탐구형인 사람이 선호하는 직업으로는 대학교수, 연구원, 사회과학자, 천문학자, 공학자 등이 있다.

③ 예술형

예술적인 분야에 관심이 많으며 풍부한 표현력을 가지고 있다. 틀에 박힌 관습적인 일을 싫어하고, 독창적이고 이상적인 방식을 선호하기 때문에 규칙적으로 해야 하는 일이나 기한에 맞추어 해야 하는 일 또는 통제를 받으며 해야 하는 일은 기피하는 경향이 있다. 매우 창의적으로 사고하고 규칙을 탈피하려는 경향이 강하기 때문에 참신한 아이디어를 필요로 하거나 예술적인 역량을 요구하는 직무에는 적합하지만 꾸준한 업무 수행이나 반복적인 일을 해야 하는 일에는 적합하지 않을 수 있다. 예술형인 사람이 선호하는 직업으로는 음악가, 화가, 인테리어 디자이너 등이 있다.

④ 사회형

사회적 활동에 관심이 많으며 다른 사람을 돕고 이해하며 협동하는 것을 중요시한다. 융통성이 있고 사회성이 강하며 사회적으로 가치 있는 일을 중시한다. 다른 사람의 의견을 수용하고 좋은 관계를 유지하려는 성향이 강하다. 기계나 장치를 다루거나 혼자 수행하는 일보다는 다른 사람과 접촉하면서 함께 일하는 것을 더 좋아한다. 자신의 에너지를 주변 사람을 돕기 위해 사용하는 것을 즐거워하고 다른 사람으로부터 얻는 신뢰를 매우 값지게 생각하기 때문에 원만한 대인관계를 형성한다. 사회형인 사람이 선호하는 직업으로는 상담가, 성직자, 간호사, 교사, 사회기업가 등이 있다.

⑤ 진취형

사람들을 지도하거나 상품을 판매하는 일처럼 자신이 기획한 것을 실행하고 성취하는 일을 선호한다. 적극적이고 대중적이며 유창한 언변과 강한 자신감을 지니고 있어서 다른 사람으로부터 강한 리더십을 가진 사람으로 평가받는다. 연구나 발견을 통해 지식을 쌓는 것보다는 타인을 설득하여 자신의 주장을 관철시키거나 자신이 의도한 대로 타인을 이끄는 일에 매력을 느끼며, 권력이나 지위, 책임감 등의 측면에서 세상을 바라본다. 진취형인 사람이 선호하는 직업으로는 법률가, 정치인, 경영인, 사업가 등이 있다.

⑥ 관습형

자료나 문서를 기록하고 정리하는 규칙적인 일을 선호한다. 순응적이고 정해진 규칙에 따라 꼼꼼하게 일을 처리하며 시간관념이 철저하여 약속을 잘 지킨다. 자료나 집기를 잘 정리정돈하며 조직의 규칙과 규율을 잘 어기지 않는다. 예술적이거나 창의적인 일 혹은 매 순간 다른 방식으로 처리해야 하는 임기응변적인 일에는 흥미를 느끼지 못하며 반복적으로 진행되는 일을 철저하고 완벽하게 처리하는 것에 더 매력을 느낀다. 관습형인 사람이 선호하는 직업으로는 출판사 편집자, 사무원, 자료 정리원 등이 있다.

(3) 주요 개념

홀랜드(1992)는 위에서 언급한 네 가지 기본 가정 이외에 다음과 같은 주요 개념을 가정하고 있다. 홀랜드의 이론을 명확하게 이해하기 위해서는 다음 개념에 대한 이해가 필수적이다.

① 일치도

홀랜드 이론의 핵심 개념 중 하나는 일치도다. 일치도(congruence)는 개인의 성격 유형과 개인이 현재 몸담고 있거나 소속되고자 하는 직무환경이 서로 부합하는 정도를 나타낸다. 개인의 성격 유형과 직업환경의 유형의 부합 정도가 높을수록 일치도는 높아진다. 만약, 사회적 성격 유형을 가진 사람이 사회적 직무환경에서 근무한다면 일치도는 최고가 되나, 현실적 직무환경에서 근무한다면 최저의 일치도, 즉 불일치를 보이게 된다. 자신의 성격 유형과 일치하는 근무환경에서 일하는 사람들이 그렇지 않은 사람보다 일에 대한 만족감이 높고 수행 수준도 더 높은 경향이 있다.

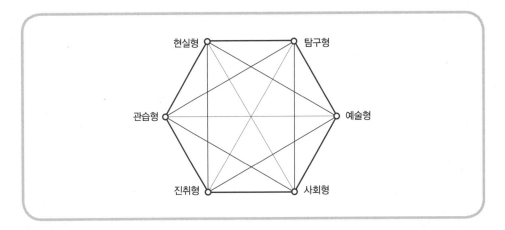

그림 12.1 홀랜드 유형 간의 관계

　홀랜드는 자신이 분류한 여섯 가지 성격 유형 간 및 성격 유형 내의 관계를 나타내기 위해 RIASEC이라는 육각형 모형(hexagonal model)을 제시하였다(그림 12.1 참조). 육각형에 배열되어 있는 성격 유형의 위치는 상관관계를 바탕으로 하고 있다. 이 모형에서 유형 사이의 거리가 가까울수록 유형 간의 상관관계도 높다. 예를 들어, 현실형은 탐구형과 가장 상관이 높고, 예술형과는 중간 정도의 상관이며, 사회형과는 가장 상관이 낮다.

② 변별도

변별도(differentiation)는 개인의 프로파일에서 유형별 상대적 명확성에 대한 정보를 제공해 준다. 홀랜드의 여섯 가지 성격 유형에서 개인이 특정 분야에 뚜렷한 흥미를 보이는 경우, 그 분야와 관련된 성격 유형의 점수는 다른 유형에 비해 현저히 높게 나타난다. 하지만 특정 분야에 특별한 관심을 가지고 있지 않거나 모든 분야에 관심을 가지고 있는 경우에는 특별히 두드러진 흥미 유형이 나타나지 않는다. 여섯 가지 흥미 유형 중 특정 흥미 유형의 점수가 다른 흥미 유형의 점수보다 높으면 변별도가 높고, 이들의 점수가 대부분 비슷하면 변별도가 낮다. 즉 가장 좋은 변별도는 한 가지 유형에 점수가 집중된 경우이고, 가장 낮은 변별도는 모든 유형에 점수가 고루 분포된 경우다. 일반적으로 변별도는 세 자리로 이루어진 홀랜드 코드의 점수 중 가장 높은 점수와 가장 낮은 점수의 차이로 계산한다.

③ 일관도

일관도(consistency)는 성격 유형이나 환경 유형들 내 관계의 정도를 나타낸다. 다시 말하면, 개인의 성격 유형 또는 환경 유형이 서로 얼마나 유사한가를 말하는 것이다. 유형들 간의 유사성을 알아보는 데는 육각형 모형이 유용하다. 육각형 모형에서 인접해 있는 유형은 멀리 떨어져 있는 유형보다 일관도가 높다. 일관도가 높다는 것은 성격 특성, 흥미, 가치 등에 있어 공통점이 더 많다는 것을 의미한다. 일관도를 알아보는 가장 간단한 방법은 홀랜드 코드 첫 두 문자를 사용하는 것이다. 높은 일관도는 첫 두 문자가 육각형에 인접할 때 나타나고(예 : RI 또는 SE). 중간 정도의 일관도는 다른 문자가 코드의 첫 두 문자 사이에 있을 때 나타나며(예 : RA 또는 SC), 낮은 일관도는 코드의 첫 두 문자가 이들 둘 사이에 낀 문자에 의해 나누어질 때 나타난다(예 : RS 또는 AC). 직업 성격의 일관도는 개인의 진로 탐색이 수월하게 진행될 것인지 아닌지를 예측해 주는 지표로 활용될 수 있다.

2) 수퍼의 생애진로발달 이론

파슨스(Parsons)가 직업 선택 모형을 제시한 이래로 1940년대 말까지 직업 선택은 생의 특정 시점에서 이루어지는 단 한 번의 의사결정으로 여겨졌다. 그러나 점차적으로 직업 선택의 내용(무엇을 선택할 것인가의 문제)보다는 직업 선택의 과정으로 관심의 초점이 이동하기 시작했다. 이러한 경향은 진로 행동을 다루는 다양한 분야에서 나타났으며, 진로발달이라는 새로운 개념이 출현하게 된 배경이 되었다(Phillips & Pazienza, 1988).

현대적 의미의 진로와 진로발달이라는 개념은 1950년대에 접어들면서 문헌에 등장하기 시작했다. 이 시기의 이론가들은 직업 선택과 직업지도를 발달적 관점에서 보다 포괄적으로 개념화하려고 시도하였다. 이들은 진로의 개념을 단순히 직업 선택과 직업 선택 이후의 활동에 국한된 것으로 보지 않고 직업 이외의 여러 가지 활동들도 포함하는 생애발달적 측면에서 이해하고자 하며(Herr & Cramer, 1992), 직업 선택을 일회적인 행위가 아니라 일련의 결정들이 전 생애에 걸쳐 계속적으로 이루어지는 과 정으로 본다.

1950년대부터 나타나기 시작한 '진로' 또는 '진로발달'이라는 용어는 1960년대와 1970년대를 거치면서 '직업' 또는 '직업 선택'이라는 용어보다 점점 더 자주 사용되었 으며, 개념도 보다 포괄적으로 확장되었다. 1980년대 접어들면서 진로와 진로발달에 대한 보다 포괄적인 개념화는 서서히 자리를 잡아갔고, 1980년대 말에는 진로, 진로 발달, 진로지도 및 상담이라는 용어가 직업, 직업발달, 직업지도 및 상담이라는 용어 를 거의 완전히 대체했으며, 1990년대 이후로 이러한 경향은 가속화되어 오늘날에는 진로와 진로발달의 개념 속에 일과 관련 없는 영역까지 포함하게 되었다.

진로에 대한 발달적 관점은 긴즈버그(Ginzberg, 1951) 등에 의해 처음으로 소개되 었다. 하지만 가장 포괄적이고 가장 널리 알려진 진로발달 이론을 제시한 사람은 도 널드 수퍼(Donald Super)다. 수퍼의 진로발달 이론은 1953년 *American Psychologist* 라는 학술지에 게재된 직업발달 이론이라는 논문을 통해 처음으로 소개되었다. 수퍼는 자신의 이론을 구축하기 위해 개인차 심리학, 발달심리학, 성격심리학, 직업사회학을 포함한 다양한 분야의 연구결과를 포괄적으로 활용하였다. 1990년대 이래로 수퍼는 진로발달에 대한 자신의 관점을 생애발달적 접근이라고 명명하고 있다. 수퍼의 이론 은 진로교육 및 진로지도를 위한 프로그램 개발에 유용한 개념적 틀을 제공해 주며, 홀랜드 이론과 더불어 진로 분야에 가장 영향력 있는 이론으로 인정받고 있다.

(1) 주요 명제

수퍼(1953)는 다음과 같은 열 가지 명제를 제안하였는데 이 명제들이 그의 진로발달 이론의 기초를 구성한다.

① 사람은 능력, 성격, 욕구, 가치, 흥미, 특성과 자아개념에 있어 개인차가 있다.
② 사람은 이러한 특성들로 인해 각기 많은 직업에서 성공하고 만족할 가능성을 가 지고 있다.
③ 이들 직업들은 각기 독특한 유형의 능력과 성격 특성을 요구하는데 이러한 유형

은 각 개인에게는 어느 정도 다양한 직업을, 각 직업에서는 어느 정도 다양한 사람들을 허용할 수 있을 만큼 충분히 넓다.

④ 개인의 직업적 선호와 능력, 생활장면 및 자아개념은 시간과 경험에 따라 변화(사회 학습의 결과물로서의 자아개념은 후기 청소년기 이후로 점차적으로 안정되지만)하기 때문에 직업 선택 및 직업 적응은 계속적인 과정이다.

⑤ 이런 변화의 과정은 성장기(growth), 탐색기(exploration), 확립기(establishment), 유지기(maintenance) 및 쇠퇴기(decline)의 순서로 특징지어진 일련의 생애 단계(대순환, maxicycle)로 요약될 수 있으며, 이들 단계는 다시 발달 과제로 특징지어지는 몇 가지 하위 단계로 나누어 볼 수 있는데, 이 중 탐색기는 환상기(fantasy phase), 잠정기(tentative phase) 및 현실기(realistic phase)로, 확립기는 시행기(trial phase)와 안정기(stable phase)로 구분될 수 있다. 소순환(minicycle)은 한 단계에서 다음 단계로 전환할 때 또는 한 개인이 인력 감축, 개인적 욕구 유형의 변화, 질병, 부상 또는 다른 사회경제적 사건이나 개인적 사건에 의해 불안정해질 때 발생한다. 그러한 불안정한 진로 또는 중다 실행(multiple-trial) 진로는 새로운 성장, 재탐색 그리고 재확립의 과정을 거친다(재순환).

⑥ 한 개인의 진로 유형의 본질(즉 획득된 직업 수준과 시행해 본 직업 및 안정된 직업의 계열, 빈도 및 지속기간)은 그 개인의 부모의 사회경제적 수준, 정신능력, 교육, 기술, 성격 특성(욕구, 가치, 흥미, 특성, 자아개념) 및 진로성숙과 그 개인에게 주어진 기회에 의해 결정된다.

⑦ 생애 단계를 통한 발달은 능력과 흥미의 성숙 과정을 촉진시키거나 자아개념의 발달 및 현실 검증 과정에 도움을 줌으로써 촉진될 수 있다.

⑧ 진로발달 과정은 본질적으로 직업적 자아개념을 발달시키고 이행해 가는 과정이다. 자아개념은 유전적 소질, 체격, 다양한 역할을 관찰하고 수행할 수 있는 기회, 역할 수행의 결과가 선배와 동료들의 승인을 충족시킬 수 있는 정도에 대한 평가가 상호작용한 결과로서 형성되는데, 진로발달 과정은 자아개념 형성 과정에서 상호작용하는 이러한 요소들의 통합 및 타협 과정이다.

⑨ 개인적 요인과 사회적 요인, 즉 자아개념과 현실 간의 통합 또는 타협 과정은 역

할 수행의 과정이며 역할 수행으로부터의 피드백을 통해 얻은 학습 과정이다. 여기서 역할은 환상 속에서 수행될 수도 있고, 상담 면접에서 수행될 수도 있으며, 학급, 클럽, 시간제 근무 및 취업과 같은 실제 활동을 통해서도 수행될 수 있다.

⑩ 일과 생활에 대한 만족은 자신의 능력, 욕구, 가치, 흥미, 성격 특성 및 자아개념을 충족시켜 주는 적절한 통로를 찾은 정도에 달려 있다. 다시 말하면, 성장과 탐색 경험에 비추어 자신에게 맞고 적절하다고 생각되는 역할을 수행할 수 있는 일의 유형, 근무환경 및 생활방식의 확보 여부에 따라 일과 생활에 대한 만족이 결정된다는 것이다.

1953년에 10개로 시작된 명제는 이후 새로운 연구결과를 반영하기 위해 1957년에 2개, 1990년에 2개가 추가되어 현재 14개의 명제로 확장되었다. 추가된 명제를 살펴보면 다음과 같다(Super, Savickas, & Super, 1996).

① 특정 진로발달 단계에서 환경과 유기체의 요구에 대한 성공적 대처 여부는 개인이 이러한 요구를 다룰 준비 정도(즉 진로성숙도)에 달려 있다.

② 진로성숙은 성장기에서 쇠퇴기에 이르는 생애발달 단계의 연속선상에서 개인의 직업발달의 정도를 나타내는 심리사회적 구성개념이다. 사회적 관점에서 보면, 진로성숙은 현재 직면하고 있는 발달 과제를 개인의 생활연령에 기초하여 기대되는 발달 과업과 비교함으로써 조작적으로 정의될 수 있다. 심리적 관점에서 보면, 진로성숙은 당면 과제에 대처하기 위해 개인이 현재 갖고 있는 인지적 · 정의적 자원을 그 과제를 완수하는 데 필요한 자원과 비교함으로써 조작적으로 정의될 수 있다.

③ 일을 통해 얻은 만족의 정도는 자아개념의 이행 정도와 비례한다.

④ 어떤 사람에게는 일과 직업이 성격 조직(personality organization)에 있어 주변적이거나, 부수적이거나, 또는 심지어 존재하지 않을 수도 있지만, 대부분의 사람들에게 있어 일과 직업은 성격 조직을 위한 초점을 제공해 준다. 그런 다음 여

가활동과 가사종사와 같은 다른 초점들이 아마도 중심이 될 것이다. 개인차뿐만 아니라 성역할 고정관념 및 모델링과 같은 사회적 전통, 인종적·민족적 편견, 그리고 기회구조도 근로자, 학생, 여가사용자, 가사종사자, 시민과 같은 역할에 대한 선호의 중요한 결정요인이다.

(2) 직업발달 단계와 과업

발달 단계와 발달 과업의 개념은 수퍼의 진로발달 이론을 이해하는 데 필수적인 부분이다. 수퍼는 직업 선택을 생애발달 과정으로 보고 이 과정을 성장기, 탐색기, 확립기, 유지기 및 쇠퇴기의 다섯 단계로 구분하였다. 여기서 각 단계의 명칭은 그 단계의 주요 발달 과제의 본질을 나타낸다. 각 발달 단계의 주요 발달 과제는 다시 몇 가지 발달 과제로 세분화할 수 있는데, 이 세분화된 발달 과제를 기초로 각 단계는 다시 몇 가지 하위 단계로 나누어진다. 여기서 직업적 발달 과업이란 세상을 원만하게 살아가기 위해 삶의 특정 시점에서 완성해야 할 직업과 관련된 과업을 말한다. 수퍼(1990)가 제안한 발달 과제의 기본 가정은 발달 과정에서 어느 한 단계의 발달 과업의 수행 정도는 이후의 발달 과제 수행에 영향을 준다는 것이다. 즉 한 단계에서 발달 과업을 성공적으로 수행하게 되면 다음 단계의 발달 과업을 성공적으로 수행할 수 있게 되나 그렇지 못할 경우 다음 단계의 발달 과업을 수행하는 데 있어 어려움에 봉착할 수 있다는 것이다. 예를 들어, 탐색기에서 적절한 탐색이 이루어지지 못하면 적절한 직업을 선택하기가 어렵다.

1957년에 진로발달 단계가 처음 소개된 이래 이 단계는 새로운 연구결과와 아이디어를 반영하기 위해 몇 차례 수정되었고, 하위 단계, 재순환 및 전환이라는 개념을 포함하는 개념으로 확대되긴 하였지만 그 기본적인 틀에는 큰 변화가 없다. 각 발달 단계의 특징을 살펴보면 다음과 같다(Super 외, 1996).

① 성장기(growth stage, 출생~14세)

이 단계는 자아개념과 관련된 흥미, 능력, 가치 등의 발달을 특징으로 한다. 이 단계에 있는 대부분의 아동들에게 있어 직업은 핵심적인 문제가 아니다. 이 단계의 아이들은 자신의 호기심을 충족시키기 위해 자신을 둘러싸고 있는 환경에 대한 탐색 활동을 하고, 이 탐색 활동의 결과 정보를 획득하고 흥미를 형성하게 된다. 이 과정에서 만족스런 탐색을 한 아이들은 가정과 학교 등에서 접촉하게 되는 중요한 인물들과의 동일시를 통해 자아개념을 발달시키게 되고, 미래에 대한 자신의 계획을 수립하게 된다. 수퍼는 이 단계를 세분화하여 외부 환경에 적극적 관심을 가지는 호기심기(0~4세), 욕구와 환상이 지배적인 역할을 하는 환상기(4~7세), 직업적 선호와 포부의 결정에 자신의 흥미를 중요시하는 흥미기(7~11세), 그리고 진로 선택 시 자신의 능력을 중시하는 능력기(11~14세)로 구분했다.

② 탐색기(exploration stage, 15~24세)

이 단계에서 개인은 학교생활, 여가활동, 아르바이트 등을 통해 자아검증, 역할시행 및 진로 탐색을 시도한다. 이 단계는 다시 잠정기(15~17세), 전환기(18~21세), 시행기(22~24세)의 세 하위 단계로 구분된다. 탐색기의 주요 직업적 발달 과업은 직업 선택을 명료화하고, 구체화하며, 실행하는 것이다. 명료화 과업을 수행하기 위해 사람들은 자신의 흥미, 능력, 가치 등을 검토하고 자신들에게 적절해 보이는 직업에 관해 알아본다. 일을 해본 경험과 직업에 대한 지식이 직업 선택의 폭을 좁혀나가는 데 도움을 준다. 대부분의 사람들은 고등학교 졸업 후 진학을 하거나 직장을 선택해야 하기 때문에 자신이 선호하는 직업 분야나 전공 분야를 구체화해야 한다. 직업 분야나 전공 분야를 구체화하기 위해 이 시기에 있는 사람들은 자신이 선호하는 직업에 파트타임으로 종사해 보기도 한다. 실행화는 실제로 직장을 가지기 전에 완수해야 할 마지막 과제다. 이 시점에 도달한 사람들은 자신의 진로 목표를 달성하기 위해 계획을 세우고, 직장을 구하는 데 도움을 줄 수 있는 사람들을 만나보거나 진학지도를 받아보기도 한다. 원하는 직장에 이력서를 제출하고 면접을 통해 취업을 시도한다(Sharf, 1997).

③ 확립기(establishment stage, 25~44세)

자신에게 적합한 분야를 발견하고 거기에서 안정된 위치를 확보하기 위해 노력을 하는 시기로 이 단계는 다시 시행기(25~30세)와 안정기(31~44세)의 두 하위 단계로 구분된다. 확립기의 주요 직업적 발달 과제는 자신의 직업적 위치의 안정화, 공고화 및 승진이다. 안정화는 어떤 직장에 자리를 잡고 그 직장에서 요구하는 조건들을 충족시키는 것과 관련된다. 직장에 잘 적응하고 자신의 업무를 만족스럽게 수행함으로써 자신의 위치는 안정되기 시작한다. 일단 직장에서 자신의 위치가 안정되면 공고화가 일어날 수 있다. 공고화는 일에 대한 긍정적인 태도, 좋은 동료 관계 및 습관을 보여줌으로써 이루어진다. 직장에서의 자신의 입지가 확고해지면 승진을 고려할 수 있게 된다. 승진은 확립기 중 어느 때라도 일어날 수 있지만 대체로 앞의 두 단계가 발생한 후 일어난다. 승진을 위해 사람들은 어떻게 남보다 앞서 갈 것인지, 어떻게 자신의 승진 기회를 높일 것인지에 대한 계획을 세운다(Sharf, 1997).

④ 유지기(maintenance stage, 45~65세)

유지기에 들어가기 전에 많은 사람들은 다음과 같은 소위 중년기 질문이라는 것을 한다. "다음 25년 동안 내가 계속해서 이 일을 하기를 원하는가?" 사람들은 자기 자신과 가족 또는 친구들에게 현재 자리를 유지해야 하는가 아니면 다른 일을 해야 하는가를 묻는다. 만약 현 직장에 계속 머물기로 결심한다면, 유지기로 들어서게 된다. 그러나 만약 직업이나 분야를 바꾸기를 원한다면, 앞선 단계를 재순환해야 한다. 유지기의 주요 직업적 발달 과업은 현재까지 자신이 성취한 것을 유지하고, 지식과 기술을 새롭게 하며, 일상적인 일을 하는 새로운 방법을 고안해 내는 것이다. 이러한 발달 과업에 제대로 대처하지 못하는 것을 진로가 정체되었다고 한다(Sharf, 1997).

⑤ 쇠퇴기(disengagement stage, 65세 이상)

신체적 및 정신적으로 그 기능이 약해지고, 활동도 점차 줄어들다가 마침내 직업 전선에서 은퇴하게 된다. 은퇴 이후의 새로운 역할을 개발하는 것이 이 시기의 주요 발달 과업이다.

3. 직업세계의 이해

시대에 따라 직업의 세계는 각기 다른 양상을 띤다. 따라서 현명하게 직업을 선택하기 위해서는 직업의 세계에 대한 객관적인 정보와 이에 대한 체계적 탐색이 매우 중요하다. 이에 아래에서는 직업의 구조와 직업정보원에 대해 살펴본다.

1) 직업의 구조

직업을 분류하는 방법은 다양하나 직업에서 수행하는 직무의 내용을 중심으로 하는 분류가 가장 기본적이며 일반적인 방법이다. 여기에서는 국내의 대표적인 직업분류 체계인 한국표준직업분류에 대하여 살펴본다.

(1) 한국표준직업분류

한국표준직업분류는 수입(경제활동)을 위해 개인이 하고 있는 일을 그 수행되는 일의 형태에 따라 유형화(분류)한 것으로, ILO(세계노동기구)의 국제표준직업분류에 기초하여 제정되었다. 현행 한국표준직업분류는 2007년에 여섯 번째 개정, 고시된 것이다. 우리나라에서 체계적인 직업분류를 작성한 것은 1960년 당시 내무부 통계국에서 국세조사에 사용한 것이 최초이며, 1963년 한국표준직업분류가 처음 제정된 이래로 직업구조의 변화를 반영하기 위하여 계속 개정되고 있다. 우리나라의 직업분류는 현재 통계청에서 담당하고 있으며 통계청 홈페이지를 방문하면 한국표준직업분류에 대한 다양한 정보를 볼 수 있다. 현행 제6차 한국표준직업분류에서는 직업을 다음과 같이 10개 직업군으로 분류하고 있는데, 각 직업군의 특징을 살펴보면 다음과 같다.

① 관리자

의회의원처럼 공동체를 대리하여 법률이나 규칙을 제정하거나 정부조직의 장으로서 정부를 대표·대리하며 정부 및 공공이나 이익단체의 정책을 결정하고 이에 대해 지휘·조정한다. 정부, 기업, 단체 또는 그 내부 부서의 정책과 활동을 기획, 지휘 및 조정하는 직무를 수행한다. 현업을 겸할 경우에는 정책을 결정하고 관리, 지휘, 조정하는 데 직무시간의 80% 이상을 사용하는 경우에만 관리자 직군으로 분류한다. 관리자 직군은 최고 경영진으로서 기관이나 기업을 대표하며 기업 내 중간 관리자를 관리하는 고위 관리직과 관리직(기업 내 중간 관리자 포함)으로 나뉘어 있다. 고위 관리직은 공공 및 기업 고위직이며, 관리직은 행정 및 경영지원 관리직, 전문서비스 관리직, 건설·전기 및 생산관련 관리직, 판매 및 고객서비스 관리직으로 구분된다.

② 전문가 및 관련 종사자

주로 자료의 분석과 관련된 직종으로 다양한 분야에서 높은 수준의 전문적 지식과 경험을 기초로 과학적 개념과 이론을 응용하여 해당 분야를 연구하고 새로운 상품이나 서비스를 개발하고 적용한다. 전문지식을 이용하여 의료활동을 수행하고, 각급 학교의 학생을 지도하고, 법률의 집행이나, 기업의 경영 및 예술적인 창작활동, 스포츠 활동 등을 수행한다. 또한 전문가의 지휘하에 조사, 연구 및 의료, 경영에 관련된 기술적인 업무를 수행하는 관련 종사자들도 이 분류에 포함된다.

③ 사무 종사자

관리자, 전문가 및 관련 종사자를 보조하여 경영방침에 의해 사업계획을 입안하고 계획에 따라 업무추진을 수행하며, 당해 작업에 관련된 정보의 기록, 보관, 계산 및 검색 등의 업무를 수행한다. 또한 금전취급 활동, 법률 및 감사, 상담 및 통계와 관련하여 사무적인 업무를 수행한다.

④ 서비스 종사자

공공안전, 신변보호, 의료 · 복지 보조, 이 · 미용, 혼례 · 장례, 운송, 여가 · 스포츠, 조리 · 음식에 관련하여 대인보호 및 서비스를 제공하는 업무를 수행한다.

⑤ 판매 종사자

영업활동을 하거나 인터넷 및 통신, 또는 상점이나 거리 등에서 상품을 판매 및 임대하며, 상품을 광고하거나 상품의 품질과 기능을 선전하는 등의 활동을 수행하며, 매장에서 계산하는 활동도 수행한다.

⑥ 농림어업 숙련 종사자

자기 계획과 판단에 따라 농산물, 임산물 및 수산물의 생산에 필요한 지식과 경험을 기초로 전답작물 또는 과수작물을 재배 · 수확하고 동물을 번식 · 사육하며 산림을 경작, 보존 및 개발한다. 또한 물고기의 번식 및 채취 또는 기타 형태의 수생 동식물을 양식 · 채취하는 업무를 수행한다.

⑦ 기능원 및 관련 기능 종사자

광업, 제조업, 건설업 분야에서 관련된 지식과 기술을 응용하여 금속을 성형하고 각 종 기계를 설치 및 정비한다. 또한 섬유, 수공예 제품과 목재, 금속 및 기타 제품을 가 공한다. 작업은 손과 수공구를 주로 사용하며 기계를 사용하더라도 기계의 성능보다 사람의 기능이 갖는 역할이 중요하기 때문에 자동화된 기계의 발전에 따라 직무영역 이 축소되는 추세이지만, 생산과정의 모든 공정과 사용되는 재료나 최종 제품에 관련 된 내용을 알 수 있어야 한다.

⑧ 장치 · 기계 조작 및 조립 종사자

장치 · 기계조작 및 조립 종사자는 대규모적이고 때로는 고도의 자동화된 산업용 기 계 및 장비를 조작하고 부분품을 가지고 제품을 조립하는 업무로 구성된다. 작업은 기계 조작뿐만 아니라 컴퓨터에 의한 기계제어 등 기술적 혁신에 적용할 수 있는 능 력을 포함하여 기계 및 장비에 대한 경험과 이해가 요구된다.

⑨ 단순노무 종사자

주로 수공구의 사용과 단순하고 일상적이며, 어떤 경우에는 상당한 육체적 노력이 요 구되고, 거의 제한된 창의와 판단만을 필요로 하는 업무를 수행한다.

⑩ 군인

의무복무 중인 사병, 단기부사관, 장교를 제외하고, 현재 군인 신분을 유지하고 있는 직업 군인을 말한다. 직업정보 취득의 제약 등 특수 분야이므로 직무를 기준으로 분 류하는 것이 아니라 계급을 중심으로 분류한다. 국방과 관련된 정부기업에 고용된 민 간인, 국가의 요청에 따라 단기간 군사훈련 또는 재훈련을 위해 일시적으로 소집된 자 및 예비군은 제외된다.

2) 직업정보원

직업정보는 노동력에 관한 것, 직업구조, 직업군, 취업경향, 노동에 관한 제반 규정, 직업의 분류와 직종, 직업에 필요한 자격요건, 취업정보 등을 모두 포함하는 포괄적인 개념으로, 미래 자신의 진로를 구상하도록 도와주며, 진로와 직업에 대한 의사결정에 필수적이다(김병숙, 2007). 오늘날 직업정보는 인쇄물, 시청각 자료, 게임, 면접, 관찰, 체험, 온라인 시스템 등 매우 다양한 방식으로 제공되고 있으나 인쇄물과 인터넷을 활용하는 것이 가장 보편적이다.

(1) 인쇄물

우리나라의 경우 직업정보는 전통적으로 인쇄물을 통해 제공되어 왔다. 여기에서는 직업정보를 전달하는 가장 대표적인 인쇄매체인 직업사전과 한국직업전망에 대해 살펴본다.

① 한국직업사전

한국직업사전은 급속한 과학기술 발전과 산업구조 변화 등에 따라 변동하는 직업세계를 체계적으로 조사·분석하여 표준화된 직업명과 기초직업정보를 제공할 목적으로 발간된다. 한국직업사전은 1986년에 처음 발간된 후 몇 번의 개정을 거친 후 2012년에 통합본 3판이 발간되었다. 한국직업사전의 직업분류 체계의 기준은 2011년도까지 한국표준직업분류(통계청)를 사용해 왔으나, 우리나라의 노동시장 현실을 제대로 반영하고 일-훈련-자격 체계의 일관성을 도모하기 위해 2012 한국직업사전부터는 한국고용직업분류(KECO)(한국고용정보원)를 사용하였다.

현행 한국직업사전에는 직업명 기준으로 11,655개(본 직업명 5,385개, 관련 직업명 3,913개, 유사 직업명 2,357개)가 수록되어 있는데(2011년 말 기준), 여기에는 각 직업의 직업코드, 본 직업명, 직무개요, 수행직무, 부가 직업정보(정규교육, 숙련기간, 직무기능, 작업강도, 육체활동, 작업장소, 작업환경, 유사 명칭, 관련 직업 등)에 관한 정보가 수록되어 있다. 한국직업사전은 특정한 직업에 대한 개괄적인 정보만을 담고 있어 개인이 진로 탐색이나 진로 선택을 위하여 활용하기에는 부족한 측면이 있다. 한국직업사전은 청소년과 구직자, 이·전직 희망자에게는 직업 선택을 위해, 기업 인사담당자에게는 근로자 선발을 위해, 직업훈련 담당자에게는 직업훈련 과정 개발을 위해, 연구자에게는 직업분류 체계 개발과 기타 직업연구를 위해, 그리고 노동정책 수립자에게는 노동정책 수립을 위해 기초자료로 사용된다.

임상심리사

직무개요

인지, 행동, 정서 및 성격 등에 있어서 정신과적 장애가 있는 개인 또는 집단을 대상으로 심리평가를 실시하여 장애의 원인 및 치료 방안을 파악하고 심리적 기법을 활용하여 치료한다.

수행직무

인지장애, 신경증적 장애, 정신증적 장애, 성격장애 등 정신장애를 갖고 있는 환자 또는 일반인을 대상으로 관찰하고 인지검사, 성격검사, 신경심리검사를 실시하고 해석한다. 질환의 원인을 분석하고 치료방법, 빈도, 강도, 기간 등 적절한 치료계획을 수립한다. 정신분석, 내담자중심 상담, 행동치료, 인지치료, 인지행동치료, 심리극, 학습치료, 놀이치료 등 여러 가지 치료적 접근법을 활용하여 이상심리와 정신장애를 치료한다. 심리평가 결과와 치료경과에 대해 정신과 의사 등 정신보건 관련 전문가들과 함께 토론하고 공조한다. 정신장애 및 사회부적응 등 장애의 심리적 원인과 과정을 밝혀내기 위해 연구한다. 정신병리의 진단 및 치료를 위한 방법이나 도구를 개발한다.

부가 직업정보

정규교육 : 14년 초과 ~ 16년 이하(대졸 정도)

숙련기간 : 4년 초과 ~ 10년 이하

직무기능 : 자료(종합)/사람(자문)/사물(관련 없음)

작업강도 : 가벼운 작업

육체활동 : –

작업장소 : 실내

작업환경 : –

유사 명칭 : –

관련 직업 : –

자격/면허 : 정신보건임상심리사, 임상심리사

고용직업분류 : 0652 임상심리사 및 기타 치료사

표준직업분류 : 2459 임상심리사 및 기타 치료사

표준산업분류 : Q869 기타 보건업

조사연도 : 2005

그림 12.2 한국직업사전의 직업기술 구성 예시

② 한국직업전망

2011 한국직업전망은 진로와 직업을 결정하고자 하는 청소년이나 일반 구직자들이 다양한 직업정보를 살펴보고 자신에게 맞는 직업을 선택하는 데 도움을 주기 위해 제작되었으며, 우리나라를 대표하는 16개 분야 202개 직업에 대한 상세정보를 수록하고 있다. 이 책자는 하는 일, 근무환경, 되는 길, 필요한 적성과 흥미 및 수록 직업에 대한 향후 5년간 일자리 증감 여부와 그 원인 등을 제공함으로써 각 직업에 대한 상세한 정보를 얻을 수 있도록 구성되었다. 이 외에도 청소년이나 일반 구직자들이 관심을 가지는 직업별 종사자 수, 수입 등과 관련한 직업별 통계도 제시되어 있다. 한국직업전망은 1999년도에 처음 발간된 이래로 매 2년마다 발간되고 있는데, 2011 한국직업전망에 수록된 직업은 한국고용직업분류(KECO)에 근거하여 종사자 수가 일정 규모 이상이거나 청소년 및 구직자로부터 높은 관심을 받고 있거나 직업정보를 제공할 가치가 있다고 판단되는 직업들이다.

(2) 웹사이트

전국적인 인터넷망의 확대 등으로 인해 최근 인터넷을 통해 진로정보를 제공하는 웹사이트가 증가하고 있다. 다음에서는 종합적인 진로정보를 제공하는 대표적인 웹사이트인 한국직업능력개발원의 커리어넷과 한국산업인력공단 중앙고용정보원에서 운영하는 워크넷에 대해 살펴본다.

① 커리어넷(CareerNet)

커리어넷은 한국직업능력개발원에서 인터넷을 통하여 다양한 진로정보를 제공하기 위하여 1999년 12월 교육인적자원부의 국고보조금을 받아 개설하였다(그림 12.3 참조). 이곳에서는 직업 및 학과에 대한 다양한 정보, 진로심리검사, 진로상담, 진로교육 자료 및 진로 관련 동영상을 제공해 준다.

② 워크넷(WORKNET)

1999년에 개통된 워크넷은 인터넷을 이용하여 구직자와 구인자를 연계시켜 주는 것을 목적으로 개설되었다(그림 12.4). 워크넷은 구인과 구직 그리고 직업정보와 심리

그림 12.3 커리어넷의 초기 화면

그림 12.4 워크넷의 초기 화면

검사로 구성되어 있다. 워크넷에서는 채용정보를 근무지역별, 직종별 등으로 구분하여 제공하는데, 구직자는 이런 정보를 기초로 원하는 일자리와 조건을 선택하여 구직신청을 할 수 있다. 마찬가지로 구인자는 구인신청서를 작성하여 제출하면, 직종별, 지역별, 전공계열별로 구직자에 대한 정보를 얻게 되고 이를 기초로 인재를 얻을 수 있다. 워크넷은 구직자와 구인자를 연결해 주는 역할과 함께 직업심리검사, 직업정보, 학과정보, 진로상담 등에 대한 정보를 제공해 준다.

제13장

긍정심리학적 인간 이해

1. 긍정심리학의 이해

1) 긍정심리학의 등장

긍정심리학은 심리학이라는 학문이 제2차 세계대전 이후 인간이 가진 문제와 그 치료에만 중점을 두었다는 사실을 셀리그먼이 지각하는 것에서부터 시작되었다고 할 수 있다(Peterson, 2006).

제2차 세계대전 이전의 심리학은 인간의 의식과 행동에 대한 과학적 연구를 통해서 구현하고자 하는 세 가지 실천적 사명을 지니고 있었다. 첫째, 정신장애를 치료하는 것, 둘째, 탁월한 지능과 천재성을 발견하는 것, 셋째, 모든 사람들이 좀 더 행복한 삶을 살도록 돕는 것이었다. 그러나 제2차 세계대전 이후 전쟁에 참전한 퇴역군인이 전쟁 후유증으로 인한 다양한 심리적 장애를 겪자, 많은 심리학자들은 정신적 피해를 치료하기 위해 부정적인 정서와 정신장애에만 중점을 두면서 심리학 초기의 실천적 사명 세 가지 중 두 가지를 망각하게 되었다(Seligman, 2000).

긍정심리학은 이러한 불균형을 바로잡기 위해 1998년 당시 펜실베이니아 대학교 심리학 교수이며, 미국심리학회(American Psychological Association, APA) 회장이었던 마틴 셀리그먼에 의해 창시되었다(권석만, 2008). 셀리그먼은 1998년 APA 회장으로 취임하면서 기존 심리학의 문제점을 다음과 같이 지적하며 심리학의 새로운 방향을 제안하였다.

> "삶을 불행하게 하는 심리적 상태를 완화하는 데 치중하다 보니, 삶의 긍정적 가치를 부각시키는 노력은 상대적으로 소원해졌다. 그러나 사람들은 그저 약점을 보완하며 살고 싶은 것이 아니라 사는 동안 진정으로 의미 있고 충만한 삶을 사는 것이다. 이제 심리학은 삶을 불행하게 하는 심리가 아닌 긍정적인 정서와 개인의 강점 및 미덕을 연구하여 '행복한 삶(eudemonia)'으로 나아가야 할 시점이다."

셀리그먼은 행복한 삶을 이끌어 줄 심리학이 새롭게 나아가야 할 방향을 '긍정심리학'이라 명명하였고, 1998년 멕시코만 유카탄 아쿠말에서 칙센트미하이, 파울러 등의 심리학자와 함께 긍정심리학의 기초이론을 만들어 2000년 미국심리학회지(American Psychology)와 2002년 셀리그먼의 긍정심리학(Authentic Happiness)을 통해 세상에 알려졌다(김인자, 우문식, 2011).

2) 긍정심리학의 기본 가정

긍정심리학은 인간에게는 누구나 질병, 질환, 고통이 발생하며, 또 다른 측면에서는 강점과 미덕, 탁월함도 주어진다는 것을 기본 가정으로 한다(Seligman, 2002). 그렇기 때문에 심리학의 목표는 질병, 질환, 고통과 같이 손상된 것을 고치는 것에 그치지 않고, 강점, 미덕, 탁월함 등 우리 안에 있는 최선의 가능성을 끌어내 행복에 도달할 수 있도록 해주는 것이다.

기존 심리학에서는 부정 정서를 제거하면 자동적으로 긍정 정서가 유발된다고 생각하였으나 부정 정서를 제거한 것은 중립적인 정서일 뿐 부정 정서를 제거한다고 해서 긍정 정서가 자동적으로 유발되는 것은 아니라는 것이다. 즉 긍정심리학에서는 인간의 부정 정서와 긍정 정서는 상호 보완적으로 나타나는 것이 아니고 서로 독립적인 것으로 본다(Seligman & Csikszentmihalyi, 2000)

셀리그먼 외(2006)의 연구에 따르면, 우울증을 비롯한 다양한 정신장애는 부정적인 증상들을 없애는 방법보다는 긍정 정서와 성격상의 강점, 그리고 삶의 의미를 형성해 가는 기법들을 통해서 더 잘 치료될 수 있다고 하였다. 즉 부정 정서를 완화하여 불행하지 않은 상태로 만드는 데 만족하지 않고 조금밖에 행복하지 않은 사람들을 더 행복하게 만들어 주는 것이 긍정심리학의 행복이라고 하였다(우문식, 2014).

긍정심리학은 매우 광범위한 주제에 관심을 가지지만, 인간의 삶을 좀 더 행복하고 풍요롭게 만들기 위해 필요한 세 가지 주제인 긍정 상태(Positive states), 긍정 특질(Positive traits), 긍정 기관(Positive institutions)에 초점을 맞추고 있으며, 이것을 긍정심리학의 세 기둥이라고 한다(우문식, 2014).

첫째, 긍정 상태는 가치 있는 주관적인 경험으로 행복감, 안락감, 만족감, 사랑, 친밀감, 감사, 기쁨 등과 같은 긍정적인 정서와 자신의 미래에 대한 낙관적 생각과 희

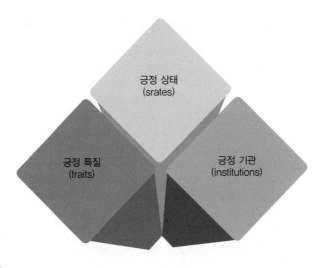

그림 13.1 긍정심리학의 세 기둥

망, 몰입, 열정, 인생의 의미 등을 포함한다(Compton, 2005).

둘째, 긍정 특질은 인간의 일시적인 심리상태가 아닌 긍정심리학의 핵심이라 할 수 있는 강점(strengths), 미덕(virtues)과 더불어 개인의 능력을 포함하는 개념이다. 즉 개인이 지니고 있는 특성으로 긍정적인 성품과 행동 양식, 성격 강점과 덕목, 탁월한 재능을 의미한다(마재훈, 2019). 셀리그먼은 긍정적 특질에 대해 VIA(Values In Action) 분류체계를 개발하여 성격적 강점과 덕성의 덕목을 설명하였다.

셋째, 긍정 기관은 인간의 긍정 정서와 긍정 특성을 독려하는 가족, 학교, 기업, 조직, 민주주의 사회와 같은 긍정제도(positive institutions)를 의미한다. 긍정심리학은 긍정 기관과 제도가 어떤 기능과 조건을 갖추어야 구성원이 행복한 상태로 최고의 잠재능력을 발휘하는지에 대해 연구한다(권석만, 2008). 즉 가족, 학교, 직장, 지역사회의 조직적 특성, 연결구조, 의사소통 관리방식 등의 긍정 기관 및 제도는 구성원의 행복과 자기실현을 지원하게 된다(김미선, 2016).

3) 긍정심리학의 개념

긍정심리학은 인간의 행복을 위하여 인간의 긍정적인 심리적 측면을 과학적으로 연구하는 학문이며(Seligman, 2002), 인간이 나타낼 수 있는 최선의 기능 상태에 대해 과학적으로 연구하는 학문(Sheldon, 2000)으로 정의하였다. 또한 긍정심리학은 부정적인 측면을 제거하는 것이 아니라 긍정적인 부분을 향상시키면서 창조적이고 자기실현적인 모습을 이해할 수 있도록 하는 학문이며, 궁극적으로는 인간이 행복한 삶을 살기 위한 방법을 고민한 학문이라고 할 수 있다(남승규, 2017).

긍정심리학은 탄생에서 죽음에 이르기까지 그 사이에 일어나는 모든 사건과 경험에 있어서 '좋은 삶이란 과연 무엇인가'에 대해 연구하는 과학적 학문으로 심리학의 영역에 속하면서도 새로운 관점으로 삶을 더욱 가치 있게 만드는 것에 대해 연구하고 탐구하는 학문이다(Peterson, 2006). 즉 긍정심리학은 개인의 성장과 행복에 영향을 주는 요인들을 발견하고, 자신의 삶을 가치 있게 만들며, 더 나아가 자신이 속한 집단과 지역사회의 성장과 번영에 도움이 되는 요인을 발견하고 촉진하는 것을 목표로 한다. 또한 인간의 긍정 정서와 부정 정서가 서로 독립적이라는 사실을 중시하고, 부정 정서를 제거하기보다는 긍정 정서를 향상시키는 데 더 많은 관심을 가지며, 지속적인 행복감 속에서 성장과 자기실현을 이루는 삶을 지향한다(권석만, 2009).

이상의 내용을 종합하면 긍정심리학은 신체적, 심리적, 대인관계적, 사회문화적 측면에서 인간의 긍정적 요소를 찾기 위해 다양한 영역에서 탐구하는 학문이다. 또한 인생의 특정한 발달 단계뿐만 아니라 전 생애에 걸쳐 나타나는 인간의 긍정적 특성과 그 변화 과정을 연구하여(고영미, 2010), 개인과 사회의 발전을 촉진하고자 하는 학문이라고 할 수 있다(온은아, 2016).

2. 긍정심리학과 행복

1) 긍정심리학의 행복관

긍정심리학에서 행복이란 무엇인지에 대해 크게 두 가지로 구분할 수 있다. 행복은 개인이 주관적으로 경험하는 만족스러운 상태라는 관점의 '쾌락주의적 입장'과 자신의 잠재적 가능성을 발휘하여 인생의 중요한 영역에서 의미 있는 삶을 구현하는 것을 행복이라고 여기는 '자기실현적 입장'이 있다.

먼저 '쾌락주의적 입장'의 긍정심리학자들은 '주관적 웰빙(subjective well-being)'이라는 용어를 사용하여 행복을 개인이 자신의 삶을 주관적으로 경험하는 긍정적 상태로 정의하였다. 쾌락(pleasure)은 음식이나 휴식 등과 같은 생물학적 욕구나 타인의 칭찬과 같은 사회적 욕구가 충족될 때 생기는 긍정 정서이며, 유쾌한 심리상태를 말한다. 그러나 이러한 심리상태는 성장이나 발달로 이어지지 않으며 반복적 경험이 필요하다. 즉 쾌락주의에서 지향하는 행복은 긍정 정서를 지속적으로 경험할 수 있는 삶을 사는 것을 의미한다.

다음으로 '자기실현적 입장'의 긍정심리학자들은 '심리적 웰빙(psychological will-being)'이라는 용어를 사용하여 행복이란 자신의 강점과 미덕을 발견하고 계발하여 이를 발현하고 사회적으로 의미 있는 삶을 사는 것으로 정의한다. 즉 추구하는 목표의 달성, 기대의 충족, 창의적 성과에 의해 경험되거나 뜻밖의 심리적 체험 그 자체로 성취감과 생동감을 주며 그 영향이 지속적일 뿐 아니라 가능성과 잠재력을 확장시켜 새로운 창조에 기여하게 한다(Csikszentmihaly, 1990).

2) 행복이론

셀리그먼(2002)은 그의 첫 번째 긍정심리학 관련 저서 완전한 행복에서 인간의 삶에서 행복을 누릴 수 있는 방법론인 '진정한 행복이론'을 주장하였다. 셀리그먼은 진정한 행복을 다음과 같이 세 가지 측면으로 구분하여 정의하였다(권석만, 2008).

첫째, 진정한 행복이란 즐거운 삶(pleasant life)으로 과거, 현재, 미래에 대해 긍정적인 감정을 느끼며 살아가는 삶이다. 과거에 대해서는 감사와 수용(용서)을 통해 만족감과 흡족함과 같은 긍정적인 정서를 키우고, 현재의 삶 속에서는 '지금 이 순간'의 체험에 대한 적극적 참여와 몰입을 통해 즐거움과 유쾌함을 경험하며, 미래의 삶에 대해서는 도전의식과 낙관적 기대를 통해 희망과 기대를 느끼며 살아가는 삶이다.

둘째, 진정한 행복이란 적극적인 삶(engaged life), 몰입하는 삶으로 매일의 삶에서 자신이 추구하는 활동에 열정적으로 몰입하고 참여하여 자신의 성격적 강점과 잠재력을 최대한 발휘하며 자기실현을 이루어 나가는 삶이다. 셀리그먼(2002)은 사람마다 다양한 재능과 강점이 있다고 말하면서 그 강점들 중 개인의 독특성을 가장 잘 보여주는 대표 강점(signature strengths)을 찾고 계발하여 일상생활에 잘 활용하는 것을 통해 진정한 행복(authentic happiness)을 찾을 수 있다고 하였다. 이러한 대표 강점을 잘 활용할 때 활기와 열정을 느끼며 '진정한 자기'가 표현된다는 느낌을 갖게 된다.

셋째, 진정한 행복이란 의미 있는 삶(meaningful life)으로 인간은 사회적 맥락 속에서 살아가는 존재라는 인간관을 기반으로 한다. 즉 인간은 자신만을 위한 이기적인 삶을 사는 것보다 가족, 직장, 지역사회, 국가 등을 위해 봉사하고 기여할 때 자신의 존재가치를 느낀다는 것이다. 즉 인간은 자신이 속한 공동체와 사회를 위해 봉사하고 공헌할 때 진정한 행복을 누릴 수 있다(우문식, 2014).

그러나 행복이론에 대해 여러 학자들이 문제점을 제시하였고, 셀리그먼 또한 이러한 문제점을 수용하면서 '진정한 행복이론'의 세 가지 한계점을 제시하였다. 첫째, 진정한 행복이라는 말에 포함된 의미가 유쾌한 기분과 깊은 관련이 있기 때문에 일시적인 감정 이상의 폭넓은 의미의 행복을 포괄하지 못한다. 즉 행복은 긍정 정서의 의미만을 강하게 내포하고 있기 때문에 몰입과 폭넓은 의미의 행복 관점을 설명하기 힘들다는 것이다. 둘째, 행복을 측정하는 기준인 삶의 만족도의 정확도가 떨어진다는 것이다. 진정한 행복이론에서 삶의 만족도를 측정할 때 자기 보고식 측정법에 따라 설문 조사 형식으로 이루어진다. 이때 조사자들은 조사 시점의 기분에 따라 측정 결과가 달라질 가능성이 있으며, 근본적으로 유쾌한 기분을 측정하기 때문에 삶에 대한 몰입도와 의미부여 정도는 측정하기 어렵다는 것이다. 셋째, '진정한 행복 이론'에서 중요한 개념인 긍정 정서, 몰입, 의미가 구체적인 이유 없이 '그 자체가 좋아서' 선택하는 요인들을 제대로 설명하지 못한다는 문제를 제시하였다(Seligman, 2014).

3) 웰빙이론

셀리그먼은 여러 학자들의 비판을 수용하면서 '진정한 행복이론'이 완벽하지 않다고 보고 긍정심리학의 보완 이론인 웰빙 이론을 발표하면서 긍정심리학의 목표를 행복

표 13.1 행복이론과 웰빙이론의 비교

	진정한 행복이론	웰빙이론
주제	행복	웰빙
측정 기준	삶의 만족도	긍정 정서, 몰입, 의미, 관계, 성취
목표	삶의 만족도 증가	플로리시의 증가 : 긍정 정서, 몰입, 의미, 관계, 성취의 증가

출처 : 마재훈(2019) 재인용

측정에 의한 삶의 만족도에서 '플로리시(flourish: 번성, 번영)'로 바꿀 것을 제안하였다. 즉 셀리그먼이 주장한 새로운 긍정심리학의 주제는 '웰빙'이며, 목표는 '플로리시'를 높이는 것이 된다(우문식, 윤상운, 2011).

셀리그먼(2011)은 진정한 플로리시의 달성을 위한 새로운 웰빙이론에서 긍정 정서(positive emotion), 몰입(engagement), 긍정적 관계(relationship), 의미(meaning), 성취(accomplishment)의 다섯 가지 핵심 요소와, 모두의 기반이 되는 성격 강점(strengths)을 제시하였으며, 핵심 요소의 첫 글자를 따 'PERMAS'라고 명명하였다(우문식, 2016).

진정한 플로리시 구현을 위한 웰빙이론의 핵심 요소인 'PERMAS'를 살펴보면 다음과 같다.

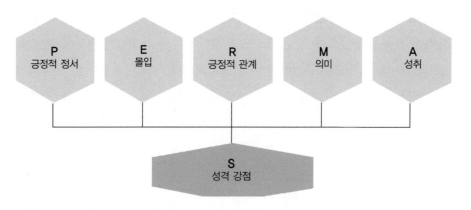

그림 13.2 웰빙이론의 핵심 요소

(1) 긍정 정서

긍정 정서는 우리가 느끼는 기쁨이나 희열, 따뜻함이나 자신감, 그리고 낙관성을 말한다. 이러한 긍정 정서들을 지속적으로 이끌어 내는 삶이 즐거운 삶인 것이다(Seligman, 2011). 긍정 정서가 높은 사람들은 행복감을 쉽게 느끼고, 효율적이며 적극적인 대인관계를 형성하여 원만한 사회생활을 하고, 성취를 통하여 자아에 대한 긍정적인 성향을 보인다(김인자, 우문식, 2014).

프레드릭슨(2004)의 '긍정 정서 확장구축이론'에 따르면 긍정 정서를 기쁨, 감사, 평안, 흥미, 희망(낙관성), 자부심, 재미, 영감, 경이, 사랑의 열 가지로 구분하면서 다음과 같은 여섯 가지 특징을 제시하였다. 첫째, 긍정 정서를 자주 경험하는 사람은 새로운 목표를 설정하고 이를 실현하기 위해 적극적으로 행동한다. 둘째, 긍정 정서는 비선형적으로 나타난다. 셋째, 긍정 정서는 부정 정서를 상쇄시킨다. 넷째, 긍정 정서는 사고의 내용만을 바꾸는 것을 넘어 사고의 범위나 경계를 확장한다. 다섯째, 긍정 정서는 미래에 대한 관점을 변화시킨다. 여섯째, 긍정 정서는 고정된 것이 아니며 노력으로 얼마든지 변화될 수 있다.

(2) 몰입

몰입은 특별한 활동에 깊이 빠져들어 스스로 자각하지 못하고, 업무에 자발적이고 적극적으로 헌신하는 것을 의미하며, 이러한 요소들을 지향하는 삶을 몰입하는 삶이라고 한다(김인자, 우문식, 2014). 몰입 상태에 있을 때 우리 신체의 각 기관과 모든 의식은 하나의 목표로 초점을 맞추고, 몰입 과정을 통해 우리는 즐거움과 자기충족감을 맛보게 된다. 또한 일상생활에서 몰입을 경험하게 될 때 유능감을 갖게 되고 즐거움과 행복감을 경험하게 된다(이미혜, 2013). 몰입은 분명한 목표, 즉각적인 피드백, 능력과 과제난이도의 균형, 집중력 강화, 현재에 집중, 시간감각 및 자의식 상실 등의 조건을 통해 보다 쉽게 경험할 수 있다(권석만, 2008). 몰입은 생산적 몰입과 소모적 몰입으로 나뉘며 서로 다른 가치를 가지는데, 생산적 몰입은 개입이 스스로의 발전적 목표를 향해 나아가는 몰입을 의미하고 몰입하는 동안에는 사고와 감정이 배제되고 고통이 따르기도 하지만 몰입 이후에는 충만감을 느끼게 된다. 반면 소모적 몰입은 순간의 쾌락적 즐거움에서 오는 몰입을 의미하며 몰입의 순간이 지나면 행복이 아니라 허무감이나 불행감을 느끼게 하는 것이다(양선향, 2018).

(3) 긍정 관계

긍정 관계는 타인과 능동적으로 함께하는 것을 의미한다. 살면서 가장 기뻤던 순간이나 자신이 이룬 성취에 크게 자부심을 느꼈던 때를 돌이켜 보면, 대부분 누군가와 함께 있을 때였을 것이다. 이처럼 홀로 고립되지 않고 타인과 교류하며 함께하는 삶을 좋은 관계의 삶이라고 한다(Seligman, 2011). 디너와 셀리그먼(Diener & Seligman, 2002)은 가장 행복한 사람으로 밝혀진 상위 10%의 학생들을 집중 연구하였다. 그 결과, 가장 행복한 사람들은 보통 사람들이나 불행한 사람들과는 확연한 차이가 있었는데 그것이 바로 폭넓은 인간관계였다. 또한 하버드대학교에서 오랫동안 많은 사람들을 대상으로 실시한 행복에 대한 연구결과에서도 자신이 갖고 있는 재산이나 권력이 아니라 좋은 인간관계를 가진 사람이 더 행복을 느끼고 더 건강하다는 결과를 보였다(이미희, 2016). 이러한 연구를 바탕으로 긍정심리학자들은 행복의 가장 중요한 요소로 인간관계를 제시하였다.

좋은 관계에서 오는 결속감은 인간의 기분을 좋게 하는 것 이상으로 에너지 수준을 확장, 구축하여 주변 세계를 향한 관심을 높이게 된다(김선형, 2017). 특히 가족, 친구와의 정서적 소통, 친밀감, 대화 등은 행복감을 증진하고 건강도 좋아지게 한다. 즉 자원봉사와 같은 친사회적 활동, 즉 타인을 위해 훌륭한 행동을 하는 것이 더 높은 수준의 삶의 만족감, 더 큰 행복과 관련이 있다(원강희, 2020).

(4) 의미와 목적

의미와 목적은 자신이 중요하다고 확신하는 어떤 일이나 공동체에 소속되며 그곳에서 헌신하는 것에 기초를 두고 인생의 진정한 의미를 찾아가는 삶, 인생의 목적을 추구하는 삶을 말한다(Seligman, 2011). 삶의 의미를 찾는 관점은 개인의 직업, 주위 환경, 연령, 개인 성향과 성격 등에 따라 달라질 수 있으며, 개인마다 삶에 대한 가치관이 다르기 때문에 어느 특정한 것이 의미 있는 삶이라고 단정 짓기는 어렵다(양선향,

2018). 그러나 삶의 의미를 찾고, 목적의식을 가지고 살아가는 사람과 그렇지 않은 사람의 삶은 큰 차이가 있다(조은숙, 김수완, 2016). 삶의 의미를 느끼는 일은 자신의 삶을 돌아볼 수 있는 여유를 가지고 자신을 성찰해 보는 것, 자신의 강점을 사용해 타인에게 도움을 주거나, 특정 기관이나 단체에 기여하고 헌신하는 것일 수도 있다(양선향, 2018). 이러한 삶의 의미는 삶의 만족, 행복, 성실함, 자존감, 적극적인 참여 및 삶에 대한 전반적인 긍정적 태도와 높은 관련이 있다(Debats, 1995).

(5) 성취

성취는 자신의 업적에 집중하고 전념할 때 획득될 수 있는 결과물이다. 사람들은 오직 무언가를 이루거나 다른 사람들을 이기기 위해서가 아니라 성공이나 성취, 무언가를 정복하는 과정 자체가 좋아서 몰두하기도 한다. 이는 일시적인 상태로는 업적이 되며, 이것이 확장되면 성취가 되는 것이다. 성취를 위해 자신의 업적에 집중하고 전념하는 삶이 성취하는 삶이다(Seligman, 2011). 이처럼 행복은 자기실현을 위해 노력하는 과정에서 나오며, 자기실현은 자신의 잠재력을 실현하는 것에서부터 온다(양선향, 2018).

성취는 구체적인 목표가 있을 때 얻을 수 있으며, 이러한 목표는 사회적 명성, 돈, 외모, 권력 등의 외재적 목표와 본질적으로 만족감을 느끼게 하는 것, 새로운 것을 배우고 느끼는 것, 자신의 관심과 가치, 잠재력을 실현하는 것 등의 내재적 목표로 나뉜다(Vansteenkiste, Soenens & Duriez, 2008). 내재적 목표의 성취는 삶의 만족뿐 아니라 자기 자신에 대한 만족도를 증가시키며 긍정 정서 또한 높일 수 있다(Baumgardner & Crothers, 2009). 성취를 경험하기 위한 중요한 요소는 노력(effort), 자제력(self-control), 끈기 있는 열정(grit) 등이 있다(황윤정, 2019).

(6) 성격 강점

성격 강점은 다섯 가지 요소의 기반이며, 개인의 사고, 정서 및 행동에 반영된 긍정적인 행동양식이나 탁월한 성품과 덕목이다(권석만, 2008). 성격 강점은 인간의 좋은 품성과 도덕적 개념을 갖추고 있어서 인성을 함양하는 데 유용한 도구이기도 하다(마재훈, 2019). 따라서 자신의 대표 강점이 무엇인지 이야기를 나누는 과정을 통해 삶의 만족도가 증진되며(Lopez & Snyder, 2008), 개인이 가지고 있는 성격 강점을 충분히 발현함으로써 진정한 행복을 누릴 수 있다(Seligman, 2002). 또한 모든 사람은 나름대로의 다양한 긍정적인 강점과 자질을 지니고 있으며, 그러한 특징적인 강점을 적극적으로 활용할 때 행복감을 느끼게 된다.

피터슨과 셀리그먼(2004)은 인간의 긍정적 특질인 성격 강점과 덕목을 방대한 문헌조사와 고찰을 통해 나타난 결과를 바탕으로 다양한 시대와 문화를 아우를 수 있는 공통된 덕목을 VIA 분류체계(Values In Action Classification of Character Strengths and Virtues)로 제시하였다.

셀리그먼과 피터슨(2004)은 VIA 분류체계를 다음 열 가지 기준에 근거하여 선별하였다.

① **보편성** : 이러한 강점은 대다수 문화에서 긍정적 덕목으로 여겨지고 있는가?

② **행복 공헌도** : 이러한 강점은 다양한 긍정적 행동과 성취를 촉진함으로써 그 소유자와 다른 사람의 행복에 기여하는가?

③ **도덕성** : 이러한 강점은 그 자체로 도덕적 가치를 지니는가?

④ **타인에의 영향** : 이러한 강점이 한 사람에 의해서 표현될 경우, 다른 사람에게 부정적인 영향을 미치지는 않는가?

⑤ **반대말의 부정성**: 이러한 강점의 반대말이 확실히 부정적인 것으로 간주되는가?

⑥ **측정 가능성** : 이러한 강점은 측정될 수 있도록 개인의 행동(생각, 감정, 행위)으로 표출되는 것인가? 또한 상황과 시간의 변화에도 안정성을 나타내는가?

⑦ **특수성** : 이러한 강점은 다른 강점들과 잘 구별되는 것인가? 다른 강점들로 분해될 수 있는 것은 아닌가?

⑧ **모범의 존재** : 이러한 강점은 모범적 인물에 의해서 구체화될 수 있는가?

⑨ **결핍자의 존재** : 이러한 강점이 현저하게 부족한 사람들이 존재하는가?

⑩ **풍습과 제도** : 사회는 이러한 강점을 육성하기 위한 풍습이나 제도를 지니고 있는가?

표 13.2 VIA 분류체계

핵심덕목	성격 강점
지혜	웰빙
인간애	긍정 정서, 몰입, 의미, 관계, 성취
용기	용감성, 끈기, 진실성, 활력
절제	용서, 겸손, 신중성, 자기조절
정의	시민의식, 공정성, 리더십
초월	감상력, 감사, 낙관성(희망), 유머, 영성

이상의 열 가지 기준을 바탕으로 VIA 분류체계는 6개의 상위 핵심덕목 범주 아래 24개의 강점과 덕성으로 분류하였으며 〈표 13.2〉와 같다.

4) 행복공식

긍정심리학은 지속적인 행복에 이르는 길을 〈그림 13.3〉과 같이 '행복공식'으로 설명하였다. H(enduring level of Happiness)는 영속적 행복의 수준, S(Set range)는 이미 설정된 행복의 범위, C(Circumstance)는 삶의 상황(외적 환경), V(Voluntary control)는 개인의 자발적 행동(내적 환경)을 의미한다. 즉 개인이 느끼는 영속적 행복이란 이

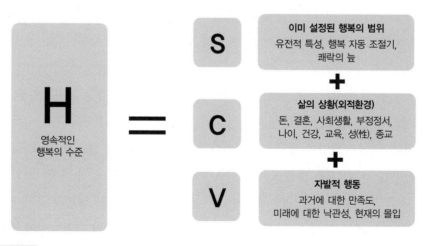

그림 13.3 행복공식

출처 : Seligman, 2014

미 설정된 행복의 범위, 정해진 삶의 상황, 그리고 개인의 자발적이고 의지적인 활동에 의해 결정된다는 것이다(Seligman, 2014).

〈그림 13.3〉에서 제시된 행복공식에 대해 자세히 살펴보면 다음과 같다(Seligman, 2014).

첫째, 영속적 행복의 수준인 H는 일시적으로 생겨났다가 사라지는 행복이 아니라 장기적이고 지속적으로 느끼는 행복의 수준을 의미한다.

둘째, S는 이미 설정된 행복의 범위로 '유전적 특성'과 '행복 자동 조절기', '쾌락의 늪'이 그 구성 요소이다. 먼저 '유전적 특성'은 개인의 성격 특징으로 부모로부터 50% 정도가 결정되기 때문에 유전적으로 타고 난다고 볼 수 있다. 성격특성인 '행복 자동 조절기'는 우리의 행복 정도를 적정 수준으로 돌아가게 하는 장치를 의미한다. 우리 안에는 이미 설정된 행복의 범위가 존재하기 때문에 아무리 큰 행복을 느껴도 어느 정도 시간이 지나면 자동적으로 정해진 행복의 범위 안으로 되돌아가게 된다는 것이다. 자동 조절기는 불행한 경험 또한 그 불행에서 어느 정도의 행복 범위로 다시 회복시켜 준다. 즉 사람은 개인마다 어느 정도의 긍정 정서와 부정 정서의 수준이 일정하게 정해져 있다고 볼 수 있다. '쾌락의 늪'은 행복의 증진을 방해하는 또 하나의 장벽으로 본인도 모르는 사이 쾌락에 빠져들어 이에 적응하게 되고 둔감해진다. 부와 성공을 이룬 사람이 모두 다 행복하지 않은 이유가 바로 여기에 있다. 이처럼 S의 구성 요소들이 우리의 행복과 긍정 정서의 증진에 영향을 미치기도 하지만 걸림돌이 되기도 한다.

셋째, C는 삶의 상황으로 돈, 사회생활, 결혼, 교육 수준, 건강, 나이, 가족 및 자녀, 인종, 사회적 계층, 날씨, 성(性), 종교 등과 같이 행복에 영향을 주는 외적 환경을 의미한다. 삶의 다양한 상황은 사람마다 행복을 증진시키는 요소가 될 수 있지만, 상황을 변화시키는 것은 많은 노력이 필요하며 노력한다 해도 쉽게 변화시키기는 어렵다. 또한 많은 노력으로 삶의 상황이 바뀌었다고 해도 반드시 행복과 긍정 정서가 증진된다고 보기는 어렵다. 이러한 이유는 〈그림 13.4〉 행복의 결정요인에서 보듯이 이미 설정된 행복 범위가 행복의 50%를 결정하고 자발적 행동을 통해 40%의 행복 수준이 결정되며 삶의 상황이 나머지 10%를 결정하기 때문이다(Lyubomirsky 외,

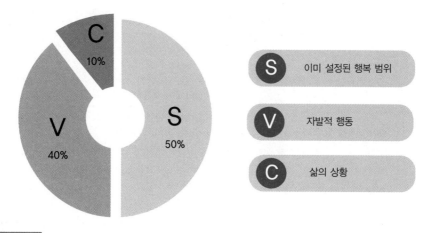

그림 13.4 행복의 결정요인

출처 : Lyuvbomirsky 등, 2005; 권석만, 2008

2005; 권석만, 2008)

넷째, V는 자발적 행동으로 인간은 자신의 행복 증진을 위해 노력하여 스스로의 행복 정도를 통제할 수 있다는 것이다. 자발적 행동은 개인 내적 환경으로 자신의 행복도를 높일 수 있다. 물론 이 또한 개인의 노력과 자발성이 필요하지만 자발적 행동을 꾸준히 실천한다면 지속적이고 행복한 삶을 누릴 수 있다. 셀리그먼(2014)은 이 자발적 행동을 과거에 대한 만족도, 미래에 대한 낙관성, 현재의 몰입 과정을 거침으로써 긍정 정서를 증진시키고 행복해진다고 하였다.

3. 긍정심리학의 긍정 정서 함양 방법

셀리그먼(2014)은 이미 설정된 행복의 범위 안에서 자발적 행동을 통해 긍정 정서를 함양하는 방법을 과거, 미래, 현재로 나누어 설명하고 있다. 그 내용을 정리하면 〈표 13.3〉과 같다.

1) 과거의 긍정 정서 함양

부정 정서는 우리 안의 행복 자동 조절기로 인해 순간적으로 분출되었다가도 이내 설

표 13.3 과거, 미래, 현재의 긍정 정서 함양 방법

긍정 정서 함양 방법	
과거의 긍정 정서 키우기	• 감사하기 • 용서와 망각하기 • 삶의 무게 측정하기
미래의 긍정 정서 키우기	• 지속성과 만연성 이해하기 • 낙관성과 희망 키우기 • 비관적인 생각(왜곡된 믿음) 반박하기
현재의 긍정 정서 키우기	• 쾌락의 습관화와 중독 방지하기 • 음미하기 • 마음 챙김 하기 • 강점 파악하기

출처 : Seligman, 2014

정된 범위로 되돌아가기 때문에 과거의 부정적인 사건을 되새기거나 정서를 표출할 경우 그 정서는 증폭되어 과거의 불행에 다시 갇히는 악순환에 빠지게 된다. 즉 과거의 안 좋은 사건을 부정적으로 평가하고 지나치게 강조하면 이는 마음의 평화와 만족감, 행복을 해칠 수 있다. 따라서 과거와 관련해서 긍정 정서는 부정 정서에서 벗어나 감사하기, 용서와 망각하기, 그리고 삶의 무게를 측정해 보는 다양한 활동을 통해 키울 수 있다.

감사는 이론적으로 타인의 수고와 배려를 인지하고 고마움을 느끼는 것이다. 셀리그먼(2014)은 감사하기의 실천적 방법을 구체적인 활동으로 제안하였는데 먼저 자신의 인생에 긍정적인 변화와 영향을 준 사람에게 감사의 마음을 표현하는 것이다. 감사의 마음을 표현 방법으로 감사편지 쓰기, 감사전화 하기를 들 수 있다. 그러나 가능하다면 직접 얼굴을 보고 감사의 마음을 전하는 것이 더 의미 있다고 말한다. 또한 매일 밤 일정 시간을 마련하여 오늘 하루 감사해야 할 일과 그에 대한 감사 일기를 적는 방법도 있다. 이때 첫날에는 생활 만족도 검사와 일반 행복도 검사를 하고 점수를 매긴 후, 2주 동안 감사 일기 활동을 실천한 후 마지막 날에 다시 한 번 검사하여 결과를 비교해 볼 수 있다. 셀리그먼(2014)은 실험을 통해 이러한 활동의 결과가 긍정 정서를 확실히 높인다는 것을 발견하였다. 실제로 감사한 기억을 세는 활동은 향후 6개월까지의 행복감을 높이고 좌절감을 감소시키는 것으로 나타났다.

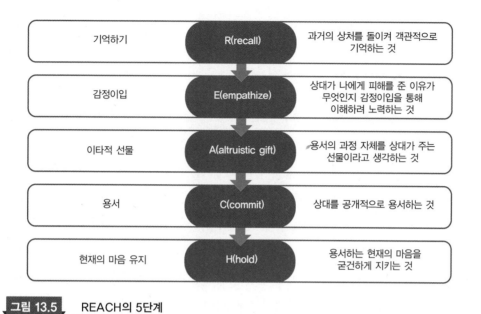

기억하기	R(recall)	과거의 상처를 돌이켜 객관적으로 기억하는 것
감정이입	E(empathize)	상대가 나에게 피해를 준 이유가 무엇인지 감정이입을 통해 이해하려 노력하는 것
이타적 선물	A(altruistic gift)	용서의 과정 자체를 상대가 주는 선물이라고 생각하는 것
용서	C(commit)	상대를 공개적으로 용서하는 것
현재의 마음 유지	H(hold)	용서하는 현재의 마음을 굳건하게 지키는 것

그림 13.5　　REACH의 5단계

과거에 대한 부정적인 생각은 계속해서 부정 정서를 증폭시키기 때문에 이를 극복하기 위해서는 과거의 일을 용서하고 말끔히 잊거나 망각하여 나쁜 기억을 억제하는 것이다. 직접적으로 기억을 망각시키는 방법은 구체적으로 보고된 바는 없지만 과거에 대한 생각을 억압하는 것은 오히려 역효과를 낼 수도 있기 때문에 용서하기 방법이 효과적이라고 한다(Seligman, 2014). 용서는 기억을 억제하지 않지만 과거의 고통을 완화시키기도 하고 긍정적인 기억으로 새롭게 변화시킬 수도 있다. 셀리그먼(2014)은 〈그림 13.5〉와 같이 용서의 과정을 REACH의 5단계로 나누어 제안하였다.

마지막으로 과거에 대한 긍정 정서를 키우는 방법으로 1년에 한 번씩 삶의 무게를 측정하는 것이다. 삶의 무게 측정이란 나 자신의 지나온 과거의 삶을 정확하게 평가해 보는 것이다. 이를 통해 우리는 현재의 일시적이고 불안정한 감정을 해소하고 미래에 대한 계획을 보다 예측가능하고 긍정적으로 세울 수 있다.

이상의 내용을 종합하면 과거에 대한 부정 정서를 의지적으로 바꾸고 긍정 정서를 형성하기 위해서는 과거가 미래를 결정한다는 것이 잘못되었음을 인식하고 수동적인 태도를 버려야 한다. 또한 과거의 좋은 일들에는 감사하며 나쁜 일들은 용서함으로써 과거의 고통으로부터 벗어나야 한다.

2) 미래의 긍정 정서 함양

미래의 긍정 정서로는 희망, 신뢰, 자신감, 낙관성, 신념 등이 있다. 낙관성과 희망은 시련과 절망이 닥쳤을 때 이를 이겨내고 버티며 꿋꿋이 살아가도록 하며 나아가 도전 정신을 갖게 한다. 따라서 미래의 긍정 정서를 키우기 위해 낙관성과 희망을 키워야 하는데 이를 위해서는 먼저 '지속성'과 '만연성'에 대해 이해해야 한다. 지속성(permanent)이란 개인이 느끼는 부정 정서의 기간을 결정하는 특성으로, 낙관적인 사람일 경우 부정 정서를 느낀 순간을 일시적이라 느끼지만 비관적인 사람은 그 정서를 지속적인 것으로 느낀다. 예를 들면 비관적인 사람들은 나쁜 일이 일어났을 때 '전혀', '절대', '완전히'와 같은 지속성을 띤 단어를 사용하는 반면, 낙관적인 사람들은 '이따금', '가끔', '요즘'과 같은 수식어를 사용하여 나쁜 일은 지속적인 것이 아니고 순간적으로 일어난 일이라 여긴다. 반면 좋은 일이 일어났을 때 낙관적인 사람들은 지속적으로 일어날 것이라 여기지만 비관적인 사람들은 좋은 일이 일시적으로 일어난 일이라 여긴다.

　지속성이 시간적 개념이라면 만연성(pervasiveness)은 공간적 개념이라고 할 수 있다. 만연성은 부정 정서의 경험을 다른 영역에까지 확장시켜서 생각하는지, 부정 정서를 일으킨 일부 영역에서만 한정지어 생각하는지의 개념이다. 예를 들면 비관적인 사람은 절망적인 일이 발생하면 그 일을 인생 전부의 실패로 해석하고 삶을 포기한다 하지만 낙관적인 사람은 실패를 경험해도 그 일이 일어난 분야에서만의 실패로 여기고 다시 일어나 꿋꿋하게 살아간다. 반면 좋은 일이 일어났을 때 비관적인 사람들은 어쩌다 일어난 일쯤으로 생각하지만, 낙관적인 사람들은 좋은 일을 자신이 하는 모든 일에 보탬이 되는 일이라 여긴다. 또한 나쁜 일에 대해서는 일시적이고 일부라 생각하며 좋은 일에 대해서는 지속적이고 전부라고 여긴다. 이러한 낙관성과 희망을 키우기 위해서는 내면의 비관적인 생각을 직시하고 이를 반박할 수 있어야 한다.

3) 현재의 긍정 정서 함양

현재의 긍정 정서 함양과 행복 증진은 앞서 살펴보았던 과거, 미래와는 아주 다른 상태로서 쾌락(pleasures)과 만족(gratification)으로 구성된다. 셀리그먼(2014)은 긍정 정서를 쾌락과 만족으로 구분하였는데 쾌락은 감각을 통해 느끼는 일시적이고 격렬한 정서적 요소로 육체적 쾌락과 정신적 쾌락으로 나뉜다. 육체적 쾌락은 외부 자극으로 인해 순간적으로 느꼈다가 이내 사라지는 특징이 있으며, 정신적 쾌락은 육체적 쾌락과 마찬가지로 순간적인 감정이지만 육체적 쾌락에 비해 훨씬 복잡한 인지 과정을 거친다는 점에서 차이가 있다. 하지만 정신적 쾌락과 육체적 쾌락은 순간적이기 때문에 반복적으로 경험할 경우 처음 느꼈을 때만큼의 쾌감은 느낄 수 없게 된다. 쾌락은 반복될수록 새롭고 더 큰 자극을 원하게 되는데 이를 습관화 혹은 적응 현상이라고 한다. 또한 쾌락은 외부 자극에 의해 큰 노력 없이도 쉽게 얻을 수 있기 때문에 중독될 가능성이 높다. 이러한 이유로 쾌락은 지속적인 행복을 위한 요소로 보기에는 한계가 있다. 현재의 긍정 정서를 향상시키기 위한 방법으로 첫째, 일상에서 누릴 수 있는 쾌락은 누리되 시간 간격을 넓혀 틈틈이 경험하여 쾌락의 습관화와 중독에 빠지지 않도록 하는 것이다. 또한 혼자서 쾌락의 순간을 느끼기보다는 친구나 연인, 주변 인들과 함께 즐거움을 나누게 되면 쾌락의 습관화로 인한 중독을 예방할 수 있다. 둘째, 음미하는 것이다. 현대 사회는 과학 기술의 발달로 많은 일들이 빠른 속도로 지나가며 미래지향성을 중시하기 때문에 우리가 중요하게 살펴보아야 할 가치관이나 일상생활 속의 작은 행복들을 쉽게 지나치게 된다. 따라서 일상생활 속에서 찾은 쾌락과 기쁨, 즐거움의 순간을 의식적으로 최대한 음미하는 시간을 가져 보는 것이다. 예를 들면 쾌락과 기쁨, 즐거움의 순간을 다른 사람과 공유하기, 사진을 찍어 특별한 추억으로 남기기, 스스로 자축하며 그 일에 최대한 집중하여 심취하는 등의 방법이 있다. 셋째 마음 챙기기이다. 매일의 일상생활이 자칫 진부하고 지루하다 느껴질 수 있는 상황에서도 느긋하고 여유로운 자세를 취함으로써 새롭게 인식하는 것이다. 그러면 현재라는 이 시간에 훨씬 마음을 쏟으며 긍정 정서를 키울 수 있다.

셀리그먼(2014)은 쾌락과 다른 개념인 만족과 관련된 긍정 정서를 함양하는 방법을 제시하면서 만족을 긍정심리학의 핵심 내용이며 지향점이라 하였다. 만족은 개인의 성격 강점과 미덕의 실현을 통한 행복한 상태이며 몰입(flow)을 통해 느끼는 행복한 감정을 말한다. 몰입은 시간 가는 줄도 모른 채 무언가에 빠져 있어 의식과 정서가 전혀 필요 없는 상태를 말한다.

몰입의 개념을 정립한 칙센트미하이(2002)는 몰입을 경험하기 위해 세 가지 조건을 제시하였다. 첫째, 명확한 목표가 있어야 몰입이 잘되고, 둘째, 몰입을 경험할 때 적절하고 즉각적인 피드백이 있어야 하며, 셋째, 몰입을 경험하기 위해서는 주어진 과제 수준과 능력의 균형이 맞아야 한다는 것이다. 이때 높은 과제와 높은 능력이 합쳐지면 최고의 몰입도를 경험할 수 있다(Seligman, 2014). 그렇다면 '만족을 얻고 몰입을 경험하기 위해서는 어떻게 해야 할까?' 바로 개인의 강점과 미덕을 우선 파악하는 것이다. 자신의 대표 강점과 미덕을 파악한 후 계발하고 발휘하는 몰입 경험을 통해 만족을 얻을 수 있으며, 이러한 경험은 자연스럽게 우울증을 예방해 주고 동시에 행복한 삶으로 나아가게 한다.

4) 대표 강점 함양

24가지 성격 강점 중 자신의 강점을 파악하기 위해서는 행동 가치(Values in Action, VIA)강점 검사를 통해 자신의 대표 강점(Signature Strengths)을 파악할 수 있다. 대표 강점이란 개인의 특성을 반영한 개인이 흔히 사용하는 강점이다. 누구나 2~5개의 대표 강점을 갖고 있다고 주장했는데 그 대표 강점은 다음과 같은 특징을 지닌다(Seligman, 2014).

① 강점은 '진정한 자신의 모습'이라는 느낌을 주어 소유감과 자신감이 생긴다.
② 강점을 발휘할 때나 처음으로 드러낼 때 큰 기쁨과 흥분감을 느낀다.
③ 강점을 활용하여 무언가를 배우거나 일을 할 때, 학습이나 일의 속도가 매우 빠르다.
④ 강점을 발휘할 수 있는 새로운 방법을 지속적으로 찾는다.
⑤ 강점과 일치하도록 행동하기를 열망한다.

⑥ 강점을 활용할 때 소진감보다 오히려 기운이 생긴다.

⑦ 강점은 통찰과 직관을 통해 발견된다.

⑧ 강점을 활용할 수 있는 개인적인 일을 스스로 고안하고 추구한다.

⑨ 강점의 활용과 표현은 그것을 멈추거나 억제하기 힘든 느낌이 든다.

⑩ 강점을 사용하고자 하는 내적 동기를 느낀다.

위와 같은 특징을 갖는 강점이 바로 개인의 대표 강점이라 할 수 있다. 우리는 대표 강점을 발견하고 활용함으로써 자기실현에 이루게 하며, 자신이 하는 일에 성공적인 결과와 성취를 이루게 함과 동시에 삶의 의욕과 활기를 느끼게 하는 동기를 부여한다. 따라서 셀리그먼과 피터슨은 사람들에게 자신의 대표 강점을 파악하고 일상 생활 속에서 자주 그리고 다양한 방식으로 활용하는 것이 웰빙과 행복을 증진시키는 효과적인 방법이라고 하였다(Seligman, Steen, Park & Peterson, 2005; 권석만, 2008). 이를 위해 셀리그먼은 〈표 13.4〉와 같이 24개의 강점을 연마하는 방법을 제안하였다.

표 13.4 대표 강점 함양 방법

핵심덕목	강점	함양 방법
지혜	호기심	• 내가 모르는 주제에 대한 강의 듣기 • 익숙하지 않은 음식을 하는 식당 방문하기 • 우리 동네에 새로운 곳을 발견하고 그 곳의 역사에 대해 배우기
	학구열	• 학생이라면 필독서가 아니라 권장도서까지 읽기 • 새로운 어휘를 매일 배우고 사용하기 • 비소설류의 책을 읽거나 강의 듣기
	판단력	• 내가 강력한 의견을 가지고 있는 사안에 대해 그와 반대의 입장 내보이기 • 다문화적 행사에 참여하고 그 행사가 열리는 동안 그리고 행사가 끝난 후에 행사에 대한 나의 관점 비판적으로 평가하기 • 매일 나의 독선적인 의견이 무엇이며 어떤 점에서 잘못되었는지 생각하기
	창의성	• 도예, 사진, 조각, 그리기, 채색하기 수업 참여하기 • 집에 있는 물건을 정해 그것을 원래의 용도가 아닌 다른 용도로 사용하는 방법 찾기 • 내가 쓴 글이나 시를 담은 카드를 친구에게 보내거나 인터넷에 올리기
	예견력	• 내가 아는 가장 현명한 사람을 생각하고 그 사람처럼 하루 살아보기 • 누군가 요청했을 때에만 조언을 주거나 할 수 있는 한 심사숙고하여 행동하기 • 친구들, 가족 구성원, 동료들 간에 논쟁 해결하기

표 13.4 대표 강점 함양 방법(계속)

핵심덕목	강점	함양 방법
자애	사랑	• 부끄러워하지 않고 칭찬을 수용하며 고맙다고 전하기 • 사랑하는 사람에게 짧은 편지를 쓰고 그 사람이 쉽게 발견할 수 있는 곳에 두기 • 가장 친한 친구가 정말 좋아하는 무언가를 함께 하기
	친절	• 나의 것들을 다른 사람에게 빌려 주기 • 지인들을 위해 일주일에 세 번 무엇이든 친절한 행동하기 • 운전 중 보행자에게 양보하고, 보행 시 운전자에게 양보하기
	사회적 지능	• 친구나 가족이 어려운 일을 한다는 것을 알아주고 그들에게 격려의 말 전하기 • 누군가 나를 귀찮게 하더라도 보복하기보다 그들의 동기를 이해하기 • 분위기가 불편한 사람들의 모임에 일부러 참석해서 관찰자의 입장이 되어 보고 아무것도 판단하지 않으며 단지 관찰한 것만을 묘사하기
용기	용감성	• 집단에서 대중적으로 호응을 받지 못하는 아이디어라도 당당하게 말하기 • 명백히 부당한 행위를 하는 권력 집단을 목격할 경우, 반드시 이의 제기하기 • 평소 두려움 때문에 잘하지 못했던 일 하기
	끈기	• 해야 할 일의 목록을 만들고, 매일 목록에 있는 일 한 가지씩 하기 • 일정에 앞서 중요한 일 마치기 • 텔레비전을 틀거나 핸드폰 전화, 간식, 이메일 체크 같은 것에 마음이 흐트러지지 않고 몇 시간 동안 일에 집중하기
	진실성	• 마음에서 우러나오지 않는 칭찬을 포함해 친구들에게 선의의 거짓말조차 하지 않기 • 가장 가치 있다고 생각하는 것이 무엇인지 생각하고 그것과 관련된 일 매일 하기 • 내가 어떤 일을 하고자 하는 동기를 다른 사람에게 말할 때 진실하고 정직하게 설명하기
	활력	• 적어도 일주일 동안 매일 알람을 맞출 필요 없을 만큼 일찍 자고 일어나서 영양이 풍부한 아침식사 하기 • "왜 해야 하는데?"라고 말하기보다 "해보는 게 어때?"라고 말하는 것을 세 배만큼 늘리기 • 매일 나에게 필요한 일보다는 하고 싶은 일 하기
절제	용서	• 내가 다른 사람에게 용서 받은 것을 기억하고 그 선물을 다른 사람에게도 베풀기 • 원망을 품고 있는 사람들의 명단 작성하고 그 사람들을 만나 그 문제에 대해 이야기 나누거나 '나는 용서했다.'라고 마음 먹을 수 있는지 생각하기 • 용서의 편지를 쓰되, 그것을 보내지 말고 일주일 동안 매일 그것을 반드시 읽기
	겸손	• 하루 종일 나에 대한 이야기는 전혀 하지 않기 • 너무 눈에 띄는 옷을 입지 않기 • 나보다 친구들이 더 뛰어난 점이 무엇인지 생각하고 그 점에 대해 칭찬하기
	신중성	• "부탁합니다." 또는 "고맙습니다."라는 말 외에 다른 것들 말하기 전에 두 번 생각하기 • 운전할 때, 속도 제한에서 시속 5마일을 낮추어 달리기 • 간식을 먹기 전에, "이것은 살이 찌더라도 꼭 먹어야 하는가?"라고 자문하기

표 13.4 대표 강점 함양 방법(계속)

핵심덕목	강점	함양 방법
절제	자기조절	• 운동 프로그램을 시작하여 일주일 동안 매일 꾸준히 실천하기 • 타인에 대해 뒷담이나 비열한 이야기 하지 않기 • 이성을 잃으려고 할 때, 열을 세고 그것이 정말 필요한지 반추하기
정의	시민정신 (팀워크)	• 내가 할 수 있는 가장 멋진 팀 구성원 되기 • 친구 또는 이웃을 위해 맛있는 식사 준비하기 • 이사 가는 이웃에게 작별을 고하기 위해 또는 새로 이사 온 이웃을 환영하기 위해 사람들이 함께하는 자리 만들기
	공정성	• 적어도 하루에 한 번 정도는 내 실수를 인정하고 그에 대한 책임 지기 • 적어도 하루에 한 번은 내가 썩 좋아하지 않는 사람에게도 응당의 신임 보이기 • 사람들의 이야기를 방해하지 않고 잘 듣기
	리더십	• 친구들을 위해 사교 모임 만들기 • 직장에서 즐겁지 않은 일 도맡아 하고 완수하기 • 처음 만난 사람이 편안하게 느끼도록 행동하기
초월	감상력	• 자연 경치나 사랑하는 사람들을 사진에 담고 그것을 컴퓨터 바탕화면으로 하기 • 매일 내가 보았던 가장 아름다운 것에 대해 일기 쓰기 • 적어도 하루에 한 번은 멈춰 서서 일출이나 꽃, 새의 노랫소리와 같이 자연의 아름다움 느끼기
	감사	• 하루 동안 내가 얼마나 "감사합니다."라고 말하는지 세어 보고, 일주일 동안 그 횟수 늘리기 • 매일 하루를 마감하고, 잘되었던 일 세 가지를 쓰고 왜 잘되었는지 이유 쓰기 • 한 달에 한 번씩 감사의 편지를 써서 감사 방문하기
	낙관성, 희망	• 과거에 실망했던 것에 대해 생각하고 그것을 가능하게 하는 기회 찾기 • 다음 주, 다음 달, 내년의 목표를 쓰고 이 목표를 성취할 수 있는 구체적인 계획 세우기 • 나의 비관적인 생각 반박하기
	유머	• 친구들에게 재미있는 이메일 보내기 • 일주일에 세 번씩 새로운 조크를 배우고 그것을 친구들에게 써먹기 • 시트콤, 웃기는 쇼, 웃기는 영화를 보거나 유머 책 매일 읽기
	영성	• 내 삶의 목표에 대해 매일 생각하기 • 매일 하루 일과를 시작할 때 기도하거나 명상하기 • 친숙하지 않은 종교 의식에 참가하기

출처 : Seligman, 2014

5) 행복 증진 전략

루보머스키(Lyubomirsky, 2009)는 행복 증진을 위한 전략을 열두 가지 프로그램으로 제시하였다. 〈그림 13.6〉에서 제시된 행복 증진 전략 열두 가지 내용을 자세히 살펴

1	목표에 헌신하라.	7	친절을 실천하라.
2	몰입 체험을 늘려라.	8	인간관계를 돈독히 하라.
3	삶의 기쁨을 음미하라.	9	대응전략을 개발하라.
4	감사를 표현하라.	10	용서를 배워라.
5	낙관주의를 길러라.	11	몸을 보살펴라.
6	과도한 생각과 사회적 비교를 피하라.	12	행복한 사람처럼 행동하라.

그림 13.6 행복 증진 전략

출처 : Lyubomirsky, 2009

보면 다음과 같다.

첫째, 목표에 헌신하라. 목표달성을 위해 헌신하게 되면 스스로에게 목적의식이 생기고, 자신이 주도적인 삶을 살아가고 있음을 느끼게 한다. 특히 의미 있는 목표는 삶에 자극을 주고 자신의 능력을 자각하게 되어 자존감이 향상된다. 또한 목표 추구는 일상생활에 의미를 더해 주며, 강한 소속의 욕구를 가지게 되고, 관계, 다양한 사회 집단에 참여하면서 행복해질 뿐만 아니라 지속적인 동기를 부여하고 성장하는 데 도움을 준다.

둘째, 몰입 체험을 늘려라. 몰입체험은 생활로부터 소외되거나 무력감과 무가치를 느끼지 않고, 삶에 열중하게 한다. 또한 활동을 즐기고, 주도한다고 느끼며, 강한 자아감을 체험하도록 이끌어 준다. 이 모든 요소들이 삶에 의미를 불어넣어 주고 삶의 풍부함과 강렬함을 더해 준다.

셋째, 삶의 기쁨을 음미하라. 음미에는 과거, 현재, 미래라는 세 가지 요소가 포함되어 있으며, 즐거움을 만들어 내고 강화시키며 연장시켜 줄 어떤 생각이나 행동을 의미한다. 즉 좋은 느낌에 머물며 좋은 것에 감사하는 사람은 우울증, 스트레스, 죄책감과 수치심을 느낄 가능성이 낮으며, 긍정적인 사건이 일어났을 때 적극적으로 음미하고 긍정적인 체험을 의식적으로 기대하고 즐거운 순간을 유지하는 것이다. 또한 그 사건이 끝난 후에도 다른 사람과 함께 음미하고 추억해 보면서 즐거움을 다시 불러올 수 있는 경험을 의식적으로 해볼 수 있다. 다른 사람과 함께 기억을 나누는 상호 회상에는 즐거움, 성취감, 재미, 만족, 자부심과 같은 긍정적인 감정이 풍부해진다.

넷째, 감사를 표현하라. 감사란 삶을 향해 일어나는 경이, 고마움, 이해의 느낌을 의미한다(Lyubomirsky, 2008). 감사하게 생각하면 삶의 긍정적인 경험들을 더욱 음미할 수 있으며 감사의 표현은 자신의 가치와 자존감을 강화시킨다. 감사는 스트레스나 정신적 외상에 대처하는 데 도움을 주며, 스트레스를 유발하는 부정적인 체험을 긍정적으로 재해석하는 데도 도움이 된다. 또한 사회적인 유대를 쌓고 기존의 관계를 강화하고 새로운 관계를 맺는 데도 도움이 되고, 타인에 대한 분노나 질투는 감사의 표현을 통해 부드러워지며, 두려움과 방어 본능을 감소시킨다. 이처럼 감사의 표현은 행복을 달성하기 위한 메타전략이라고 할 수 있다.

다섯째, 낙관주의를 길러라. 밝은 면을 보기, 역경 속에서 희망을 찾기, 그릇된 것보다 옳은 것에 주목하기, 의심스러울 때 일단 믿고 보기, 자신의 미래와 세상의 미래에 대해 좋은 감정 가지기와 같은 방법 등이 낙관주의 전략이다. 현재와 과거를 축하하는 것, 밝은 미래를 기대하는 것과 같이 자신이 처한 상황에서 긍정적인 부분을 발견하고 노력하는 습관을 가져보는 것이 필요하다.

여섯째, 과도한 생각과 사회적 비교를 피하라. 사람은 불안과 질투를 느끼면서 동시에 행복할 수는 없다. 사회적 비교에 너무 많은 관심을 쏟는 사람은 만성적으로 상처를 받으며 위협을 느끼고 불안정하다. 생각이 많은 사람이라면 강박적인 생각을 줄이고 부정적인 생각들을 재해석하고 새로운 방향을 잡아 보다 중립적이고 낙관적인 방향으로 생각을 바꾸는 것이 행복해질 수 있는 비결이다.

일곱째, 친절을 실천하라. 친절은 받는 사람에게뿐만 아니라 베푸는 사람에게도 유익하다. 왜냐하면 너그럽게 베풀고자 하는 마음이 사람을 행복하게 만들어 주기 때문이다.

여덟째, 인간관계를 돈독히 하라. 사회적 관계는 여러 가지 필수적인 욕구를 충족시켜주기 때문에 중요하다. 행복한 사람은 가족, 친구, 가까운 사람과 관계를 잘 맺고 지낸다. 또한 사회적 유대의 가장 중요한 기능 중 하나는 스트레스, 고통, 정신적 외상을 겪는 시기에 사회적 지원을 해준다.

아홉째, 대응 전략을 개발하라. 대응은 사람들이 부정적인 사건이나 상황으로부터 받은 상처, 스트레스 또는 고통을 누그러뜨리기 위해서 하는 행동으로 부정적인 사건에서 유익함을 찾아내는 것이다. 이처럼 부정적인 사건에서 유익함을 찾아내는 것은 심리적인 행복뿐만 아니라 신체적인 건강에도 많은 영향을 미친다.

열째, 용서를 배워라. 사람을 해치려는 욕구가 줄어들고, 선을 행하려는 욕구나 관계를 개선하고자 하는 욕구가 커질 때 용서가 이루어진다. 적개심은 장기적으로 볼 때 정서적으로나 신체적으로 스스로에게 해롭지만 용서하는 사람은 증오하거나 우울하고 적대적이며 불안하고 분노하며 신경증적인 증상을 보이게 될 가능성이 매우 낮아지며, 더 행복하고 건강하며 상냥하고 평온하게 지낼 가능성이 높다.

열한째, 몸을 보살펴라. 다양한 신체운동은 자신의 건강을 잘 조절하고 있다고 생각하여 자존감과 정복감을 느끼게 되며, 근심과 생각을 반추하는 것을 몰아내고 긍정적인 기분으로 전환시켜 줄 뿐 아니라 몰입을 체험할 가능성도 높아진다. 특히 명상은 행복과 긍정적인 감정, 생리, 스트레스, 인지 능력, 신체 건강과 같은 영역은 물론 자아실현과 도덕적 성숙과 같은 좀 더 측정하기 어려운 영역에까지 긍정적인 영향을 미친다. 또한 다른 사람과 운동을 하면 사회적 접촉의 기회가 생기기 때문에 사회적 지원이 확대되고 우정이 돈독해지며, 외로움과 고립감이라는 짐을 벗을 수도 있다.

열두째, 행복한 사람처럼 행동하라. 행복한 사람처럼 미소짓고 몰두하고 에너지와 열정을 흉내 내면 행복에 따르는 유익함(미소에 대한 답례, 돈독한 우정, 일터나 학교에서의 성공)을 얻을 수 있을 뿐만 아니라 정말로 더 행복해진다.

루보머스키(2009)가 제시한 행복 증진 전략을 정리하면 행복감 향상과 우울 감소를 위해서는 자신에 대한 긍정적인 인식과 자존감 증진을 위한 연습이 필요하며, 자신의 삶을 돌아보면서 기쁨과 감사의 순간을 재조명해 보는 시간이 주어져야 한다. 또한, 현재의 삶에서 대인관계 속의 사회적 지지와 공감으로 즐거움을 느끼며, 자신의 몸을 잘 관리하여 활력을 유지시키고, 스스로 자신은 행복한 사람이라고 생각해야 한다.

참고문헌

공은미(2020). 긍정심리학을 기반한 행복집단 프로그램 개발 및 효과 검증 : 지역아동센터 아동을 중심으로. 성산효대학원대학교 박사학위논문.

곽금주·오상우 외(2011). K-WISC-IV 전문가 지침서. 서울 : 학지사.

곽호완·고재홍 외(2011). 일상생활의 심리학. 서울 : 시그마프레스.

권석만(2005). 긍정심리학. 서울: 학지사.

_____ (2009). 긍정심리학, 행복의 과학적 탐구. 서울: 학지사.

_____ (2015). 현대성격심리학. 서울: 학지사.

권석만(2012). 현대 심리치료와 상담이론. 서울 : 학지사.

권석만, 임영선, 김기환(2011). 긍정심리학(정서적 경험 활용하기). 서울: 학지사.

김문수 외 공역(2006). 생물심리학. 서울 : 시그마프레스.

김미선(2016). 긍정심리 집단상담 프로그램이 중년기 여성 위기 극복에 미치는 효과: 우울, 장아정체감, 심리적 안녕감을 중심으로. 경남대학교 대학원 박사학위논문.

김병숙(2007). 직업정보론. 서울 : 시그마프레스.

김선영·김재민 외(2010). 노인에서 한국판 성격 5요인 척도의 표준화 및 타당도. 생물정신의학, 17, 15−25.

김선형(2017). 유아기 자녀 어머니의 행복플로리시 척도 개발. 부산대학교 대학원박사학위논문.

김인자(2006). 긍정심리학. 서울: 물푸레.

김인자, 우문식 역(2014). 마틴 셀리그만의 긍정심리학. 서울: 물푸레.

김충기·장선철(2006). 진로상담. 서울: 태영출판사.

남승규(2017). 긍정심리학. 파주: 양서원.

노안영·강영신 외 공역(2003). 성격심리학. 서울: 학지사.

노지양 역(2012). 세상 모든 행복−세계 100명의 학자들이 1000개의 단어로 행복을 말하다. 서울: 흐름.

마재훈(2019). 긍정심리학 기반 성격강점 증진 프로그램의 개발 및 효과: 경도 지적장애 중학생의 자기결정 능력과 안녕감에 미치는 효과를 중심으로. 창원대학교 대학원 박사학위논문.

문용린, 김인자, 백수현 역(2010). 긍정심리학 프라이머. 서울: 물푸레.

박종원·김선희 외(2009). 직업심리학. 서울: 학지사.

박천식(1999). 심리학: 재미있는 심리 여행. 서울: 교육과학사.

박혜원 · 곽금주 외(1995). WIPPSI-R 지침서. 특수교육.

송명자(1995). 발달심리학. 서울: 학지사.

송인섭(1997). 심리학개론. 서울: 양서원.

신명호(2003). 일반계 고등학교 학생의 직업관과 직업선호도에 관한 연구. 건국대학교 석사학
   위논문.

신성만 외 공역(2007). 심리학과의 만남. 서울: 시그마프레스.

신현정 · 김비아 역(2008). 마이어스의 심리학개론. 서울: 시그마프레스.

안신호, 이진환, 신현정, 홍장의, 정영숙, 이재식 역(2009). 긍정심리학. 서울: 시그마프레스.

안창규 외 공역(1999). 홀랜드의 직업선택이론. 서울: 한국가이던스.

양선향(2018). PERMA모델과 현실치료기법을 적용한 교사 행복증진 프로그램 개발. 계명대
   학교 대학원 박사학위논문.

양한주(1998). 중학생의 직업 가치관과 직업 선호도에 관한 연구. 서울대학교 석사학위논문.

염태호 · 박영숙 외(1992). K-WAIS 실시요강. 서울: 한국가이던스.

오혜경(2009). 행복도 연습이 필요하다. 서울: 지식노마드.

온은아(2016). 긍정심리학 기반의 유아교사 감정노동 대처능력 증진 프로그램 개발 및 효과.
   원광대학교 일반대학원 박사학위논문.

우문식(2014). 행복 4.0: 긍정심리학의 행복 증진 프로젝트. 서울: 물푸레.

_____(2016). 긍정심리학은 기회다. 서울: 물푸레.

_____(2013). "긍정심리의 긍정정서와 성격강점이 조직성과에 미치는 영향", 안양대학교 박
   사학위논문.

원강희(2020). 부모와 유아의 행복증진을 위한 부모교육 프로그램 개발 연구: PERMAS를 중
   심으로. 경남대학교 대학원 박사학위논문.

윤가현 외(2012). 심리학의 이해. 서울: 학지사.

이경아 역(2005). 행복. 서울: 예담.

이무석 (2003). 정신분석에로의 초대. 서울: 도서출판 이유.

이미희(2017). 대학생의 회복탄력성 증진을 위한 긍정심리 PERMA 프로그램 효과 검증. 경남
   대학교 대학원 박사학위논문

이상로 · 이관용 역(1980). 성격의 이론. 서울: 중앙적성출판사.

이수식 · 장미옥 외 편역(1994). 생활 속의 적응. 서울: 양서원.

이영만 · 유병관 역(1991). 프로이드 · 스키너 · 로저스. 서울: 중앙적성출판사.

이장호(1995). 상담심리학. 서울: 박영사.

이정근(1988). 진로지도의 실제. 서울: 성원사.

이종승(2003). Holland의 직업적 성격유형론 탐구. 교육학연구, 41(3), 1-18.

이종한 · 박권생 외 공역(2013). 심리학과 삶. 서울: 시그마프레스.

이현림 · 김영숙(1997). 진로선택에 있어서 Holland의 성격이론에 대한 고찰. 한국교육, 24(1),

59－85.

이현림 · 김지혜(2003). 성인학습 및 상담. 서울: 학지사.

이훈구 외 공역(1983). 성격심리학. 서울: 법문사.

이희경 역(2008). 긍정심리평가 모델과 측정. 서울: 학지사.

장현갑 · 이진환 외 공역(2004). 힐가드와 애트킨슨 심리학. 서울: 박학사.

전용신(1972). 고대－비네 검사요강. 고려대학교 행동과학 연구소.

전용신 · 서봉연 외(1963). KWIS 실시요강. 중앙적성연구소.

정옥분(2002). 아동발달의 이해. 서울: 학지사.

정철영 · 최동선(1997). Holland의 직업적 성격과 교육적 행동양식과의 관계 분석. 진로교육연구, 7, 187－216.

조은숙, 김수완(2016). 긍정심리학을 반영한 무용교육에 대한 연구: 마틴 셀리그만의 펄마(PERMA)이론을 중심으로. 무용예술학연구, 61(4), 55－71.

조한익 · 김영미(2012). 홀랜드 직업성에 따른 학습기술과 학업성적 간의 관계 분석. 청소년학연구, 19(4), 139－160.

중앙고용정보원(2003). 한국고용직업분류.

중앙고용정보원(2011). 2011 한국직업전망.

중앙고용정보원(2012). 2012 한국직업사전.

채혜경(2019). 긍정심리학에 기반한 유아교사 대인관계역량 증진 프로그램 개발, 부산대학교 대학원 유아교육학과 박사학위논문.

최영희(1994). 기질과 환경간의 조화로운 합치모델 검증연구(II)－조화로운 합치와 아동의 자기능력지각. 아동학회지, 15(1), 145－157.

최일선(2015), "여가경험을 통한 긍정심리자본의 형성: 놀이성을 중심으로", 한양대학교 박사학위논문.

최정윤(2010). 심리검사의 이해. 서울: 시그마프레스.

최창호(2001). 심리학이란 무엇인가. 서울: 학지사.

최호영 역(1990). 학습된 낙관주의. 서울: 21세기 북스.

한국진로교육학회(1999). 진로교육의 이론과 실제. 서울: 교육과학사.

홍숙기(2000). 성격심리(하). 서울: 박영사.

홍숙기 외 공역(1987). 성격심리학. 서울: 박영사.

황윤정(2019). PERMAS모델에 기반한 어머니의 행복 프로그램 개발 및 효과. 강남대학교 일반대학원 박사학위논문.

Adler, A. (1929). *The science of living*. New York: Greenberg.

Ainsworth, M. D. S. (1973). The development of infant-mother attachment. In B. M. Caldwell & H. N. Ricciuti(Eds.), *Review of child development research*(Vol. 3). Chicago: University of Chicago Press.

Ainsworth, M. D. S., & Eichberg. (1992). Effects on infant-mother attachment of mother's unresolved loss of an attachment figure or other traumatic experience. In P. Marris, J. Stevenson-Hindle, & C. Parkes(Eds.), *Attachment across the life cycle*. New York: Routledge.

Allen, B. P. (2006). *Personality theories: Development, growth, and diversity*. Boston: Allyn & Bacon.

Allport, G. W. (1937). *Personality: A psychological interpretation*. New York: Holt.

Anderson, N. H. (1968). Likeableness rating of 555 personality-trait words. *Journal of Social Psychology*, 9, 272–279.

Arlow, J. A. (1989). Psychoanalysis. In R. J. Corsini (Ed.), *Current psychotherapies* (pp. 19–64). Itasca, IL: Peacock.

Aronson, E. (1988). *The Social Animal(5th ed)*. New York: W. H. Freeman and Company.

Aronson, E., Willerman, B., & Floyd, J. (1966). The effect of a pratfall on increasing interpersonal attractiveness. *Psychonomic Science*, 4, 227–228.

Asch, S. E. (1955). Opinions and social pressure. *Scientific American*, 19, 31–35.

Atkinson, R. C,. & Shiffrin, R. M. (1968). Human memory: A proposed system and its control processes. In K. W. Spence & J. T. Spence(Eds.), The psychology of learning and motivation: vol. 2. *Advances in research and theory*. New York: Academic Press.

Baddeley, A. D. (1986). *Working memory*. New York: Oxford University Press.

Baddeley, A. D. (1989). The psychology of remembering and forgetting. In T. Butler(Ed.), Memory: *History, culture and the mind*. London: Basil Blackwell.

Baillargeon, R., & DeVos, J. (1991). Object permanence in young infants: Further evidence. *Child Development*, 62, 1227–1246.

Bandura, A. (1977). *Social learning theory*. Englewood Cliffs, NJ: Prentice–Hall.

Bandura, A. (1986). *Social foundations of though and action: A social cognitive theory*. Englewood Cliffs, NJ: Prentice–Hall.

Banks, M. S., & Salapatek, P. (1983). Infant visual perception. In M. M. Haith & J. J. Campos (Eds)., *Handbook of Child Psychology: Infancy and Development; Psychobiology*. New York: John Wiley.

Baumgardner, S. R., & Crothers, M. K. (2009). *Positive Psychology*. Upper Saddle River, NJ: Prentice Hall/Pearson Education.

Berk, L. (2008). *Child Development*(8th ed.). New York: Allyn & Bacon.

Binet, A., & Simon, T. H. (1905). Methodes nouvelles pour le diagnostic du niveau intellectuel des anormaux. *Annee Psychologique*, 11, 191–244

Bowlby, J. (1969). *Attachment and loss*. Vol. 1: Attachment. London: Hogarth Press.

Burd, L., Roberts, D., Olson, M., & Odendaal, H. (2007). Ethanol and the placenta: A review. *The Journal of Maternal-Fetal and Neonatal Medicine*, 20, 361–375.

Butcher, J. N. (1990). *The MMPI-2 in psychological treatment.* New York: Oxford University Press.

Campos, J. J., Hiatt, S., Ramsay, D., Henderson, C., & Svejda, M. (1978). The emergence of fear of the visual cliff. In M. Lewis & L. A. Rosenblum(Eds.). *The origins of affect.* New York: Plenum Press.

Carol T., & Carole, W. (1995). *Psychology in perspective.* HarperCollins College Publisher.

Carver, C. S., & Scheier, M. F. (1988). *Perspectives on personality.* Boston: Allyn and Bacon.

Cattell, R. B. (1950). *Personality: A systematic theoretical and factual study.* New york: McGraw-Hill.

Cattell, R. B. (1965). *The scientific analysis of personality.* Baltimore: Penguin.

Chechick, G., Meilijson, I., & Ruppin, E. (1999). Neuronal regulation: A mechanism for synaptic pruning during brain maturation. *Neural Computation,* 11, 2151–2170.

Cichetti, D. (2001). How a child builds a brain. In W. W. Hartup & R. A. Weinberg(Eds.), *Child Psychology in Retrospect and Prospect.* Mahwah, NJ: Erlbaum.

Cohn, D. A. (1990). Child-mother attachment of 6-year-olds and social competence at school. *Child Development,* 61, 152–162.

Csikszentmihalyi, M. (1990). Flow: *The Psychology of Optimal Experience.* New York: Harper Perennial, Mission Statement of the Society for Pastoral Theology

Curtis, R. C., & Miller, K., (1986). Believing another likes or dislikes you: Behaviors making the beliefs come true. *Journal of Personality and Social Psychology,* 51, 284–290.

Davidson, A., R., & Jaccard, J. J. (1979). Variables that moderate the attitude-behavior relation: Results of a longitudinal survey. *Journal of Personality and Social Psychology,* 37, 1364–1376.

Debates, D. L., Drost, J., & Hansen, P. (1995). Experiences of meaning in Life: A combined qualitative and quantitative approach. *British Journal of Psychology,* 86, 359–374.

DeCasper, A. J., & Fifer, W. P. (1980). Of human bonding: Newborns prefer their mother's voice. *Science,* 208, 1174–1176.

Diener, E., & Diener, R. B. (2008). *Happiness: Unlocking the mtsteries if psychologital wealth Malden,* MA: Blackwell Publishing.

Dolgin, K. & Behrend, D. (1984). Children's knowledge about animates and inanimates. *Child Development,* 55, 1646–1650.

Ebbinghaus, H. (1885). *Uber das Ged chtnis.* Leipzig Germany: Duncker and Humblot.

Ellis, A. (1967). Goals of psychotherapy. In A. R. Mahrer (Ed.), *The goals of psychotherapy*(pp. 206–220). New York: Meredith.

Erikson, E. H. (1950). *Childhood and society.* New York: W. W. Norton.

Erikson, E. H. (1959). Identity and the life cycle. *Psychological Issues, monograph,* 1, 1–171.

New York: International University Press.

Exner, J. E. (1993). *The Rorschach: A comprehensive system*, Vol. 1. Basic foundation(3rd ed.). New York: Wiley.

Eysenck, H. J. (1973). *The inequality of man*. London: Temple Smith.

Festinger, L., & Carlsmith, J. M. (1959). Cognitive consequences of forced compliance. *Journal of Abnormal and Social Psychology*, 58, 203–210.

Flavell, J. H. (1981). Monitoring social cognitive enterprise: Something else that may develop in the area of social cognition. In J. H. Flavell & L. Ross(Eds.). *Social cognitive development: Frontiers and possible futures*. Cambridge: Cambridge University Press.

Fredrickson, B. L. (2004). *Gratitude, Like Other Positive Emotions, Broadens and Builds*. In R. A. Emmons & M. E. McCullough (Eds.), Series in affective science. The psychology of gratitude (p. 145–166). Oxford University Press.

Frestinger, L. (1954). A theory of social comparison processes. *Human Relations*, 7, 117–140.

Galanter, E. (1962). Contemporary psychophysics. In R. Brown, E. Galanter, E. H, &. Mandler(Eds.), *New directions in psychology*. New York: Holt, Rinehart & Winston.

Ganellen, R. J. (1996). Comparing the diagnostic efficiency of the MMPI, MCMI–Ⅱ, and Rorschach: A review. *Journal of Personality Assessment*, 67, 219–243.

Gardner, H. (1983). *Frame of mind: The theory of multiple intelligences*. New York: Basic Books.

Gardner, H. (1993). *Multiple intelligences: The theory in practice*. New York: Basic Books.

Garlton, F. (1879). Psychometric experiments. *Brain*, 2, 149–162.

Gazzaniga, M. S. (1967). The split brain in man. *Scientific American*, 24–29.

Gibson, E. J., & Walk, R. D. (1960). The "Visual cliff". Scientific American, 202, 64–71.

Ginsburg, H. (1972). *The myth of the deprived child*. Englewood Cliffs. NJ: Prentice–Hall.

Ginsburg, H., & Opper, S. (1988). *Piaget's theory of intellectual development: An introduction*(3rd ed). Englewood Cliffs. NJ: Prentice–Hall.

Ginzberg, E., Ginsburg, S. W., Axelrad, S., & Herma, J. L. (1951). *Occupational choice*. New York: Columbia University Press.

Godden, D. R., & Baddeley, A. D. (1975). Context-depent memory in two natural environments: On land and underwater. *British Journal of Psychology*, 66, 325–331.

Goldberg, L. R. (1981). Language and individual difference: The search for universals in personality lexicons. In L. Wheeler (Ed.), *Review of personality and social psychology*(Vol. 2, pp.141–165). Berverly Hills, CA: Sage.

Graham, J. R. (1990). MMPI–2: *Assessing personality and psychopathology*. New York: Oxford University Press.

Gray, J. A. (1981). A critique of Eysenck's theory of personality. In H. J. Eysenck(Ed.), *A*

Model for personality(pp. 246−276). New York: Springer.

Gray, J. A. (1987). Perspectives on Anxiety and Impulsivity: A Commentary. *Journal of Research in Personality*, 21, 493 −510.

Gregory, R. J. (2000). *Psychological testing: History, principles and applications*(3rd ed.). Boston: Allyn and Bacon.

Guilford, J. P. (1959). *Personality*. New York: McGraw−Hill.

Harlow, H. F., & Zimmerman, R. R. (1959). Affectional responses in the infant monkey. *Science*, 130, 421−432.

Hathway, S. R., & Mckinley, J. C. (1943). *Maunal for the Minnesota Multiphasic Personality Inventory*. Minneapolis: University of Minnesota Press.

Hellige, J. B. (1990). Hemispheric asymmetry. *Annual Review of Psychology*, 41, 55−80.

Herr, E. L., & Cramer, S. H. (1992). *Career guidance and counseling through the lifespan: Systematic approaches* (4th ed.). NY: HarperCollins.

Hetherington, E. M., & Parke, R. D. (1993). *Child Psychology: A contemporary viewpoint* (4th ed.). New York : MeGraw−Hill.

Hill, C. E., & Nakayama, E. Y. (2000). Client−centered therapy: Where has it been and where is it going? A comment on Hathaway. *Journal of Clinical Psychology*, 56, 875−961.

Holland J. L. (1992). *Making vocational choices*(2nd). Odessa, FL: Psychological Assessment Resources Inc.

Janis, I. L. (1982). *Group think: Psychology studies of policy decisions and fiascoes*(2nd ed.). Boston: Houghton−Mifflin.

John, O. P. (1990). The big−five factor taxonomy: Dimensions of personality in the natural language and in questions. In L. Pervin(Ed.), *Handbook of personality theory and research* (pp. 66−100). New York: Guilford.

Jones, E., E., & Nisbett, R. E. (1972). The actor and the observer: Divergent perceptions of the causes of behavior. In E. E. Jones et al. (Eds.), *Attribution: Perceiving the causes of behavior*(pp. 79−94). Morristown, NJ: General Learning Press.

Jung, C. G. (1959). The concept of the collective unconscious. *In The archetypes and the collective unconscious, collected works* (Vol. 9, Part 1, pp. 54−74.). Princeton, NJ: Princeton University Press. (Original work published 1936)

Kisilevsky, B. S., Muir, D. W., & Low, J. A. (1992). Maturation of human fetal responses to vibroacoustic stimulation. *Child Development*, 63, 1497−1508.

Kleimnuntz, B. (1985). *Personality and psychological assessment*. Malabar, FL: Robert, E. Krieger.

Kohlberg, L. (1975). The cognitive-developmental approach to moral education. *Phi Delta Kappan*, 670−677.

Kraut, R. E. (1973). Effects of social labelling on giving to charity. *Journal of Experimental and Social Psychology*, 9, 551–562.

La Piere, R. T. (1934). Attitudes versus actions. *Social Forces*, 13, 230–237.

Latané, B., & Darly, J. M. (1970). *The unresponsive bystander: Why doesn't he help?* New York: Appleton-Century-Crofts.

Loftus, E. F., & Palmer, J. C. (1974). Reconstruction of automobile destruction: An example of the interaction between language and memory. *Journal of Verbal learning and Verbal Behavior*, 13, 585–589.

Long, D., & Baynes, K. (2002). Discourse representation in the two cerebral hemispheres. *Journal of Cognitive Neuroscience*, 14, 228–242.

Lyubomirsky, S. King, l., & Diener, E. (2005). the benefits of frequent positive affect. *Psychological Bulletin*, 131(6), 803–855.

Main, M., & Solomon, J. (1990). Procedures for identifying infants as disorganized/disoriented during the Ainsworth Strange Situation. In M. Greeberg, D. Cicchetti, & M. Cummings(Eds). *Attachment during the preschool years*. Chicago Press.

Maslow, A. H. (1962). *Toward a Psychology of Being*. New York: Van Nostrand Reinhold.

Maslow, A. H. (1968). *Toward a psychology of being(2nd ed.)*. New York: Van Nostrand.

Maslow, A. H. (1970). *Motivation and personality(2nd ed.)*. New York: Harper & Row.

Maslow, A. H. (1971). *The father reaches of human nature*. New York: Viking Press.

Maslow, A. H. (1987). *Motivation and personality*(3rd ed.). New York: Harper & Row.

McCrae, R. R., & Costa, P. T., Jr. (1985). Updating Norman's "adequacy taxonomy": Intelligence and personality in dimensions in natural language and in questionnaires. *Journal of Personality and Social Psychology*, 49, 710–721.

McCrae, R. R., & Costa, P. T., Jr. (1987). Validation of the Five-Factor model of personality across instruments and observers. *Journal of Personality and Social Psychology*, 52, 81–90.

McCrae, R. R., & Costa, P. T., Jr. (1997). Conceptions and correlations of openness and to experience. In R. Hogan, J. Johnson, & S. Briggs(Eds.), *Handbook of personality psychology*(pp. 825–847). San Diego, CA: Academic Press.

Milgram, S. (1963). Behavioral study of obedience. *Journal of Personality and Social Psychology*, 67, 371–378.

Milgram, S. (1974). *Obedience to authority*. New York: Harper & Row.

Miller, G. A. (1956). The magical number seven, plus or minus two: some limits on our capacity for processing information. *Psychological Review*, 63, 81–97.

Mischel, W.(1973). Toward a cognitive social learning reconceptualization of personality. *Psychological Review*, 80, 252–283.

Mischel, W.(1976). *Introduction to personality*(2nd ed.). New York: Holt, Rinehart and

Winston.

Mischel, W.(1990). Personality dispositions revisited and revised: A view after three decades. In L. A. Pervin(Eds.), *Handbook of personality: Theory and research*(pp. 111-134). New York: Guilford Press.

Moore, K. L., & Persaud, T. V. N. (1993). *Before we are born*(4th ed.). Philadelphia: W. B. Saunders Company.

Morgan, C. D. & Murray, H. A. (1935). A mehtod for investigating fantasies: The Thematic Apperception Test. *Archives of Neurology and Psychiatry*, 34, 289-306.

Myers, D. G. (1993). *Exploring psychology(2nd ed.)*. Hope College, Worth Publishers.

Newcomb, T. M. (1961). *The acquaintance process*. New York: Holt, Rinehart & Einston.

Nichols, R. C. (1978). Heredity and environment: Major findings from twin studies of ability, personality, and interests. *Homo*, 29, 158-173.

Niles, S. G., & Harris-Bowlsbey J. (2002). *Career development interventions in the 21st century*. Upper Saddle Rivers, New Jersey: Prentice-Hall.

Nyberg, L., Eriksson,J., Larsson, A., & Marklund, P. (2006). Learing by doing versus learning by thinking. An fMRI study of motor and mental training. *Neuropsychology*, 44, 711-717.

Olds, J. (1975). Mapping the mind onto the brain. In F. G. Worden, J. P. Swazey, & G. Adelman(Eds.), *The neurosciences: Paths of discovery*. Cambridge, MA: MIT Press.

Olds, J., & Milner, P. (1954). Positive reinforcement produced by electrical stimulation of the septal area and other regions of rat brain. *Journal of Comparative and Physiological Psychology*, 47, 419-427.

Olsho, L. W., Harkens, S. W., & Leinhardt, M. L. (1985). Aging and the auditory system. In J. E. Birren & K. W. Schaie(Eds). *Handbook of the psychology of aging*(2nd ed.). New York : Van Nostrand Reinhold.

Overmeier, J. B., & Seligman, M. E. P. (1967). Effects of inescapable shock upon subsequent escape and avoidance responding. *Journal of Comparative and Physiological Psychology*, 67, 28-33.

Pervin, L. A., & John, O. P. (1997). *Personality: Theory and research*. New York: Wiley.

Peterson, C., & Seligman, M. E. P. (2004). *Character Strengths and Virtues: A Handbool and Classification*. New York: Oxford university press

Peterson, L. R., & Peterson, M. J. (1959). Short-term retention of individual verbal items. *Journal of Experimental Psychology*, 58, 193-198.

Phillips, S. D., & Pazienza, N. J. (1988). History and theory of the assessment of career development and decision making. In W. B. Walsh & S. H. Osipow (Eds.), *Career decision making* (pp. 1-31). Hillsdale, NJ: Lawrence.

Piaget, J. (1950). *The psychology of intelligence.* San Diego: Harcourt Brace Jovanovich.

Piaget, J. (1952). *The child' conception of number.* New York: Norton.

Piaget, J., & Inhelder, B. (1969). The psychology of the child. New York: Basic Books.

Piliavin, I. M., Rodin, J., & Piliavin, J. A. (1969). Good Samaritanism: An underground phenomenon? *Journal of Personality and Social Psychology,* 13(4), 289-299.

Rogers, C. R. (1942). *Counseling and psychotherapy.* Boston, MA: Houghton Mifflin.

Rogers, C. R. (1947). Some observations on the organization of personality. *American Psychology,* 2, 358-368.

Rogers, C. R. (1951). *Client-centered therapy: Its current practice. implication and theory.* Boston: Houghton Mifflin.

Rogers, C. R. (1959). A theory of the therapy, personality and interpersonal relationship, as developed in the client-centered framework. In S. Koch(Ed.), *Psychology: A study of a science*(Vol. 3). New York: McGraw Hill.

Rogers, C. R. (1961). *On becoming a person: A therapist' s view of psychotherapy.* Boston: Houghton Mifflin.

Rogers, C. R. (1965). *Client-centered therapy: Its current practice, implication and theory*(2nd ed.). Boston: Houghton Mifflin.

Rogers, C. R. (1980). *A way of being.* Boston: Houghton Mifflin.

Rogers, C. R., & Stevens, B. (1967). *Person to person: The problem of being human.* New York: Simon & Schuster.

Rorschach, H. (1921). *Psychodiagnostic. Berne,* Switzerland: Bircher.

Ross, L., (1977). The intuitive psychologist and his shortcomings: Distortions in the attribution process. In L., Berkowitz (Ed.), *Advances in experimental social psychology*(Vol. 10, pp. 174-221). New York: Academic Press.

Rovee-Collier, C. K. (1995). Time window in cognitive development. *Developmental Psychology,* 31, 147-169.

Rundus, D. (1971). Analysis of rehearsal process in free recall. *Journal of Experimental Psychology,* 89, 63-77.

Russell, G., & Russell, A. (1987). Mother-child and father-child relationships in middle childhood. *Child Development,* 58, 1573-1585.

Ryan-Harshman, M., & Aldoori, W. (2008). Folic acid and prevention of neural tube defects. *Canadian Family Physician,* 54, 36-38.

Sample, J. (2004). The Myers-Briggs type indicator and OD: Implications for practice from research. *Organization Development Journal,* 22, 67-75.

Schaffer, D. R. (1993). *Developmental Psychology: Childhood and Adolescence*(3rd Ed). California: Brooks/Cole.

Schuler, K. (1980). Contribution of the education on phase to stress-Innervation training. *Psychological Report*, 51, 611-617.

Seegert, C. (2004). Token economies and incentive programs: Behavioral improvement in mental health inmates housed in state prisons. *Behavior Therapist*, 26, 210-211.

_____. (1991). *Learned optimism*. New York: Simon & Schuster.

_____. (1995). *The Optimistic Child*. Boston: Houghton Mifflin.

_____. (2000). *Positive Psychology*: A progress report. Paper presented at the Positive Psychology Summit 2000. Washington, DC.

_____. (2001). *Flourish*: A visionary new understanding of happiness and well being.

_____. (2002). *Authentic happiness: Using the new positive psychology to realize your potential for lasting fulfillment*. New York: FreePress.

_____. (2008). The prediction and prevention of depression. In D. K. Routh & R. J. DeRubeis (Eds.), *The science of clinical psychology: Accomplishment and future directions* (p.201 -214). American Psychological Association.

Seligman, M. E. P. (1991). *Learned optimism*. New york: Knopf.

Seligman, M. E. P., & Csikszentmihalyi, M. (2000). Positive psychology: *An introduction. American Psychologist*, 55, 5-14.

Seligman, M. E. P., Rashid, T., & Parks, A. C. (2006). Positive Psychotherapy. *American Psychologist*. 61, 774-788.

Sharf, R. S. (1997). *Applying career development theory to counseling (2nd ed.)*. Pacific Grove: Brooks/Cole.

Sharf, R. S. (2000). *Theories of psychotherapy and counseling: Concepts and cases(2nd ed.)*. Pacific Grove: Brooks/Cole.

Sheldon, K. M., Frederickson, B., Rathunde,K., Csikszentmihalyi, M., & Haidt, J. (2000). *A positive psychology manifesto. Retrieved October* 1, 2002, form http://www. Positivepsychology.org/akumalmanifestor.htm.

Sheldon, W. H. (with the collaboration of S.S. Stevens)(1942). *The varieties of temperament: A psychology of constitutional differences*. New York: Harper.

Simon., & Murphy.(1985). Sex difference in the cause of adolescent suicide ideation. *Suicide and Life-Threatening*, 20, 16-30.

Spearman, C. (1927). *The ablility of man*. New York: Macmillan.

Sperling, G. (1960). The information available in brief visual presentations. *Psychological Monographs*, 74, 1-29.

Sperry, R. W. (1966). Brain bisection and consciousness. In J. Eccles (Ed.), *Brain and conscious experience*, New York: Springer-Verlag.

Sroufe, L. A., Carlson, E., & Shulman, S. (1993). The develioment of individuals in relationships: From infance through adolescence. In D. C. Funder, R. D. Parke, C. Tpmlinson−keasey, K. Widaman (Eds). *Studying lives through time: Approachs to personality and development*. Washington. DC: American Psychological Association. Sternberg, R. J. (1984). Mechanism of cognitive development: A componential approach. In R. J. Sternberg(Ed.). New York: W. H. Freeman and Company.

Super, D. E. (1953). A theory of vocational development. *American Psychologist*, 8, 185−190.

Super, D. E. (1990). A life-span, life-space to career development. In D. Brown, L. Brooks, & others (Eds.), *Career choice and development: Applying contemporary theories to practice* (2nd ed., pp. 197−261). San Francisco: Jossey-Bass.

Super, D. E., Savickas, M. L., & Super, C. M. (1996). The life-span, life-space approach to careers. In D. Brown, L. Brooks, & others (Eds.), *Career choice and development* (3rd ed., pp. 121−178). San Francisco: Jossey-Bass.

Terman, L. M. (1916). *The measurement of intelligence*. Boston: Houghton Mifflin.

Thomas, A., & Chess, S. (1984). Genesis and evaluation od behavioral: From infancy to early adult life. *American Journal of Psychiatry*, 141, 1−9.

Triplett, N. (1898). The dynamogenic factors in pacemaking and competition. *American Journal of Psychology*, 9, 507−533.

Tulving, E. (1972). Episodic and semantic memory. In E. Tulving & W. Donaldson (Eds.). *Organization of memory*. New York: Academic Press.

Tulving, E. (1985). How many memory systems are there? *American Psychologist*, 40(4), 385−398.

Tulving, E. (1986). What kind of a hypothesis is the distinction between episodic and semantic memory? *Journal of Experimental Psychology: Learning, Memory and Cognition*, 12, 307−311.

Vansteenkiste, M., Soenens, B., & Duriez, B. (2008). Presenting a positive alternative to strivings for material success and the thin-ideal: understanding the effects of extrinsic relative to intrinsic goal pursuits. In S. J. Lopez (Ed.), *Positive psychology: Exploring the best in people*, 57−86.

Villani, S. (2001). Impact of media on children and adolescents: A 10 year review of the research. *Journal of the American Academy of Child & Adolescent Psychiatry*, 40, 392−401.

Walster, E., Aronson, E., Abrahams, D., & Rottman, L. (1966). Importance of physical attractiveness in dating behavior. *Journal of Personality and Social Psychology*, 4, 508−516.

Wechsler, D. (1974). *Manual for the wechsler intelligence scale for Children-revised*. San Antonio: The Psychological Corporation.

Weiner, B. (1974). *Achievement motivation and attribution theory*. Morristown, NJ: General Learning Press.

Weiner, I. (2004). Monitoring psychotherapy with performancebased measures of personality functioning. *Journal of Personality Assessment*, 83, 323–331.

Wiggins, J. (Ed.). (1996). *The five-factor model of personality: Theoritical perspectives*. New York: Guilford.

Winograd, T. (1975). Frame representations and the declarative-procedural controversy. In D. Bobrow & A. Collins(Eds.), *Representation and understanding: Studies in cognitive science*. New York: Academic Press.

Wolpe, J. (1958). *Psychotherapy by reciprocal inhibition*. Stanford, CA: Stanford University Press.

Wynn, K. (1992). Addition and subtraction by human infants, *Nature*, 358, 749–750.

Zajonc, R. B. (1965). Social facilitation. Science, 149, 269–274.

Zajonc, R. B. (1968). Attitudinal effects of mere exposure. *Journal of Personality and Social Psychology*, 9(monograph Supplement, part. 2).

Zelazo, N, A., Zelazo, P. R., Cohen, K. M., & Zelazo, P. D. (1993). Specificity of practice effect in elementary neuromotor patterns. *Developmental Psychology*, 29, 686–691.

Zimbardo, P. G. (1970). The human choice: Individuation, reason, and order versus deindividuation, impulse, and chaos. In W. J. Arnold & D. Levine (Eds.), *Nebraska symposium on motivation* (pp. 237–307). Lincoln, NE: University of Nebraska Press.

Zuckerman, M. (1991). *The psychobiology of personality*. Cambridge University Press.

찾아보기

지은이

이희영
부산대학교 교육학과 졸업
부산대학교 대학원 교육학 석사(상담심리 전공)
미국 캔자스주립대학교 상담학 박사(학생상담 전공)
현재 부경대학교 유아교육과 교수
　　　한국아동상담학회장

성형림
부산대학교 심리학과 졸업
부산대학교 대학원 심리학 석사(사회 및 성격심리 전공)
부산대학교 대학원 박사 수료(사회 및 성격심리 전공)
현재 부경대학교 강사

김은경
부산대학교 심리학과 졸업
부산대학교 대학원 심리학 석사(인지 및 발달심리 전공)
대구대학교 대학원 재활심리 박사(재활심리 전공)
청소년상담사 1급, 아동상담지도감독 전문가
현재 부경대학교 강사

박서원
부산대학교 심리학과 졸업
부산대학교 대학원 심리학 석사(사회 및 성격심리 전공)
부산대학교 대학원 박사 수료(사회 및 성격심리 전공)

임희수
신라대학교 교육학과 졸업
동아대학교 대학원 교육학 석사(교육상담 전공)
동아대학교 대학원 교육학 박사(교육방법 전공)
현재 마산대학교 간호학과 교직 조교수